의미의
시대와
불교윤리

박병기 저

우리 삶과 사회에 대한 불교적 성찰

물질적 풍요와 여유를 얻은 대가로 치러야 하는 경쟁의 칼날로부터 누구도 자유롭지 못하고, 그러면서도 먹고사는 문제에 급급하여 '이렇게 살아가도 괜찮은가'와 같은 근원적인 물음을 늘 뒷전으로 미뤄놓을 수밖에 없는 우리 한국인들의 삶이 이제 더 이상 견딜 수 없는 국면으로 치닫고 있다.

씨
아이
알

KB214540

서문

    우리 시대에 불교와 윤리를 말하는 것이 어떤 의미와 위상을 지닐 수 있을까? 언제부턴가 누군가 내게 전공을 물어오면 '불교윤리' 또는 '불교윤리학'이라고 답하기 시작했고, 그것이 미진하다 싶으면 '불교윤리를 배경으로 삼는 도덕교육학'이라고 부연설명하기도 한다. 한 사람의 학자가 자신의 전공이 무엇인지를 놓고 그런 망설임을 경험하는 일은 우리 시대 학문의 통합지향성이나 통섭 구조에 기인하는 당연한 것 일수도 있지만, 다른 한편으로 그런 망설임은 그 학자의 삶의 지향성이 점점 더 흐려지는 실존 국면과 관련된 것일 수도 있다는 생각을 하게 된다.

    서양윤리학 공부에 기반을 두고 우리의 도덕 교과 중심의 도덕교육을 어떻게 하면 제대로 해낼 수 있는가를 주된 관심사로 삼은 대학원 석사와 박사과정을 마치고 나서, 성리학과 선불교로 상징되는 우리의 전통윤리학에 기반을 둔 도덕교육론을 정립하고 싶다는 열망을 갖게 된 지도 어느새 20여년 가까운 역사를 지니게 되었다. 그 열망을 현실 속에서 구현해 보고자 혼자서 유교와 불교 경전을 읽어 가다가 특히 불교의 경우 쉽게 건널 수 없는 강이 있음을 체험하면서 감행한 불교원전전문학림 삼학원(三學院) 입학이 1996년 봄이었으니, 이제 최소한 시간상으로는 결코 적지 않은 축적을 하게 된 셈이다.

    현대 중국을 대표하는 지성의 한 사람으로 꼽히는 지쎈린의 표현을 빌리자면, 저술을 내는 것으로 시작되는 나의 '학자 생활'은 이미 20년을 넘겼다. 박사과정을 수료하던 해인 1992년에 학위 논문 주제로 사회윤리를 정하고 나서 번역한 글과 쓴 글을 모아 『포스트 모던 시대의 사회윤리학』이라는 제목의 부끄러운 편저서를 출간했으니 말이다. 그 시간 동안에 윤리학과 도덕교육을 연결시키는 책이나 동양 도덕교육론의 전통을 재해석하는 책을 내기도 했고, 관련 주제를 가지고 꽤 많은 논문이나 평론, 칼럼을 쓰기도 하고 많은 강의나 강연의 장에서 더 많은 사람들의 기대 섞인 시선과 마주하기도 했다.

그러다가 어느 순간부터 강의를 마치고 돌아 나오는 구비와 함께 동반하는 허전함과 공허감을 느끼게 되었다. 물론 그것이 강의를 제대로 하지 못했다는 통상적인 회한의 정서를 배제하는 것은 아니겠지만, 그것보다 더 근원적인 어떤 감정을 주체하지 못해 가능하면 남앞에 서는 일을 삼가야겠다는 다짐을 하곤 했다. 그러나 말과 글을 업으로 삼는 숙명은 그러한 다짐을 지키지 못하게 만들곤 했고, 결국은 그 대상과 정면으로 마주할 수밖에 없겠다는 결론에 이르게 되었다. 불교 공부를 하면서 어깨 너머로 배운 명상이나 참선의 방법이 도움이 되었는지, 드디어 그 대상의 실체를 잡아내는데 어느 정도는 성공할 수 있었다.

그 대상은 바로 **삶의 의미** 문제였다. 먼 길을 나서 몇 시간 동안 교사들이나 스님들, 또는 불교 공부에 관심을 가진 분들과 만나면서 결국 우리가 공유하고 있거나 공유해야 하는 물음이 삶의 의미라는 화두(話頭)일 수밖에 없다는 생각을 지속적으로 확인하게 된 것이다. 내가 왜 이 자리에 이렇게 서 있는 것일까? 이 자리가 어떤 의미가 있기에 나는 그 먼 길을 마다하지 않고 달려온 것일까? 이런 물음들이 꼬리를 물면서 그 물음의 바탕에는 삶의 의미 문제가 도사리고 있음을 어느 순간 알아차리게 된 것이다.

사실 이 문제는 우리 일상 전반에 광범위하게 퍼져 있는 평범한 물음이다. 어느 누구도 자신의 삶이 의미 없는 것이 되기를 바라지 않는다. 누군가에게라도 나의 삶이 의미 있게 새겨질 수 있기를 누구나 바라고, 또 그렇게 하려고 노력하면서 하루하루를 살아가고 있기도 하다. 그런데 나는 왜 새삼스럽게 이 질문에 붙들리게 된 것일까? 그것은 아마도 나 자신의 삶의 상징되는 21세기 현대 한국인의 삶이 그렇게 평범한 국면을 제대로 간직해 내지 못하고 있기 때문일 것이다. 물질적 풍요와 여유를 얻은 대가로 치러야 하는 경쟁의 칼날로부터 누구도 자유롭지 못하고, 그러면서도 먹고사는 문제에 급급하여 '이렇게 살아가도 괜찮은가'와 같은 근원적인 물음을 늘 뒷전으로 미뤄놓을 수밖에 없는 우리 한국인들의 삶이 이제 더 이상 견딜 수 없는 국면으로 치닫고 있다는 뜻이기도 하다. 실제로 주변에서 그런 물음을 전문가라는 기대를 갖고서 내게 던지곤 하는 사람들이 적지 않다.

그런 물음은 곧바로 내 삶의 의미 문제와 이어지면서 비수처럼 마음속으로 파고들었지만, 늘 스스로도 만족스럽지 못한 답변을 하고 마는 자신의 모습을 자괴감으로 바라보아야만 하는 순간이 더 많았다. 이 책은 그런 문제의식을 갖고 살아야 했던 지난 몇 년간 써온 글들을 모은 것이다. 장별로 온전히 통일된 수준이나 초점을 확보하고 있지는 못하지만, '21세기 한국인'이라는 정체성을 갖고서 살아가고 있는 자신을 포함한 이 땅의 사람들과 함께 정말로 의미 있는 삶이 어떤 것인지, 또 어떻게 하면 그런 삶을 구체적인 실존의 장에서 펼쳐 갈 수 있을지 하는 고민을 담고 있다는 점에서는 상당한 공유 지점을 확보하고 있는 글들이다. 그런 점을 감안하여 책의 제목을 『의미의 시대와 불교윤리』라고 정했고, 어느 정도는 필자의 의도가 잘 드러난

제목이어서 마음에 든다.

이 책은 특히 불교 공부의 과정에서 만난 스승에 대한 헌사의 의미도 담고 있다. 삼학원에서 만난 '가산 지관(智冠)'이라는 은사는 제도권 속의 대학원 공부에서는 쉽게 만나기 어려웠던 공부의 즐거움과 삶의 심연을 깨우쳐 주신 진정한 스승이셨다. 만약 그 분을 만나는 인연의 행운을 누리지 못했다면, 내 공부는 늘 삶의 심연이 지니는 서늘함에 미치지 못한 채 어느 언저리를 헤매고 있을 가능성이 높다는 생각을 하곤 한다. 그 분이 2012년 초 적멸에 드셨고, 그 후로 지금까지 그 분을 어떻게 보내드려야 할 지 모르는 황망함 속에 빠져들곤 한다. 이제 이 작은 결실을 통해 그 분과의 만남에서 비롯된 불교 공부의 한 자락을 펼쳐 보일 수 있게 되었다고 생각하니, 한편으로는 뿌듯하면서도 그 이상으로 그 분께 누를 끼치는 일을 하고 있는 것은 아닌지 하는 두려움을 떨칠 수 없다.

현실을 있는 그대로 허허롭게 받아들이면서도 다르마(dharma)를 향하는 시선을 늘 간직하고 계셨던 스승의 가르침을 헤아리면서 삶의 의미라는 화두를 놓지 않고 오늘 하루의 일상과 공부, 강의에 임하는 것이 그 분에 대한 최소한의 예의임을 잊지 않으면서 살고 싶다는 열망을 가져본다. 이런 열망이 이 땅의 고등학생으로 살아내고 있는 둘째 세원이와 고등학생 학부모라는 역할을 두 번이나 해내고 있는 아내 정례, 그리고 교사를 그만두고 박사과정에 전념하고자 하는 어려운 결단을 내린 첫째 새롬이와 함께하는 일상 속에서 활구(活句)로 살아 있기를 기대한다.

2013년 가을을 기다리면서…….

박 병 기 드림.

스승의 그림자

박병기

추석 연휴 지나고 강원도 양양
해풍 견디는 소나무 숲 자리한
송이 제 향기 뿜어낼 가을날
아침, 연초 적멸에 드신 스승
가산 지관스님 꿈 속 나타나
지어주신 거사호 부르며
환한 미소 지으신 후로
문득 문득 걸음 멈추곤 한다.

월정사에서 상원사 가는 길
함께 걸었던 일이나 경국사 입구
부도탑 새긴 글귀 소리 내 읽으며
그 분 스승에 대한 그리움의 회한
전해주시던 기억 되살아나고
책상 뒷편 늘 걸어두신 자운, 운허,
영암스님 영정 마음으로 전해져
생멸(生滅)의 사바세계 건너는
지렛대 삼기도 했지

이미 헤아림의 범위 넘어선
제자 갖게 된 후로 내게도
그런 다르마의 맥 이어가는
제자 하나쯤 있었으면 하는 바람
갖기도 하지만 어쩌면 그런 욕심
또 하나의 장애로 자리할지 몰라
망설이는 중에 송이 철 빼놓지 않고
불러주시던 스승의 그림자
앉아있는 단골 커피점
구석 자리 환하게 비추고 있다.

(2012년 가을을 맞으며……. 법연)

* 이 시는 스승 가산 지관스님을 생각하면서 2012년 가을에 얻어진 것이다.
  어설픈 이 시 한 편으로 그 분에 대한 뒤늦은 애도와 그리움의 마음을
  새기고 싶다. 법연(法淵)은 스승이 내려주신 거사호(居士號)이다.

목차

서론

'의미의 시대'가 다시 온 것일까?

1. 심상치 않은 징후들

우리 사회에 심상치 않은 움직임들이 감지되고 있다. 개화기와 일제강점기를 거치면서 제대로 된 우리들만의 비전을 꾸려내지 못했던 한국 현대사는 광복 후 미국과 소련의 대립으로 인한 한국동란이라는 최대의 비극을 맞아 휘청거려야만 했다. 모든 삶의 기반을 송두리째 빼앗긴 채 목숨을 이어가는 것만으로 위안을 삼아야 했던 그 비극이 지금의 우리에겐 할머니나 그 할머니의 어머니를 통해서만 들을 수 있는 전설이 되고 말았지만, 그 경험은 아직까지 남북관계는 물론 한중관계나 한미관계 같은 국제관계는 물론 남북한 주민들의 일상에서 작동하는 트라우마, 즉 무의식의 세계에서 작동하는 고통스런 후유증으로 남아 있다.

그럼에도 우리는 산업화와 민주화라는 2개의 목표를 성공적으로 달성해 냈다. 산업화는 국가가 주도하는 강력한 국민동원형 수출정책과 새마을운동으로 상징되는 국민계몽운동을 통해 이룩해 냈고, 민주화는 바로 그 국가주도형 산업화의 주역들을 향한 처절하면서도 지속적인 저항을 통해 이루어 냈다. 민주화의 대상은 한편으로 박정희, 전두환으로 상징되는 군부 독재자들이었지만, 더 근원적인 차원에서는 우리 자신의 삶의 양식 자체이기도 했다.

불교와 유교 공동체 사회의 경험을 바탕으로 가족을 중심에 두고 공동체 안에서 삶의 의미와 목표를 설정하는 공동체적 삶의 방식, 또는 양식이 민주화 과정을 거치면서 거의 온전히 바뀌고 말았다. '이기적이고 고립된 개인'을 전제로 하여 그들의 자유와 권리를 가장 소중한 것으로 생각하는 자유주의와 물질적 욕구를 근간으로 하는 시장(市場)과 경쟁만이 모든 문제를 해결할 수 있는 최선의 대안이라고 주장하는 자본주의라는 두 축을 전제로 하는 이른바 민주자본주의형 삶의 양식이 바로 그것이다.

성공의 기준을 어디에 두느냐에 따라 달라질 수는 있지만, 이러한 우리 한국의 경험은 세계적으로도 유례가 드물 정도의 성공으로 평가받고 있다. 산업화의 경우에는 1인당 국민소득을 기준으로 보아도 2만 불을 오르내리고 있고, 수출과 수입을 합한 국제무역 규모 또한 세계 10위권을 넘나들면서 어느 누구도 이의를 제기하기 힘들 정도의 성취를 보여주는 데 성공했다. 이러한 성취를 기반으로 삼아 이제는 문화 영역에서 한류(韓流)라는 나름 고유한 상품 브랜드를 만들어내고 있기도 하고, 외국 여행을 통해서도 달라진 우리나라의 위상을 쉽게 확인할 수 있다.

민주화의 성과는 어떨까? 자유주의에 기반을 둔 민주주의는 자본주의 체제와 만나면서 자유라는 정치적 차원의 권리와 사유권이라는 경제적 차원의 권리를 중심에 둔다. 그 기본권에 덧붙여 공평한 분배 같은 문제들을 주로 공정성이라는 가치를 중심으로 해서 강조하게된다. 우리의 민주주의는 '60년대 초반부터 본격화된 학생운동'과 '80

년대 광주민주화운동'을 정점으로 삼아 치열하게 전개되어 온 민주화 운동의 성과에 힘입어 정치적 차원을 넘어서서 생활양식으로 자리잡을 수 있게 되었다. 개인의 자유에 대한 최소한의 존중과 법적 보장이 가능해졌고, 경제적으로도 최소한의 생존을 보장받을 수 있는 사회안전망을 마련할 수 있게 되었다.

물론 아직 미진한 부분도 많이 남아 있다. 사회안전망의 경우에도 외형적인 장치만을 갖춘 정도에 머물러 그 망에서 아우르지 못하는 사람들이 적지 않을 뿐만 아니라, 일을 직접 감당해 내야 하는 사회복지사들의 업무 부담이 과도해 자살을 감행하는 사람들이 끊이지 않고 있기도 하다. 민주화의 경우에도 바람직한 시민사회 형성으로 쉽게 이어지지 않아 불필요하게 다른 사람들을 힘들게 하면서도 부끄러움조차 느끼지 않는 듯한 사람들이 적지 않게 출몰하고 있고, 특히 지나친 권리 중심의 평등의식이 확산되어 과정에서의 정당성이나 권리에 필연적으로 뒤따라야 하는 책임에 대한 인식도 높지 않다. 평등의식에도 기회의 균등이라는 차원보다는 주로 결과의 평등을 추구함으로써 자칫 도덕적 해이로 이어질 수 있는 가능성도 여전하다.

이런 와중에 생존 문제가 과장된 실체로 전환되어 모든 사람들에게 강력한 압박을 가해 오고 있다. 학생들은 그들만의 생존문제를 주로 성적 경쟁을 통해 감내해 내기 어려운 수준으로 맞고 있고, 대학생을 비롯한 2, 30대의 젊은이들은 흡사 전쟁터를 방불케 하는 취직 경쟁을 통해 맞고 있다. 이른바 베이비붐 세대라는 5, 60대의 장년층은 준비되지 않은 노후 걱정과 당장 눈앞의 실직 문제 등으로 공허감과 두려움 속에서 하루하루를 살아가고 있다. 그런 가운데 사회정의 문제 같은 공공영역의 쟁점은 점차 관심사에서 밀려나고, 당장 눈앞에서 확인할 수 있는 이득에만 혈안이 되는 사람들이 급속히 늘어나는 것은 어쩌면 당연한 결과인지도 모른다.

이런 징후들이 본격적으로 우리 삶의 중심에 자리하기 시작한 것은 1997년 구제금융사태[IMF] 이후이다. 국가재정 파산상태를 극복하기 위해 어쩔 수 없이 받아들여야 했던 구제금융은 그 구성원인 우리들에게 실직이거나 극심한 경쟁원리의 내면화라는 생채기를 남겼고, 비교적 '훌륭하게' 극복했다는 외적 평가에도 그 생채기는 더 짙은 그림자를 남겨 현재 우리의 삶 주변을 유령처럼 떠돌고 있다. 햇수로만 따져도 그렇게 살아오고 있는 것이 벌써 15년을 넘기고 있다. 그러면서 더 이상 견디기 어려울 지도 모른다는 절망감과 함께 아직 막연하기는 하지만 이전과는 다른 징후들이 나타나기 시작했다.

그 첫 번째 징후는 쉼에 대한 갈망이다. 경제적 여유를 바탕으로 해외여행이 보편화된 것은 그 시작에 불과하고, 그것과는 또 다른 차원의 쉼에 대한 갈망이 소리 없이 확산되고 있다. 그런 분위기 속에서 멈춤이나 쉼, 느림 같은 새로운 개념들이 과열이라 느껴질 정도의 관심 대상이 되고 있다. 그런 개념들은 사실 자본주의적 경쟁과는 상당한 정도의 긴장관계를 형성하는 것일 뿐만 아니라, 어떻게 보면 낯선 것들이기도 하다. 얼마 전까지만 해도 멈춤이나 느림은 경쟁에서 탈락한 사람들의 변명에 활용되거나, 무능력함과 동일한 속성을 지니는 개념으로 받아들여져 왔다는 사실을 상기해 보면, 이런 현상들은 놀라운 것이라고 할 수 있다.

두 번째 징후는 쉼을 넘어서는 무언가에 대한 새로운 갈망이다. 우리들은 언제부턴가 무리를 해가면서 해외여행을 하거나 꽤 긴 시간의 휴식을 취한 후에 한편으로는 재충전된 느낌을 받으면서도 다른 한편 여전히 무언가 미진하다고 느끼거나 그 쉼이 일시적인 처방에 불과했다는 느낌을 피할 수 없게 되었다. 처음에는 여행기간이 짧아서 그런가 하고 그 기간을 최대한 늘려보기도 하고, 국내에서 보내는 휴가기간에 휴대전화를 끄고 온전한 휴식을 취하고자 하는 노력을 하기도 했다. 그렇게 하고 나면 이전보다는 조금 나아지기는 했지만, 여전히 마음 한구석을 채우는 어떤 공허감을 떨쳐버릴 수 없다는 사실을 깨닫게 되었다. 그러나 다시 시작되는 일상의 파도 속에서 이런 공허감은 무시되거나 잊히게 된다.

이런 징후들이 우리 주변에 확산되기 시작하더니 이제는 많은 사람들이 쉽게 드러내지 못하면서도 혹시 누군가 그런 징후가 포함된 말을 하거나 표정을 지으면 적극적인 공감을 표시하고 있다. 더 나아가 적극적인 사람들은 그런 징후를 어떻게 해석하고 받아들여야 하는지에 대해 공부하기 시작했다. 손쉽게는 쉼이나 여행, 템플스테이와 관련된 검색을 하거나, 책을 뒤적이고 인문학 강좌 같은 강의를 들으러 나서기도 한다. 좀더 적극적인 사람들은 휴가를 아예 템플스테이로 대체하면서까지 그런 징후와 맞서보고자 한다. 이런 노력들을 통해서 우리가 얻고자 하는 것은 무엇일까? 그것은 바로 삶의 의미이다. 삶의 의미에 대한 관심은 아주 오래된 숙제이면서도 한동안 우리 삶의 중심축에서 멀어져 있던 문제이기도 하다. 이제 이 문제를 더 이상방치할 수 없는 상황에 처해 있음을 우리 모두가 직접적으로든 간접적으로든 공감하게 된 것일까?

2. 다시 '의미의 시대'를 맞고 있는가?

요란을 떨면서 맞이한 21세기도 어느새 10여 년의 시간을 축적하면서 소리 없이 깊어지고 있다. 대체로 20세기 중반 이후에 태어나 21세기를 온전히 넘기지 못하고 사라져 갈 운명을 지닌 우리들은 여전히 영원히 살 것처럼 겉으로는 아무렇지도 않게 잘 살아가고 있다. 오늘 아침 어렵게 눈을 뜨고 일터에 나가 견디다가 퇴근 후에 마시는 한 잔의 술로 하루를 달래기도 하고, 몇 번이고 들락거리는 커피점에서 쓰거나 달달한 커피를 테이크아웃 잔에 담아 들고 다니면서 잠시 피로를 잊기도 한다.

돌이켜 보면 우리 한국인들에게 20세기는 격변의 시대였다. 20세기 초반에 태어난 우리들의 할머니, 할아버지 세대는 일제강점기와 광복의 기쁨, 분단과 한국동란의 비극을 온몸으로 견뎌내야 했고, 그 다음 세대는 군부 쿠데타와 국민 동원형 근대화 과정을 압축적으로 경험해야만 했다. 그 과정에서 비인간적인 노동환경 속에서 하루 14시간씩 일하거나 최소한의 자유와 권리를 보장받기 위한 민주화 투쟁에 온 젊음을 던져야 했다. 다행히 외적인 경제성장을 거두었고 민주화 운동도 성공하여 전두환으로 상징되는 군부 독재 정권을 국민의 힘으로 몰아내는 성과를 거뒀고, 그 결과 세계적으로 민주화와 경제성장이라는 두 마리 토끼를 잡은 '모범적인 성공사례'로 평가받고 있기도 하다.

그러나 지금 우리의 삶 속에서는 그런 성공을 제대로 느끼거나 인정하기 쉽지 않다. 왜 그런 것일까? 한편으로 그 이유를 성공을 거둘수록 기준이 높아지는 이른바 '기준변화의 법칙'에서 찾아볼 수 있다. 평생을 무학(無學)으로 살아낸 우리 할머니의 가르침 중에 아직까지 생생하게 남아 있는 것 하나인 '욕심을 차차로 난다.'는 명제와 이어져 있는 것이기도 하다. 살 만해지면 다른 욕심이 나는 것이 인간의 본능이라는 말씀이다. 분명히 현재 우리의 불만 속에는 그런 요인들이 있다. 더욱이 우리는 오랜 역사 속에서 당대 최강의 나라와 비교하는 습관을 갖게 되었고, 그 대상은 중국에서 일본, 미국 등으로 바뀌고 있다.

이런 비교가 현재의 우리를 만드는 데 긍정적인 역할을 했음을 부정할 수 없지만, 다른 한편 불필요한 열등감의 원천으로 작동하고 있다는 사실에 대해서도 충분히 유념할 필요가 있다.

다른 이유로 우리는 우리 삶을 이루는 각 영역 사이의 심각한 균열을 꼽아볼 수 있다. 한 인간의 삶은 한편으로 개인적 영역 속에서의 몸과 마음의 조화를 기반으로 전개되고 다른 한편으로는 자신이 몸담고 있는 사회와의 조화 속에서 전개된다. 그 사회는 다시 정치와 경제 같은 외적인 제도와 문화나 가치규범 같은 내적인 준거를 동시에 지니면서 존속하여 그 구성원들의 삶을 구속하기도 하고 영향을 받기도 한다. 그런데 우리 사회는 급속한 성장 과정을 겪으면서 유난히 그 각각의 구성 요소들 사이의 균열이 심각하고 그에 따른 파열음이 곳곳에서 들려오고 있다. 합의보다는 폭력으로 문제를 해결하고자 하는 국회의원들이나 끊이지 않는 병역 비리 문제의 당사자들, 최소한의 교통질서를 지키지 않아 쉽게 줄어들지 않는 교통사고 사망률 등이 그런 파열음의 사례들이다.

이러한 파열음은 단순히 사회적 차원의 것만이 아니다. 인간과 사회의 연기적 관계망 속에서 우리 사회의 파열음은 곧바로 그 구성원인 우리들의 삶에서 흘러나오는 파열음과 연결된다. 가족을 가장 중요한 가치 중 하나로 내세우면서도 정작 가족들 사이의 유대감은 현저히 약화됨으로써 겪어야 하는 극심한 고통을 호소하는 부모와 자식들[1], 무모한 경쟁으로 서로를 내모는 일이 결국 자신의 아이들을 학교 폭력이나 자살로 내몬 결과를 빚고 말았다는 뒤늦은 회한을 담은

---

[1] 우리 국민들의 가치의식에 관한 최근 연구에서는 디지털 세대와 기성세대 모두 건강과 가족, 돈을 가장 중요한 가치로 생각하고 있는 것으로 나타났다. 정보통신정책연구원, 『디지털세대와 기성세대의 사고 및 행동양식 비교연구』, 2012.

신음 소리들 …. 더 나아가 왜 살고 있는지에 대한 물음은 뒤로 던져 놓은 채 하루하루를 견디는데 급급한 자신의 자화상을 어느 구비에서 문득 마주해야 하는 아득함과 절망감 …. 이런 것들이 우리 자신과 우리 사회가 각 구성요소들 사이의 연기적 관계망을 상실한 데서 오는 심각한 결과물들이다.

이런 결과는 물론 우리들만의 것은 아니다. 20세기 내내 우리의 부러움 대상이었던 유럽인과 미국인의 삶 또한 본질적으로 우리의 그것과 다르지 않고, 가까운 일본인들의 일상 또한 더 이상 우리들의 부러움 대상이 아님이 속속들이 밝혀지고 있다. 런던이나 파리, 뉴욕의 지하철에서 만나는 그들의 눈빛은 우리의 그것과 별로 다르지 않고 피로와 무심함으로 하루를 겨우 견디는 그들에게 유일한 희망은 주말의 휴식이거나 일 년에 한 번 찾아오는 비교적 긴 휴가이다. 한때 한 달씩 휴가를 즐기는 그들을 보면서 우리들도 언제나 저런 환상적인 삶을 살 수 있을까 하는 절망감을 느끼기도 했지만, 이제 우리는 그 긴 휴가의 실상과 허상을 한꺼번에 볼 수 있게 되었다. 일 년에 한 번 있는 휴가를 위해 산다는 말은 나머지 열한 달은 그 휴가비를 벌기 위해 고통스럽게 지낸다는 말과 다를 바 없다는 사실을 알아차리게 된 것이다.

18세기와 19세기를 거치면서 시민혁명과 산업혁명을 비교적 성공적으로 수행해낸 유럽과 뒤늦게 합류했지만 제2차 세계대전 이후 빠른 속도로 세계 정치경제는 물론 문화의 주도권을 거머쥔 미국, 메이지 유신을 통해 이른바 탈아입구(脫亞入歐)의 목표를 달성하고 제국주의와 자본주의의 흐름에 먼저 올라탄 일본 모두 이제는 더 이상 우리가 쫓아가야 할 목표일 수 없다는 사실 정도는 충분히 확인할 수 있는 수준에 도달해 버린 것이다. 사실 20세기 내내 우리 관심사를 차지해 온 것은 일본 제국주의 강점으로부터의 해방과 서양 문명에 대한 열등감에 기반을 둔 선진화, 그리고 여유로운 삶을 누릴 수 있는 문화적 기반 형성이었다. 그리고 이러한 목표들은 각각 그 배경에 제국주의와 냉전(冷戰), 서구 중심주의라는 이념적이고 정치적인 이데올로기를 전제로 성립된 것들이다.

일제강점기와 미군정기, 한국동란을 거치면서 우리는 민족주의와 반공주의를 최고의 이념으로 내세워야 했고, 그 후에는 각각 세계화와 지역화, 정보화라는 새로운 물결과도 적극적으로 접속하면서 이른바 '이념의 시대를 넘어 문화의 시대로'라는 구호를 지닐 수 있게 되었다. 그 과정에서 우리들만으로 주체성과 고유성이 새삼 강조되기도 했고, 영어라는 교통어(交通語)를 익히는 일에 과도한 관심과 돈을 투자하는 오류를 범하고 있기도 하다. 우리 삶에서 일정한 물질적 풍요를 전제로 하는 문화는 인간다움을 구현하는 핵심통로로 작동한다. 주말에 시간을 내어 들른 미술관이나 박물관에서 자신의 내면을 흔드는 감동을 맛보기도 하고, 함께 간 공연장에서 소중한 사람의 숨겨진 면을 발견하는 기쁨을 맛보기도 한다. 이제 이런 일들을 우리들 주변에서 찾는 데 큰 어려움이 없다. 마음만 먹으면 누구나 할 수 있는 일이 되어버린 것이다.

5천만 정도의 인구 규모에서 관람객 일천만을 넘기는 우리 영화가 드물지 않다는 사실도 한편으로 보면 이러한 여유와 문화적 삶에 대한 열망의 다른 증거로 해석될 수 있다. 더 나아가 일상으로 들어온 해외여행이나 올레길이나 둘레길 걷기 열풍 같은 것들도 모두 그런 '문화의 시대'로 우리가 이미 들어서고 있다는 징후들로 해석해 볼 수 있다. 물론 아직도 우리가 직접 몸으로 참여할 수 있는 활동들이 많이 부족하고, 여전히 생업에 쫓겨 그런 여유를 엄두도 내지 못하는 사람들이 있다는 사실을 경시해서는 안 되겠지만, 다른 한편으로는 한때 우리들의 불가능한 이상이었던 일들이 주변에서 쉽게 할 수 있는 일들로 전환되고 있다는 사실 또한 더 이상 부정할 수 없게 되었다.

그런데 그 '문화의 시대'가 오히려 더 많은 걱정과 절망을 가져오고 있다는 역설적인 현상이 우리를 당황하게 한다. '열심히 일한 당신, 떠나라'라는 한 광고문구에 열광하던 우리들이 정작 쉬는 과정과 결과 속에서 더 많은 공허감과 허탈감을 느끼는가 하면, 큰 맘 먹고 직장 상사의 못마땅한 눈초리를 감내하면서 감행한 비교적 긴 해외여행의 끝자락에 동반하는 허무함을 어떻게 받아들여야 할지 몰라 당혹스러워하는 자신과 마주하고 있다. 이젠 뭔가 차원이 다른 삶을 찾아야 하는 것은 아닌지 하는 생각을 하지 않을 수 없게 된 것이다.

필자는 이러한 상황을 **'의미의 시대'**라는 개념으로 규정하고자 한다. 사실 삶의 의미라는 말은 생각보다 오래 전부터 우리 주변에 존재하고 있었던 말이다. 동서양의 철학 전통에서 삶의 의미를 건드리지 않은 것이 없고, 현대의 과학기술에 기반을 둔 자연주의 전통에서도 삶의 의미는 '정말 어려운 문제이지만 뿌리칠 수 없는 문제'로 받아들여지고 있다. 그런데 우리 삶의 구체적 국면 속에서는 이런 물음과 개념을 제대로 받아들이지 않은 채 꽤 오랜 시간 동안 그저 생존해 왔다. 동서양을 막론하고 자유주의와 자본주의라는 이념적 잣대를 준거로 삼아 살아 온 20세기와 21세기 초반까지 삶의 의미는 우리들의 주요 관심사가 되지 못했다. 우리는 그저 돈이나 이념 같은 것에 매몰되어 있었거나, 문화라는 이름으로 포장된 얄팍한 상업주의의 위로에 자신을 내맡긴 채 하루의 생존을 이어 오고 있었다.

그런데 이제는 더 이상 그런 생존을 스스로 견딜 수 없을 것 같다는 비명소리를 공유하게 된 것이다. 이것은 비록 아직 미미하고 작은 소리이거나 혹시 잠시 주목을 받았다고 해도 곧바로 돈이나 경쟁에 의해 뒤로 밀려가는 소리일 가능성이 높지만, 확실한 것은 점점 더 그 소리의 크기와 울림이 확대되고 있다는 사실이다. 그렇다면 이제 이념과 문화의 시대를 넘어서는 '의미의 시대'가 본격적으로 오고 있는 것일까? 필자는 그렇다고 생각한다. 문제는 이런 의미의 시대는 이전 시대와는 달리 스스로 그것을 받아들이는 **자율성과 철학함을 요구**한다는 점이다. 이념이나 상업주의적 문화의 시대는 수동성의 기반 위에서 내가 그저 몸을 맡기기만 해도 충분히 그 위에 올라탈 수 있었지만, 의미의 시대는 그 의미를 스스로 발견하거나 부여해야만 한다는 점에서 **근원적인 자율성의 토대** 위에 설 수밖에 없다.

더 나아가 이 물음을 자신의 것으로 받아들이는 데서 그치는 것이 아니라 그 위에서 지속적으로 답을 찾아가는 과정을 전개해 나가야만 하기 때문에 철학함이 필수요건으로 대두될 수밖에 없다. 일부 자연론자들의 주장처럼 삶의 의미란 본래 없는 것인지도 모르고 따라서 그것을 찾고자 하는 노력은 무의미한 수고를 하는 일로 전락할 가능성이 있는지도 모른다. 아니면 싸르트르 같은 실존철학자들의 말처럼 그럼에도 우리는 진정성을 갖고 그 무(無, nothingness)의 세계와 정면대결을 벌어야 하는지도 모른다. 그 어떤 결론이나 답도 완전한 것은 없다. 따라서 의미의 시대에는 끝없이 물어가는 철학함의 과정만이 순수한 요청으로 남게 되는 것이다.

현재 우리의 철학함은 주로 서구적 맥락 속에서 이야기되고 있다. 우리가 철학함이라고 말할 때 그것은 영적인 것, 즉 다이모니온에 대한 열망을 마음속에 품고서 끝없이 되묻기를 시도하는 소크라테스적 철학함이거나 그 소크라테스적 철학함의 무모함을 인식하고서 철저한 파괴와 재건을 시도하는 니체적 철학함 중 하나일 가능성이 높다. 그런 철학함의 유효성에 충분히 유념해야 하지만, 우리에게는 선불교와 성리학으로 상징되는 전통적 철학함의 역사가 있다는 사실에도 그에 못지않게 유념할 때가 되었다. 특히 그 둘은 주희와 정도전, 이이 등의 사례에서 충분히 검증되는 것처럼 서로를 경계하면서도 닮아가는 철학함의 과정을 공유하게 되었다. 이 두 철학함의 전통을 오늘 우리의 상황에 맞게 살려낼 수만 있다면 우리는 안에서 작동하고 있는 서구적 맥락과 함께 전통적 맥락에 동시에 조응하는 의미를 살려낼 수 있는 튼실한 통로를 확보할 수 있게 될 것이다. 우리는 이 책에서 그 일을 선불교를 주축으로 하는 한국불교의 전통을 계율정신에 토대를 두고 현재 우리 상황에 맞게 되살려 보고자 하는 지난한 시도를 해보고자 한다.

3. 삶의 의미라는 물음과 우리 사회의 불교

멈춤이나 쉼, 느림 같은 것들은 열심히 또 빠르게 달리거나 일을 하는 상황에 대한 저항과 반감을 속에 숨기고 있다. 그런 반감은 그렇게 빠르게 일하는 과정에서 잃어버린 어떤 것이 있는 것 아닌가 하는 본능적인 회의감에서 비롯된다. 성과지표를 앞에 두고 강박증적으로 확인하거나 확인당하는 사람들이 되어버린 우리는 언제부턴가 그 성과에 따른 보상을 받을 때조차도 온전히 행복해지지 못하는 자신을 발견하고 우울해지기 시작했다. 그렇게 받은 돈으로 사고 싶었던 명품을 사서 과시해 보거나 남들이 쉽게 모방하기 어려운 자유여행을 다녀와서 과장된 행복을 사진과 글로 과시해 보려고 하지만, 그럴수록 한편으로 더 깊어지는 공허감을 감당하기 어렵다는 당혹스런 상황과 지속적으로 직면하게 된 것이다.

소통의 도구가 획기적으로 발달하여 마음만 먹으면 트위터나 카카오톡을 이용해 자신의 상황을 쉽게 노출시킬 수 있게 되었지만, 그런 몰입도 잠시뿐 소통하고 있다고 믿는 다른 사람의 과장된 몸짓에 눈살을 찌푸리는 일이 늘어가면서 또 스스로의 과장을 먼저 알아차린 다른 내면의 자아가 보내는 신호로 인해 곧 흥미를 잃어버리고 만다. 소셜 네크워크 서비스(SNS)라고 불리는 소통 공간에 자신을 과장해서 올린 적이 있는가를 묻는 한 설문결과에서 대부분의 사람들이 그런 경험이 있다고 답한 것이 그 한 근거이다. 더 심각한 문제는 그런 한계를 알면서도 쉽게 빠져나오지 못하는 근원적 외로움과 중독증이다. 한계를 알면서도 그나마 다른 소통도구가 없어서 그만두지 못하거나, 중독되어 시간과 기운 낭비임을 몸과 마음으로 절감하면서도 빠져나오지 못하는 경우가 주변에서 급속히 늘어가고 있다.

그런 가운데 어느 일상의 구비에서 우리는 '이렇게 살아가도 괜찮은가?'라는 철학적 물음과 만나게 된다. 어느 누구도 피해갈 수 없는 이 질문과 정면으로 마주하는 일은 두려움과 함께 회피하고픈 감정을 동반하곤 한다. 이렇게 계속 살아가는 것이 문제가 많음을 충분히 알면서도 다른 대안을 선택할 용기를 내기는 어렵고, 그렇다고 해서 계속 이어갈 자신도 없는 상황에서 택할 수 있는 길은 회피일 수밖에 없다. 그러나 문제를 회피한다고 해서 그 물음으로부터 자유로워질 수는 없다.

그럴 때 차선책으로 우리는 종교에 관심을 갖게 된다. 우리에게 종교는 우선 그리스도교와 불교 같은 제도적인 종교로 다가온다. 개신교와 가톨릭을 포함하는 그리스도교는 18세기 이후로 우리 정신세계에 영향력을 갖기 시작해서 지금은 가장 많은 신도수를 가진 한국을 대표하는 종교로 자리 잡았다. 집 주변 어디서나 볼 수 있는 십자가가 그 상징이고, 전체 인구의 거의 30%가 그리스도교임을 감안해 보면 오늘 하루 동안 만난 사람 중에 그리스도교인의 비율이 결코 낮지 않다. 어쩌면 그리스도교인이 아닌 경우라고 해도 그리스도교인과 만나지 않고 하루를 보내는 일이 거의 불가능해진 상황인지도 모른다. 불교의 경우에는 그에 미치지는 못하지만, 역시 전 국민의 4분의 1이 불교도라는 정체성을 갖고 있다는 통계청 보고서를 보면 만만치 않은 영향력을 발휘하고 있다고 평가해야만 할 것 같다.

종교(宗敎)는 말 그대로 '근원적인 가르침'이다. 다시 말해서 우리가 살아가면서 직면해야 하는 근원적인 질문에 대한 응답인 것이다. 이 근원적인 질문은 서양철학사에서는 형이상학적 물음으로 던져져 존재론적 응답으로 다루어져 왔고, 동양철학사에서는 도(道)나 천명(天命), 또는 다르마(dharma)를 탐구하는 과정과 결론으로 다루어지면서 우리에게 많은 삶의 지혜를 제공하는 보고 역할을 하고 있다. 그런데 그런 답변들은 끝없이 던지는 물음이면서 동시에 쉽게 답할 수 없는 화두(話頭) 또는 아포리아(aporia)의 형태로 제시되었고, 그런 답변방식에 만족할 수 없는 사람들은 좀더 분명한 답을 주는 종교에 귀의하게 된다.

우리 한국인들에게 불교는 그런 답변들 중에서 대표적인 것으로 받아들이고 있다. 죽음을 극복하는 것이 철학과 종교 모두의 궁극적 과제이지만, 불교의 경우는 그 자체로 철학이자 종교라는 속성을 지님으로써 좀더 복잡한 양상을 띠고 우리에게 다가오고 있다. 절대자를 전제로 하지 않는 자력신행(自力信行)을 강조하는 철학적 성격의 불교와 아미타 부처나 미륵 부처에 대한 온전한 귀의(歸依)를 전제로 하는 타력신앙(他力信仰)을 강조하는 종교적 성격의 불교 모두 우리에게는 익숙한 것들이다. 거기에 더해 우리 한국인들이 불교에 대해 갖고 있는 생각 중 하나는 승려 도박사건이나 폭행사건 등으로 상징되는 부정적 이미지이다. 자본주의 사회의 흐름 속에서 경계설정을 제대로 하지 못한 모든 종교계에서 공통적으로 노정하고 있는 문제들이기는 하지만, 불교계에 유독 가혹하게 느껴질 만큼 심한 비난이 쏟아지는 이유는 한국불교가 청정승가의 전통계승을 기본으로 내세우고 있기 때문이다.

'이렇게 살아가도 괜찮을까?' 하는 물음을 스스로에게 던지는 과정에서 찾게 되는 것은 결국 가치(價値)와 삶의 의미(意味)에 관한 물음이다. 이 물음과 혼자서 맞서 보다가 버거움을 느끼고 찾게 되는 것은 관련 책자들이다. 우리 현대사에서 그런 책으로 이름을 날린 것 중에서 불교적 물음과 응답을 담고 있는 것으로는 법정스님의 『무소유』와 혜민스님의 『멈추면 비로소 보이는 것들』을 꼽을 수 있다. 이 두 책의 비중과 영향력을 수평적으로 비교하는 일이 쉽지 않겠지만, 당대 사람들의 의미에 관한 물음과 관련지어 중요한 역할을 했거나 하고 있다는 평가에 인색할 필요는 없을 듯하다. 두 책 모두 고타마 붓다의 기본 가르침을 오늘에 상황에 맞게 재구성하여 소유를 향하는 맹목적인 경쟁으로 지쳐 있는 사람들 마음을 어루만져줌으로써 이 시대에 어울리는 불교의 역할을 충실히 수행해 낸 셈이다. 이것과 연결되면서도 좀더 실천적인 것으로는 하나의 문화로 정착한 템플스테이를 들 수 있다. 이제는 그 내실을 따져볼 수 있을 만큼 성장한 템플스테이는 자본주의적 일상에 지친 사람들에게 멈춤과 쉼의 실질적인 공간으로 자리잡고 있다.

이와 같이 부정적인 면과 긍정적인 면을 동시에 지니게 된 한국불교는 어쩌면 중대한 기로에 서 있는 것으로 보이기도 한다. 철학이자 종교로서 불교가 갖고 있는 잠재적 힘을 더 확실하게 보여주는 방향으로 갈 수도 있고, 자본주의적 질서와의 만남 과정에서 보여주고 있는 많은 문제점들이 심화되어 급격한 쇠퇴 과정으로 접어들 수도 있는 시점이라고 볼 수 있다는 것이다. 불교는 기본적으로 '이렇게 살아가도 괜찮은가'라는 철학적 물음에서 시작해서 '깨침에 기반을 두고 걸림 없는 자비의 삶'을 살아야 한다는 윤리적 답변과 지속적인 실천을 제안하고자 한다. 그것이 고타마 붓다 이후 수천 년의 역사 동안 지속되어 왔을 뿐만 아니라, 각 시대 상황이나 사회구조에 맞게 재구성되어 오늘에 이르고 있다. 한국불교는 최소한 세계에 살아 움직이는 대승불교권을 대표한다는 평가를 받을 수 있을 만큼의 외형을 지니고 있다.

그러나 한국불교는 동시에 그 외형과 기대에 걸맞는 모습을 보여주지 못한 채 스스로 쇠락의 길을 재촉하는 듯한 부정적인 징후들을 노골적으로 보여주고 있기도 하다. 가치와 삶의 의미 물음을 안고 스스로 찾아오는 사람들에게 깊은 실망감과 적대감을 심어주는 경우가 적지 않고, 이미 불교도라는 정체성을 갖고 있는 사람들을 지속적으로 붙들 수 있는 매력 또한 갈수록 적어지고 있기도 하다. 이런 상황을 극복할 수 있는 길은 무엇일까? 이 질문에 대한 답이 쉽게 찾아질 리가 없지만, 더 미뤄둘 수도 없는 절박감이 엄습하는 시기라는 사실 또한 부정할 길이 없다. 이 책은 그런 물음들을 주로 '계율정신'에 초점을 맞추고 모색해 본 어설픈 시도들을 모아본 것이다.

1부에서는 삶의 무상함을 직시하면서 그 의미를 찾아갈 수 있는 방법을 모색해 보면서 우리 문명의 근원적 속성인 디지털 상황을 전제로 하는 실존에 불교가 어떤 해석과 답변을 내놓을 수 있는지를 묻는다. 더 나아가 생존의 문제가 어느 정도 해결된 국면에서 제기되는 인권문제가 결국 삶의 의미와 연결될 수밖에 없다는 제안을 하고자 한다.

2부는 한국불교의 전통을 주로 계율정신에 초점을 두고 되살려보고자 하는 시도이다. 한국불교의 계율정신은 마음을 계율준수의 기준으로 삼아 생멸과 진여의 불이적 관계망 속에서 펼쳐져 왔다는 전제를 가지고 현대 서양철학과 윤리학의 핵심주제 중 하나인 자유의지의 문제와의 접점을 모색하고 생태윤리 같은 현대 윤리학과의 만남 가능성에 대해서도 살펴보고자 한다. 더 나아가 주로 남방불교권에서 유지되고 있는 상좌불교 공동체의 계율이 현재의 우리에게도 여전히 유효한지의 문제와 보편윤리로서 계율의 확산 가능성에 대해서도 조심스럽게 살펴보고, 한국 현대불교사에서 이런 문제들과 적극적인 접점을 찾아보고자 했던 청담 스님과의 대화를 수행론을 중심으로 시도하고자 한다.

　3부는 좀더 적극적으로 현재의 우리 사회가 직면하고 있는 다양한 문제들을 불교 계율정신에 바탕으로 두고 분석하면서 대안을 제시해 보고자 하는 시도들이다. 우리 사회의 근간을 위협하는 심각한 문제 중 하나로 부각된 자살문제를 비롯하여 생명윤리 문제를 살펴보고, 한국사회를 이끌어가기 위한 새로운 이념으로 연기적 독존주의(緣起的 獨尊主義)을 설정하고서 정의 문제와 정치 문제 등의 해결책을 모색해 보고자 한다. 그 과정에서 조선 불교사에서 임진왜란이라는 국난을 극복하는 데 삶의 상당 부분을 바친 사명 스님과의 역사적 대화도 함께 시도해 보고자 한다.

01

의미의 시대와 실존

제1장

무상한 삶의 과정에서 의미 찾기

I. 여정(旅程)을 시작하며: 시간과 공간, 삶의 의미

삶은 여행인가? 여행이 많은 사람들의 삶에서 차지하는 비중이 높아지면서 여행작가라는 이름으로 불리는 사람들도 늘어가고 있다. 휴일이나 휴가를 이용해서 잠시 여행을 떠나는 사람들도 있지만, 여행 작가들은 그 범위를 훌쩍 뛰어넘어 우리를 놀라게 하기도 한다. 잘 다니던 직장에 사표를 내고 몇 달씩 여행을 떠나는 사람들이 많고 어떤 경우에는 몇 년씩 전 세계를 돌면서 여행을 하기도 해서 우리들의 부러움과 경이감을 동시에 불러내기도 한다. 그러한 자신의 특별한 경험을 글로 써서 블로그를 비롯한 가상공간에 올려 놓았다가 나중에 책으로 출간하기도 한다.

쉽게 모방하기 힘든 사람들의 여행기를 읽으면서 그들의 여정을 마음으로 따라가 보는 것만으로도 많은 위안을 얻을 때가 있다. 새롭고 진기한 풍경과 풍습, 사람들의 이야기 속에 신선한 공기가 스며들어 있다는 느낌을 받을 때도 있고, 그러면서도 정이 넘치는 그곳 사람들과의 진한 만남을 전해들을 때는 어디나 사람 사는 곳은 비슷하다는 안도감을 느끼기도 한다. 사실 여행에서 얻을 수 있는 중요한 교훈 중의 하나는 피부색과 언어, 풍습 등의 차이에 비해 사람 사는 모습은 다 거기서 거기라는 사실을 직접 몸과 마음으로 확인할 수 있는 점이다. 그렇게 확인하고 나면 나 자신의 옹졸함이나 편견의 굴레가 견딜 수 없는 부끄러움으로 다가오기도 한다.

그런데 우리는 왜 그렇게 여행을 좋아하는 것일까? 많은 사람들이 일 년에 한두 번씩 주어지는 휴가를 위해 산다고 말한다. 얼마 전까지는 그런 말을 하는 사람들이 프랑스 사람 같은 유럽인이나 미국인들에 한정되어 있었지만, 이제 우리 주변에서도 그런 사람들을 발견하기가 어렵지 않다. 경제 규모가 세계 10위권을 넘나드는 우리의 상황이 그렇게 만들어 주었을 것이고, 가까운 사람들의 경험을 직간접적으로 접하면서 여행의 세계에 빠져드는 사람들이 빠르게 늘었기 때문일 것이다.

여행을 떠나는 이유는 대체로 일상의 굴레로부터 벗어나 자유로우면서도 색다른 경험을 즐길 수 있기 때문이다. 먹고사는 문제를 스스로의 힘으로 해결해야 한다는 준엄한 명령으로부터 자유롭지 못한 자본주의 체제 속에서의 일상은 그 문제가 주로 돈을 버는 일로 집중되면서 '돈 버는 일'과 '돈이 늘 부족하다.'는 강박관념으로 채워지곤 한다. 누군가에게 의존하지 않고 자신이 먹고사는 문제를 해결하는 일은 인류의 역사가 시작된 이래로 모든 사람들에게 적용되어 온 숭고한 문제이지만, 그것이 돈이라는 수단을 매개로 하게 되면서 양상이 사뭇 바뀌게 될 수밖에 없었다.

우리 집안에서 천덕꾸러기 신세가 된 십 원짜리 동전을 만드는 데는 몇 십 원의 돈이 들어간다고 한다. 거꾸로 우리 지갑 한 귀퉁이를 차지하고 있는 오만 원짜리 지폐를 만드는 데는 그보다 훨씬 적은 돈이 들어간다. 이처럼 우리가 벌고자 하는 돈은 그 실물가치와는 전혀 다른 차원에서 평가되면서 우리들의 삶 깊숙한 곳에 둥지를 틀고 있다. 유산과 같은 운의 요소에 따라 각자 처한 상황이 달라지기도 하지만, 우리 사회의 어떤 구성원도 돈으로부터 온전히 자유롭지는 못하다. 그러다보니 거의 모든 사람들이 자신이 가진 돈이 늘 부족하다는 강박관념을 갖게 된 것이다.

돈에 대한 강박관념은 많은 것들을 빼앗아갈 수 있다. 우선 인간관계를 훼손할 수 있고, 시간과 공간에 대한 우리의 관념을 바꿔 놓을 수도 있다. '시간이 곧 돈이다.'라는 폭력적인 명제는 최소한의 생존이 보장되지 않는 사회에서 분명히 일정한 역할을 할 수 있지만, 그 수준을 넘어선 사회와 인간에게는 말 그대로 폭력이 된다. 시간을 절약하고 밀도 있게 일해서 돈을 버는 일 자체를 나쁘게 볼 필요는 없지만, 그것이 한 사람의 하루 전반을 지배하게 될 때는 선이 아닌 악으로 전락할 가능성이 매우 높다. 악이 따로 존재하는 것이 아니라 선의 결핍이거나 과잉이라는 윤리학의 관점이 이 지점에서 정확하게 작동하게 되는 것이다.

공간에 대한 우리의 생각에도 이 강박관념은 많은 영향을 미친다. 몸을 가진 존재자로서의 우리는 그 몸을 담을 수 있는 공간을 떠나 존재할 수 없다. 그런 점에서 적절한 공간 확보는 인간에게 주어진 숭고한 과제이다. 한반도에 처음 정착했던 원시인들이 하루 종일 수렵을 하다가 지친 몸을 누일 수 있는 동굴이나 움막을 찾아 들어가는 모습을 상상해 보면 그 숭고함에 대해 누구나 쉽게 동의할 수 있다. 현재의 우리는 어떤가? 한편으로는 동질적인 갈망을 갖고 있기도 하지만, 다른 한편으로는 그 공간 확보가 주로 아파트와 같은 부동산 확보에 집중되면서 상당한 정도로 달라진 모습을 지니게 되었다.

공간은 이제 단지 지친 우리의 몸과 마음을 누일 수 있는 곳이라는 의미를 넘어서서 돈을 모으고 유지해 가는 수단으로 전락한 지 오래다.

우리 땅에서 살아가고 있는 사람들에게 공간의 문제는 상당한 정도의 압박감으로 다가오고 있다. 아파트를 이른바 재테크의 주요 수단으로 활용하는 데 익숙해져 있는 기성세대들은 바로 그 아파트값이 지속적으로 떨어지고 있다는 강한 압박감에 시달리고 있고, 새롭게 가정을 꾸리거나 독립된 생활을 하고자 하는 젊은 세대들은 자신이 버는 돈으로는 안정된 공간을 확보하는 일이 너무 어렵다는 절망감을 공유하고 있다. 이제 더 이상 집이 자신의 몸과 마음을 누이는 공간이 아니라, 오히려 정신적 압박감을 불러오는 공간으로 변화하고 말았다.

이렇게 우리 삶에서 시간과 공간이 왜곡되고 과장된 형태로 바뀌면서 우리의 일상 또한 그렇게 바뀐 시간과 공간에 내몰리는 양상으로 변화된 것은 어쩌면 자연스런 귀결이다. 하루하루의 삶을 스스로 이끌어가기 보다는 늘 끌려가고 있다는 느낌을 떨치기 어렵고, 일을 하면서도 그 안에서 삶의 의미와 보람을 발견하기보다는 그저 봉급날을 간절히 기다리면서 시간과 공간을 견디고 있다는 가벼운 절망감마저 느끼기도 한다. 그런 느낌들을 감내하면서 긴 줄을 서서 점심을 먹고 또 더 긴 줄을 서서 테이크아웃 커피를 받아들면서 중독 같은 일상을 살아 내고 있다. 이런 모습이 이전에는 서울을 비롯한 수도권 거주자들에게 한정되었지만, 이제는 전국적으로 확산되어 있다. 혹시 아직 그런 '혜택'을 누리지 못하는 곳에 사는 사람들은 언제나 그 쓴 커피를 마실 수 있게 될까 하는 결핍감에 시달리고 있다.

휴가와 여행은 그런 일상을 넘어설 수 있는 귀한 계기를 마련해 줄 수 있다. 주말을 이용한 가벼운 여행도 좋지만, 휴가를 이용한 해외여행은 상당한 정도로 그 일상의 굴레로부터 탈출할 수 있는 기회를 제공해 주곤 한다. 혼자서 떠나거나 마음이 맞는 사람과 함께하는 여행은 자신이 몸담고 있던 시간과 공간을 처음부터 다시 관조해볼 수 있는 기회를 주기도 하고, 새로운 사람이나 경험과 만날 수있는 좋은 기회를 만들어 주기도 한다. 그런 여행이 우리에게도 일상화되면서 이제 '휴가를 위해 산다.'는 말을 하는 사람을 주변에서 찾기가 어렵지 않게 되었다. 그렇게 보면 우리도 오래도록 갈망해 왔던이른바 '선진국 대열'에 분명히 합류하게 되었음을 부인할 길이 없다.

그런데 왜 이렇게 허전한 것일까? 가끔씩 일과로 이어지는 회식에서 주량을 넘어서는 술을 억지로 마시고 귀가하는 전철 창문 유리창에 비치는 자신의 모습을 물끄러미 바라보면서 이유를 알 수 없는서러움이 엄습하기도 하고, 열심히 일해서 다른 사람에 비해 훨씬더 많은 성과급을 받아 한턱 쏘고 돌아서는 길에서 원인을 알 수 없는슬픔과 마주하기도 한다. 내 몸과 마음이 언제까지 버텨줄까 하는두려움이 섞이기도 하고 과연 이렇게 살아가도 괜찮은 것인지 하는턱없는 철학적 물음이 눈앞에 나타나기도 한다. 그러나 그것도 잠시다시 눈을 감고 잠을 청하거나 쓸데없는 생각이라고 규정지으면서애써 외면해 버리기도 하지만 어느 틈에 다시 나타나곤 하는 그런질문들과 허전함을 온전히 떨쳐버리지는 못한다.

그런 날들이 지속될 때 우리는 긴 휴식과 여행을 꿈꾼다. 상관에게결재를 받아야 하는 불편함을 감수하며 여행을 기획하고 실행에 옮기면서 이미 마음은 들뜨기 시작하고 행복감이 밀려들기 시작한다. 그러나 그런 행복감이 여행지에서 그대로 유지되는 경우는 드물다. 낯선 곳에 대한 두려움이 엄습할 때도 있고, 인터넷에서 확인한 것만큼쾌적하지 않은 숙소 때문에 마음이 상할 때도 있다. 여행지에서 만나는 사람들도 늘 좋은 것만은 아니다. 불쾌한 경험을 하고 나면 내가 괜히 여행을 왔나 하는 가벼운 후회가 밀려들지만, 이쯤해서 밀고 올라오는 본전생각 때문에 돌아와서는 좋은 기억들만 불러내면서 정말 좋은 여행이었다는 공허한 외침을 주변사람들에게 들려주곤 한다. 그러나 정작 그 사람들은 나의 이야기에 제대로 마음을 주지 않는 것 같아 속상해 하는 과정을 반복하며 우리는 오늘도 여행을 꿈꾼다.

물론 그렇다고 해서 우리가 여행을 포기해야 한다는 말은 아니다. 그런 여행마저 포기한다면 우리에게 출구가 없어지는 셈이고, 그런 일상을 견디는 일은 상상하기 어렵기 때문이다. 다만 이 여행에 무언가 더해져야 하는 것은 아닌가 하는 물음을 던져 보고 싶을 뿐이다. 우리의 삶을 이루는 시간과 공간이라는 요소는 물질적 차원과 정신적 차원으로 나뉘어 다가온다. 물질적 차원은 물리적으로 확정되어 있는 시간과 공간을 지칭하고 정신적 차원은 그것과는 별개로 우리 스스로 체험하는 시간과 공간을 지칭한다. 사랑하는 사람과 함께하는 한 시간이 만나고 싶지 않은 사람과 보내는 한 시간과 같지 않은 것에서 이 두 차원을 확인할 수 있다. 시간과 공간의 정신적 차원은 삶을 이루는 세 번째 요소인 의미의 차원과 직접적으로 연결된다. 짐승들과 차별화되는 인간의 삶은 바로 이 의미의 차원에서 비로소 확보된다. 의미를 추구하지 않는 삶이란 단지 시간과 공간의 확보를 통해 일정 기간 지속되는 짐승의 그것과 전혀 차별화되지 않기 때문이다.

일상 속에 있거나 여행을 하거나 이 의미 문제는 늘 우리 주변을 맴돌고 있다. 다만 우리가 그것을 제대로 받아들여 대접해 주지 않고 있을 뿐이다. 만약 이 의미 문제에 제대로 주목할 수 있다면, 일상과 여행을 굳이 구별할 필요가 없다. 일상 속에서 의미를 찾아가는 일은 전혀 불가능하지 않고, 거꾸로 여행을 떠난다고 해서 의미 문제가 저절로 찾아드는 것도 아니다. 자신의 삶을 의미 없게 보내고 싶은 사람이 있을까? 그런 사람은 없을 것이다. 그런데도 일상 속에 함몰되어 살아가는 우리 자신들이 그 의미 문제를 제대로 인식조차 하지 못하고 하루하루를 소모하는 일이 반복되는 이유는 무엇일까?

이 책은 이런 질문에 대한 답을 찾아가는 여행을 목표로 한다. 이 질문에 제대로 답할 수 있기 위해서는 여러 가지 관련 질문들을 동시에 살펴야 한다. 그 중에는 그 의미라는 게 도대체 무엇인지, 꼭 의미를 추구하는 삶이어야 하는지 같은 기본 질문도 있고, 만약 찾아가야 한다면 도대체 어떤 방법으로 어떻게 찾아가야 하는지와 같은 방법론적이고 실천적인 물음도 있다. 생활의 풍족함에서 더 이상 부족하다는 엄살을 부릴 수 없는 수준에 올라선 우리 한국인들에게 이 질문만큼 절박한 것은 없다. 이제 더 이상 이 질문을 외면하면서 살아가는 것이 불가능한 임계점에 도달한 것 같은 느낌을 받을 때가 많다. 어찌 보면 식상하리만큼 오래된 주제인 삶의 의미 문제에 대해 우리 사회 어느 누구도 쉽게 관심을 보이지 않는 이 비정상적인 상황을 더 이상 끌고 갈 수는 없다고 판단되어 이렇게 작은 발걸음을 내딛고자 하는 마음을 내보고자 한다. 얼마나 근사한 답을 내놓을 수 있을까 하는 우려와 두려움이 밀려들기도 하지만, 현재 자신의 한계 안에서 최선을 다해 답을 찾아가는 과정을 함께 하고 싶다는 열망으로 첫발을 내딛는다.

II. 삶의 의미를 물어가는 몇 가지 방법

1. '삶의 의미'라는 화두(話頭)

우리는 살아가면서 많은 물음을 던진다. 신문이나 방송에서 접하는 새로운 단어나 개념을 누군가에게 묻기도 하고, 처음 만나는 사람의 나이나 고향, 취미를 묻기도 한다. 때로는 자신에게 누군가를 정말로 좋아하는지 묻기도 하고 내 자신이 정말로 원하는 일이 갑자기 궁금해져서 독백 같은 질문을 스스로에게 던지기도 한다. 그런 후에는 답을 찾아보려고 노력하고 쉽게 찾아지지 않으면 포기하고 다른 일을 시작하는 것으로 어설프게 마감하는 경우도 많다.

우리가 관심을 갖고 있는 삶의 의미라는 물음은 자신과 다른 사람 모두에게 던질 수 있는 질문이다. 자신이 존경하는 선생님이나 신부님, 스님에게 삶의 의미가 무엇이라고 생각하는지를 물을 수도 있고, 가까운 친구들과 가벼운 대화를 나누던 중에 자연스럽게 그런 무거운 화제를 내놓고 답을 들어볼 수도 있다. 그렇지만 이 질문은 기본적으로 자신에게 묻고 답하는 성격을 지닐 가능성이 높다. 왜냐하면 설령 선생님이나 친구에게 답을 들었다고 해도 그것이 곧 자신의 답이라고 보기 어렵기 때문이다. 삶의 의미를 규정짓는 보편적인 요소가 있을 수 있음을 부인할 수는 없지만, 그 보편적 요소는 발견하기도 쉽지 않고 혹시 누군가 찾아서 내게 전해 준 경우라고 해도 자신의 삶 속에서 녹여내지 않으면 추상적인 선언에 그칠 가능성도 높기 때문이다.

'삶의 의미가 무엇일까?'라는 질문을 스스로에게 던질 수 있는 존재자는 현재까지는 인간뿐인 것으로 보인다. 외계에 우리만큼의 지적 능력을 가진 존재자가 있을 수 있다는 주장이 상당한 설득력을 지니지만 아직까지 직접 발견한 경우는 없기 때문이다. 그런데 왜 인간은 다른 존재자들과는 다르게 자신의 삶의 의미에 대해 묻는 것일까? 이 질문에 대한 가장 적절한 답은 아마도 의미 없는 삶을 견디기 어려워하는 어떤 본성이 인간에게 내재되어 있기 때문이라는 답변일 듯하다. 인간에게 그런 본성이 정말로 내재되어 있는지와 만약 그렇다면 그 본성은 어느 곳에 어떻게 존재하고 있는지 같은 질문들이 계속 던져질 수 있지만, 어느 누구도 의미 없이 살다가 엄청난 두려움 속에서 죽음을 맞고 싶어 하지는 않는다는 경험적 증거만으로도 그런 본성이 있다는 확신을 가질 수 있다.

　오히려 더 곤란한 문제는 그런 전제에 동의한 이후에 등장한다. 그것은 그 의미가 도대체 무엇인가 하는 질문과 관련된다. 의미(意味, meaning)라는 개념은 현대의 언어철학적 기반 위에서 특정한 뜻을 지니는 것으로 해석되지만, 우리가 관심을 갖고자 하는 것은 그것과는 일정한 차이가 있는 일상적이고 상식적인 것이다. 일상 속에서 의미 있는 일이란 우선 가치 있는 일이라는 말과 통한다는 점에서 의미는 가치(價値)와 밀접한 연관성을 지닌다고 말할 수 있다. 가치는 값어치라는 말과 관련을 지니고 값어치는 어떤 물건에 매기는 가격과 관련이 있다. 그런데 가치는 그 대상이 물건의 범위를 넘어서는 개념이기 때문에, 결국 그렇게 본다면 가치는 어떤 물건 또는 상황, 사태가 지니는 값어치라고 정의할 수 있다. 그런 점에서 가치는 물질적 가치와 정신적 가치로 분류되기도 하고, 경제적 가치와 도덕적 가치, 미학적 가치 등으로 분류되기도 한다.

　자본주의 사회에서는 그런 가치들 중에서 특히 물질적 가치 또는 경제적 가치가 강조된다. 물질적 가치나 경제적 가치는 다시 돈으로 치환되어 우리 삶은 돈을 향한 열망으로 지배받고 있다. 이런 상황 속에서 삶의 의미는 자연스럽게 돈으로 상징되는 물질적 가치에 대한 추구로 정의된다. 돈을 많이 벌어서 은행잔고를 높여 놓고 쓰고 싶은 대로 쓸 수 있는 삶이 의미 있는 삶이고, 그런 사람이 '잘 사는' 사람이라고 규정짓는 데 대부분의 사람들이 동의할 것이다. 만약 이 동의가 올바른 답이라면 삶의 의미라는 질문은 더 이상 던질 필요가 없는 단순한 성격을 지니게 된다.

그런데 문제는 우리가 부러워할 만한 돈을 가지고 있는 사람들도 여전히 삶의 의미에 대한 물음을 던져버리지 못하는 데서 생긴다. 돈이 보장해 주는 편의성을 충분히 누리는 사람들도 어떤 결정적인 상황에 처하게 되면, 즉 죽음과 같은 절대적 상황에 직면하게 되면 삶의 의미를 다시 묻게 된다는 것이다. 그렇다면 돈으로 상징되는 물질적 가치가 곧 삶의 의미이거나 그것을 규정짓는 핵심요소라는 명제에 대해 의심할 수밖에 없게 된다. 이런 의심은 돈 문제에 한정되지 않고 심지어 도덕적 가치나 미적 가치를 지니는 대상에까지 지속적으로 확산되는 순환의 고리를 지닌다. 다시 말해서 쉽게 답할 수 있는 성격의 질문이 아니라는 것이다.

우리 전통사상의 뿌리를 이루고 있는 불교와 유교는 각각 인도와 중국에서 발원해서 우리나라를 거쳐 일본으로 전해진 동아시아사상의 핵심내용들이다. 그 중에서도 우리나라에 와서 좀더 심화된 형태로 정착한 것은 선불교(禪佛敎)와 성리학(性理學)이다. 선불교는 석가모니 붓다와 그의 제자인 가섭존자가 주고받은 가르침의 전통을 동아시아의 상황에 맞게 재구성한 불교로 현재까지 한국불교의 핵심 전통을 이루고 있다. 선불교에서는 스승이 제자에게 쉽게 답을 찾을 수 없는 질문 하나를 던져주고 이 질문을 오롯이 붙드는 간화선(看話禪)의 방법을 가장 중시하는데, 이때 던져지는 질문을 화두(話頭)라고 한다.[1] 이 화두의 특징은 일상적으로 우리가 접할 수 있는 것이면서도 쉽게 무슨 뜻인지 알기도 어렵고 하나의 답을 구하기도 매우 어렵다는 점이다.

'뜰 앞의 잣나무', '마른 똥 막대기', '이뭣고(이것이 도대체 무엇인 가)' 등이 선불교에서 가장 많이 활용하는 화두들이다. 우선 이 질문 이 무엇을 의미하는지가 알쏭달쏭하고 그러다보니 확실한 답을 찾는 일은 더 어려울 수밖에 없다. 삶의 의미에 관한 질문도 동일한 성격을 지닌다. 도대체 그것이 있는지조차 의심스러울 때도 있고, 있다고 하 더라도 모든 사람에게 적용될 수 있는 보편적인 답이 있는지 확신하 기도 어렵다. 그런 점에서 삶의 의미는 전형적인 화두의 성격을 지닌 다고 말할 수 있다. 누구나 붙들고 있고 또 붙들어야 하는 질문임에도 그 질문의 성격도 분명하지 않고 답을 찾는 일은 더 어렵다는 점에서 '삶의 의미'는 그 자체로 훌륭한 화두이다. 이제 우리에게 남은 문제는 이 화두를 우리의 일상 속에서 어떻게 간직하면서 답을 찾아갈 것인 가 하는 것이다.

2. 철학을 활용하는 방법

삶의 의미라는 화두를 우리의 일상 속에서 중심에 두고 탐구해 가 고자 할 때 가장 먼저 떠올릴 수 있는 방법은 철학(哲學, philosophy) 을 활용하는 것이다. 우리 사회에서 철학은 대체로 대학의 철학과에 서 가르쳐 주는 철학개론에 나오는 것으로 받아들여지고 있거나, 아 니면 미아리고개에 줄줄이 늘어서 있는 점집을 가리키는 '동양철학' 또는 '명리철학(命理哲學)'의 그것으로 받아들여진다. 전자의 경우 고대

---

1) 화두의 성격과 해석 방법 등에 관한 보다 상세한 이야기는 선불교 전공 학자인 김영욱의 『화두를 만나다: 깨달음을 부수는 禪』, '화두란 무엇인가', 프로네시스, 2007, 11~21쪽을 참고할 수 있다.

그리스 철학자 소크라테스(Socrates)부터 하이데거(M. Heidegger) 같은 독일 철학자에 이르는 많은 전문 철학자들의 학설을 요약해 놓은 철학사적 성격을 지닐 가능성이 높고, 후자의 경우 주로 주역(周易)이라는 동양 고대의 경전에 토대를 두고 사주나 이름을 가지고 운세를 점치는 것일 가능성이 높다. 불행히도 우리는 이 2가지 형태의 철학 모두에 큰 관심을 보이지 않는다. 우리 삶과 관련이 없는 현학적 담론에 불과하거나 거꾸로 신뢰할 수 없는 운명론이나 펼치면서 돈을 뺏어가는 사이비라는 의구심을 떨치지 못하기 때문일 것이다.

물론 우리 사회에서 철학이 전혀 인기가 없는 것은 아니다. 철학자 강영안의 체험적 진술처럼 일반인을 대상으로 하는 철학강좌에는 수백 명의 사람들이 몰려들기도 하고, 대학에서도 주전공이 아닌 복수전공이나 부전공의 형태로 철학을 택하는 사람들의 경우도 결코 적지 않은 상황이다.[2] 그럼에도 전반적으로 대학생을 비롯한 젊은 세대들에게 철학은 그다지 인기가 없는 것은 부인할 수 없는 사실이다. 그 원인은 우선 일자리를 구해야 한다는 강박관념에 시달리고 있고 그 배후에는 자본주의 물질문명이 자리하는 점에서 찾을 수 있고, 다른 한편으로 철학과 철학자들이 우리에게 설득력 있게 다가오는데 실패한 데서 찾을 수 있다.

이처럼 우리 사회에서 철학은 제자리를 잡지 못하고 있다. 사실 19세기 중반 철학(哲學)이라는 말이 필로소피(philosophy)의 번역어로 니시 아마베라는 일본학자에 의해 선택된 이후로 서양 철학이 곧 철학이라는 등식이 자리 잡았고, 그런 '철학'에서 불교와 유교 같은 전통사상이 어떤 위치를 점할 수 있는지를 놓고 많은 논란이 있었지

---

2) 강영안, 『철학은 어디에 있는가: 삶과 텍스트 사이에서 생각하기』, 한길사, 2012, 5~6쪽 참조.

만, 현재까지도 혼란은 여전하다. 세계학계가 서양학문 위주로 편성된 현대 학문사(學問史)에서 대부분의 학문영역이 그런 곤란을 겪고 있지만, 특히 철학 같은 인문학의 경우에는 자신의 전통으로부터 결코 자유로울 수 없다는 점에서 그 곤란은 단순한 이론적 차원의 난감함으로 끝나지 않는다. 오늘 이 땅에서 철학을 하고 있는 사람들은 모두 이 난감함을 피해갈 수 없고, 그나마 다행인 것은 그런 난감함과 직접 대면하면서 자신의 관점에서 최선을 다해 '우리의 철학', 또는 '한국 철학'을 정립하고자 하는 진지한 철학자들이 늘고 있다는 점이다.[3]

철학의 정체성에 관한 물음이 지속적으로 던져지고 있는 상황 속에서 철학이 무엇인지를 정의하는 일은 매우 어려운 과제가 될 수밖에 없다. 자칫 특정한 입장에 치우친 정의를 내리는 가운데 그에 못지않게 중요한 다른 관점을 배제해 버리는 결과를 빚을 수도 있고, 지나치게 포괄적인 정의에 그쳐 실질적으로는 아무 것도 말해 주지 못하는 무력감을 보일 수도 있다. 그러나 우리가 삶의 의미를 찾아가는 과정에서 철학에 의지하는 방법을 포기할 수는 없다. 왜냐하면 우선 철학사 속에 그것과 관련된 풍부한 자료들이 포함되어 있기 때문이고, 특정한 종교에 온전히 의존할 수 없는 우리의 상황 속에서 철학 말고는 삶의 의미에 관한 진지한 고민을 할 수 있는 학문영역을 찾기가 어렵기 때문이다.

철학은 우선 본질적인 물음을 지속적으로 던지는 일을 그 핵심요소

---

3) 필자가 알고 있는 범위 안에서 그런 철학자들을 꼽아 본다면, 원로 철학자로는 김형효, 박동환, 박이문, 소흥렬 등이 있고, 중견 철학자로는 강영안, 김상봉, 백종현, 이기상, 박찬국, 한자경 등이 있다. 이들은 모두 서양철학을 주전공으로 하면서도 동양철학의 텍스트나 한국적 맥락에 대해서도 충분히 유념하면서 주체적으로 재해석하고자 하는 자세를 견지한다는 공통점을 지니고 있다.

로 삼는다. 우리에게 주어져 있는 것들을 당연시하지 않고, 그것이 왜 그렇게 주어져 있는지를 물으면서 그 배후로 시선을 던지는 일이 철학의 첫 번째 업무이다. 철학의 원조로 평가받는 소크라테스는 멀쩡히 잘 살고 있는 아테네인들을 향해서 정말로 잘 살고 있는지를 귀찮을 정도로 묻다가 결국 그들에게 죽임을 당했고, 철학이자 종교인 불교의 창시자인 고타마 붓다도 부족할 것이 없는 왕자의 삶에 대해 회의하다가 결국 박차고 나와 고행을 시작했다. 그들 모두 철학은 본질적인 물음을 지속적으로 던지는 일임을 몸으로 보여준 것이다.

그렇다고 해서 철학이 끝없이 물음을 던지는 일에만 제한되는 것은 아니다. 어떤 철학이든지 그 나름의 맥락에서 인간과 세상을 바라보는 관점, 즉 세계관을 제시하고자 노력한다. 물론 분석철학과 같은 현대철학의 경우는 그러한 세계관 제시에 소극적인 모습을 보여주기도 했지만, 분석철학에도 세상을 보다 명료한 시선으로 바라볼 수 있어야 한다는 세계관이 일정하게 포함되어 있었음을 부정하기 어렵다. 분석철학의 창시자 비트겐슈타인(L. Wittgenstein)의 표현처럼 그들은 '말할 수 있는 것들만' 분석적으로 언급하고 '말할 수 없는 것들'에 대해서는 침묵하면서 단지 삶 속에서 실천을 통해 묵묵히 구현해 가는 이중적 방책을 갖고 있었는지도 모른다. 우리가 철학사를 공부하면서 얻을 수 있는 것은 바로 이러한 철학 또는 철학자들이 제시해 놓은 세계관을 배울 수 있다는 점이고, 그 각각의 세계관을 그가 살았던 시대상황과의 연계성 속에서 고찰할 경우 현재 우리의 세계관을 얻는데 많은 도움을 받을 수 있다.

그런데 만약 어떤 철학이나 철학자가 제시하는 세계관을 무조건적으로 받아들이면서 신봉해 버린다면 어떻게 될까? 이런 자세는 철학이 갖추고 있어야 하는 첫 번째 자세이자 내용이기도 한 물음의 원리,

즉 우리에게 주어지는 모든 것들을 질문의 대상으로 삼는다는 원칙에 위배된다. 우리 사회에서도 이런 류의 철학자들을 찾아보기가 어렵지 않다. 특히 자신의 전공이 칸트나 하이데거, 마르크스, 푸코 같은 특정 서양 철학자라고 자랑스럽게 말하는 철학연구가들이 그런 부류에 속할 가능성이 농후하다. 그들은 단지 이들 철학자를 신봉하는 신도일 뿐 진정한 의미의 철학자는커녕 제대로 된 철학연구자로 분류되기도 어렵다. 따라서 우리는 철학이 성립하기 위한 기본 요건 또는 전제로서 그렇게 제시된 세계관에 대한 비판적 검토를 포함시켜야만 한다.

이렇게 정의된 철학을 활용해서 삶의 의미를 찾아가고자 한다면 다음과 같은 과정을 거치게 될 듯하다. 먼저 '삶의 의미'에 대한 물음을 던지는 일을 출발점으로 삼아 이 물음과 관련된 철학사의 여러 답변들을 찾아보면서 그 답변들을 비판적으로 재검토하여 자기 스스로의 답을 찾아가는 과정이 뒤따를 것이다. 물론 이 과정에서 역사적으로 존재했던 철학자들의 답변을 찾아 검토하는 일이 꼭 필요한 것은 아니지만, 그렇게 하지 않을 경우 스스로 자신의 답변을 마련한 후에 그 답변에 대해서 다시 비판적 검토의 과정을 거쳐 좀더 개선된 답을 찾는 과정으로 바뀔 수 있다.

이와 같이 철학을 활용해서 삶의 의미를 찾아가는 방법은 스스로 질문을 던지고 답하는 자율성과 주체성을 살릴 수 있는 방법일 뿐만 아니라 그 과정에서 많은 철학사적 지식을 활용할 수도 있는 방법이라는 점에서 유용하다. 삶의 의미가 자신이 스스로 찾아가야 하는 성격을 지니는 점을 고려해 보아도 권장할 만한 방법임에 틀림없다. 그러나 이 방법에는 질문을 던지는 당사자가 철학적 사고를 할 수 있는 능력을 갖추고 있어야 한다는 전제조건이 붙는다. 철학적 사고가 무엇인지에 대해서는 여러 가지 논의가 가능하지만, 일정한 훈련의 과정을 거쳐야만 얻어질 수 있는 것이라는 점에서 누구나 쉽게 활용할 수 있는 방법이 아니라는 난점이 따라온다.

비슷한 맥락에서 철학을 활용하는 방법은 자신이 스스로 찾아낸 삶의 의미가 어느 정도의 확실성과 보편성을 지닐 수 있는지에 대해서 분명한 답을 해줄 수 없다는 한계를 지닌다. 철학에서 확실성을 추구하는 현상학 같은 분야가 없는 것은 아니고 철학적 탐구의 과정 자체가 보편성을 지니기도 하지만, 그 어떤 것도 보편성을 보장해 줄 수는 없고 만약 그런 것이 있다면 철학의 외연(外延)에서 벗어난 것은 아닌지 의심해 보아야 한다. 그렇게 보면 분명한 답을 구할 수 없다는 것이 철학의 한계이기도 하지만, 동시에 철학의 매력이라고 말할 수 있다. 다만 우리가 접할 수 있는 현실 속의 철학에서 삶의 의미와 관련된 직접적인 논의를 찾기가 어렵다는 점이 아쉬울 뿐이다.

3. 종교에 의지하는 방법

철학에서 삶의 의미에 관한 분명한 답을 구하지 못해 실망한 사람은 다음 방법으로 종교에 의지해서 답을 찾아갈 수 있다. 종교(宗敎, religion)는 말 그대로 근원적이고 궁극적인 가르침이고, 그 안에는 삶의 의미에 관한 확실한 답이 담겨져 있다. 물론 종교에 따라 그 답이 조금씩 다른 형태로 담겨 있고 그 답을 찾아가는 과정도 각각 다를 수 있지만, 그 어떤 종교에도 삶의 의미에 관한 명료한 답이 없는 경우는 없다.

우리 사회를 대표할 만한 종교는 불교와 그리스도교이다. 그리스도교는 개신교와 가톨릭을 포함하는 개념으로 모두 구약과 신약이라는 성경(聖經)을 기본경전으로 하고 예수 그리스도를 구원의 주체로 믿는다는 공통점을 지니고 있다. 불교는 팔만대장경으로 상징되는 방대한 경전을 바탕으로 삼아 고타마 붓다의 깨달음을 자신의 삶 속에서 구현하고자 하는 목표를 내세우는 한국의 전통종교이다. 우리나라 전체 인구의 약 4분의 1이 불교도이고, 3분의 1이 그리스도교라는 통계청의 통계가 나와 있는데, 이 두 종교를 합하면 전체 인구의 절반 이상이 특정 종교인임을 알 수 있다. 이 비율에 천도교나 증산교, 원불교 같은 민족종교를 믿는 사람들과 외국인 노동자를 중심으로 확산되고 있는 이슬람교도까지 합하면 우리의 종교인 비율은 다른 나라에 비해 결코 낮지 않다.

왜 이렇게 많은 사람들이 종교에 의존하는 것일까? 이 질문에 대한 답은 각각의 인격체들이 자신의 자율성을 존중받으면서 찾아야 하겠지만, 대체로 다음 2가지 답변이 가능하다. 첫째는 절대자에게 의존해서 자신의 삶의 의미를 찾아가는 타력신앙(他力信仰)에 근거한 답변을 들 수 있다. 우리는 자신이 죽을 수밖에 없고 상처받을 수밖에 없는 존재라는 한계를 절감하면서 그 한계를 극복하기 위해서는 인간이 아닌 다른 절대적인 힘을 가진 존재자에게 의존하지 않을 수 없다는 절박감에서 하느님(또는 하나님)과 같은 절대자에게 매달리는 방법을 택한다. 인간 아닌 다른 절대자의 힘을 빌린다는 점과 그 절대자를 무조건적으로 믿고 따른다는 점에서 타력신앙이라는 개념이 적용된다.

절대자에게 의존해 삶의 의미를 찾아가는 방법은 죽음과 같은 인간의 절대적 한계를 훌쩍 뛰어넘을 수 있다는 점에서 상당한 매력을 지닌다. 어느 누구도 자신의 죽음 앞에서 평정심을 유지하기 어렵다. 아직 살아 움직이는 자신의 몸을 느끼고 있는데도 죽어야만 한다는 사실을 받아들이는 것은 무척이나 어렵고 고통스런 일일 수밖에 없기 때문이다. 평생을 수행에 매달려 온 수행자들도 막상 죽음의 공포 앞에서는 쉽게 무너지는 경우가 많고 그런 사실을 접하면 실망을 금할 수 없지만, 다른 한편으로 그것이 곧 인간의 적나라한 모습이 아닌가 하는 점에서는 공감이 느껴지기도 한다. 그 순간에 나의 죽음과 그 이후의 과정을 온전히 내맡길 수 있는 절대자가 있다면 누구나 평온한 죽음을 맞이할 수 있게 된다. 이러한 죽음에 대한 초연은 그 사람의 삶 전반에 깊은 영향을 주면서 삶의 의미에 관한 확고한 믿음으로 이어진다.

그러나 이 방법은 그 절대자에 대한 믿음을 지속적으로 유지해 가기가 어렵다는 난점을 지니고 있다. 눈에 보이지 않는 절대자를 체험하는 과정은 신비의 영역이어서 그 누구도 쉽게 다가서기 어려울 뿐만 아니라, 설령 그런 체험을 통해 믿음을 갖게 된 경우라고 해도 평생에 걸쳐 지속적으로 간직하기란 보통 어려운 일이 아니다. 우리가 알고 있는 마더 테레사 같은 모범적인 신앙인의 경우에도, 도저히 이해할 수 없는 현실상황과 직면해서는 하나님이라는 절대자가 과연 존재하는지에 대해 깊은 회의에 빠진 적이 있음을 고백하는 것을 보면 이 일의 어려움을 짐작할 만하다. 물론 그렇다고 해서 테레사 수녀의 신앙에 문제가 있었다고 말할 수는 없다. 오히려 한계를 지닌 인간이 가질 수 있는 절대자에 대한 믿음의 속성을 진솔하게 잘 표현한 사례로 해석하는 것이 정확할 듯하고, 그런 점에서 테레사 수녀는 우리 시대의 신앙인이 지녀야 하는 견실한 모범을 보여주었다고 평가받아 마땅하다.

삶의 의미를 종교에 의지해서 찾아가는 방법에는 이처럼 절대자에게 의존하는 방법만 있는 것은 아니다. 고타마 붓다가 창시한 불교에서는 자신과 진리(眞理, dharma)에 의지하는 방법을 제안한다. 그는 누군가 붓다의 제자 중에서 잘못된 길로 접어든 경우가 있음을 지적하자 다음과 같이 응답한다.

> 최상의 목표인 열반이 있고 열반에 이르는 길이 있으며 안내자인 내가 있습니다. 어떤 제자들은 나의 충고와 가르침을 듣고 열반을 성취하고 어떤 제자들은 성취하지 못합니다. 그것을 내가 어찌하겠습니까? 여래는 다만 길을 보여줄 뿐입니다.[4]

자신은 최상의 목표인 열반에 이르는 길, 즉 다르마를 안내하는 안내자일 뿐이고 각자가 알아서 그 길을 향해 가는 것일 뿐이라는 고타마 붓다의 이야기는 한편으로 우리를 실망시키기도 한다. 붓다를 무조건적으로 믿고 따르기만 해서는 최종 목표인 열반에 이를 수 없다고 말하는 것이나, 무책임하게 '그것을 내가 어찌하겠습니까?'라고 말하는 것에서 그런 실망감은 더욱 커진다. 그렇다면 최종적인 책임은 내가 져야 한다는 것이고, 불교의 창시자인 붓다에 대한 절대적인 믿음은 그다지 쓸모없다는 말인가?

삶의 의미를 찾아가는 과정에서 불교에 의지하고자 할 때에 누구나 부딪칠 수밖에 없는 이런 당혹감은 또 다른 형태의 종교, 즉 자기 스스로 진리를 찾아서 열반에 도달하는 것을 목표로 삼는 자력신앙(自力信仰)으로 우리를 이끈다. 이때 요구되는 믿음은 열반이 있고 그 열반에 이르는 길이 있다는 믿음일 뿐이고, 그 과정에서 안내자로 등장하는 고타마 붓다에 대한 무조건적 믿음은 해당되지 않는다. 그는 자신의 죽음이 다가오자 불안해 하는 제자들에게 '나에게 의지하

---

4) 맛지마 니까야: 107, 여기서는 일아 편역, 『한 권으로 읽는 빠알리 경전』, 민족사, 2010, 173쪽 인용.

지 말고 너 자신과 진리를 등불로 삼아라.'라고 분명하게 말한다.

이런 형태의 종교에 의지해서도 삶의 의미를 발견하는 일이 가능할까? 무조건적 믿음을 마음속에 자리잡게 하는 일이 쉽지 않은 현대인들에게는 어쩌면 이런 형태의 종교가 더 매력적으로 다가올 수도 있다. 무신론이 지배적인 분위기 속에서 절대자에 대한 자신의 믿음을 유지하기 어려워질 때라도 삶의 의미에 관한 물음을 그칠 수는 없을 경우에 너 자신과 진리에만 의지하면 된다는 불교의 가르침은 조금 더 편안하게 우리 마음속에 자리잡을 수 있다. 물론 이럴 경우 자기 스스로를 진리의 길로 향하게 하는 노력에 더 많은 관심을 기울여야 하는데, 우리들의 일상이 그것을 쉽게 허용하지 않아 어느 순간 포기해버리는 결과를 낳을 수 있다는 위험성을 감수해야만 한다.

그럼에도 이 방법은 자율적인 삶의 과정을 전제로 해서 많은 사람들이 택하고 싶어 하는 길이다. 마음을 다스릴 수 있는 다양한 방법을 접하고자 노력하면서 자신에게 맞는 것을 선택해서 꾸준히 노력하면서, 가능한 범위에서 그 길을 함께 걸을 수 있는 친구들[道伴]을 찾아 함께 할 수 있다면 어느 순간 삶의 의미가 우리 눈앞에 나타나 주거나 그 과정 자체에 이미 의미가 숨겨져 있음을 알아차리는 순간이 올 수도 있다. 그런 점에서 보면 자력신앙은 어떤 숭배의 대상 대신 스스로를 주체로 상정한다는 점에서 자력신행(自力信行)이라고 표현하는 것이 더 적절하고, 이 방법은 철학을 활용하는 방법과 긴밀한 연관성을 지니고 있다고 말할 수 있다. 불교가 종교이자 곧 철학이 되는 지점이다.

III. '삶의 과정에서 의미 찾기'라는 숨바꼭질

우리에게 삶은 시간과 공간의 제약을 전제로 해서만 주어진다. 시간적으로는 대체로 100년 이내가 주어지고 공간적으로는 자신의 집과 직장, 여행지 등으로 주어진다. 그나마 즐거움과 괴로움, 지루함, 무료함 등이 지속적으로 교차하면서 별 생각 없이 견디는 시간과 공간으로 다가와 삶은 별로 재미없이 견디다가 가끔씩만 즐김의 순간이 주어지는 것에 불과한지도 모른다는 암울한 느낌에 휩싸일 때가 있다. 그런 삶을 제대로 살아보고 싶다는 열망으로 야무진 계획을 세워보지만, 그 계획이 달성되고 나면 생각했던 것만큼 기쁘지 않고 오히려 그 기쁨과 함께 엄습해 오는 허망함에 몸을 떨기도 하고 달성되지 않았을 경우 그 마음고생은 말할 수 없이 크고 깊게 다가오곤 한다.

불교에서 말하는 '무상(無常)한 삶'은 본래 한 순간도 동일하게 유지되거나 고정되어 있는 삶이란 불가능하다는 뜻을 담고 있다. 그 이유를 고타마 붓다는 나의 삶이란 게 수없이 많은 다른 것에 의존해서야 비로소 가능하기 때문이라고 말한다. 내가 세상에 태어날 때 이미 부모님의 인연에 의존하고 태어난 이후에는 많은 사람들의 도움으로 마련된 음식을 먹어야만 한다. 지금 이 순간에도 누군가에게 의존하지 않고 혼자서 잘 살고 있다고 생각한다면, 그 생각은 실제의 현실에 대해 무지하거나 애써 부인한 결과일 뿐이다.

이런 무상함은 나의 몸과 마음이라는 문제로 넘어오면 좀더 분명해진다. 내 몸이 오늘 여기 이렇게 있을 수 있는 것은 물론 내가 일한 돈으로 음식재료를 마련해서 밥을 해 먹거나 사 먹을 수 있기 때문이고 또 아플 때 병원에 가서 의사의 도움을 받아왔기 때문이라고 말할 수 있다. 그러나 그 과정에서 이미 우리는 많은 사람들과 자연물에 의존하고 있다. 그런데 그 의존 관계가 고정되어 있지 않고 순간순간 바뀐다는 것이 곧 무상함이다. 그런 점에서 무상함은 단순한 허무함이나 외로움과는 차별화된다. 우리 삶의 무상함을 제대로 알아차리는 일은 적극적으로 자신의 삶을 껴안을 수 있는 중요한 출발점을 이룬다.

그렇다면 그런 무상한 삶의 과정에서 우리가 찾을 수 있는 의미는 과연 무엇일까? 자유주의 사회에서 이 질문은 온전히 각자의 몫으로 주어져 있다. 물론 내 삶이 의미 있게 꾸려질 수 있기를 바라는 마음을 가진 부모님이나 스승들이 주변에 있지만, 그들조차도 궁극적인 차원으로 넘어가면 타자(他者)일 뿐이고 그나마 우리 사회에서 그들의 역할은 실존(實存)의 차원이 아니라 생존의 차원에 머물고 마는 한계가 드러나고 있다. 이 논의 속에서 우리는 그 방법을 철학을 활용하거나 종교에 의지하는 방법으로 구체화해서 생각해 보고자 했고, 진지하게 노력한다면 그런 방법들이 상당한 정도로 도움이 될 수 있는 가능성도 열려 있다.

그러나 막상 철학을 활용하기 위해서 책방에 나와 있는 철학책을 들여다보면 너무 어렵거나 삶의 의미 문제와는 도무지 관련이 없을 것 같아 보이는 이야기들만 있는 것 같다는 실망감을 느낄 가능성이 높다. 종교에 의지하는 방법을 찾는 경우에도 우리 기독교계나 불교계가 보여주는 실망스런 모습 때문에 선뜻 마음이 나지 않을 수도 있다. 그럴 경우에는 어떻게 해야 할까? 우선 이런 문제에 대한 답은 어느 누구도 아닌 자신이 찾아가야 하는 질문이라는 사실을 분명히 받아들여야 한다. 그러면서 주변에서 열리는 강좌를 찾아 들어보거나 마음이 맞는 친구들과 가끔씩 이 주제를 화제로 삼아볼 수 있고, 아주 가끔씩은 자신만의 시간과 공간을 확보해서 이 질문을 자신에게 던져 보는 시도를 해 볼 필요도 있다.

그 과정에서 우리가 함께 생각해 보았으면 하는 한두 가지 이야기를 하는 것으로 이 장을 마무리하고자 한다. 우선 우리 삶의 두 차원에 대한 인식과 수용을 말하고 싶다. 우리의 삶은 우선 먹고사는 문제로 이루어지고, 이것은 생존 또는 생멸(生滅)의 차원이라고 부를 수 있다. 어느 누구도 먹고사는 문제로부터 온전히 자유로울 수는 없고 그것은 나 자신의 문제를 넘어서서 자식들의 문제와 엉켜 있기도 하다. 그런데 인간의 삶에는 이 차원과는 구분될 수 있는 의미(意味) 또는 진여(眞如)의 차원이 있다. 만약 이 차원을 전제하지 않으면 인간과 짐승의 삶은 구별되지 않는다. 어느 누구도 짐승같이 살다가 죽어가고 싶어 하지는 않는다는 사실을 떠올리면 의미 또는 진여의 차원은 인간 삶의 독자적인 영역이라고 할 수 있지만, 이 두 차원이 분리될 수 있는 것이 결코 아니라는 사실에도 우리는 충분히 귀를 기울여야 한다. 다시 말해서 우리는 먹고살면서도 '**인간답게 먹고사는 문제**'를 늘 고민해야 한다는 것이다.

그럼 어떻게 해야 인간답게 먹고살 수 있는 것일까? 우선 나의 삶이 다른 사람과의 의존 속에서만 비로소 가능하다는 생각을 할 필요가 있다. 우리 교육은 이 차원을 경시하면서 현재와 같이 망가져 가고 있다. 교육은 경쟁을 포함하지만, 그 경쟁은 더불어 사는 사회를 전제로 하는 경쟁일 뿐이다. 그렇기 때문에 경쟁에서 실패한 사람들에게 충분한 관심을 보이면서 다음 경쟁을 준비할 수 있는 기회를 주어야만 한다. 우리 교육의 근원적 위기는 바로 이 차원을 무시하면서 무모한 경쟁을 하고 있는 현실에서 비롯된 것이다.

다른 사람과의 의존(依存) 또는 관계(關係) 속에서만 내 삶이 가능하다는 사실을 받아들일 수 있게 되면 나 자신과 주변의 사람들 모두를 존중할 수 있게 된다. 먼저 나 자신은 고립된 존재자가 아님을 알 수 있고 또 나 자신이 다른 사람의 존재에 중요한 역할을 하고 있음을 알 수 있게 된다. 그렇게 볼 수 있게 되면 나 자신의 삶을 마음 내키는 대로 끌어가는 것이 다른 사람들에게도 큰 영향을 미치는 일임을 쉽게 알아차릴 수 있다. 그것은 곧 나 자신을 특별한 열등감이나 우월감 없이 있는 그대로 받아들일 수 있는 바탕이 되어 줄 것이고, 그것은 곧 자신에 대한 건강한 인식과 수용을 의미한다. 그것이 바로 진정한 자존감(自存感)인 동시에 자존감(自尊感)이다.

이러한 자존감은 곧바로 다른 사람에 대한 따뜻한 시선으로 연결된다. 주변의 사람들에게나 오늘 길거리에서 만나는 사람들을 따뜻한 시선으로 바라보는 일을 우리는 친절함이라고 말할 수 있다. 이 친절함은 강한 전염성을 갖고 있어서 멀리 퍼져나갈 것이고, 그것은 다시 자신과 가족에게로 돌아온다. 그런 점에서 한국불교계를 대표하는 선승 중 하나인 법정 스님은 최고의 종교는 곧 친절함이라고 강조했는지도 모른다. 이와 같이 삶의 의미를 찾아가는 여정(旅程)에서 자신에 대한 건강한 존중과 타자에 대한 따뜻한 시선을 핵심적인 출발점을 이룬다. 이제 남은 문제는 그 출발점을 굳건하게 딛고 서서 자신의 삶의 지평과 심연을 지속적으로 넓혀가는 일이다. 오늘 우리의 만남이 그런 넓힘의 한 구비를 이룰 수 있었으면 좋겠다는 바람을 가져본다.

제2장

디지털 문명의 매트릭스적 실존과 불교적 대응

I. '일상 속의 실존(實存)'이라는 화두

　우리 일상은 동일하거나 유사한 일의 반복과 그 반복에 수반되는 지루함이라는 느낌, 그 느낌마저도 다시 일상화되어 희미해지는 과정의 연속으로 이루어진다. 자신이 어떤 사회에 주인으로 머물고 있는지, 여행자로 머물고 있는지에 따라 그 지루함의 강도는 상당한 차이를 나타낼 수 있지만, 여행자조차도 곧 새로운 환경에 익숙해지면서 조금씩 지루함을 느끼게 되는 과정을 피해갈 도리는 없다.

　우리 일상은 다른 한편 먹고사는 문제의 숭고함이라는 맥락 속에 위치한다. 생명을 타고난 이상 어떤 방식으로든지 먹고사는 문제로부터 초월할 수 있는 존재자는 없고, 각 존재자의 일상은 이 문제를 해결하는 과정을 중심축으로 삼아 전개된다. 인간 존재자의 경우에도 전혀 다르지 않다. 다만 자연으로부터 일정한 거리를 두게 된 이른바 도시문명 속의 인간은 그 문제를 '돈'이라는 간접적 매개체를 통해 해결할 수밖에 없는 운명에 처하게 되었고, 결국 자신의 일상을 주로 돈과의 연관성 속에서 지내는 모습을 갖추게 되었을 뿐이다.

'먹고사는 문제는 숭고하다.'라는 명제는 인간의 경우보다는 하루 종일 사냥을 나갔다가 겨우 먹잇감 하나를 물고 돌아와서 입을 쩍쩍 벌리는 새끼들에게 조심스럽게 넘겨주는 어미 독수리의 일상 속에서 더 선명하게 입증된다. 자신의 배고픔은 아랑곳하지 않고 새끼 입속에 모든 먹이를 기꺼이 넣어주는 어미새의 모습을 지켜보노라면 그 새끼 입의 거친 놀림과 겹치면서 숭고함의 본래적 의미를 자연스럽게 떠올릴 수 있게 한다.

인간의 경우는 얼마나 차이가 있을 수 있을까? 언어와 이성(logos), 정의(올바름)의 문제를 인간만의 고유한 속성으로 규정짓고자 했던 고대 그리스인들의 치열한 노력은 이미 이성과 언어의 영역에서 상당 부분 무너지고 있는 중이다. 그나마 짐승들의 집단과 인간의 집단 사이의 차이를 분명히 규정해 줄 수 있다고 소크라테스와 플라톤이 강조한 정의가 여전히 자신의 자리를 지키고는 있지만, 소크라테스와 대화했던 트라시마코스의 정의관에서 이미 적나라하게 드러난 것처럼 인간 사회의 정의는 대체로 강자의 이익으로 작동하는 경우가 더 많다. 우리 사회의 경우도 예외가 아니다. 광주 민주화 운동을 군홧발로 짓밟고 수많은 희생자를 내면서 권력을 쟁취한 전두환이라는 인간 존재자가 여전히 큰소리를 치면서 자신이 내세웠던 정의가 곧 강자의 이익임을 웅변적으로 입증해 주고 있는 중이다.

인간 존재자의 가치론적 위상은 짐승의 그것처럼 단순하지 않다. 짐승들의 경우 자신의 생존 본능에 충실하면서 먹을 만큼의 사냥과 채집을 하고 자신이 위협받지 않으면 먼저 공격하는 경우도 드물다. 성욕의 경우에도 대체로 발정기가 정해져 있어서 생식을 위한 성행위를 정해진 기간 안에서만 하곤 한다. 물론 이러한 짐승들의 삶에 어떤 가치론적 의미가 부여될 수 있는지에 대해서는 회의적인 시각이 있을 수 있지만, 공감능력만을 고려할 경우 짐승들에게 가치의 영역이 온전히 배제되어 있다는 주장은 인간중심주의의 한계 안에 갇힐 가능성이 있다.

그렇다면 우리의 일상, 특히 도시문명권에서 살 수밖에 없는 운명을 지닌 현재의 우리들을 일상의 차원에서 짐승의 그것과 차별화시켜 줄 수 있는 지점 또는 요소는 과연 무엇일까? 우선 주목해 볼 만한 지점은 도구를 사용하는 동물로서의 인간의 위상이다. 최근 인간 이외에도 도구를 비교적 정교하게 사용하는 동물들이 있음이 계속 밝혀지고 있고, 심지어 어느 공원에 사는 새는 자신에게 던져주는 빵조각을 바로 먹지 않고 연못에 던져놓은 후에 물고기가 그것을 먹으러 오면 잡아먹는다는 사실이 밝혀질 정도로 도구는 인간만의 전유물이 아니다. 그럼에도 도시문명권에서 21세기를 살아가고 있는 우리들에게는 컴퓨터와 인터넷, 스마트폰이라는 첨단도구들이 주어져 있고, 이런 도구들을 능숙하게 사용할 수 있는 동물들은 아직까지는 거의 없는 것으로 보인다. 바로 이 지점이 도시 문명권의 인간들이 자연을 몰아내면서 이루어낸 고유성의 표식이라고 말한다면, 틀린 이야기는 아니겠지만 어쩐지 그 틈새로 쓸쓸함이 스며들어온다.

실존(實存, existence/existenz)은 생존(生存)과 온전히 분리될 수 있을까? 스스로의 생존에 한편으로 몰입하면서도 다른 한편 그 생존과 일정한 거리를 유지할 수 있을 때 자신의 유한성 같은 실존적 계기를 인식할 수 있다는 점에서 실존은 생존과 차별화될 수 있는 가능성을 분명히 지니지만, 인간의 실존이 생존의 바탕 위에서만 그 생명력을 유지할 수 있다는 점을 고려하면 실존과 생존의 온전한 구분 또는 분리는 불가능하다고 보는 것이 타당하다. 자연과의 인위적 거리를 불가피하게 확보해야만 하는 도시문명권, 특히 모든 것을 상품화함으로써 그 자연에 대해서마저도 가격을 매기는 데 전혀 어색함을 느끼지 않는 자본주의 문명권의 도시인은 '돈'으로 상징되는 생존의 수단을 확보하는 것으로 생존의 차원을 유지하는 한편으로 가끔씩 예고 없이 자신의 삶 속으로 파고들어오는 고독감 속에서 의미의 문제와 마주해야 하는 실존적 위기 속에 방치되어 있다.

생존과 의미의 문제 모두에서 자유로울 수 없는 현대 도시인들에게는 매우 다행스럽게도 인터넷 연결망이 주어져 있고, 그 연결망이 어느 새 자신의 손바닥 안으로 들어와 있는 행운을 맞고 있는 중이다. 우리 한국인들의 경우에도 그런 행운에 있어서는 세계적으로 최고 수준을 확보하고 있고, 그 결과로 전철 안의 많은 사람들은 자신의 손바닥 안에 시선을 고정시킨 채 심각한 표정을 짓거나 낄낄거리는 '이상한 모습을 지닌 외계인'이 되어버렸다. 인터넷망으로 연결되는 가상공간은 이미 그 가상(假想)의 범위를 훌쩍 넘어섰고, 자신의 일상을 견디게 하는 필수공간으로 자리잡아가고 있을 뿐만 아니라 실존의 차원까지 포위하면서 오랜 시간 삶의 의미 구성의 주요 요소였던 현실공간 속의 인간관계를 위협하고 있다.

이런 독특하고 고유한 실존적 상황을 우리는 어떻게 받아들여야 하는가? 인류 역사의 어느 지점에서도 마주한 적이 없는 이 상황은 이전의 실존철학적 패러다임을 넘어서는 대상이 되어버린 듯하지만, 그렇다고 해서 아직 새로운 대안이 될 만한 패러다임이 등장하지도 않았기 때문에 우리가 느끼는 당혹감이 크고 깊을 수밖에 없다. 하지만 실존의 문제는 우리 인간을 인간답게 만들어 주는 틈새이기 때문에 어떤 상황에서도 포기할 수 없는 주제이고, 그 대안의 마련도 쉽게 미룰 수 없는 실천적 과제로 이미 우리 앞에 놓여 있다. 이 지점에서 우리가 떠올려 볼 수 있는 철학적 패러다임은 하이데거적인 새로운 존재론이거나 지젝(S. Jijek)의 『매트릭스와 함께 철학하기』정도이다. 그 대안들이 갖는 효용에 대해서도 충분히 수용할 필요가 있지만, 그것으로 문제가 온전히 해소될 수 있는 것은 아니라는 다른 한계에 대해서도 동시에 유념하면서 우리가 떠올려볼 수 있는 또 다른 대안에는 무엇이 있을까?

자본주의적 도시 문명권에 포섭되어 있으면서도 여전히 불교와 유교, 도교로 대표되는 동아시아적 전통의 가치체계로부터 자유롭지 못한 우리들은 그 대안으로 자연스럽게 불교와 유교, 도교를 떠올려볼 수 있다. 그 중에서도 우리는 불교와 도교의 사유구조에 더 많은 기대를 갖게 되는데, 그렇게 되는 이유는 아마도 불교와 도교가 유교에 비해 탈형식적이고 자연스러운 느낌을 더 많이 지니고 있기 때문일 것이다. 우리의 논의는 그 중에서도 불교에 초점을 맞추고자 한다. 도교나 유교의 경우에도 그 나름의 대안이 될 가능성이 있음을 인정하면서도 불교에 초점을 맞추는 이유는 필자 자신의 관심사라는 점과 불교의 인간관과 사회관이 지니고 있는 풍부한 재해석의 가능성에 기대를 갖고 있기 때문이다.

II. 자본주의 문명 속에서의 실존에 대한 불교적 인식

1. 실존(實存)에 대한 불교적 인식의 가능성

실존은 '실제로 존재함'을 토대로 삼아 펼쳐지는 개인의 체험세계를 지칭하는 개념으로 해석될 수 있다. 이런 정의에서 '실재(實在)'는 대체로 각 개개인이 몸과 마음, 혹은 정신으로 느끼는 어떤 구체적인 경험을 가리킨다. 내가 여기에 이렇게 존재하고 있음을 느끼는 기제는 대체로 몸이지만, 이 몸이 마음 혹은 정신과 맺는 밀접한 관련성 때문에 마음 또한 중요한 기제로 설정될 수밖에 없다. 오히려 몸의 체험이 뇌를 통해 마음으로 구체화된다는 점에서 실존의 느낌 혹은 경험은 주로 마음이라는 통로를 통해 우리에게 다가온다고 말하는 것이 더 정확할 것이다.

'실존주의'라고 우리에게 알려져 있는 서양철학의 한 조류는 키에르케고르와 니체, 싸르트르, 까뮈 같은 철학자들에 의해 정착되어 세계대전 전후의 정신적 충격에 대한 해석과 대응의 사상적 배경으로 일정 부분 긍정적인 기능을 수행했다. 우리에게도 한국동란 전후의 혼란 속에서 수입되어 한동안 유행하다가 현상학과 분석철학이라는 보다 전문화된 서양철학적 조류의 수입과 함께 조금씩 사라지는 운명을 맞았다. '실존을 본질에 앞선다.'라는 명제로 구체화된 실존철학은 이제 이런 과정을 거치면서 서양철학사의 한 장을 이루는 정도의 위상만을 확보하고 있을 뿐이다.

그러나 그들이 주목했던 철학적 주제로서의 실존 자체의 의미가 약화된 것은 아니다. 철학을 어떻게 정의하느냐에 따라 특정 철학적 주제의 위상 또한 현저하게 달라질 수 있지만, 최소한 그 철학이 우리 삶의 문제를 적극적으로 껴안고자 하는 물음과 세계관의 정립을 포기할 수 없다는 전제에 동의한다면 실존이라는 주제는 늘 살아 있어야 하는 철학의 핵심주제일 수밖에 없다.[1]

실존은 인간이 처한 역사적·사회적 상황에 따라 다른 양상을 띠기도 하지만, 그 이전에 각 개인이 처한 구체적인 상황에 따라 전혀

---

1) 철학의 정의에 관한 보다 상세한 논의는 졸저(2009), 『동양 도덕교육론의 현대적 해석』, 인간사랑, 4장 '불교는 철학인가?'를 참조할 수 있다.

다른 양상을 띠게 된다. 오늘 한반도 남쪽에서 살아가고 있는 '현대 한국인'이라는 정체성을 공유하고 있는 우리들도 당연히 각각의 실존적 상황에 있어서는 다른 모습을 지니고 있다. 어떤 사람은 자신의 삶에 대한 극단적인 회의로 절망감에 빠져 있을 수 있고, 그 주변의 가까운 사람은 매우 적극적이고 밝은 마음으로 하루하루를 즐기고 있을 수 있다. 물론 그 두 사람이 같은 공간에 있다 보면 서로에게 많은 영향을 미치게 되겠지만, 어떤 극단적 상황에서는 자살을 앞둔 중학생 아들의 실존적 상황을 제대로 인식하지 못하는 일도 없지 않은 것을 보면 결국 각 개인의 실존은 기본적으로는 각 개인의 몫으로 돌릴 수밖에 없는가 하는 판단에 이르게 된다.

물론 이러한 인식은 불교적 관계관, 즉 연기성(緣起性)의 원리와 상당한 정도의 긴장감을 형성한다. 타자와의 의존 속에서만 모든 것이 존재할 수 있고, 인간의 경우에도 그 연기성에 온전히 종속되는 운명을 공유하고 있다는 불교적 현실 인식은 우선 그러한 고립된 실존의 가능성 자체에 회의를 갖는다. 고립된 실존이 실체적으로 가능하지 않다고 보는 이러한 연기론적 관점은 그러나 고립된 실존의 상황 속에 있다는 개인의 주관적인 느낌의 세계까지 온전히 지배하지는 못한다. 많은 사람들이 사람들과 지속적으로 만나면서도 외로움을 느끼고, 자신과 맺어져 있는 현실적인 관계망들이 실제로는 제대로 작동하지 않는다고 호소하기도 한다. 그들이 말하고자 하는 그런 느낌들을 모두 허구적인 것일 뿐이라고 단정할 수 있을까?

그런 '외로운 사람들'에게는 오히려 연기적 관계망이 허구적으로 다가올 가능성이 크다. 각 개인의 생존이 기본적으로는 각 개인의 몫으로 돌리는 자본주의 문명 속에서 그런 가능성은 단순한 가능성이 아닌 실체적 진실로 느끼질 수 있고, 우리는 그들의 호소를 가능한 범위 안에서는 실체적 내용이 있는 것으로 받아들여 주어야 할 의무감을 느끼기도 한다. 그렇지 않을 경우 그들의 고립감을 심화시켜 자살과 같은 극단적인 선택을 조장하거나 최소한 방조했다는 죄책감으로부터 자유로울 수 없을 것이기 때문이다.

이처럼 현대 자본주의 문명 속에서 실존은 관계망의 소실 또는 고립감의 극대화라는 배경 속에서 우리에게 그 관계망에 대한 처절한 갈망이거나 고립감 극복을 위한 몸부림의 모습으로 다가오고 있다. 이런 현실을 적극적으로 인식하는 것이 문제해소의 출발점이지만, 단순히 연기성의 원리를 원론적으로 강조할 경우 공허한 외침으로 끝나버릴 가능성이 매우 높다. 다만 그러한 적극적 인식이 연기성의 원리의 부정으로 이어지는 것은 아니라는 점에도 함께 주목할 필요가 있다. 그렇다면 이제 관심을 가져야 할 문제는 '자본주의 문명 속에서 견뎌야 하는 인간들의 실존이 여전한 연기성의 원리 속에서 이루어짐에도 그 실존적 개인들의 체험공간에서는 전혀 다르게 인식되는지'이다.

2. 자본주의적 실존의 맹목성과 연기성(緣起性)

자본주의적 실존은 생존의 간접적 추구와 일상성으로 구체화된다. 생존의 간접적 추구는 먹고사는 문제가 돈으로 상징되는 간접적인 수단에 의해 이루어진다는 의미이고, 일상성은 그렇게 돈으로 매개되는 일의 일상화와 의미 발견의 어려움을 의미한다. 자본주의 사회에서 살아가는 사람들은 어느 누구도 '돈을 버는 일'로부터 자유로울 수 없고, 그러한 공간의 확대가 우리 사회에서도 이미 상당한 정도로 진행되고 있는 중이기도 하다. 산골에서 비교적 자족적으로 살고 있다고 믿는 사람들의 삶에도 돈으로 매개되는 국면이 어떤 형식으로든 포함되어 있기 마련이다.

우리 일상의 목표는 이제 하루하루의 노동을 감내하면서 다가올 휴일의 여유를 기다리거나 일 년에 한두 번 주어지는 휴가와 여행에 대한 기대로 현재를 유보해 가며 돈을 버는 일이 되었다. 그 돈이 은행의 계좌에 새겨지는 숫자의 형태로 전환되었고, 인터넷망의 발달에 따라 그 숫자의 실체성도 점차 희미해지고 있다. 이러한 '은행 잔고를 늘려가는 삶'에 대한 철학적 성찰 작업이 전혀 없는 것은 아니지만, 그것조차도 전문 철학자들 보다는 에세이를 쓰는 소설가나 수필가의 몫이어서 저널리즘적 수준을 벗어나지 못하는 한계를 노출하는 경우도 없지 않다.[2]

이러한 실존이 지니는 가장 큰 특징은 삶의 의미 문제에 대한 맹목성이다. 우리 사회에서 돈을 버는 일의 중요성은 충분히 강조될 만하다. 어느 누구도 자신의 생존을 책임져야 한다는 요구로부터 자유롭지 못한 사회로 전환된 현재의 한국사회에서 돈을 벌지 않고 살아갈 수는 없다. 물론 운이 좋아서 꽤 많은 유산을 물려받은 경우나 계획한 사업이 예상외로 번창해서 큰 돈을 번 경우에는 일정 기간 동안 돈 버는 일로부터 자유로울 수 있다. 아니 어떤 경우에는 전혀 돈을 벌지 않고도 평생 동안 누군가에 의지하여 살아갈 수도 있지만, 그 사람도 '돈을 벌어야 한다.'는 당위적 명제로부터 온전히 자유롭다고 말할 수는 없다. 왜냐하면 주변의 많은 사람들이 그런 삶을 부러워하면서도 무언가 하나가 빠진 삶이라고 보는 시선을 보낼 것이기 때문이다.

---

2) 이런 삶에 대한 철학적 성찰을 보여주는 대표적인 소설가로 박완서와 알랭 드 보통을 꼽고 싶다. 박완서의 경우는 한국동란 상황에서 생존을 이어가야 했던 힌 유명화가의 지루한 일상을 담은 '나목'을 시작으로 평생 동안 자신과 주변인들의 실존에 시선을 두는 소설을 썼고, 알랭 드 보통의 경우는 소설과 함께 수필을 통해 이런 문제에 지속적인 관심을 보이고 있다. 박완서, 『기나긴 하루』, 문학동네, 2012, 알랭 드 보통, 박중서 옮김, 『무신론자를 위한 종교』, 청미래, 2011, 참조.

하루하루를 견디면서 돈을 벌고 그 돈으로 자신과 가족들의 생존을 책임지는 일은 그 자체로 숭고함의 영역을 지닌다. 모든 생명에게 살아 있음은 다른 것으로 대체될 수 없는 숭고한 목표이고, 그것을 스스로의 힘으로 해내는 것은 온전한 완결성을 지니는 미적 완성도, 즉 아름다움을 지니기도 하기 때문이다. 그러나 문제는 그것으로 생명의 차원은 해결되지만 여전히 남아 있는 인간(人間, human)의 차원은 해결되지 않는다는 데서 생긴다. 자신이 단지 살아 있다는 사실에 근거해서도 행복감을 느끼는 특정 사람들을 상정하는 일이 불가능하지 않지만, 그것조차 한시적인 일일 뿐 삶의 전 과정을 관통할 수 있는 것은 아니다.

인간은 그런 생존의 연속에 불편함을 느끼는 존재이다. 이 명제는 삶의 과정을 고통으로 인식하고자 했던 고타마 붓다의 기본적인 가르침을 상징한다. 고타마의 고통(苦, dukkha)이 육체의 고통을 배제하는 것은 아니지만, 더 근원적으로는 자신의 일상적 생존에 만족감을 느끼지 못하는 불편함을 의미한다. 다른 말로 하면, 붓다의 고는 일상속에 담겨져 있는 자신의 유한성에 대한 본능적 자각과 그 자각에서 비롯되는 의미 있는 삶에 대한 열망의 간접적 표출이라고 해석할 수 있다.

고타마 붓다는 생로병사와 같은 괴로움의 일차적인 양상을 설명한 후에 다시 싫어하는 것들과 만나야 하는 고통과 사랑하는 것들과 헤어져야 하는 고통, 원하는 것을 얻지 못하는 고통 등 괴로움의 구체적인 양상을 제시하는 방식으로 고성제(苦聖諦)를 말하고 있다. 그런 후에 그런 괴로움의 근원을 갈애(渴愛, tanghā)라고 규정하면서 이 갈애는 "이 세상 무엇이든지 **사랑스럽고 기분 좋은 것**에서 일어나 자리잡는다."라고 설파한다.(『디가 니까야』, 22) 이 갈애가 인간으로 하여금 윤회의 굴레로 이끌고, 갈애에 충실할수록 더 큰 고통이 우리 삶을 이끌게 된다.

윤회의 굴레는 현재적 감각으로 실존적 어두움의 터널이라고 번역될 수 있다. 감각적 쾌락과 그 쾌락을 매개체로 삼는 다양한 관계들은 우리의 하루를 채워가는 구성요소들이지만, 그것이 지혜의 밝음으로 전환되지 않는 한 더 근원적인 고통의 세계로 이어지면서 도저히 벗어날 수 없는 마음의 지옥과 같은 윤회의 굴레 속에 빠져들게 한다는 것이 현대문명권에서 살아가고 있는 일상인들의 삶의 양상에 대한 붓다의 성찰이다. 이것은 다른 말로 일상의 맹목성으로 규정될 수 있고, 이 맹목성의 현재는 '사랑스럽고 기분좋은 것'에 대한 집착이고 그 끝은 삶의 의미 상실과 엄연하게 닥쳐오는 죽음에 대한 무방비일 것이다.

그러면 어떻게 해야 이 맹목성의 굴레로부터 벗어날 수 있을까? 고타마는 그 길을 여덟 가지로 제시하고 있지만, 한 마디로 요약해볼 수 있다면 그것은 자본주의적 일상에 대한 성찰과 깨침일 것이다. 그 성찰의 과정에서 대상으로 삼아야 하는 일차적 현상은 당연히 우리 일상을 이루고 있는 연기성에 대한 자각이고, 이 연기성에 대한 자각은 '형성된 것은 무너지기 마련'이라는 공(空)의 진리에 대한 깨침을 수반하게 된다. 그런데 문제는 앞에서도 제기한 것처럼 이러한 자각과 깨침의 과정이 자본주의적 일상의 굴레에 침잠해 있는 우리들에게 쉽게 일어나지 않는다는 현실에서 생긴다.

III. 디지털 문명의 실존 양상과 불교적 깨달음의 가능성

1. 가상공간, 가상현실, 가상적 실존

우리 삶에 내재되어 있는 연기성에 대한 성찰과 깨침을 방해하는 외적 상황 요소는 특히 인터넷이 매개하는 가상현실과 가상공간이 일상화된 디지털 문명권에서 증폭될 가능성이 높아지고 있다. 우리말 가상(假想)은 'virtual'의 번역어인데, 이 단어의 뜻은 본래 '논리적 또는 결과적으로는 존재하지만, 실제적으로는 존재하지 않는 것'이라는 의미를 지니고 있다.3) 가상현실이라는 개념 역시 논리적으로나 결과적으로는 존재하지만 실제적으로는 존재하지 않는 현실로 정의될 수 있고, 가상공간 혹은 사이버공간(또는 사이버스페이스)은 주로 컴퓨터를 매개로 삼아 이러한 가상현실을 펼쳐내는 가상적 공간이면서도 실제적인 경험의 세계를 제공하는 공간이라고 정의해 볼 수 있다. 김선희(2004)는 이러한 가상공간을 '컴퓨터의 매개로 생성되어 다른 사람과 공유할 수 있는 공간이며, 동시에 컴퓨터를 통해 세계적으로 상호 연결됨으로써 형성되는 의사소통의 새로운 공간'이라는 광의로 정의하고자 한다.4)

여기서 우리는 가상공간과 가상현실이 모두 '컴퓨터를 매개로 삼아' 존재한다는 점에 주목하게 된다. 이전의 가상공간이나 가상현실이 상상이나 꿈속에서 펼쳐지는 자연스런 그것이었다면, 현재 우리가 직면하고 있는 그것들은 컴퓨터라는 새로운 기계를 매개로 해서 등장했고, 그 중에서도 한 컴퓨터와 다른 컴퓨터를 연결하는 인터넷을

---

3) 산드라 헬셀, 쥬디스 로스 엮음, 노용덕 옮김, 『가상현실과 사이버스페이스』, 세종대학교 출판부, 1994, 26쪽.
4) 김선희, 『사이버시대의 인격과 몸』, 아카넷, 2004, 223~224쪽 참조.

통해 정보를 교류하고 그 사용자들 사이의 가상적 관계망이 확산되고 있는 점이 특징적이다. 이러한 가상 개념의 변화는 실존의 문제에도 새로운 관점을 가질 것을 요구하고 있다.

가상공간과 가상현실을 자신의 삶의 일부분으로 받아들이고 있는 인간들의 실존은 그럼 어떤 양상으로 변화했거나 변화하고 있는가? 이 질문에 대한 답변은 현재 진행형의 성격을 지닐 수밖에 없어서 철학자들의 답변보다는 영화 제작자들의 '가상적' 답변이 더 빠르고 직접적으로 우리에게 주어지고 있다. 그런 대표적인 영화로 우리는 〈매트릭스〉를 꼽는 데 주저하지 않는다.

〈매트릭스〉를 보면서 우리는 액션과 특수효과에 감탄하는 동시에 다음과 같은 질문에 사로잡히게 된다. 우리도 혹시 매트릭스에 갇혀 있는 것은 아닐까? **이것은 기독교 영화인가, 아니면 불교 영화인가?** 과연 숟가락은 없는 것일까?5)

현대 영화의 한 장르로 이른바 공상과학 영화가 자리잡았고, 매트릭스도 어쩌면 그런 류의 영화 중 하나로 치부될 수 있는 가능성이 높았음에도 많은 사람들의 관심을 끈 이유는 단지 그것이 먼 미래의 공상적 상황이 아니라 우리 자신의 문제이거나 조만간 우리 자신의 문제가 될 것 같다는 강렬한 느낌을 주는 데 성공했기 때문일 것이다. 일반적으로 우리는 자신이 존재함을 감각적 경험을 통해 자각하는데, 이 영화는 이 감각적 경험이 매트릭스가 만들어 내는 환상의 간섭 결과일 수 있음을 경고하고자 한다. 우리 인간들은 그저 커다란 통

---

5) 슬라보예 지젝 외, 이운경 옮김, 『매트릭스로 철학하기』, 한문화, 2011, 8쪽, 강조는 필자의 것이고 이 글은 편집자 윌리엄 어윈의 서문이다.

속에 담긴 뇌에 불과하고 그저 전자 신호를 통해 가상의 삶을 체험하는 존재자들에 불과할 수 있다는 가설이 〈매트릭스〉가 던지는 존재론적 물음의 핵심이다.[6)]

우리 실존의 가벼움은 이른바 '스마트 기기'라는 새로운 휴대전화 기기가 확산되면서 좀더 명료하게 드러나고 있다. 스마트 기기는 한편으로 손바닥 안에 세상과 접속할 수 있는 매개체를 올려 놓을 수 있다는 점에서 '근사한(smart)' 기계이지만, 한 번 그 기계와 접속하기 시작하면 특별한 일이 없어도 하루의 상당 부분을 할애할 수밖에 없는 강한 중독성을 지닌다는 점에서 어쩌면 전화기의 혁명적 전환을 상징하는 지도 모른다. 이미 휴대전화의 보편화로 사적 공간의 경계가 희미해져 가고 있는 시점에, 훨씬 더 강력한 중독성을 지닌 스마트 기기가 보급됨으로써 정보의 과잉과 그에 따른 판단력의 약화, 급속한 망각의 일상화 등이 대부분의 사람들의 삶에서 일반화되고 있는 중이다.

내가 이 자리에 실제로 존재하고 있음을 인식할 수 있는 방법으로 우리는 오랜 시간 자신의 허벅지 등을 꼬집어 보는 방법을 택해 왔다. 꼬집어서 고통이 느껴지면 지금 이 순간에 벌어지고 있는 일이 곧 사실 그 자체이고 그렇지 않으면 꿈속의 일이거나 신기루 같은 환상 속의 일이라고 받아들이는 데 우리는 오랜 시간 동의해 왔다. 그런데 컴퓨터가 매개하는 가상공간과 가상현실이 우리의 현실공간과 삶의 상당 부분을 차지하게 됨으로써 이런 방법들이 더 이상은 유효하지 않을 수 있다는 불안을 공유하게 된 셈이다. 다시 말해서 실존의 영역에 가상실존의 영역이 구분되기 어려울 정도로 덧붙여지면서 내가 지금 서 있는 공간이 어떤 공간인지가 점차 모호해지는 상황이 벌어지고 있다.

---

6) 슬라보예 지젝 외, 앞의 책, 63~66쪽 참조.

이제 실존은 단지 느낌 또는 체험의 차원에서 확인되지 않을 수 있게 되었다. 특히 우리의 느낌을 포함하는 모든 몸의 경험세계가 뇌세포와의 관련성 속에서 설명될 수 있다는 뇌과학의 가설들이 '마음은 곧 뇌다.'라는 명제와 연계되면서 뇌세포에 대한 자극과 반응의 기제로 우리 앞에 다가오고 있다. 이러한 가설이 다양한 경험적 근거들에 의해 확인되기 시작하면서 우리는 실제의 실존과 가상의 실존 사이의 구분이 어떻게 가능한지, 또 꼭 그런 구분이 꼭 필요한 것인지와 같은 새로운 물음과 직면하고 있다.

2. 몸 없는 실존의 경험, 또는 공성(空性)에 대한 깨달음의 가능성

실제와 가상의 구분이 모호해져버린 우리의 실존을 해석할 수 있는 새로운 철학적 관점이 요구되는 시점에서 우리가 의존할 수 있는 철학적 전통은 그리 많지 않다. 고대 그리스의 신화에 기반한 다양한 철학적 담론들을 그 신화적 사유의 포용성에 기대 다시 되살려볼 수 있고, 하이데거(M. Heidegger) 같은 현대적 실존주의자의 존재론을 그의 과학기술 문명에 대한 정교한 분석에 기대 되살려볼 수 있지만, 그것들조차 컴퓨터와 인터넷이 매개하는 가상적 실존이 일반화된 우리들의 실존 상황을 얼마나 제대로 분석해 낼 수 있는 틀인지에 대해서는 판단하기 쉽지 않다. 왜냐하면 이 문제가 그들 철학과의 일정한 거리 속에서 생겨나고 있기 때문이다.

〈매트릭스〉를 불교영화로도 볼 수 있다고 말하고 싶어 하는 어윈(W. Irwin) 같은 철학자는 매트릭스의 주인공 네오와 소크라테스를 대비시키면서 논의를 전개하고자 한다.[7] 네오는 거짓 현실에 취해있

---

7) 슬라보예 지젝 외, 앞의 책, 26~27쪽 참조. 윌리엄 어윈이 쓴 이 책 1장의 제목은 '네오와 소크라테스, 그리고 그들을 곤경에 빠뜨린 의문들'이다. 그는 매트릭스의 주인공 네오를

는 인류를 구하고자 하고 소크라테스 역시 동굴 속에 갇혀 있는 아테네 사람들을 구해서 참된 진리의 세계, 즉 이데아로 이끄는 것을 목표로 삼고 있다는 유비이다. 네오의 임무에 초점을 맞출 경우 이러한 유비가 가능할 뿐만 아니라 이 영화의 중요한 지향점 하나를 정확하게 잡고 있다는 긍정적 해석이 가능하지만, 이 영화의 초점이 단지 여기에 맞춰져 있지는 않기 때문에 온전히 동의하기는 어렵다.

영화 〈매트릭스〉에서 우리가 더 주목해 보아야 하는 철학적 화두는 매트릭스가 보내는 전자신호의 노예가 된 사람들을 구하는 문제라기보다 오히려 그렇게 전개되고 있는 현대인들의 실존적 상황에 대한 해명이다. 이 해명이 이루어지지 않은 상태에서 그 사람들을 구해야 한다는 네오의 의무감을 먼저 내세우는 일은 오랜 시간 서양철학을 지배해온 플라톤적 강박관념, 즉 좁은 의미의 목적론에 갇히는 한계를 드러내게 될 가능성이 높다.

이 실존적 상황을 해명하는 데 불교철학은 어떤 도움을 줄 수 있을까? 이 질문에 대한 답도 너무 쉽게 찾아져서는 안 된다. 불교가 디지털 문명과 친화성을 가진 종교라는 점에 대해서 충분히 동의하고, 특히 그것이 불교철학이라는 담론체계 안에서 더 많은 장점을 드러낼 수 있다는 점에 대해서 동의할 수 있지만, 그렇다고 해서 현재 우리의 불교계가 보여주고 있는 자본주의 문명과의 교착 상태까지 포용할 수 있는 것은 아니다. 또한 불교의 전개 과정에서 수많은 전통들이 습합되면서 불교의 자연주의화, 또는 자연화된 불교(Buddhism naturalized)의 가능성에 대한 의구심도 확산될 수 있다는 점에서 우

곤경에 빠뜨린 질문은 '매트릭스는 무엇인가?'이고, 소크라테스에게 그것은 '올바름(정의)란 무엇인가?'라는 질문이라고 말한다. 그런 점에서 이 영화가 외형적으로는 그리스도교적 색채를 지니는 것 같지만, 그 핵심은 소크라테스적 색채를 지니고 있을 뿐만 아니라 불교적 진리를 담고 있는 것으로 해석할 수도 있다고 말하고자 한다.

리는 좀더 객관적이고 겸손한 자세를 가질 필요가 있다.

다시 말해서 현재 우리가 직면하고 있는 가상적 실존 문제를 해명하기 위한 불교적 틀이 전제로 하고 있는 불교가 구체적으로 어떤 불교인지를 분명히 하고 넘어갈 필요가 있다는 것이다. 참선도 제대로 하지 않고 그렇다고 해서 경전공부도 제대로 하지 많으면서 계율마저도 자의적으로 해석해 적용하면서 자신들이 불교적 삶을 살고 있다거나 불교를 상징한다고 착각하는 한국불교계의 일부 지도자들에게서 불교는 또 하나의 초라한 치장에 불과할 뿐이다.

이 지점에서 우리는 유사한 상황에 처해서 새로운 불교운동을 펼치고자 했던 지눌의 불교를 불러낼 필요성을 느낀다. 지눌이 자신의 시대를 말법시대로 상정하지는 않았지만, 불교계가 불교를 왜곡하고 정권과 유착하여 타락할 대로 타락한 시대라는 점에서는 현재 우리의 상황과 그리 다르지 않다.

> 나 지눌은 스무 살 안팎 젊은 시절부터 조사의 세계에 몸을 던져 선원을 두루 다니면서 부처님과 조사가 중생을 위해 자비로 내린 가르침을 자세히 살펴보았다. 그 **요점은 우리들로 하여금 모든 인연의 고리를 쉬고 텅 빈 마음으로 깊이 계합하여 밖에서 바쁘게 구하지 않도록 한 것이다.** 경에서 말씀하신 것처럼 '만약 어떤 사람이 부처님의 경계를 알고자 한다면 마땅히 그 뜻을 맑히기를 허공과 같이 해야 한다.'와 같은 가르침이다.[8]

지눌에게 불교의 요점은 모든 인연의 고리를 쉬게 하면서 텅 빈 마음으로 자신을 들여다보며 찾아가야 하는 다르마의 여정이었다.

---

8) 지눌, 「권수정혜결사문」, 해주 외 역주, 『정선 지눌』, 대한불교조계종 한국전통사상총서 간행위원회, 2009, 79쪽, 강조는 필자의 것이다.

이런 사실을 경시하면서 밖으로만 구하고자 한다면 결국 더 멀리 사라질 수밖에 없고, 그런 삶은 인연의 굴레에서 벗어나지 못해 윤회하는 가련한 것이 되고 만다는 것이다. 이러한 지눌의 불교관에서 우리는 '텅 빈 마음[虛心]'과 '내면으로의 시선 복귀'라는 두 측면에 주목해 볼 수 있다. 불교란 결국 자신의 내면으로의 지속적인 시선 돌리기이고, 그 과정의 깨달음을 통해서 도달할 수 있는 것이 열반인 셈이다. 이런 불교관은 자연주의와도 어렵지 않게 만날 수 있다.

모든 현상을 물리적 법칙으로 설명할 수 있다는 것이 자연주의의 본령이고, 그 물리적 법칙은 원인과 결과에 의해 구체화된다. 불교는 자신에게 다가오고 있는 고통에는 어떤 원인이 있다고 전제한다는 점에서 물리주의적이라고 해석될 수 있고, 더 나아가 그 원인들의 물리적 특성을 배제하지 않는다는 점에서 자연주의적이라고 해석될 수도 있다. 물론 이때의 자연주의는 좁은 의미의 물리주의에 그치지 않고 소흥렬의 정의와 같이 진리뿐만 아니라 지혜를 함께 중시하면서 정서와 마음의 논리까지 포용하는 것이다.[9]

그런 점에 유의하면서 심리철학자 플래나간(O. Flanagan)은 다양한 전통으로부터 자유로운 자연화된 불교를 주창하고자 한다.[10] 그에게서 자연화된 불교란 초자연적인 전제를 배제하면서 인과법칙과 과학적 설명틀에 근거해서 모든 것을 설명한다는 전제 속에서 삶의 의미문제 같은 실존적인 문제들에 대한 지혜를 찾아가는 불교이다. 플래나간의 이런 시도는 물론 몇 가지 함정을 내포하고 있다. 우선 그런 불교가 현실적으로 가능한가 하는 의문을 던져볼 수 있다. 불교

---

9) 소흥렬, 『자연주의』, 이화여대출판부, 2006, 99~117쪽 참조.
10) Owen Flanagan(2011), *The Bodhisattva's Brain: Buddhism Naturalized*(Cambridge: The MIT Press), Preface 박병기, 이슬비 옮김(2013), 『보살의 뇌』, 씨아이알, 서문 참조.

는 하나의 전통으로 자리잡았고 그가 생각하는 불교 역시 미국적 전통과 접합된 '미국 불교'의 한 유형이 될 가능성이 높다는 점에서 현실 지점으로부터 자유로운 불교를 상상하기는 쉽지 않은 일이다. 다음으로는 특히 우리의 주제와 관련하여 꼭 '자연화된 불교'만 고집해야 하는가 하는 의문이다. 불교 안에 들어와 있는 다양한 신화적 요소와 비유는 우리의 가상적 실존을 규명해 내는 과정에서 여러 가지 도움을 줄 수 있다는 점에서 불교의 자연주의적 요소에 주목하면서도 그 자연주의를 지나치게 협소하게 해석하는 일은 삼가는 것이 바람직할 것이다.

이런 경계심을 토대로 깔고 이제 본격적으로 가상적 실존에 대한 불교적 해명을 시도해 볼 차례이다. 불교의 존재론은 불교의 인간관과 세계관을 내포하는 개념이라는 점에서 이 해명은 기본적으로 불교의 존재론에서 출발할 수밖에 없다. 불교 존재론은 모든 존재하는 것들의 연기성(緣起性)과 공성(空性)의 자각이라는 깨침의 가능성을 주된 골격으로 삼는다. 모든 존재하는 것들은 다른 존재자들과의 상호의존 속에서만 존재할 수 있다는 연기성은 더 설명할 필요가 없을 만큼 핵심적이면서 보편적이다. 이러한 연기성의 다른 표현이자 철학으로서 불교의 진리를 상징하는 공성에 대한 자각은 깨침, 혹은 깨달음이라는 통로와 연결되면서 우리의 실존에 희망의 틈새를 제공해 준다. 이러한 틈새는 특히 인간이라는 존재자에게서 두드러지게 나타난다. 그렇게 본다면 연기성은 인간의 실존을 설명하는 개념틀이면서 동시에 공성이라는 다른 이름으로 인간의 초월을 가능하게 하는 통로로 작동할 가능성이 열려 있는 셈이다.

컴퓨터가 매개하는 가상적 실존은 연기성에 대한 자각에서 교착상태에 빠진 자본주의적 인간에게 새로운 인식의 가능성을 열어줄 수 있다는 점에서 일단 긍정적 평가가 가능하다. 돈이라는 간접적 매개체로 이루어지는 생존의 상황 속에서 자신과 상호의존적 관계 속에 있는 타자에 대한 관심이 점차 소멸되어 가는 현대 자본주의 문명인들에게 손바닥 안으로 들어온 인터넷망을 새로운 관계 설정의 가능성과 함께 연기성에 대한 새로운 인식의 가능성을 열어줄 수 있다는 것이다.

다음으로 가상적 실존은 한편으로 현실공간 속에서 우리가 익숙해져 있는 실존감(實存感)을 약화시키지만, 다른 한편 그 실존감 자체의 범위를 확대시킬 수 있는 가능성을 열어주고 있기도 하다. 자신의 피부를 꼬집어 보는 것으로 확인할 수 있는 실존감은 사실 몸의 한 부분에 의존하는 협소한 그것에 자신의 삶을 한정시키는 결과를 가져올 수 있다. 그런데 인터넷을 통해 타자와 소통하면서 매트릭스적 전자신호에 의해 확인되는 가상적 실존감이 우리 일상 속에 들어옴으로써 실존의 영역 자체가 확대되는 긍정적 성과를 기대할 수 있게 된 것이다. 이러한 가상적 실존감은 타자와의 관계망을 실존의 핵심 요소로 설정하는 불교적 존재론은 물론 그 안에서 삶의 의미 차원을 새롭게 펼쳐갈 수도 있다는 점에서 불교의 인간관에서도 충분히 수용할 수 있는 지점이다.

불교의 인간론을 한 마디로 규정짓는 일은 많은 위험성을 내포하지만 그런 위험성을 무릅쓰고 규정해 본다면, 타자와의 의존성이라는 연기성에 기반한 무아론(無我論)과 깨침의 가능성이라는 불성(佛性)의 내재화라고 말할 수 있다. 불교의 존재론과 직접적으로 이어져 있는 이러한 인간론은 가상적 실존의 본질을 해명하는 과정에서 상당한 정도의 유효성을 보여줄 수 있다. 우선 가상적 실존은 실존의 연계망을 확대시킴으로써 자신의 연기성을 좀더 수월하게 깨칠 수 있는 가능성을 높여줄 수 있다는 점에서 불교적으로 부정적이지 않다는 해석이 가능하다. 물론 가상적 실존을 확인하는 실존감은 몸으로부터의 거리를 일정 부분 전제하게 됨으로써 그 가능성이 실제적 존재감을 얼마나 가져다줄 수 있을지에 대해서는 회의적인 반응을 보일 수 있지만, 그렇다고 해서 실존감을 실제적 존재감에 제한할 필요는 전혀 없다. 오히려 우리들은 인터넷망을 통해 지구 반대편에 있는 사람과 접속하면서 그들의 삶이 우리의 삶과 이어져 있음을 어렵지 않게 확인할 수 있는 더 많은 가능성을 갖게 된다는 점에 주목할 필요가 있다.

물론 이러한 가능성은 아직 가능성의 영역에 머물러 있을 뿐이고 현실 속에서 얼마나 구체화될 수 있는지에 대해서는 쉽게 예측하기 어려운 점이 여전히 남아 있다. '몸 없는 실존' 또는 '몸과 일정한 거리를 유지하는 실존'의 경험이 연기성과 공성을 깨칠 수 있는 불교적 깨달음의 가능성을 확대시켜 주는 반면에, 그것이 진정한 삶의 의미 차원으로 작동하기 위해 필요한 연대감을 어느 정도 확보할 수 있을지는 아직까지 의문의 여지가 있기 때문이다. 불교적 관점에서 삶의 의미를 논의하고자 할 때 우리는 나와 타자가 이어져 있다는 불이적 관점(不二的 觀點)과 함께 그것에 근거한 자비(慈悲)의 실천이라는 실천적 요소를 빠뜨릴 수 없다. 그런데 가상적 실존의 경험이 이러한 2가지 요소를 어느 정도 충족시킬 수 있는지는 아직 온전히 드러나지 않고 있다. 오히려 인터넷망을 전제로 하는 접속감이 불교적 관점의 연기성에 대한 자각을 훼손하면서 타자에 대한 극단적인 언사를 서슴지 않은 가상적이면서도 실제적인 폭력에 더 많이 부각되어 있는 상황이다.

이런 문제가 부각되는 이유는 몸과 얼굴을 일정하게 감출 수 있는 익명성과 마음이 내키지 않을 경우 한 순간에 접속을 끊을 수 있는 신속한 관계 단절 가능성 등이 가상공간에 확보되어 있기 때문이기도 하고, 가상공동체의 구성원으로서 갖추고 있어야 하는 네티즌쉽 (netizenship)이 가상공간의 확대속도를 제대로 따라오지 못하는 시민교육적 차원의 결여에 근거한 것이기도 하지만 그런 문제들의 가상적 실존영역의 확대와 함께 일정 부분은 극복될 수 있을 것이라고 기대할 수 있다. 그런 점에서 가상공간과 가상현실, 그리고 가상적 실존의 확대는 레비나스적 타자성을 근원적으로 극복하면서 우리들에게 연기성과 공성에 대한 새로운 깨달음의 가능성을 열어줄 수 있는 좋은 기회일 수 있다.11)

VI. 글을 마무리하며: 실존의 새로운 지평 모색의 과제

우리의 실존은 이제 새로운 국면으로 접어들고 있다. 몸의 감촉에 기반한 구체적인 실존감을 바탕으로 삼아 오랜 시간 펼쳐왔던 우리들의 삶에 몸 없는 경험 또는 몸과의 거리를 유지하는 자극과 그 느낌으로서의 가상적 실존감이 침투해 들어오면서 점차 우리는 매트리스적 실존의 가능성 영역으로 옮겨지고 있다. 우리 스스로 옮겨갈 수 있는 자유의지가 작동하는 것처럼 보이지만, 실제적으로 우리에게 컴퓨터와 인터넷망으로부터 자유로울 수 있는 가능성은 빠르게 축소되고 있다는 점에서 자유가 아닌 강제적 이주의 요구에 직면하고 있다고

---

11) 레비나스적 타자성은 윤리를 타자에 대한 무조건적 환대로 설정하고자 하는 레비나스 (E. Levinas)의 핵심 주장을 드러내기 위해 필자가 임의적으로 사용하는 개념이다. 그는 나와 타자를 구별하는 서양철학적 전제를 근거로 삼아 그 둘 사이의 새로운 관계 설정이 제1철학으로서 윤리학의 임무라고 규정하고 있다.

보는 것이 정확할 것이다.

스마트 기기를 매개로 하는 무의미한 접속에 이미 많은 시간과 공간을 점유당하고 있는 우리들의 실존은 그런 점에서 연기적 관계망에 대한 자각의 가능성을 의미하는 깨달음의 가능성에서 상당 부분 멀어질 수 있는 위험을 내재시키고 있다. 그러나 우리는 이 글에서 그런 위험성을 직시함으로써 연기성과 공성에 대한 자각으로서의 깨달음에 한발 더 다가갈 수 있다는 긍정적 시야를 확보하고자 노력했다. 나와 접속하고 있는 지구별의 타자와 공유하는 연대감이나, 지구 저편 아마존의 훼손 영상을 내 앞 마당의 일처럼 생생하게 전송받을 수 있는 가능성 등이 그러한 희망의 구체적인 근거들로 제시될 수 있다.

그러나 이러한 가능성은 여전히 몸으로부터의 거리감으로 인해서 스쳐 지나가거나 꿈속의 그것처럼 희미하게 다가올 가능성을 내포하고 있고, 익명성을 과장되게 인식하게 하여 관계망을 훼손하는 기제로 작동할 가능성 또한 여전히 간직하고 있다. 이런 다양한 가능성에 충분히 유념하면서 우리가 실존의 디지털적 상황을 직시할 수 있다면, 타자와의 긴밀한 의존 속에서만 비로소 가능한 우리 실존의 위약성과 함께 그 연기성과 공성의 자각을 통한 삶의 의미 구현이라는 실천적 과제를 좀더 분명하게 인식할 수 있다. 그런 점에서 우리의 실존은 새로운 지평을 맞고 있는 셈이고, 불교는 우선 철학으로서의 속성을 충분히 발휘함으로써 그 지평을 여는데 적극적인 기여를 할 수 있을 것이다. 다만 이 지점에서 우리가 확실히 해야 할 점은 자본주의 문명과의 접속에서 심각한 불협화음을 내고 있는 한국불교계가 그 질기고 복잡한 무명(無明)의 터널을 건너 불교철학적 지혜를 발휘할 수 있을 때 그런 기여가 가능하다는 점이다.

:

제3장

한국불교와 인권, 그리고 삶의 의미 문제
- 원효와 지눌의 깨달음[覺]개념을 중심으로 -

I. 시작하는 글

인권(人權, human rights)은 우리에게 비교적 새로운 것이라는 느낌을 주는 개념이다. 개인에게 주목하는 서양 근대계몽사상의 등장과 함께 부각된 인권은 '인간이라는 사실 자체에 근거해서 갖는 천부적 권리'라는 정의를 획득했고, 그것이 우리에게 소개된 것은 광복 이후 민주주의의 수입과정을 통해서이기 때문일 것이다. 그나마 좀더 실질적으로 인권 개념에 주목하게 된 것은 1980년대 중반 이후 민주화 진행과정에서였다. 우리의 민주화 과정에서 인권은 '타는 목마름으로' 외치는 자유에의 열망 속에 포함된 핵심내용이었고, 그것은 대체로 독재정권의 억압으로부터의 정치적 자유와 비인간적인 노동환경으로부터의 벗어남을 의미했다.

그렇다면 서기(西紀) 21세기 또는 불기(佛紀) 26세기를 맞고 있는 현재 우리 한국의 상황 속에서 인권은 어떤 의미를 지니고 있을까? 선거를 통한 다수표의 획득이라는 절차적 정당성을 확보한 이명박

정권 하에서 정치적 자유는 인터넷 공간에서의 표현의 자유 억압 같은 일부 퇴행적인 모습을 띠기도 했지만 대통령을 희화화하는 방송 프로그램에서 상징적으로 보여졌던 것처럼 큰 문제가 없을 만큼은 확보되어 있다는 평가가 가능하다. '비인간적인 노동환경으로부터의 벗어남' 등과 같은 보다 적극적인 차원의 인권도 노동조합 활동의 보장과 같은 형식을 통해서 최소한으로는 보장되고 있다는 평가가 가능할 것이다.

문제는 이러한 '최소한의 인권 보장'이 인권의 모든 영역과 내용을 포괄할 수 있겠는가 하는 점이다. 이 질문에 대한 답은 인권에 대한 정의(定義)에 따라 달라질 수 있는 여지가 있기는 하지만, 확실한 것은 누구도 그것만으로 충분하다고 대답할 수 있는 상황은 아니라는 사실이다. 인권이 '인간다운 삶'이라는 개념을 배제할 수 없음을 받아들인다면 우리는 다시 그 '인간다움'과 '인간다운 삶'이 무엇인지를 물어야 하는 선결문제 해결의 요구에 직면하게 된다.

인권을 바라보는 불교적 관점이 무엇인지를 문제삼는 우리의 논의 속에서 이 선행질문들은 매우 핵심적인 영역을 차지하게 된다. 왜냐하면 인권을 바라보는 불교적 관점이 한편으로 '인간다움'을 규정짓는 데 중요한 기여를 할 수 있기 때문이고, 다른 한편으로는 불교의 인권 개념이 서구적 인권 개념의 발달사와 같은 근현대적 개념발달의 역사를 축적하고 있지 못하기 때문이다. 다시 말해서 불교적 관점의 인권은 서구적 관점의 인권 개념과 비교해서 근현대적 논의의 과정을 확보하지 못함으로써 보다 직접적으로 인권 논쟁에 관여할 수 있는 여지를 충분히 확보하지 못하고 있다는 것이다. 그럼에도 불교철학 속에 인권과 관련된 풍부한 함의가 포함되어 있다는 사실 또한 비교적 명확하기 때문에 현재 시점에서 우리가 할 수 있는 일은 보다 근원적인 차원의 불교 인권 개념에 주목하여 현재적 관점에서 되살려내는 일일 것이다.

그러나 논의의 범위를 제한하지 않을 경우 그 내용의 풍부함과 광범위함만큼이나 초점이 흐려질 가능성도 높기 때문에 이 작은 논의에서는 주로 삶의 의미 문제를 바라보는 불교적 관점을 중심으로 하고자 한다. 그 중에서도 특히 한국불교에 한정하여 논의를 전개하고자 하고 그것도 깨달음[覺]에 관한 원효와 지눌의 관점에 초점을 맞추고자 한다. 원효와 지눌로 대표될 수 있는 한국불교사상사 속에서 깨달음의 문제는 마음[心]의 문제로 치환되어 우리에게 제시되어 왔다. 이 문제들은 궁극적으로는 삶의 의미를 지향하고 있으며, 그것은 또한 오늘날 우리의 인권 개념에서 핵심적인 비중을 차지하는 문제여야 한다는 것이 이 논의의 일관된 입장이다.

II. 불교의 인권론과 깨달음의 문제

1. 불교의 인권론

인권(人權, human rights)에 대한 정의는 다양하고 그 각각의 정의는 나름의 논리적·경험적 근거를 지니지만, 서구 계몽주의의 영향 속에서 정착한 인권 개념은 대체로 다음과 같은 2가지 사실을 포함한다. 그 하나는 인권이 옳음(rightness)을 지향하는 의무론적 속성을 지닌다는 점이고, 다른 하나는 그것이 권리(right)로 상징되는 일종의 권리론적 속성을 지닌다는 점이다.[1] 그 중에서 계몽주의 이후 민주주

---

1) 잭 도널리, 박정원 옮김, 『인권과 국제정치-국제인권의 현실과 가능성 및 한계』, 도서출판 오름, 2002, 50~51쪽 참조.

의의 정착과정에서 더 많은 주목을 받게 된 것은 물론 후자이지만, 전자와 후자가 본질적으로 서로 상응하는 관계를 지닌다는 점에서 이 둘은 분리되지 않는다.

안옥선은 이러한 서구의 인권론이 각각 자유를 이념으로 하는 제1세대 인권과 평등을 이념으로 하는 제2세대 인권, 연대와 인류애를 이념으로 하는 제3세대 인권으로 발전해 왔다고 요약하면서 그것이 한편으로는 도덕적 개념이면서 동시에 법적인 개념으로 정착했다고 말하고 있다.[2] 자유와 평등, 연대라는 민주주의의 3가지 원칙이 인권 개념 속에 잘 드러나 있다는 이러한 분석은 한편으로 인권론의 외연 (外延)이 쉽게 한정될 수 없는 것임을 암시하면서도 동시에 다른 한편으로는 인권이 각 개인의 삶의 지평에서 결정적인 위상을 차지할 수 있음을 암시하는 것으로 해석할 수 있다. 자유와 평등, 연대가 기본적으로는 정치적 수준의 개념임에 틀림없지만, 민주주의 사회에서 그것들은 각 개인의 삶의 지평 속에서 구현되어야만 비로소 그 의미가 살아날 수 있기 때문이다.

인권은 한 인간이 그저 인간이라는 사실 자체에 근거해서 확보하는 권리이자 의무이다. 그것이 권리인 까닭은 누군가를 향해서 주장할 수 있는 자격으로서의 속성을 지니기 때문이고, 의무인 까닭은 모든 인간에게 자신의 삶을 그 자체로 존중하고 받아들여야 한다는 정언적 명령이 부여되는 내향적 차원과 타자의 삶을 그 자체로 존중해야 한다는 외향적 차원으로 나뉘어 제시될 수 있다. 여기에서 우리가 주목해야 할 부분은 '한 인간이 그저 인간이라는 사실 자체'이다. 한 인간에게 인간답게 살 권리가 보장되어야 한다는 명제를 정당화하기 위한 근거는 그가 인간이라는 사실 자체로 필요하고 충분하다는 인식이

---

2) 안옥선, 『불교와 인권』, 불교시대사, 2008, 20~23쪽 참조.

인권론의 가장 중요한 토대이고, 그런 점에서 그것은 가언명령이 아닌 정언명령으로서의 특성을 지닌다.

그런데 인권의 이러한 특성을 받아들인다고 하더라도 그것을 누가 어떻게 확보할 수 있는가 하는 실천적 차원의 문제는 여전히 남아 있다. 기본적으로 누가 확보할 것인가에 대해서 자유주의를 근간으로 삼는 민주주의에서는 각 개인이라고 답하겠지만, 그 개인들의 삶의 지평으로 논의를 옮겨갈 경우 그들 각각의 개인들 사이의 관계를 어떻게 설정할 것인가를 놓고 복잡한 논쟁을 불러올 수밖에 없다. 우리에게 자유주의와 공동체주의 논쟁으로 잘 알려져 있는 이러한 논의의 복잡성은 어떤 관계 설정이 인간다움 또는 삶의 의미를 확보하는 데 더 적절한지와 깊은 연관성을 지닌다.

인권이 자신의 삶 내면을 향하는 의무이자 자신과 타자를 동시에 지향하는 권리로서의 속성을 지니고 있다는 전제를 수용한다면, 각 개인들에게는 자신의 인간다움을 지향해야 하는 의무와 권리가 있다는 사실이 곧 나와 관계 맺고 있는 타자들이 인간다움을 확보할 수 있도록 도와주어야 한다는 의무를 내포하게 된다. 바로 이 지점에서 인권을 바라보는 불교적 관점이 지니는 차별성이 부각된다. 그것은 곧 각 개인이 분리된 채 존재할 수 없다는 공성(空性)의 원리에 근거한 인권 개념이다. 공성의 원리는 연기적 의존(緣起的 依存) 관계로 구체화된다. 온전히 독립된 채 존재하는 존재자는 불가능하다는 이 원리는 인간다움이 바로 이러한 삶의 연기성(緣起性)을 인식하고 그것에 근거한 자비(慈悲)를 실천에 옮길 수 있는 가능성에서 확보될 수 있다는 명제로 이어진다.

불교의 인권론은 물론 이와 같은 논의의 전개 과정에서 몇 가지 유념해야 하는 요소를 포함하고 있다. 우선 불교는 하비(P. Harvey)

의 적절한 지적과 같이 인권을 권리의 차원에서 바라보는 것을 불편하게 여길 수 있다. 그 이유는 "그 말(권리)을 공격적이고 자기중심적인 방식으로 자신의 권리를 요구하는 사람들과 연관시키거나, 양도불가능한 권리가 그것을 소유하고 있는 어떤 변하지 않고 본질적인 자아, 즉 자아의 본질에 관한 붓다의 가르침에 어긋나는 것을 함축하고 있는 것이 아닌가 하는 의문"을 제기할 수 있기 때문이다.[3]

이러한 문제제기에 대해서 키온(D. Keown)은 그런 질문을 던질 수는 있지만 답변이 꼭 부정적인 것일 필요는 없다는 입장을 취한다. 불교적 사유체계 안에서 권리라는 개념이 조금 낯선 것임에는 틀림없지만, 불교 안에서도 보편적 도덕 법칙 또는 다르마(Dharma)에 근거해서 자신과 의존관계에 있는 누군가에게 지는 의무가 있음을 강조하고 있고 그것을 다른 관점에서 보면 그 누군가에게 권리가 있다고 말할 수 있는 여지가 있다고 해석하고 있다.[4] 이때의 권리를 정초시켜주는 토대는 물론 연기적 관계성이고, 이 문제는 특히 인간의 수준에서 보면 그러한 관계성은 깨달을 수 있는 가능성을 훨씬 더 많이 확보하고 있다는 인간의 차별성을 통해 깨달음의 문제와 연결된다.

조준호는 주로 초기불교의 관점에서 불교 인권론을 고찰하면서 같은 맥락의 주장을 펼치고 있다. 그는 "불교인권사상의 기초이면서 정수는 연기론에 입각한 업사상에 있음"을 강조하면서 연기적 관계 속에서 한 인간이 다른 인간에 대해 짓는 업(業)에 대한 책임의 차원으로 인권을 볼 수 있는 가능성이 열려 있다고 말한다.[5] 더 나아가

---

3) 피터 하비, 허남결 옮김, 『불교윤리학 입문: 토대 가치와 쟁점』, 도서출판 씨아이알, 2010, 226쪽.
4) D. Keown, "Buddhism and Human Rights", *Contemporary Buddhist Ethics*(Richmond: Curzon Press, 2000), 62~63쪽 참조.
5) 조준호, 「불교인권의 세계관적 기초: 초기불교를 중심으로」, 한국외대 남아시아연구소, 『남아시아연구』, 14권 1호, 2008, 289~290쪽 참조.

그는 인권 개념의 핵심은 인간의 존엄성 문제인데, 불교에서 그것은 "열반을 목표로 선한 가치를 실현하고 있거나 이미 완성한 경우"에 가능하다고 강조한다.[6] 이 주장을 우리는 인권의 핵심이 인간의 존엄성이라는 주장을 메타적 차원에서 받아들이더라도 불교적 관점에서는 좀더 적극적인 맥락을 중시할 수 있고 또 중시할 필요가 있다는 것으로 확장할 수 있다. 즉, 불교에서는 인간만의 존엄성이 아닌 중생(衆生)의 생명 모두를 그 자체로 의미 있는 것으로 바라보면서도 다른 한편으로는 인간의 차별성을 인정하여 깨달음의 가능성에 초점을 두고 있다는 것이다.

2. 깨달음과 인권 문제의 관련성

그렇다면 우리는 무엇을 깨달아야 하는가? 이 질문은 깨달음의 대상과 내용이 과연 무엇인가 하는 질문으로 구체화해 볼 수 있다. 지금까지 한국불교사 속에서 이 질문은 매우 다양한 형식과 방법으로 제시되어 왔지만, 그 핵심을 잡아본다면 결국 자신의 존재를 구성하고 있는 연기성의 인식과 그것에 근거한 자비행(慈悲行)이다. 현재적 시점에서도 불교에서 말하는 깨달음이 무엇인지에 대해서는 다양한 논의가 가능하지만, 확실한 것은 그것이 바로 우리 삶 속에 존재하고 있는 연기성의 자각과 그것에 근거한 실천[慈悲行]이라는 것이 한국불교의 일관된 입장이다. 그것은 원효의 입장이기도 하고 지눌의 입장이기도 하다. 깨달음에 대한 이러한 정의(定義)와 내용 규정은 물론 논란의 가능성을 열어둔 것이고, 그 개방성이 한국불교의 또 다른 장점이기도 하다. 화엄을 근간으로 삼아 선(禪)을 지향하는 한국불교

---

6) 조준호, 위의 논문, 285쪽.

는 한편으로 정교한 이론적 논의를 부정하지 않으면서도 보다 궁극적으로는 그 논의조차 깨달음과 열반을 지향하는 뗏목으로 규정해버리는 특성을 지니고 있기 때문이다.

그러나 한국불교는 다른 한편으로 이 깨달음의 문제를 주로 간화선(看話禪)에 의지하는 돈오(頓悟)의 관점에서 접근하고자 함으로써 깨달음 자체에 도달하기 어렵다는 현실적 한계와 함께 깨달음에 관한 논의 자체가 현학적인 수준에 머물고 마는 한계를 드러내고 있다는 비판에 직면해 있기도 하다. 이러한 비판은 한국불교가 현재 한국인들의 삶과 얼마나 밀접한 연관성을 지니고 있고 또 지녀야 하는지 하는 실천적 차원에서 수용될 만한 것들임에 틀림없다. 이러한 비판을 수용하면서 우리가 할 수 있는 일 중의 하나는 깨달음의 대상과 내용을 현재적 개념으로 재구성하는 일이고, 그 대안을 구체화하는 과정에서 만날 수 있는 개념 중 하나가 바로 삶의 의미 문제이다.

경제성장과 정치적 성숙에서 현대사의 모범을 제시한 국가로 평가받는 대한민국은 그러나 행복지수 같은 삶의 질 문제로 넘어오면 결코 만족할 만한 수준을 확보하지 못하고 있다. 불필요한 경쟁을 서로에게 강요하면서 유치원 시절부터 맹목적인 경쟁력 지수 확보에 매달리는 우리 교육도 삶의 질을 현저하게 위협하는 상징적 요소가 되고 있다. 이 문제는 곧바로 학생과 교사의 인간다운 삶을 위협하는 인권의 문제로 전환되어 우리 주변 학교 곳곳에 포진되어 있다. 인권의 문제는 외형적으로 국가와 같은 공동체가 그 구성원에게 보장해 주어야 하는 외적 권리의 문제로 보이지만, 근본적으로는 나 자신과 나와 연기적 관계에 놓여있는 타자의 '인간다운 삶'을 지향하는 내면적 의무의 문제라는 우리의 정의 속에서 이 문제는 다시 '의미 있는 삶'을 살 수 있게 해야 한다는 최대 도덕의 문제로 전환된다.

사랑하던 것들 다 뿌리치고
미워하던 것들 다 잊어버리고
어느 바람 부는 날 혼자 가서
미리 누워있는 내 모습
(홍사성, '저 무덤' 전문)[7]

　인간의 어쩔 수 없음은 죽음 앞에서 극적으로 드러난다. 그 순간이
오면 사랑하던 것들이나 미워하던 것들이 모두 무의미해질 수 있고,
남는 문제는 어떤 마음과 자세로 그 죽음의 순간을 받아들일까 하는
원초적 차원의 문제일 뿐이다. 다시 말하면 진정한 차원의 삶의 의미
문제만 남을 뿐 다른 문제들은 모두 사소해지거나 무의미해진다는
말이다.
　헤센(J. Hessen)과 같은 윤리학자는 삶의 의미를 묻는 물음이 다양
하다는 점을 인정하면서도 삶이 의미를 갖고 있다는 사실 자체에 대
해서는 일치하는 의견을 보인다고 주장하지만, 과연 이 순간에 모든
삶이 의미가 있다고 말할 수 있는지에 대해서는 쉽게 동의하기 어렵
다.[8] 본래 의미 없는 것이 삶이라고 말할 수 있는 가능성도 여전히
열려 있다는 말이다. 그렇다고 해서 삶의 의미에 관한 물음을 던지는
일이 불가능해지는 것은 물론 아니다. 오히려 그런 답변이 나올수록
그 물음이 갖는 울림이 더 커질 수도 있다. 그런 점에 주목하여 코팅
햄(J. Cottingham)은 삶의 의미에 관한 물음이 갖는 그러한 성격을
'소멸되지 않는 것'이라고 규정한다.[9] 삶에 대한 의미 추구는 비록
혼란이 있더라도 강력하게 우리를 붙잡고 있는 질문이라는 것이다.

---

7) 홍사성, 『내년에 사는 법』, 책만드는집, 2011, 21쪽.
8) 요한네스 헤센, 허재윤 옮김, 『현대에 있어서 삶의 의미』, 이문출판사, 1998, 15쪽 참조.
9) 존 코팅햄, 강혜원 옮김, 『삶의 의미』, 동문선, 2005, 13쪽.

어떻게 살 것인가를 문제삼는 윤리학은 일반적으로 옳음과 좋음의 관계를 따지는 학문으로 규정되곤 한다. 윤리학의 분석적 특성에 주목하는 이러한 윤리학의 주제가 우리가 현재 본능적으로 추구하는 경향을 갖는 좋음과 그것이 지향해야 하는 당위로서의 옳음이 어떻게 연계될 수 있는지를 문제삼는 차원이라는 점에서 중요한 주제임에는 틀림없지만, 좀더 직접적인 주제 또는 물음은 어떤 삶이 의미 있고 가치있는 것인가 하는 질문이다. 이 명제에서 의미와 가치는 일정한 범위 안에서 동어반복적인 특성을 공유한다.

우리가 지금 이 순간 느끼는 좋음은 어떤 것인가? 오랜만에 만난 반가운 사람과의 점심식사와 정겨운 대화를 하는 순간 자체가 좋음이었을 것이고, 그 순간이 지나고 맞는 오후 시간 속에서는 가볍고 편안한 마음으로 쏟아지는 졸음을 즐기는 일이 곧 좋음일 것이다. 이 문장 안에 포함되어 있는 2가지 좋음은 모두 그 자체로 의미와 가치를 지니는 것들이기도 하다. 반가운 사람과의 만남과 대화, 식사의 즐거움인 좋음은 그 자체로 삶의 의미를 이루고, 식사를 마친 후에 그때 섭취한 음식물이 소화될 수 있는 시간과 공간을 확보해 주는 일 또한 최소한의 생존의 기반을 마련해 준다는 점에서 그만큼의 가치를 지니는 일이 된다.

그러나 이 2가지 좋음 사이에는 이런지 차별성 또는 수준의 차이가 있는 것으로 느껴진다. 밥을 먹은 후의 노곤함에 충실하여 맛보는 즐거움으로서의 좋음과 반가운 사람을 만나 정겨운 대화를 나누며 식사를 하는 즐거움으로서의 좋음은 무언가 질적인 차이가 있다고 생각되기 때문일 것이다. 쾌락의 질적 차이에 주목해야 한다고 주장한 밀(J.S.Mill)은 그 차이를 지속성과 강도 등의 기준으로 판별할 수 있다는 생각을 했고, 그 주장이 지니는 자연주의적 의미에 대해서 어느 정도 동의할 수 있지만 그것으로는 완결되지 않는 어떤 다른 무엇인가가 있다는 느낌은 여전히 남는다. 아마도 그 느낌이 바로 삶의 의미 그 자체와의 거리감인지도 모른다.

삶의 의미 문제는 이와 같이 그 이면에 가치를 전제로 한다. 무엇인가 가치 있는 일을 하거나 가치와 관련된 느낌을 가지게 될 때 우리는 의미를 발견하거나 부여할 수 있는 가능성의 폭을 넓혀갈 수 있게 된다. 그때의 가치는 가능하다면 인간만의 고유한 본성과 관련된 가치여야 하고 그만큼 보편성을 담보할 수 있는 것이어야만 할 것이다.

> 우리는 개인적 만족을 위해 발버둥치는 것으로만 우리의 삶에 의미를 부여할 수 없다. 또 우리는 인간융성의 상호의존적 조건을 고려하지 않는 선택을 고집하는 것으로는 가치를 창출할 수 없다. 가치 있는 삶이란 진정한 가치, 즉 인간의 본성에 연결된 가치, 그리고 객관적으로 그 본성의 꽃피움으로 인도될 수 있는 추구에 연결된 가치를 가진 삶일 것이다.[10]

우리말의 '인간다움'이라는 말로 표상할 수 있는 인간의 고유한 본성과 연결된 가치와 객관적으로 그 본성의 꽃피움으로 인도될 수 있는 추구에 연결된 가치를 지향하는 삶이 곧 의미 있는 삶이라는 코팅햄의 견해는 자연주의 윤리설뿐만 아니라 유신론(有神論)과 같은 형이상학적 윤리설을 전제하고서도 충분히 정당화될 수 있다는 점에서 설득력을 지닌다.

그러나 이러한 견해가 지니는 설득력을 충분히 인정한다고 해도 여전히 남는 문제가 있다. 그것은 인간의 고유한 본성과 관련된 가치

---

10) 존 코팅햄, 앞의 책, 56쪽.

들은 대체로 높기는 하지만 약한 속성을 지니고 있어서 우리의 일상 속에서 추구하기가 쉽지 않다는 점이다. 일상의 삶은 오히려 식색(食色)과 같은 본능이 지향하는 물질적 가치나 쾌락적 가치와 친화력을 지니고, 그것을 거스르고자 하는 의미의 차원은 '고상하기는 하지만 별로 하고 싶지는 않은' 비현실적인 지향으로만 남을 가능성이 있다. 이 문제를 극복하는 일이 동서양 윤리학의 오랜 과제였고, 여러 다양한 방안들이 제시되어 오기도 했지만 본능의 해방이 이루어진 자본주의 사회에서 살아가야 하는 우리들에게는 벅찬 과제로 느껴질 정도이다.

3. 의미를 지향하는 삶과 인권

도를 이루신 부처님은 그 깨달으신 진리의 세계가 너무도 넓고 크고 깊고 현묘(玄妙)하여서 탐욕과 애착으로 어두워진 중생의 머리로는 받아들이지 못할 경지임을 아셨다. … (중략) … 이 깊은 법을 어떻게 그들에게 전할 것인가? 어떻게 해야 그들이 이 진리를 알게 될 것인가? 부처님은 이런 문제를 생각하시면서 법열(法悅)에 잠긴 채 칠일을 넘기셨다. 이때 범천(梵天)이 부처님 앞에 이르러 사뢰었다. '세존이시여! 중생들에게 법우(法雨)를 내리소서. 세간에는 인연이 성숙한 중생들이 있어 능히 부처님의 교화를 받을 것입니다.'[11]

불교(佛敎)는 붓다의 가르침이다. 이 가르침이 처음 펼쳐지는 과정을 묘사한 경전의 한 부분인 위의 인용을 통해 우리는 고타마 붓다가 깨달은 진리 또는 도(道, dharma)가 탐욕과 집착으로 어두워진 중생의 머리로는 받아들이지 못할 경지임을 전제하면서 어떻게 그것을

---

11) 불교성전간행회, 『불교성전』, 1981, 85~86쪽.

전할까 하는 문제, 즉 가르침의 문제를 고민하고 있음을 알 수 있다. 붓다가 깨달은 진리가 무엇인지에 대한 상세한 논의는 일단 뒤로 미루고 여기서는 단지 그 진리가 탐욕과 애착으로 어두워진 중생들의 머리로는 받아들이지 못할 것이라는 붓다의 인식 자체에 주목해 보기로 하자.

인간에게 본능에 근거한 집착과 소유는 자신의 존재를 가능하게 해주는 기본 요건이라는 점에서 그 자체로는 문제될 것이 없다. 시간과 함께 공간을 소유해야만 비로소 존재할 수 있는 존재자들 중 하나인 인간이 그 시간과 공간을 소유하는 일은 자연스럽다. 그런데 문제는 그 소유의 한계를 벗어나는 데서 시작되고, 이 소유방식이 돈으로 전환된 자본주의 사회에 이르면 돈의 소유 한계의 문제로 이어진다. 많은 사람들이 돈을 갖고 싶어하는 이유는 바로 그것으로 자신의 생존에 필요한 공간과 시간을 확보할 수 있기 때문인데, 문제는 생존 문제가 해결되어도 그 소유욕은 그대로 남는다는 점이다.

소유와 그것에 근거한 생존은 모든 존재자에게 필수적으로 요구되는 것이지만, 인간 존재자에게는 그것으로 충족되지 않는 어떤 다른 요소가 자신의 존재성을 규정짓는 핵심요소로 부각된다. 우리는 그것을 추상화하여 '삶의 의미'라고 이름 지을 수 있고, 그 의미 추구가 인간다운 생존의 핵심요건이 된다고 말할 수 있다. 실제로 모든 사람들은 이러한 의미의 문제를 인식할 수 있는 최소한의 능력을 갖추고 있고, 그것 때문에 많은 것을 소유한 사람들도 삶의 어느 구비에서 의미의 문제를 느끼면서 심한 공허감을 느끼게 된다. 그러나 그것으로 그칠 뿐 곧바로 자신의 일상 속으로 함몰되어 버리는 것이 현대 한국인들의 모습이고 그것은 곧 우리 자신의 모습이기도 하다.

이러한 상황을 극복하는 일의 어려움에 대해 말하고 있는 고타마 붓다의 음성에 귀를 기울여 보면, 그것이 불가능한 일이 아니라 노력 여하에 따라서 가능한 일이라는 희망이 동시에 담겨 있음을 알 수 있게 된다. '세간에는 인연이 성숙한 중생이 있다.'는 범천의 언급을 통해서 그 희망이 구체적으로 표현되어 있다. 이 명제를 어떻게 해석할까에 대해서는 여러 가능성이 열려 있지만, 여기서는 주로 깨달음의 문제와 연관지어 해석해 보고자 한다. 그렇게 하고자 하는 이유는 인연이 성숙한 중생이란 곧 깨달음의 요건을 상당 부분 갖추고 있는 중생이라고 해석해 볼 수 있기 때문이다.

불교에서 깨달음은 핵심주제임에 틀림없지만, 앞에서도 논의했던 것처럼 현실 속에서 깨달음의 가능성이 얼마나 열릴 수 있는지에 대해서는 회의적인 시각이 존재하는 것이 사실이다. 평생 동안 간화선 (看話禪) 수행을 한 스님들의 경우에도 쉽게 도달하기 어려운 이 깨달음의 경지는 그보다 현실 여건이 좋지 못한 중생들을 절망하게 만들기도 한다. 그런 절망감은 스님들의 경우에도 예외가 아니어서 간화선 수행이 아닌 위빠사나 수행을 선택하는 경우도 늘어나고 있다. 위빠사나 수행의 경우에는 깨달음의 단계와 과정이 비교적 분명하게 제시되어 있고, 스승이 수행의 중간 단계에 적극적으로 개입하여 점검해 주기도 하고 다음 단계의 목표를 제시해 주기도 하기 때문에 그 막연함을 일정 부분 덜어낼 수 있는 장점을 지니고 있다는 평가를 받고 있다.[12]

그런데 여기서 문제의 핵심은 수행법 자체라기보다는 그 수행법을 활용하여 도달하고자 하는 목표 또는 과정이다. 그것을 우리는 깨달

---

12) 남방불교의 수행법인 위빠사나 수행을 유럽의 상황에 맞게 재구성하여 많은 공감을 불러일으키고 있는 틱낫한의 수행법이 그런 가능성을 보여준 대표적인 경우로 꼽힐 수 있다. 틱낫한, 류시화 옮김, 『마음을 멈추고 다만 바라보라』, 꿈꾸는 돌, 2002.

음[覺]이라는 개념으로 제시할 수 있지만, 여전히 남는 문제는 그 깨달음의 대상이 무엇이고 그것이 왜 필요한가 하는 점이다. 우리 논의의 맥락 속에서 깨달음의 대상을 규정지어 본다면 당연히 삶의 의미가 될 것이다. 삶의 의미라는 대상이 과연 무엇인지를 깨닫기 위해 간화선이나 위빠사나 같은 수행법을 활용할 수 있고, 그렇게 보면 삶의 의미를 알고자 하는 인간의 고유한 열망은 곧 깨달음을 지향하는 열망이라고 말할 수 있다.

깨달음을 지향하는 열망은 한편으로 인지적 차원의 열망이지만, 다른 한편으로는 정의적이고 실천적인 차원의 열망이기도 하다는 점에서 일정한 실천성을 담보하게 된다. 열망의 강도 여부에 따라 실천성의 정도도 달라질 것이고, 그러한 열망을 찾아내서 길러주는 일이 곧 도덕교육을 비롯한 모든 교육의 핵심목표이기도 하다. 그런 과정을 통해서 삶의 의미를 지향할 수 있는 인지적 능력과 정의적 능력이 확보되고 나면, 인권 문제는 좀더 두터운 기반을 넘어서서 근원적인 차원을 지향할 수 있게 된다. 그런 점에서 우리는 인권을 '**인간답고 의미 있는 삶에 대한 연기적 지향(緣起的 指向)과 보전(保全)**'으로 정의할 수 있다.

이렇게 정의된 불교적 관점의 인권 개념은 그것을 단순히 권리로만 해석하고자 하는 우리 사회의 인권 논의를 근원적으로 보완해 줄 수 있을 뿐만 아니라, 나 자신과 타자를 쉽게 분리시키지 않고 자본주의적 일상 속에서 삶의 의미를 함께 고민하고 그것의 구현을 위해 함께 노력하는 실천적 지평을 확보해 줄 수도 있을 것이다. 그렇다면 이제 우리에게 남은 문제는 이와 같이 인권의 문제를 깨달음과 삶의 의미 차원에서 접근할 수 있다는 근거를 한국불교의 역사 속에서 찾아 현재화하는 일일 것이다. 이 작은 논의에서는 그러한 작업을 한국불교

를 대표하는 원효와 지눌에 한정하여 부분적으로만 시도해 보고자
한다.

III. 한국불교에서 깨달음과 인권 문제

1. 깨달음의 대상으로서의 마음[心]과 삶의 의미

　원효의 깨달음은 흔히 해골물의 일화로 표상될 수 있는 일상성과
주체성을 보여 주고 있는 점에서 현재적 해석의 가능성을 풍부하게
지닌다. 일상의 삶의 국면 속에 깨달음의 계기가 숨겨져 있다는 원효
의 생각은 수행자가 아닌 일상인들에게도 깨달음이 가능하다는 전제
로 이어지고, 그것은 곧 깨달음이 본래 자신의 문제임을 보여주는
주체성을 담고 있는 것으로 해석될 수도 있다.

　원효의 깨달음 개념은 그가 저술한 다양한 논저에 다양한 방식으로
제시되어 있는데, 그들 사이를 관통하는 공통점은 바로 일상 속에
깨달음이 있음을 분명히 하고 있는 점이다. 누구에게나 있는 하나의
마음을 제대로 볼 수 있으면 그 자체가 깨달음이지 그 외에 어떤 것이
있지 않다는 일심(一心)의 사상이 원효 사상의 핵심줄기를 이루고
있음을 우리는 쉽게 확인할 수 있다.

　　깨달음을 가지고 말하자면, 그것은 이쪽도 없고 저쪽도 없는 것이다.
　다시 말해서 속세와 정토가 본래 하나의 마음이고, 태어남과 죽음이
　반복되는 윤회나 그것을 깨달아 극복한 열반이 궁극적으로는 둘이 아
　님을 아는 것이 본래의 큰 깨달음으로 돌아가는 길이다.[13]

---

13) 以覺言之 無此無彼 穢土淨國 本來一心 生死涅槃 終無二際 然歸原大覺, 원효, 「無量壽

일심을 떠나서는 자신의 몸이라고 할 만한 것이 없기 때문에 지금 존재하는 것들은 모두 혼자서는 설 수 없다고 말하는 것이고, 모든 것들이 혼자서는 설 수 없어서 본래 평등하기 때문에 본래의 깨달음과 같은 것이라 하는 것이다.[14]

원효의 각각 다른 저술 속에서 인용한 깨달음에 관한 언급을 통해 우리는 다음 2가지 점에 주목하게 된다. 하나는 속세와 정토가 다르지 않다는 명제이고, 다른 하나는 그것을 굳이 언어로 표상하자면 '하나의 마음[一心]'이라는 개념으로 구체화할 수 있다는 명제이다. 물론이 두 명제는 서로 동전의 앞뒷면처럼 엉켜 있다. 진리의 세계를 보지 못하고 살아가는 무명(無明)의 세상이나 그 무명의 고통을 극복한 열반이 궁극적으로는 서로 다른 것이 아니라는 이러한 원효의 언급은 쉽게 이해되지 않는 화두(話頭)처럼 느껴진다.

모든 것이 내 마음속에 있는 것이라는 유식(唯識)의 가르침과 그 마음조차 공(空)한 것이라는 중관(中觀)의 인식론 모두를 동원해야만 비로소 이해가 될 듯한 이러한 깨달음 개념은 결국 일상의 삶을 떠나서는 깨달음도 없다는 진리와 그럼에도 그 일상의 흐름에 걸림[無碍]이 없어야 한다는 실천적 지향을 내포하고 있다고 해석될 수 있다. 이러한 원효의 깨달음 개념은 자본주의적 일상으로부터 온전히 자유로운 삶이 보장되지 않는 우리 자신의 삶 속에도 깨달음의 가능성이 부여되어 있다는 사실과 그러나 그 가능성이 시간과 공간의 점유라는 일상에의 함몰로는 결코 현실화되지 않는 것이라는 우려를 함께 깨우칠 수 있게 하는 중요한 화두가 된다.

經宗要」, 『한국불교전서』, 권1, 553하.
14) 離一心外別無自體 故言俱時而有皆無自立 皆無自立 故本來平等 同一本覺也, 원효, 「起信論疏」, 『한국불교전서』, 권1, 711상.

일상과 깨달음이 서로 분리되지 않는다는 사실과 그럼에도 그 일상 속에서 깨달음을 얻기 위해서는 걸림이 없는 하나의 마음[一心]을 내어야 한다고 동시에 강조하고 있는 원효의 깨달음 개념이 물론 그만의 고유한 관점이라고 말하기는 어렵다. 이미 초기경전의 다양한 설파를 통해서 고타마 붓다가 강조했던 가르침의 핵심 주제이기 때문이다.[15]

그럼에도 원효의 깨달음 개념은 그러한 추상적인 수준의 깨달음을 좀더 구체화하여 자신의 삶 속에서 보여주었다는 점과 그것이 현실 속에서 어떻게 가능할지에 대한 대안을 보여주었다는 점에서 충분히 주목받을 만하다.[16] 깨달음이 저 피안의 세계에 따로 존재하는 것이 아니라는 사실을 강조하기 위해 스스로 파계를 마다하지 않았던 원효의 무애행(無碍行)은 물론 범부인 우리들이 쉽게 모방할 수 있는 경지는 아니지만, 그렇다고 해서 그 깨달음의 경지까지 넘볼 수 없는 것은 결코 아니다. 누구나 자신에게 주어진 일상에 한편으로 침잠하면서도 다른 한편으로 그 안에 담겨 있는 삶의 의미 차원을 바라볼 수 있다면 그것이 곧 깨달음의 출발점을 이룬다는 것이 원효의 깨달음 개념과 우리의 관심사인 삶의 의미 구현으로서의 인권의 접점이기도 하다.

이 문제를 우리 사회에서의 교육 문제와 관련지어 해석해 보면 좀더 명확한 논의가 가능해진다. 우리에게 주어진 현재 이 찰나(刹那)의 시간과 나의 몸이 기대고 있는 지금 이 공간은 우리의 생존뿐만

---

15) 『금강경』에서 고타마 붓다가 수보리에게 강조하는 핵심 가르침 중 하나는 대상에 대한 집착 없는 보시를 해야만 한다는 것이다. 더 구체적으로는 눈앞에 보이는 어려운 사람에게 보시를 하면서도 집착 없는 마음을 내야만 올바른 삶이라고 가르치고 있다. 若心有住 則爲非住 是故 佛說菩薩 心不應住色布施, 『조계종 표준 금강반야바라밀경-한문사경본』, 조계종출판사, 2011, 38쪽.

16) 한형조는 원효의 깨달음 개념 중에서 일상의 어쩔 수 없는 조건은 수용해야 한다는 점을 극적으로 표현하기 위해 '영웅적 수용(the heroic acceptance)'이라는 흥미로운 개념을 제안하고 있다. 한형조, 『붓다의 치명적 농담-한형조 교수의 금강경 별기』, 문학동네, 2011, 277쪽 참조.

아니라 삶을 가능하게 하는 필수요건이다. 교육이란 이러한 시간과 공간을 스스로의 힘으로 확보할 수 있는 능력을 길러주고자 하는 노력에 다름 아니다. 특히 각 개인의 생존이 개인의 몫으로 돌려지는 자본주의 사회에서 교육은 생존력을 기르는 일을 주된 목적으로 설정할 수밖에 없다. 그런 점에서 학교와 교사는 자신들을 찾아오는 학생들이 생존하는데 필요한 능력이 무엇인지를 분명히 인지해서 구체적으로 길러주는 일을 게을리해서는 안 된다.

그런데 문제는 그 생존력이 과연 무엇인가 하는 데서 생겨난다. 날짐승의 경우에 생존력은 날 수 있는 능력과 먹이를 잡을 수 있는 능력으로 구체화된다. 그러나 문명화된 사회에서 살아가는 인간의 경우에는 그 생존력이 자연과의 관계맺기로 끝나지 않고 인간관계를 잘 맺어갈 수 있는 능력, 즉 더불어 살 수 있는 능력까지를 필수적으로 포함하게 된다. 이런 요소들을 정확히 인지하지 못한 상황에서 설정된 자본주의 사회의 교육목표는 단순히 고립적이고 이기적인 개인이 자기 몫의 돈의 양을 키워갈 수 있는 능력을 길러주는 것으로 환원되면서 혼란 속으로 빠져들게 마련이다.

여기서 우리가 한 가지 더 유의해야 할 점은 인간의 생존능력은 짐승의 그것과는 달리 진정한 삶을 위한 필요조건에 그친다는 점이다. 자신의 생존을 위한 시간과 공간을 확보하는 일이 중요하고 숭고한 과제임에는 틀림없지만, 그것을 확보하는 것으로 인간다운 삶이 온전히 보장되지는 않는다는 사실에 유의할 필요가 있다는 말이다. 우리는 그것을 '삶의 의미' 문제로 규정짓고자 했고, 원효의 깨달음 개념 속에도 이미 생존의 차원과 의미의 차원이 하나도 아니고 그렇다고 해서 둘도 아니라는 심오한 진리가 담겨져 있음을 알 수 있다.

하나의 마음이 2개의 문으로 나뉜다는 일심이문(一心二門)의 기신론적 사유를 적극적으로 수용하고 있는 원효에게서 일상을 의미하는 생멸문(生滅門)과 깨달음의 경지를 의미하는 진여문(眞如門)은 둘도 아니고 그렇다고 하나도 아닌 불이적 관계(不二的 關係)를 형성한다.[17] 다시 말하면 생존의 차원과 의미의 차원은 둘도 아니고 그렇다고 해서 하나도 아닌 불이적 관계를 이루고 있다는 것이 원효의 깨달음 개념에서 추출할 수 있는 핵심 테제가 된다. 이런 관점에서 교육의 목표는 생존과 의미라는 두 차원을 모두 경시하지 않으면서도 그 중의 어느 하나로만 회귀해버리지 않는 균형잡힌 것으로 설정되어야 마땅하다. 같은 맥락에서 (도덕)교육은 생존의 차원과 궁극적으로는 분리되지 않는 '인간다운 생존'을 지향하는 의미를 찾아가는 노력이자 과정 그 자체라고 규정해 볼 수 있고, 그것은 곧 원효의 깨달음 개념 속에서 이미 충분한 정당화 근거를 마련하고 있는 오래된 관점이자 새로운 관점이라고 평가할 만하다.

한국불교를 대표하는 또 하나의 사상가이자 수행자인 지눌에게 깨달음은 자신이 설정한 삶의 목표이자 과정 자체이기도 했다. 그가 깨달음에 이르기 위해 의지했던 불교의 문(門)은 주로 선과 화엄이다. 지눌은 이 둘이 서로 보완적인 관계에 있음을 강조하면서 다음과 같이 이 둘을 활용하여 깨달음에 이를 수 있는 길을 제안하고 있다.

마음을 닦는 사람은 먼저 조사의 도로써 자기의 마음이 본래 미묘하여 문자에 얽매이지 않음을 알고, 다음으로 논서의 글을 읽어 마음의 체(體)와 용(用)이 법계(法界)의 성(性)과 상(相)임을 알 수 있게 되면 현상들 사이의 걸림없음[事事無碍]을 구현하는 덕과 동체의 지혜와 자

---

17) '기신론적 사유(起信論的 思惟)'라는 개념은 불교와 성리학을 아우르는 한국사상의 기반을 두고 있는 사유구조라는 의미로 논자가 임의적으로 사용하고 있는 개념이다. 보다 상세한 논의는 졸저, 『동양 도덕교육론의 현대적 해석』, 인간사랑, 2009, 1장 참조.

비의 공(功)이 서로 나뉘지 않음을 알게 된다.[18]

원효와 마찬가지로 지눌도 깨달음이 마음의 문제임을 다음과 같이 분명히 한다.

한 마음이 미혹하여 끝없는 번뇌를 일으키는 사람이 중생이고 그 한 마음을 깨달아 끝없이 미묘함을 일으키는 사람이 곧 부처다. 미혹과 깨달음이 비록 다르지만, 요지는 한 마음에서 비롯되는 것이니 마음을 떠나서 부처를 구하는 일은 옳지 않다.[19]

깨달음이 마음의 문제라는 지눌의 관점은 깨달음의 주체가 마음이라는 의미로 해석될 수도 있고, 그 대상이 곧 마음이라는 의미로 해석될 수도 있다. 우리는 마음을 통해서 깨닫고자 하지만, 동시에 그 깨달음의 대상도 또한 마음이다. 다시 말해서 마음을 깨달음의 주체인 동시에 대상이 되는 셈이다. 만약 마음을 정체성의 원천이자 인식의 주체로만 설정할 경우에는 이러한 관점은 그 자체로 오류일 수밖에 없겠지만, 자신의 마음의 흐름을 관조할 수 있는 또 하나의 마음을 설정할 수 있고 그것을 통해 궁극적으로는 그 마음을 떠날 수 있는 가능성을 열어 놓는 선불교적 마음 개념에서는 충분히 성립 가능하다.

지눌에게 있어서도 깨달음이 지향하는 대상은 당연히 그 마음이지만, 그 대상으로서의 마음을 생멸의 차원에서 해석해 본다면 결국 삶의 의미 문제로 귀결될 수 있다. 왜냐하면 깨달음의 대상으로서의

---

18) 修心之士 先以祖道 知自心本妙 不拘文字 次以論文 辨心之體用 是法界性相 則事事無碍
之德 同體智悲之功 不爲分外矣, 지눌, 「화엄론절요서」, 『정선 지눌』, 한국전통사상서
간행위원회 한국전통사상총서 권2, 2009, 347쪽.
19) 迷一心 而起無邊煩惱者 衆生也 悟一心 而起無邊妙用者 諸佛也 迷悟雖殊 而要由一心
則離心求佛者 亦無有是處也, 지눌, 「권수정혜결사문」, 위의 책, 78쪽.

마음은 그 마음을 가지고 이 세상을 어떻게 살 것인가 하는 문제로 구체화되고, 그 '어떻게'의 문제는 다시 '삶의 의미' 문제로 환원될 수 있기 때문이다. 그렇게 본다면 한국불교사상사에서 깨달음은 일차적으로 마음의 문제로 받아들여져 왔고, 그 마음의 문제는 다시 깨달음의 주체이자 대상인 마음의 문제로 해석되면서 궁극적으로는 삶의 의미 문제로 수렴될 수 있다고 결론지을 수 있게 된다. 삶의 의미 문제는 한편으로 어떻게 살 것인가의 문제이기도 하지만, 다른 한편으로 자신의 마음[自心]으로 상징되는 자아를 어떻게 인식하고 받아들일 것인가 하는 문제이기도 하기 때문이다.

2. 삶의 의미 차원을 보전하는 인권(人權)

인권은 인간이라는 사실 자체에 근거해서 당연히 갖게 되는 사람답게 살 권리이자 의무이다. 그것은 일차적으로 개인으로서의 나 자신이 국가와 같은 외부의 주체로부터 보장받아야 하는 권리이지만, 그 이전에 이미 나 자신이 스스로의 삶에 대해서 져야 하는 책임이기도 하다. '이 세상에 이렇게 태어난 나'는 그 '이렇게 있음'을 인식하고 받아들여야 하는 책임을 연기적 차원에서 부여받았음과 동시에 가능한 범위에서는 그 삶을 의미 있게 이끌어가야 한다는 적극적 책임을 부여받고 있기도 하다. 그런 점에서 인권은 인간다운 삶을 지향하는 자신에 대한 의무와 책임이자 자신과 타자에 대한 권리라는 우리의 정의는 정당화 근거를 갖고 그 토대이자 근간은 바로 삶의 의미 문제이다.

불교에서 삶의 의미는 다르마(Dharma)와의 연관성 속에서 설명된다. 다르마를 지향하고 구현하는 삶이 곧 의미 있는 삶이라는 것이

고타마 붓다의 핵심주장이기 때문이다. 그러한 삶은 이미 고타마 붓다 당시에도 사람들이 쉽게 받아들일 수 없는 현실 거역적인 방향을 지니고 있었던 것으로 보이지만, 자본주의적 일상이 삶의 전 영역을 지배하고 있는 현재 한국인들의 삶 속에서는 더욱 낯설고 거북한 대상일 수밖에 없다. 자본주의적 성장의 결과로 더 많은 여유와 성찰의 기회를 확보한 한국인들이 왜 이렇게 다르마에 대한 거부감을 일상시하게 되었을지에 대해서는 여러 차원의 분석이 필요하겠지만, 확실한 사실은 삶의 의미 지향이 기껏해야 돈을 중심으로 하는 가치지향 정도로 전락했다는 점이다.[20]

이런 상황 속에서 인권의 문제는 단순한 물질적 조건의 확보를 목표로 삼는 복지의 차원에서 해결될 수 없다. 여전히 사회적 안전망이 약한 한국사회에서 경쟁에서 탈락했거나 아예 경쟁의 출발점에 제대로 설 수조차 없는 사람들에 대한 최소한의 복지가 요구되지만, 그것은 인권문제 해결을 위한 필요조건일 뿐 충분조건일 수 없다. 오히려 이 시점에서 우리가 더 관심을 기울여야 하는 문제는 모든 사람들이 자신의 실존적 영역 속에서 삶의 의미 차원을 보전(保全)할 수 있는 가능성을 높여주는 문제이다. 어느 누구도 삶의 의미 차원을 떠나서는 인간답게 생존할 수 없다. 만약 그럴 수 있는 사람들이 있다면 그는 이미 열반에 도달한 붓다이거나, 아예 생존의 문제에만 고착되어 있는 아귀 같은 사람들일 것이다.

그렇게 본다면 인권의 문제는 이제 누구나 인간다운 삶이 요구됨을 인식하고 그것을 스스로 추구할 수 있는 가능성을 키워주는 문제가

---

20) 로이(David R. Loy)는 경제체제가 어떤 방식으로든지 그 체제 구성원들의 윤리적이고 정신적인 발달과 연관될 수밖에 없는데, 그것이 꼭 긍정적인 영향만을 미치는 것은 아니라고 말한다. D. R. Loy, *The Great Awakening: A Buddhist Social Theory*(Boston: Wisdon Publications), 2003, 42쪽 참조.

되는 셈이다. 그것을 불교적 관점에서 해석한다면 깨달음의 필요성과 가능성을 제고시킬 수 있는 여건을 만들어주거나 스스로 만들 수 있게 하는 문제가 된다. 그 깨달음의 대상과 내용은 당연히 삶의 의미이고, 삶의 의미 문제는 다시 무명(無明)의 일상 속에 함몰되지 않고 그것으로부터 일정한 거리를 확보하는 문제로 이어지게 된다. 일상으로부터의 거리 확보는 물론 일차적으로 각 개인의 몫이지만, 그 개인의 삶이 우리 모두의 삶과 연기적 고리를 형성하고 있다는 점에서 동시에 우리들의 몫이기도 하다. 그런 연기적 책임감을 갖고자 노력하는 사람을 우리는 이 시대의 보살(Bodhisattva)로 부를 수 있고, 이 보살은 곧 우리 시대 시민교육이 지향해야 하는 인간상으로도 설정될 수 있게 된다.[21]

IV. 맺음말

인권(人權, human rights)은 옳음과 권리를 동시에 내포하는 개념이라는 점에서 윤리학과 정치학에 걸쳐 있는 개념으로서의 속성을 지닌다. 그런데 권리와 의무의 주체로 고정된 실체를 설정하지 않는 불교의 무아론(無我論)으로 인해 특히 그 중에서도 권리 개념에 대한 거부감이 있을 수 있지만, 옳음의 경우에는 불교도 다르마(Dharma)를 전제로 하는 인식과 실천행을 강조한다는 점에서 서구 인권론과 친화성을 지닐 수 있다.

---

21) 우리 상황 속에서 시민교육의 목표로 보살을 설정할 수 있는가에 대한 보다 상세한 논의는 졸저, 앞의 책, 2009, 3장 '보살과 선비, 그리고 우리 시대의 시민'을 참조할 수 있다.

그러나 더 근본적인 차원에서는 인간과 짐승 사이의 존재적 차별성을 쉽게 인정하지 않는 불교 교리를 전제로 삼아 '인간의 권리'를 '인간다운 삶의 지향 가능성' 문제로 보아야 한다는 것이 우리 논의의 핵심 방향이다. 이 인간다운 삶의 지향은 깨달음의 추구를 통해 가능하고, 그 깨달음의 대상과 내용은 다시 삶의 의미 문제로 귀결된다. 그런 관점에서 불교의 인권론은 한편으로 자본주의적 일상으로부터 일정한 거리를 유지하면서 삶의 의미를 구현하고자 하는 마음을 낼 수 있게 하는 여건을 조성하고 보전하는 일을 그 중심에 둘 수밖에 없다는 것이 우리의 결론 중 하나이다.

이제 우리에게 남은 문제는 그렇다면 그러한 여건 조성과 보전을 누가 어떻게 해나갈 것인가 하는 실천의 문제이다. 이 문제에 대한 해답을 찾기 위해서 누군가 이론적인 탐색을 하고 그 탐색의 결과를 현실에 적용하는 지난한 과정을 앞장서서 보여 주어야 한다는 당위적 과제 앞에 놓인 우리는 최소한 우리 자신의 삶에서 그러한 노력을 해나갈 수 있다는 희망을 가질 수 있다. 그런데 불교적 연기론에 따르면 나는 고립되고 이기적인 개인이 아닌 세상에 존재하는 모든 존재자들, 특히 자신의 생존과 삶을 가능하게 하는 인간존재자들과의 깊은 의존 속에서만 비로소 가능하다는 점에서 나의 실천이 이미 다른 사람의 실천을 일부 감당해 내는 결과로 나타날 수 있다.

02

불교 계율정신에 근거한
새로운 윤리의 모색

제4장

한국불교 계율론의 관점에서 본
자유의지의 문제

I. 자유의지의 문제와 불교

인간에게 자유의지가 있는가 하는 문제는 한편으로 자연과학적 탐구의 대상이기도 하고, 다른 한편으로 철학, 특히 윤리학의 탐구 대상이기도 하다. 자연과학적 탐구의 대상으로서의 자유의지 문제는 인간의 몸 또는 마음의 어느 부분에 자유의지가 작동할 수 있는 공간이 있는지와 관련된 관찰과 실험의 방법론으로 이어지고, 이러한 방법론은 최근 뇌과학 등의 영역에서 활발하게 구현되고 있기도 해서 상당한 수준의 의미 있는 결과를 지속적으로 내놓고 있다.

그에 비하면 철학의 주제로서의 자유의지 문제는 지속적인 논쟁 과정에도 불구하고 눈에 보이는 진전이 있다고 보기 어렵다. 그 이유는 아마도 이 영역의 논의가 상당 부분에서는 자연과학적 탐구에 의해 영향을 받기 때문이기도 하겠지만, 더 핵심적인 것은 이 질문 자체가 인식론적이고 존재론적 성격을 지니고 있어 쉽게 한 방향으로의 결론을 허용하지 않기 때문일 것이다. 전자의 이유는 자연과학의 발달에 따라 점차적으로 해소될 수 있는데 비해, 후자는 그것과는 일정하게 독립성을 유지하면서 지속적으로 전개될 수밖에 없는 화두적(話頭的) 성격을 지닌다.

이러한 자유의지 문제에 대한 불교의 간섭은 석가모니 붓다의 가르침 자체에 의지한다는 전제를 가지면 자연과학적 시선을 포기하지는 않겠지만 더 본질적으로는 철학적 영역에서의 간섭이 된다. 왜냐하면 석가모니 붓다의 가르침이 자연현상을 포함하는 인간학적 현상에 대한 객관적 관찰에서 시작되면서도 궁극적으로는 삶의 의미와 지향을 묻는 철학적 물음으로 귀결되기 때문이다.

그런 점에서 본다면 자유의지 문제와 불교는 충분한 친화력을 지니고 있지만, 이 질문 자체에 대한 불교철학 안에서의 논의는 서양철학적 맥락 속에서 제한적으로만 이루어지고 있다는 사실에도 주의를 기울일 필요는 있을 것이다. 다시 말해 자유의지의 문제가 '인간이 어떻게 살아야 하는가'라는 윤리학적 물음의 전제가 된다는 점에서 불교의 핵심물음과 겹칠 수밖에 없지만 그 질문이 던지는 구체적인 맥락은 불교 안의 출발점이 아니라 서양 윤리학적 출발점을 지닌다는 사실을 분명히 인식함으로써 정확한 대응이 어려운 한계를 안고 논의 전개에 임할 수밖에 없는 상황을 받아들일 수 있게 된다는 것이다.

그런 상황 수용은 한편으로 자유의지의 문제에 불교가 어느 선까지 간섭할 수 있을까 하는 회의론으로 이어질 수도 있겠지만, 더 적극적으로는 불교 고유의 관점을 마련할 수 있는 가능성을 열어줄 수도 있다. 물론 불교의 외연(外延)이 어떤 종교나 철학과 비교해도 넓고 심지어 내포(內包)의 영역에서도 초점을 어디에 두느냐에 따라 다른 의견이 개진될 수 있는 가능성도 여전히 열려 있다는 점에서 모든 불교에 통용될 수 있는 단일한 관점을 마련할 수 있을 것이라는 기대는 하기 어렵다. 그보다는 다양한 관점의 가능성을 열어둔 채로 그 중 어느 하나의 것을 택해 접근하는 것이 현실적일 뿐만 아니라, 불교 자체의 속성에도 어울릴 수 있는 선택일 것이다.

이 논의는 그 중에서도 불교 계율론의 관점에서 자유의지의 문제에 접근하려는 시도의 하나이다. 그 중에서도 한국불교의 계율론, 즉 초기와 상좌부 전통의 승가공동체를 전제로 하여 성립된 『사분율(四分律)』과 대승불교의 승가공동체를 전제로 하는 『범망경보살계본(梵網經菩薩戒本)』을 아우르는 한국불교의 계율 전통을 중심으로 하여 자유의지의 문제를 고찰해 보고자 한다. 이러한 관점 선택은 한편으로 한국불교의 계율전통이 단순히 역사성을 지니는 수준을 넘어서서 조계종단을 중심으로 하는 현재의 한국불교에도 여전히 살아 있다는 점에서 실천성을 지닐 수 있게 하는 데 도움을 줄 수 있을 것으로 기대한다.

II. 깨달음을 향한 수행 방법으로서의 계율과 승가공동체

불교는 깨달음의 종교이자 철학이다. 깨달음이 구체적으로 어떤 의미를 갖는지에 대해서는 서로 다른 의견을 가질 수 있겠지만, 불교에서 깨달음을 제외하고서 다른 논의를 전개하는 것은 불가능하다. 한국불교의 경우도 마찬가지이다. 한국불교가 호국불교로서의 전통을 갖고 있었다거나 통불교적 성격을 지니고 있다는 식으로 그 역사성을 규명해 보는 일이 불가능한 것은 아니지만, 특히 전자의 경우 다양한 반론이 가해질 수밖에 없는 이유 중의 하나가 과연 호국(護國)이 불교의 궁극적인 목적인 깨달음과 어떤 관련성을 지닐 수 있는지에 대한 의구심이다.

불교에서 깨달음[覺]은 자신의 공성(空性)에 대한 깨침이기도 하고 무명(無明)으로 둘러싸인 존재자임을 스스로 깨우치는 과정을 의미하기도 한다. 이러한 깨달음에 이르는 과정으로 초기불교와 대승불교를 아우르며 우리에게 제시된 것은 삼학(三學)이다. 삼학은 계율의 준수와 선정(禪定), 그리고 경전 공부를 통하는 지혜(智慧) 쌓기를 의미하는 계정혜(戒定慧)이다. 초기불교의 전통 속에서 가장 앞선 자리를 차지했던 계율은 그러나 선불교 중심의 북방불교 전통 속에서는 뒤로 밀리는 결과로 나타났고 이런 계율에 대한 일정한 경시는 그 전통 속에 있는 한국불교의 경우에도 그다지 다르지 않다.

그러나 다른 한편으로 한국불교의 경우에도 최소한의 계율 준수 전통마저 지켜지지 않은 것은 아니라는 점에 유의해야 한다.1) 출가자들의 경우 사미(니)계와 비구(니)계를 수지해야만 비로소 승가공동체의 일원으로 인정받을 수 있고 재가자들의 경우에도 보살계를 수지해야만 사부대중 공동체의 일원으로 인정받을 수 있는 제도적 장치는 물론이고, 깨달음의 과정에서 계율의 준수 자체가 하나의 과정과 방법으로 인정받는 삼학의 전통이 약하기는 하지만 여전히 살아있다는 점에서 그러하다. 최소한 계율이 깨침을 향한 첫걸음으로서의 위상은 아직 확보하고 있다고 평가할 수 있을 것이다.2)

---

1) 이와 관련하여 버스웰은 송광사를 중심으로 한 자신의 승가생활에 대한 체험과 관찰을 토대로 승가생활을 중심으로 보면 한국의 절에서 '승가 생활 목표가 깨달음 자체에 있다기 보다 실제로는 절제된 삶의 추구에 있다.'라는 흥미로운 주장을 내놓고 있다. 승가라는 공동체 생활 자체에 초점을 맞춰보면 맞는 주장이고 그런 점에서 보면 계율 준수도 잘 이루어지고 있다고 볼 수 있지만, 그러나 그 생활의 보다 궁극적인 목적이 깨달음이라는 사실이 배제되는 것은 아니다. 로버트 버스웰, 김종명 옮김, 『파란눈 스님의 한국선 수행기』, 예문서원, 1999, 280쪽.

2) 해인총림 율원장을 역임한 혜능은 불교수행에서 계율의 중요성과 함께 우리 불교에서의 계율경시풍조를 다음과 같이 지적하고 있다. "지계는 불교 수행의 첫 번째 단계이다.

최근에는 한국불교에서 계율이 승가공동체를 중심으로 하여 좀더 활성화되는 모습을 보여주고 있다. 비구승단과 비구니 승단의 이부승제를 유지하고 있는 한국불교는 특히 조계종단을 중심으로 볼 경우에 누구나 계를 받아야만 그 공동체의 구성원으로 인정받을 수 있는 정도를 넘어서서 결제 기간 중에 결계 신고를 하고 각 교구본사에서 시행하는 포살에 년 1회 이상 참여해야 하는 의무를 부여하고 있다.[3] 동시에 결제와 해제라는 시스템을 통해서 선원의 청규(淸規)가 실제로 가동되고 있기도 하다는 점에서 한국불교는 아직까지 불방불교 승가공동체의 원형을 상당 부분 유지하고 있다는 평가도 가능하다. 계나 청규 모두 넓은 의미의 계율에 속하고 이러한 계율은 가깝게는 승가공동체의 유지를 목표로 삼지만 승가공동체 자체가 깨달음의 지향을 전제로 성립된다는 점에서 깨달음을 궁극적인 목표로 삼는다고 보는 것이 타당하다.

그렇다면 이제 이러한 한국불교의 계율이 어떻게 자유의지의 문제와 연계될 수 있는지를 고민할 차례이다. 먼저 상식적인 차원에서 접근해 볼 수 있는 지점은 계율(戒律)이 어원적으로 승가공동체를 유지시키는 외적 규범으로서의 율(vinaya)과 자신의 마음속에서 자율적으로 지키고자 하는 일종의 자발적인 성향인 계(sīla)를 포괄하는 개념임을 확인하는 과정이다. 계율이라는 개념 자체 속에 이미 자유의지의 가능성이 전제되어 있다는 상식적인 확인이 가능하다는 의미이다.

계율을 무시한 수행으로 얻은 선정이나 명상의 힘은 잘못되거나 이기적으로 흐르기 쉽다. 불자가 계율을 지키는 것은 도적들을 대비해 집 주위에다 담을 치는 것과 같은 것이다. 그런데 여러 가지 원인이 있겠지만 요즈음 불교 교단에서는 계율을 소홀히 하는 경향이 있다. 그러나 계율은 깨침을 향한 첫걸음이기 때문에 아무리 강조해도 지나침이 없다." 혜능 엮음, 『재가불자를 위한 계율 강좌』, 여시아문, 2000, 13쪽.

3) 대한불교조계종, 『총무원장 지관스님과 함께 한 조계종의 4년: 2005.10~2009.10』, 29쪽 참조.

만약 인간에게 자유의지가 없다면 불교의 계율 개념은 타율적인 율의 영역에서만 실천적인 의미를 갖게 되는데, 그 율마저도 행위 주체가 사부대중 공동체의 구성원으로 참여하겠다는 자발적인 선택이 전제되어야만 할 뿐만 아니라 언제든지 스스로 공동체로부터 탈퇴할 수 있는 자유의 한계 안에 머물고 있다는 점에서 자유의지는 필수적인 전제조건이 될 수밖에 없다.

물론 자유의지가 계율의 기본적인 전제 조건이 된다는 점을 인정한다고 해서 모든 계율의 준수가 곧 자유의지에 맡겨지는 것은 아니다. 승가공동체의 구성원으로 남아 있겠다는 전제를 한 경우에는 일정한 강제 준수의 범위에 자신을 가두는 것을 의미하기 때문이다. 계율 준수는 이제 일종의 법과 같은 강제성을 지니면서 그 구성원으로서의 개인들을 압박하게 되고 만약 바라이죄와 같은 큰 죄를 범했을 경우에는 승가공동체의 구성원으로서의 자격을 박탈당하는 지경까지 내몰릴 수 있다.

이러한 상황들을 염두에 두고 자유의지의 문제를 본다면, 승가공동체를 중심으로 하는 불교의 계율론에서는 인간에게 자유의지가 있을 뿐만 아니라 그것을 적극적으로 활용하여 깨달음의 지향이라는 목적을 세우고 승가공동체의 구성원이 될 수 있는 자유뿐만 아니라 스스로 그 공동체로부터 탈퇴할 수 있는 환속의 자유를 보장하고 있다고 결론지을 수 있다. 더 나아가 계율에는 만약 승가공동체의 구성원으로서의 자격을 유지하고 있는 동안에 계율을 어기는 죄를 저지르면 승단 추방과 같은 강제적인 처벌을 감수하겠다는 자발적인 선택까지도 포함되어 있다. 그렇다면 승가공동체가 유지되고 있는 한국불교의 계율론도 당연히 자유의지를 적극적으로 인정하는 입장에 선다고 결론내려야 마땅하다.

그러나 이러한 결론은 어쩐지 서양 윤리학적 맥락의 자유의지 문제와 정확하게 그 맥을 맞추고 있지 못하다는 느낌을 남긴다. 그 느낌의 원천을 찾아올라가다 보면 우리는 한국불교 계율론을 포함하고 있는 불교 계율론 전반 또는 불교철학 전반에 걸쳐서 인간의 본성과 자유의지의 문제를 어떻게 보고 있는지가 정리되지 않고 남아 있는 선결문제 해결의 요구와 만나게 된다. 이 선행문제 중에서도 업(業)과 윤회(輪廻)로 상징되는 불교의 결정론적 성격이 계율론의 자유의지 문제와 충돌할 수 있다는 문제가 부각된다.

이 문제는 그 논의의 폭이 넓고 깊어 이 장 논의의 범위를 벗어난다. 따라서 우리의 논의는 이 문제에 대해 계율론의 범위에서 부분적으로 다룰 수밖에 없고, 실제로 계율론 안에서도 어떤 방식으로든지 업과 윤회의 문제가 다루어질 수밖에 없을 뿐만 아니라 '율장(律藏)'과 그와 관련된 '논장(論藏)'의 여러 부분에서 다양한 논의가 이루어지고 있기도 하다. 우리의 논의는 『사분율(四分律)』과 『법망경보살계본(梵網經菩薩戒本)』을 중심으로 하되, 이러한 율장의 계율에 대한 한국불교적 해석에 초점을 맞추기 위해 20세기 초반 계율론을 중심으로 전개된 논쟁을 함께 고찰하는 방식으로 진행하고자 한다. 그 중에서도 한용운과 박한영의 계율관을 대비시키면서 그 논쟁의 틀 안에서 자유의지의 문제가 어떻게 규명될 수 있는지를 살펴보고자 한다.[4]

---

4) 한용운의 경우에는 『조선불교유신론(朝鮮佛教維新論)』에 드러나 있는 계율관을 중심으로 고찰하고, 박한영의 경우에는 『계학약전(戒學約詮)』을 중심으로 하되 『조선불교현대화론』에 담겨 있는 계율관도 포함시켜 고찰하고자 한다.

III. 한국불교 계율관의 특징과 자유의지의 문제

1. 한국불교 계율관의 특징적 요소: '견성(見性)과 파계(破戒) 사이'

한국불교의 계율관은 무엇인가? 그것은 인도불교나 중국불교의 그 것과 어떤 차별성을 지니는가? 이 두 질문에 대한 해답을 찾는 과정은 그 연계성과 차별성을 어떻게 규정짓느냐에 따라 양태가 크게 다를 수 있다. 만약 차별성 개념을 엄격히 정의하여 온전히 구별될 수 있는 특성을 찾는데 초점을 맞춘다면 대체로 해답은 부정적인 방향으로 흐를 수밖에 없을 것이지만, 연계성을 기본 전제로 하여 일정한 차별 성에 초점을 맞춘다면 한국불교 2,000년의 역사 속에서 구현되었거나 구현되고 있는 특징을 찾아내는 일은 어렵지 않은 과제가 된다. 우리 의 논의는 후자의 입장에서 출발하고자 한다. 왜냐하면 한국불교도 엄연히 불교의 지역적이고 문화적인 외연 속에 포함되는 개념이지만 동시에 한국이라는 특정한 맥락 속에 뿌리를 내린 '한국'불교로서의 특수성도 결코 배제할 수 없기 때문이다.

한국불교의 계율론이 갖는 가장 큰 특징은 상좌부 전통의 초기불교 계율과 범망경 계열의 대승불교 계율을 모두 수용하면서도 전반적으 로는 선에 치중하여 대체로 계율을 크게 중시하지 않는 경향성으로 규정지을 수 있다.[5] 특히 조선시대 이후로는 계맥(戒脈)이 단절되어 혼란을 겪었고, 조선후기에 와서 백파 긍선으로부터 겨우 계맥이 되

---

[5] 목정배는 이러한 경향을 "그러나 전업의 중생이 파행의 길로 꺾어들어 계율성에 반기를 드는 사건도 있었다. 이러한 모든 사실들을 개략적으로 설명하여 정율(正律)의 의미를 되새기는 데에 목적이 있는 것이다. 오늘날 탈법적인 행위가 자행되는 마당에다 보리수 의 씨알을 하나 구하여 가만히 심어 길러내고 싶은 생각이 간절하여 오랫동안 계율강론 에 쏟아왔던 그 결과로서 이 계율론을 엮는 것이다."라고 묘사하고 있다. 실제로 우리 불교학계에서 계율론이나 계율학에 관한 논문이나 저서는 극히 드물기도 하다. 목정배, 『계율학 개론』, 장경각, 2001, 6쪽, '머리말'.

살아나 자운 성우, 가산 지관 등으로 이어지는 율사의 맥이 끊이지 않고 있는 형편이다. 이러한 계율 전승은 그러나 다른 한편으로 멀리 신라의 원효와 근대의 경허 같은 탈계율론자들의 선맥(禪脈)이 한국 불교의 중심축으로 정착하는 과정에서 그다지 빛을 발하지 못했을 뿐만 아니라, 한용운의 '불교유신론(佛敎維新論)'에서 다시 공격의 대상이 되는 운명을 맞기도 하면서 현재까지 겨우 이어지고 있다.

그런 점에서 한국불교 전통에서 계율이 어떻게 받아들여지고 있는지를 고찰하기 위해서는 먼저 한용운의 계율론을 살펴보는 것이 도움이 된다.

> 경전에 이르기를 '지금의 세상에 살면서 옛적으로 도로 돌아가면 재앙이 반드시 그 몸에 미친다'고 했다. 오늘의 무대는 전날의 도량(道場)이 아닌 것이니, 긴 소매가 달린 옷을 벗고 짧은 것으로 고쳐 입지 않는다면 춤을 잘 출 수 없는 세상이 되었다. … **비록 결혼이 계율에 어긋나는 것이어서** 행하기 어렵다고 해도, 마땅히 결혼이 불교의 시기와 근기에 이롭다고 할 때에는 **방편(方便)으로 결혼을 행할** 때와 근기에 적응하다가 다시 결혼이 불교의 시대적 상황에 이롭지 않은 때가 온다면 그때에 가서 이 방법을 거두어 옛날로 돌아가게 할 수도 있는데 그렇게 하는 경우 누가 잘못이라고 하겠는가? 그리고 결혼 금지가 어찌 세상의 도리에 어울리겠는가? 그 어울리지 않는 까닭이 되는 이치를 논해 보고자 한다.[6]

승려의 결혼 금지라는 계율에 관한 한용운의 입장이 잘 드러나 있는 부분이다. 승려의 결혼 금지는 사분율에서 가장 무거운 계율을 범한 경우인 사바라이법(四波羅夷法)에서도 맨 처음에 나오는 것이다.

---

6) 한용운, 이원섭 옮김, 『조선불교유신론』, 운주사, 1992, 119쪽, 강조는 필자의 것이다.

만약 비구가 부정한 행위를 하여 음욕법(淫慾法)을 어겼다면 이 비구는 바라이죄를 범한 것이므로 함께 거주할 수 없다.[7]

어느 비구가 어머니의 청을 받아들여 출가 이전의 처에게 아이를 얻게 한 행위가 문제가 되어 제정된 것으로 알려져 있는 이 바라이죄는 결혼 금지와 함께 성교와 같은 음행을 금지하는 엄격한 계율이다. 우리 현대 불교사에서도 청담 스님의 '견성과 파계 사이'라는 일화로 알려져 있는 계율이기도 하다.

"네가 중이 된 것도 좋지만 집안의 혈통을 이어야 되지 않겠느냐?"는 청천벽력과도 같은 어머니의 부탁을 받아들여야 했었다. 이혼한 뒤에도 집에 남아 어머니를 봉양하는 아내와 그들이 처하고 있는 험한 생활이 나로서는 도저히 거절할 수 없도록 강압되었던 것이다. 나는 **무간지옥(無間地獄)에 떨어지는 한이 있더라도 그들의 요구를 거절할 수 없다**는 **비상한 각오**를 하고 아내의 방으로 들어갔다.[8]

만해의 경우에는 결혼 금지라는 계율의 파기를 주장하고 있고 청담의 경우 계율을 어겼다는 분명한 자각을 하고 있으면서도 거절할 수 없었던 상황적 변수를 인정하는 점에서 일정한 차이를 드러내고 있기는 하지만, 전반적으로 이 두 입장에서 유추해 낼 수 있는 계율관의 특징은 견성 또는 깨달음의 과정에서 파계는 가능할 수도 있다는 융통성 있는 적용 가능성의 인정이다. 계율이 깨달음에 이르는 과정에

---

7) 若比丘犯不淨行 行淫慾法 是比丘波羅夷 不共住, 「四分律卷第一」, 『大正藏』, 22권, 560하.
8) 청담, 혜성 엮음, 『마음속에 부처가 있다』, 화남, 2002, 365~366쪽. 「입산 50년을 돌아보며-나의 자화상」이라는 글의 일부분인데, 소제목이 '견성과 파계 사이'이고, 이때 얻은 청담 스님의 따님이 수원 봉녕사를 이끌었던 비구니 묘엄 스님이다. 이 부분의 강조 역시 필자의 것이다.

서 중시되어야 하는 삼학의 한 부분임을 부정하는 것은 아니지만, 그중의 어떤 것은 때와 상황에 따라 어길 수도 있다는 융통성을 계율에 부여하고 있다는 것이다. 이러한 입장은 한용운이 한편으로는 "불교의 진수(眞髓)가 어찌 자질구레한 계율 사이에 있겠는가?"라고 말하면서도 다른 한편으로는 "그러나 나라고 해서 부처님의 계율을 무시하여 승려 전체를 휘몰아 음계(婬戒)를 범하게 하고자 하는 것은 아니며, 다만 그 자유에 일임하려 하는 것뿐이다."라고 말하는 부분에서도 확인할 수 있다.9)

이러한 입장에 대해서 한용운과 동시대를 살았던 박한영의 경우에는 다른 관점을 택한다. 그는 곽시쌍부(槨示雙趺)와 같은 석가모니 시대의 일화를 '한 사람이 헛된 것을 전함에 수많은 사람들이 참담하게 여긴 것'에 불과하다고 비판하면서 오히려 그 일화와 관련지어서는 석가가 깨달음을 얻은 제자에게 옆자리를 내준 것과 꽃을 들어 올린 것 2가지가 진정한 공안(公案)일 수 있다는 주장을 펼치면서 참된 불교로의 개혁을 주장하며 계율에 대해서도 비교적 엄격한 입장을 갖고 있었다.10)

계율은 옛날에는 조복(調伏)이라고 번역했는데 3가지 업(業)을 조절하고 단련하며 잘못된 것을 제어하고 굴복시킴을 말한 것이다. 조절하고 단련함은 그치고 짓는 것에 모두 통하는 것이고 제어하고 굴복시킴은 오직 악을 그치게 하는 것을 밝힌 것이다. 혹은 멸(滅)이라고 번역하는데, 몸과 입과 뜻으로 짓는 악이 수행자를 태워버리는 것이 흡사 불이 활활 타오르는 것과 같은데 계율은 이를 소멸할 수 있기 때문이다.11)

---

9) 한용운, 앞의 책, 118, 123쪽 참조.
10) 박한영, 「조선불교현대화론」, 한종만 편, 『현대한국의 불교사상』, 한길사, 1980, 164쪽 참조.
11) 박한영, 김효탄 주해, 『戒學約詮 註解』, 동국역경원, 2000, 22~23쪽. 주해자가 율 혹은

이 부분은 1926년에 중앙불교전문학교 계율학 교재로 쓰기 위해 펴낸 것으로 알려져 있는 박한영의 『계학약전』의 머리말을 인용한 것인데, 이 책에서 저자는 사분율과 오분율 등 한반도에 전해진 4부율장을 먼저 다룬 후에 대승계본인 범망경을 다루고 그 각각의 차이를 밝히는 방식으로 전개하고 있다. '4부율장'과 대승계본의 차이가 시대적 요인이나 상황적 요인에 의해 허용될 수 있는 범위에서 나타나고 있지만, 보살이라면 이 둘의 차이를 수용하여 충분히 준수할 수 있을 것이라는 결론에 도달하고 있다.[12]

계율을 바라보는 한국불교의 이러한 융통성은 이미 원효의 관점에서 형성되어 전해진 것으로 볼 수 있다. 통상적인 음욕계(淫慾戒)를 넘나들었던 그의 행적에서 알 수 있기도 하지만, 좀더 상세한 그의 관점은 보살계를 어떻게 지킬 것인가와 관련된 자신의 저서에도 충분히 드러나 있다.

보살계는 되돌아서서 큰 계율의 근본으로 돌아가는 것이며, 사악함을 제거하고 올바름을 성취하는 핵심적인 문이다. … 이 계라고 하는 것은 본래 그 자체로 생겨나는 것이 아니라 반드시 많은 인연에 의지하여 생기기 때문에 본래의 상을 가질 수 없다. … (중략) … 만약 오염된 마음이 없다면 앞의 여러 이야기들이 성립할 수 없다.… [13]

계라고 표기한 부분을 필자가 모두 계율로 통일했음을 밝혀둔다. 그 이유는 이 부분의 계와 율 개념이 계율의 의미를 함축한 것이기 때문이다.

12) 앞의 책, 163~167쪽 참조.

13) 菩薩戒者 反流歸源之大律 去邪就正之要門也, 원효, 「菩薩戒本持犯要記」, 『韓佛全』 권 1, 581상, 然戒不自生 必託衆緣 故決無自相, 같은 책, 같은 권, 583상, 若無染心 不在前 說, 같은 책, 같은 권, 582상.

여기에 나타난 원효의 계율관은 계율지범의 핵심은 마음에 있고 따라서 설사 겉으로 드러나는 행동이 계율에 어긋나는 것처럼 보인다고 할지라도 마음으로 어긴 것이 아니면 죄가 되지 않거나 아주 가벼운 죄가 될 수 있을 뿐이라는 것이다. 그의 일심사상(一心思想)과도 통하는 이러한 계율관은 같은 계율을 어겼을 경우라도 그 마음 상태와 상황에 따라서 죄의 경중이 달라질 수 있다는 다양한 사례를 제시하는 방향으로 전개되기도 했다.[14]

이상의 논의를 통해서 우리가 잠정적으로 합의할 수 있는 한국불교 계율관의 특징은 2가지이다. 첫째는 상좌불교 전통의 계율과 대승계율을 아울러 포섭하는 통섭적 특성을 갖고 있다는 점이고, 둘째는 『사분율』과 『범망경보살계본』이라는 율서를 중심으로 구체적인 계율을 승가공동체를 유지하는 핵심요건으로 계승하면서도 다른 한편 그 지범(持犯)의 원칙에 이르면 마음[一心]을 준거로 삼는 융통성을 발휘해 왔다는 것이다. 다시 말해서 깨달음에 도움이 된다면 그 방편으로서의 계율을 어기는 것이 가능할 수도 있다는 **'견성과 파계 사이'의 입장**을 견지해 온 것으로 해석해 볼 수 있다는 말이다. 그 중에서도 우리는 자유의지의 문제와 관련된 맥락 속에서 이 두 번째 특징에 관심을 갖게 된다. 마음이 지범의 근본적인 준거라면, 그 마음이 과연 인간의 자유의지와 어떤 관련성을 지닐 수 있는지 또는 업(業)의 계승에 근거한 의지박약 또는 도덕적 운의 문제는 어떻게 해석될 수 있는지 등의 문제가 논의의 연장선에 위치할 수 있을 것이기 때문이다.

깨달음을 지향점으로 삼아 계율을 그 지향점에 이르는 방편으로

---

14) 원효의 계율관에 관한 보다 상세한 논의는 졸고, 「우리의 불교사상에 근거한 새로운 사회윤리의 모색-원효와 만해에 관한 사회윤리학적 재인식을 중심으로」, 『가산학보』, 10호, 가산불교문화연구원, 2002, 92~95쪽을 참조할 수 있다. 필자는 이 글에서 원효의 계율관을 '보살적 사회윤리'라는 개념을 활용하여 재해석해 보고자 했다.

설정하고 나면, 그 순간의 마음은 단지 깨달음의 지향점을 지닐 뿐이다. 마음의 이 지향을 유지 또는 확충하기 위해서 계율을 어기는 경우라도 깨달음의 지향 자체가 약화되거나 어긋나지 않았다면 문제 자체가 되지 않는다는 이러한 한국불교의 계율관은 그런 점에서 인간의 자유의지를 계율보다 앞서는 곳에 위치시키고 있는 셈이다. 그러나 다른 한편으로 보면 깨달음을 향한 지향이라는 강한 전제 속에 있는 경우에만 마음에 근거한 계율의 준수를 허용한다는 점에서 그 자유의지가 견성이라는 범위 안에 머문다는 결론도 이끌어낼 수 있을 것이다.

2. 계율의 지범(持犯)과 마음, 자유의지

자유의지에 관한 불교의 관점을 찾아내는 방법 중의 하나로 굿맨 (C. Goodman)은 불교의 도덕적 책임이나 태도에 관한 언급을 참고하는 방식을 말하고 있다.15) 이 방식이 불교의 자유의지 개념을 찾아내는 직접적인 방법으로서는 한계가 있겠지만, 불교 안에서 자유의지에 관한 논의가 직접적으로 이루어진 적이 거의 없다는 점을 감안할때 간접적인 방식으로서는 상당히 의미있는 접근이라고 평가할 만하다. 어떤 점에서 우리의 논의도 이러한 방식의 연장선상에서 이루어지고 있다고 할 수 있다.

한국불교가 불교의 도덕율인 계율을 어떻게 바라보고 있는가를 중심축으로 삼아 한국불교의 계율관에 내재된 것으로 짐작되는 자유의지의 문제를 고찰해 보고자 하는 필자의 의도는 현재까지 한국불교의 계율관의 특징을 '깨달음의 지향을 근간으로 삼아 계율 지범의 원칙

---

15) Charles Goodman, "Resentment and Reality: Buddhism on Moral Responsibility", *American Philosophical Quarterly* Vol.39, No.4, October 2002, p.366.

적 근거를 마음에 두는 융통성 있는 입장'이라고 규정하는 데까지 이르렀고, 이제 본격적으로 그 특징 안에 포함되어 있는 것으로 보이는 자유의지의 문제를 규명해야 하는 과제 수행으로 넘어가야 할 단계이다.

초기불교와 부파불교를 거치면서 좀더 강화되는 형태로 전개되는 불교의 무아설(無我說)은 굿맨의 지적과 같이, 산티데바에 이르면 '내가 자유의지를 갖고 있다.'는 생각 자체가 환상임을 깨달아야 하고 그렇게 되면 그것에 근거한 분노와 같은 감정도 자연스럽게 소멸될 수 있을 것이라는 강한 결정론으로까지 진행된다.[16] 그러나 이러한 강한 결정론으로서의 불교 자유의지론 속에도 '그 생각이 환상임을 깨닫는 과정'에서 작동할 수 있는 자유의지의 가능 영역을 설정할 수 있기 때문에 다시 마음의 문제를 깨달음의 핵심 주제로 부각시키는 대승불교의 흐름 속에서 약화될 수밖에 없었고 한국불교도 원효 이후로 이런 관점을 채택하게 되었음을 우리는 확인한 바 있다.

한국불교의 전통 속에서도 무아를 포함하는 삼법인(三法印)이 핵심 교리로 받아들여지고 있지만, 무아설이 유식학적 관점에서 재해석될 경우 우리 자아의 본질이 무아임을 깨닫는 일이 더 핵심이 되고 이 깨달음의 과정과 가능성은 인간의 존재성을 규정짓는 중요한 지점이 되기도 한다. 따라서 무아설과 관련지어 불교의 자유의지 개념을 규정짓고자 한다고 해도 굿맨의 관점보다는 오히려 "깨달음을 성취하기 위해서는 엄밀히 말해서 '나'라는 것은 없고 단지 연기법에 의해 생겨난 임시적인 심리적 요소로서의 나만이 있을 뿐이라는 자각을 해야 한다."는 시더릿츠(M. Siderits)의 주장이 더 설득력 있게 다가온다.[17]

---

16) Ibid., p.368.
17) Mark Siderits, *Buddhism as Philosophy*(Indianapolis: Hackett Publishing Co., 2007), p.68.

결국 계율을 승가공동체와 재가공동체인 사부대중 공동체를 형성시키고 유지하게 하는 기본적 요건으로 받아들이면서도 그 준수의 차원, 즉 지범(持犯)의 지점에 이르면 깨달음을 향하는 마음의 인식과 운용에 일정 부분 종속시키는 입장을 택하는 한국불교의 계율론에서 자유의지의 문제는 연기적 존재로서의 자신을 받아들이면서도 그 한계에 머무르지 않고자 하는 자유의지의 가능성을 상당 부분 열어두는 강한 양립 가능론(compatibilism)에 속한다는 가설을 세워볼 수 있다. 더 정확히 말해서 양립 가능론 가운데서도 자유의지의 영역에 더 많은 비중을 부여하는 입장이라고 할 수 있다. 이런 입장이 어떻게 구체화될 수 있고 또 어떻게 정당화될 수 있는지에 관한 논의가 더 상세하게 전개되어야 하는 과제가 여전히 남아 있기는 하지만, 지금까지의 논의를 토대로 삼아도 최소한의 정당화는 가능하다.

우리에게 주어져 있는 깨달음의 가능성은 지눌의 개념을 빌리면 근기(根機)에 따라 다르고 또 어떤 스승과 도반을 만나느냐에 따라 달라질 수 있는 이른바 도덕적 운(moral luck)의 요소를 전제로 하고 있지만, 한국불교의 전통 속에서 누구나 그 최소한의 가능성은 인정받는 존재자로 대접받는다. 자신의 상황과 근기를 어떻게 인식하고 이를 극복하고자 어떤 노력을 얼마나 기울이느냐에 따라 깨달음의 가능성 정도가 달라진다는 인식을 한국불교 전통은 공유하고 있는 셈이다. 이러한 전통이 계율론의 영역에서도 계율 준수의 핵심은 율장에 명시된 율(律) 자체를 비구·비구니계와 보살계를 수지하는 순간에는 분명하게 받아들이지만, 그 준수의 여부는 깨달음을 향하는 자신의 마음의 문제와 결부시켜 융통성을 부여함으로써 자유로운 선택과 결단의 가능성을 충분히 열어 놓고 있다.

자유의지론과 결정론 사이의 갈등이 진정한 것이 아니라 해소될 수 있는 것임을 존재론과 인식론이라는 시각의 문제로 재개념화해서 보여주고자 하는 정대현의 시도나 결정론이나 자유의지론에 대한 동의가 어떤 사실적 증거나 그에 대한 논리적 논의에서 비롯되는 것이 아니라 삶에 대한 우리의 전망에 달려 있다는 입장을 취하는 최용철의 시도는 한국불교 계율론에 근거한 양립가능론이 삶의 의미와 가치를 깨닫고자 하는 인간의 본연적 열망에 의해 충분히 수용 가능하다는 점을 일정 부분 지지해 준다.18) 인간의 연기적 한계는 공성(空性)에 대한 깨침을 통해 질적으로 극복될 수 있는 여지가 늘 열려져 있다는 것이 붓다 가르침의 핵심이고, 한국불교의 계율론은 그러한 가르침을 선불교적 관점에서 적극적으로 수용하여 마음의 문제로 전환시키고 있기 때문이다.

IV. 맺음말

한국불교의 계율전통은 상좌불교 승가공동체의 계율 전통과 대승불교권의 보살계 전통을 통합하는 형태를 취하면서 깨달음을 향한 과정으로서의 간화선을 강조하는 선불교 중심의 계율관으로 특징지을 수 있다. 이러한 특징은 승가공동체와 재가공동체 사이의 연계성을 보살계를 중심으로 확보할 수 있게 하는 장점으로 작동하기도 하고, 다른 한편 승가공동체의 계율 경시 현상을 부르는 기제로 작동하고 있기도 하다. 원칙적으로 깨달음에 이르기 위한 과정으로 삼학(三學)

---

18) 정대현, 「자유의지론과 결정론」, 『한국어와 철학적 분석』, 이화여대출판부, 1995, 108~110쪽, 최용철, 「자유의지 논쟁의 최근 동향과 그 과제」, 『범한철학』, 21집, 범한철학회, 2000 봄, 429~432쪽 참조.

을 모두 중시하면서도 계율 준수나 경전 공부는 간화선에 종속되는 변수로 간주하는 경향이 나타났고, 특히 계율에 대해서는 완화된 입장을 보이는 승려들이 적지 않은 것이 현실이기도 하다.

그러나 다른 한편 한국불교의 계율전통은 원효 이후로 계율의 준수 여부를 마음에 근거하여 판단할 수 있다는 경향성을 보이기도 했고, 깨달음의 지향이라는 궁극적 목표를 중심에 두고 그 지향성을 잃지 않았는가의 여부를 계율의 준수 여부와 동일시하는 경향마저 나타내고 있기도 하다. 이 경향 속에서 우리는 자유의지의 문제를 가늠해 볼 수 있는 틈새를 발견했고, 결국 한국불교 계율론에는 자유의지가 그 마음속에 존재할 수 있는 가능성이 높을 뿐만 아니라 그 가능성의 정도에 따라 깨달음의 가능성도 커질 수 있다는 적극적인 입장이 개진될 수 있다는 결론을 이끌어낼 수 있었다. 이러한 자유의지의 존재 가능성은 그러나 구체적인 깨달음의 주체가 지니고 있는 근기(根機)에 의해 제약된다는 불교 전반의 결정론 속에서 비로소 작동될 수 있기 때문에 결국 한국불교의 자유의지에 관한 관점은 또 하나의 양립론일 수밖에 없다는 것이 필자가 도달한 결론이기도 하다.

이제 우리에게 남은 계율론적 과제는 제약된 자유의지를 담보하고 있는 마음을 어떻게 확충하여 깨달음에의 지향성을 더 선명하게 할 것인가와 관련된 수행론적 전제 속에서 깨달음에 이르는 과정에서 마음과 계율 사이의 관계를 어떻게 설정하여 구체적인 지범의 경계를 확립할 것인가가 실천적 과제일 것이다. 이 과제는 다시 한국불교의 계율 전통 속에서 계율을 삼학의 본래적 위상으로 격상시키는 이론적·실천적 과제와 이어지면서 일정 부분 순환론적 고리를 형성하게 된다.

제5장

한국불교 계율정신에 근거한 생태윤리의 모색

I. 머리말

생태윤리(生態倫理)는 생태계(生態界)를 전제로 하는 윤리적 논의 자체와 그것에 의해 도출되는 윤리적 원칙과 규범을 포함하는 개념이다. 환경윤리라는 개념보다 생태윤리라는 개념이 더 적절하다고 판단하는 윤리학계의 일반적인 인식 속에는 바로 이 생태계라는 개념의 포괄성과 함께 전체론적 시각의 요청이 함께 담겨 있다. 그런데 우리에게 생태윤리가 더 이상 새로운 주제는 아니다. 오히려 어떤 점에서는 '너무 많은' 담론들로 인해 식상해진 윤리적 담론 중의 하나가 되어버렸다는 느낌을 받을 정도이다.

그러나 이러한 '느낌'은 우리의 태도가 생태윤리적으로 바뀌어 정착했기 때문이라기보다는 윤리적 담론 자체의 과잉에서 비롯된 것이라고 보는 것이 더 타당할 것이다. 우리 생활 속에 급속히 뿌리내리고 있는 커피 전문점 문화는 두꺼운 일회용 종이컵의 일상화를 의미한다. 이전의 일회용 종이컵과 비교해 보면 훨씬 더 많은 나무의 낭비는 물론 플라스틱 덮개까지를 포함하는 심각한 환경침해적 요소를 포함하고 있음을 부인할 길이 없다. 그럼에도 우리들은 이 커피 문화를 비판적으로 인식하기보다는 대체로 좀더 문명적인 어떤 것으로 받아들이는 경향을 갖고 있다.

담론의 주체로 참여해서 환경과 생태를 말하는데 주저함이 없는 우리들 스스로가 자신의 일상과 행동 속에 이미 들어와 있는 환경침해적 요소에 대해서는 별다른 문제의식을 느끼지 못하는 이러한 '기이함'은 물론 일차적으로 자연과 인간의 인위적인 분리라는 현대문명의 속성에서 기인하는 것이지만, 다른 한편 우리가 참여하고 있는 생태 또는 환경담론의 원천적인 한계에 기인하는 것임을 부인하기 어렵다. 생태담론의 이러한 치명적인 결핍을 극복할 수 있는 길은 없는 것인가?

이 작은 논의의 초점은 이 질문에 맞춰져 있다. 이 질문 자체가 지닌 복합성 때문에 답변 또한 복합적이고 중층적인 구조를 지녀야 하겠지만, 우리 논의는 그것을 한국불교의 계율관이라는 쟁점 속에서 진행해 보고자 한다. 한국불교의 계율관은 선불교적 전통 속에서 깨달음과의 연계성을 근간으로 삼아 마음의 질서로 계율을 바라보는 특성을 지니고 있다. 원효와 자장이라는 고대 한국의 고승들이 상징하는 것처럼 계율을 독자적으로 강조하기 보다는 깨달음을 위한 방편으로 위치시키면서 특히 선방(禪房)의 정신적 질서를 지키는 지침으로서의 청규(淸規)를 강조하는 전통을 이어오고 있다. 물론 이러한 계율전통은 단지 승가공동체에만 한정되는 것은 아니고 보살계를 근간으로 삼아 재가자들의 삶을 위한 원칙으로도 일정 부분 작동하고 있다.

계율의 문제는 기본적으로 승가공동체를 중심으로 형성되어 오늘에 전승되고 있지만, 오늘 우리의 관심사인 생태윤리와 관련지어 더 많은 관심을 요구하는 것은 오히려 불자를 포함하는 중생들의 삶 속에 포함되어 있는 윤리적 관점과 태도, 실천이라는 실천윤리적 문제이다. 좀더 상세하게 말하면 우리들의 주된 관심사는 '21세기 초반을 살아내고 있는 한국인의 실천윤리'이고, 그 중에서도 특히 생태문제와 관련된 실천윤리를 한국불교의 계율관 또는 계율정신에 근거해서 반성적으로 성찰하는 것이다.

이러한 문제의식을 바탕으로 삼아 먼저 그 모범적 준거의 하나인 한국불교 계율관의 특징적 요소를 간략하게 정리한 다음에 그것과 함께 작동하는 것으로 추론해 볼 수 있는 다른 준거들을 염두에 두면서 우리에게 필요한 새로운 생태윤리적 논의를 이끌어내고자 하는 것이 이 작은 고찰의 목표이다. 이 목표를 달성하기 위해서 일차적 고찰의 대상으로 삼는 한국불교의 계율관은 현재 우리의 윤리적 담론과 태도에 영향을 미치고 있을 것으로 짐작되는 현재적 요소에 한정하고자 한다.

II. 한국불교의 계율관과 계율정신: 깨달음과 마음의 내적 질서

1. 한국인의 윤리관과 계율정신(戒律精神)

우리 논의에서 관심의 대상으로 삼고자 하는 한국불교의 계율관은 그 현재성에 제한하고자 한다는 점을 염두에 두면, 먼저 과연 현재 우리 한국인의 윤리관 속에 한국불교의 계율이 어느 정도 남아 있는가 하는 문제를 살펴볼 필요성과 만나게 된다. 이 문제가 어느 정도 정리될 수 있는가의 여부에 따라 우리의 윤리관에 한국불교 계율론이

미칠 수 있는 영향력의 범위와 한계가 달라질 수 있기 때문이다.

한국불교의 계율관은 한국불교의 전통 속에서 형성되어 현재에 전승되고 있는 계율관을 의미한다. 이러한 계율관이 구체적으로 무엇을 의미, 또는 지칭하는지에 대해서는 여러 가지 논의가 열려 있을 수밖에 없겠지만, 대체로 여기서는 2가지에 초점을 맞춘 제한적 논의에 한정짓고자 한다. 그 하나는 앞서 제기한 현재성이고 다른 하나는 원효와 자장에서 비롯되어 지눌을 거쳐 경허, 만해, 성철, 자운, 지관 등으로 이어진 한국불교의 실천적 계율관이다. 후자의 경우 화엄학이라는 교학적 바탕위에서 전개된 선불교로서의 특징을 지니고 있는 한국불교의 계율관을 대표하는 법맥(法脈)이라고 볼 수 있다는 점에서 정당성을 지닌다.

21세기 초반부를 살아가고 있는 우리 한국인들은 어떤 윤리관을 지니고 있을까? 이 질문에 대한 답 자체가 최소한 한 권의 단행본을 필요로 할 만큼 방대한 것일 뿐만 아니라, 그런 연구를 통해서도 쉽게 정리될 수 없는 현재진행형의 질문이기 때문에 여기서 우리는 우리의 관심과 관련된 극히 제한적인 논의를 전개하는 데 만족할 수밖에 없다. 소설 속에 등장하는 주인공들의 의식구조 분석을 토대로 이 문제를 분석하고자 했던 김태길에 따르면, 광복 이후의 사회상황 속에서 한국인들은 물질적 가치를 중심에 두면서 쾌락을 추구하는 극히 향락적이고 이기적인 태도를 갖게 되었다.[1] 이러한 태도는 가족윤리와 성윤리에도 강한 영향을 미쳐 가족의 해체는 물론 전통적인 윤리관이 급속도로 무너지는 결과로 나타나기도 했다는 것이다.

한국인의 윤리관 또는 가치관에 관한 이러한 분석은 21세기 초반 한국인들의 가치관에 관한 분석에도 대부분 적용될 수 있을 것으로

---

1) 김태길, 『한국윤리의 재정립』, 철학과 현실사, 1995, 267~278쪽 참조.

보인다. 이러한 윤리학적 분석과는 다른 차원인 도덕심리학적 분석을 통해 얻어진 결과물도 그다지 다르지 않다. 2007년을 기준으로 초등학생으로부터 일반 성인에 이르는 1,994명을 대상으로 한국인의 도덕성을 측정한 자료에 따르면, 대체로 학생들의 경우 도덕 판단력이 연령과 교육받은 기간의 증가에 따라 발달하는 경향을 보인 반면 성인들의 경우 대학생보다 낮을 뿐만 아니라 중학생의 평균점수와 비슷한 수준을 보인다.[2]

이러한 연구결과들은 한국인들의 윤리관 속에서 작동하는 도덕판단력과 같은 인지적 요소가 전반적으로 약하지만 학교 내의 도덕교육을 통해서 일정한 정도까지는 개선되고 있음을 보여주는 것임과 함께, 다른 한편으로 그 학교로부터 벗어나는 일반 성인에 이르면 다시 도덕 판단력이 저하되면서 좀더 물질적이고 감정적인 판단에 의존하는 경향을 보이고 있음을 보여주는 것이기도 하다. 평균적인 한국인들의 이러한 가치관은 우리 한국이 일제식민지 통치와 동족상잔이라는 비극을 겪으면서도 매우 짧은 시간 동안 세계 10위권 수준의 경제력을 확보하는 데 성공하는 과정에서 얻게 된 것으로 짐작해 볼 수 있다.

우리와는 다른 경로를 거쳤지만 역시 물질적 성취에 있어서는 시기나 양에 있어서 앞섰던 일본의 경우에도 개인과 물질을 삶의 중심에 두는 가치관을 보여 주고 있다고 분석하는 강상중의 주장에 따르면, 어쩌면 이런 과정과 결과는 당연한 것으로 받아들일 수 있을 것이지만 그럼에도 일본과 우리 사이의 차이점에 대해서도 충분히 유의할

---

2) 김민강, 「DIT를 활용한 한국인의 도덕판단력 연구」, 『도덕성 측정 및 평가 방법: DIT & K-DIT를 중심으로』, 한국교원대학교 초등교육연구소 춘계 워크숍 자료집, 2008, 8~9쪽 참조.

필요 또한 부정할 수 없다.[3]

한국인들의 윤리관을 특징짓는 개인과 물질, 감정 중에서 특히 개인과 물질은 오랜 역사 속에서 그다지 부각되지 않았던 것이다. 가족을 중심으로 하는 공동체적 관계 속에서 자신의 삶의 의미를 규정짓고자 했던 한국인들의 전통적 가치관은 다른 한편 불교와 성리학의 전통과 만나면서 물질에 대한 집착을 벗어나야 한다는 당위적 요청을 포함하게 되었다. 이러한 전통이 광복 이후 서구화와 산업화 과정을 동시에 거치면서 급속도로 무너지고 이제는 개인과 물질을 감정적으로 추구하는 상황으로 내몰리게 된 셈이다.

그럼에도 우리의 가치관 또는 윤리관 속에 정신과 공동체를 중시하는 요소가 여전히 적지 않다. 우리 한국인들은 돈에 대한 강한 집착과 함께 그 돈에 함몰되는 삶에 대한 경멸의식을 지니고 있고, 분리된 개인을 중심으로 삶의 과정을 전개하는 것을 일반적 원칙으로 삼는 만큼이나 가족으로 상징되는 관계에 대한 집착을 버리지 못하기도 한다. 그 중에서 가족을 중시하는 전통은 주로 성리학으로 상징되는 유교윤리에 근거한 것으로 보이지만, 물질적 가치가 아닌 정신적 가치에 대한 존중은 많은 부분 불교윤리에 근거한 것으로 추정해 볼 수 있다. 물질의 소유가 아닌 무집착 또는 무소유에 진정한 행복이 있다고 말하는 불교윤리의 핵심 가르침은 오늘날 한국인들에게서 법정의 무소유 정신에 대한 찬탄과 존경에서 다시 살아나기도 했다.[4]

이 지점에서 우리는 그렇다면 과연 한국불교의 계율정신이 무엇인지에 관한 논의의 필요성을 느낀다. 우선 중국불교나 일본불교와 비

---

3) 강상중, 오근영 옮김, 『어머니』, 사계절, 2011, 머리말 참조.
4) 무소유를 중심에 두는 법정 스님의 삶이 지니는 현재적 의미에 관한 보다 상세한 고찰은 허우성, 「법정스님을 추모하며」, 『철학과 현실』, 85호, 2010 여름, 107~114쪽을 참조할 수 있다.

교해서 특별히 차별화할 수 있는 한국불교만의 계율정신이 있다고 말할 수 있을까? 한국불교의 계율은 사분율과 대승계율을 모두 계승하면서도 특히 선불교 중심으로 정착하는 과정에서 선방운영 수칙인 청규(清規)를 중시하는 전통을 형성하였던 반면에, 다른 한편으로 원효 이후로 깨달음에 이르는 3가지 통로인 삼학(三學)의 한 축으로는 제대로 인정받지 못한 역사도 축적해 왔다.5) 특히 근대 한국선의 중흥조인 경허와 일제식민지 치하에서 독립운동 주축으로 활동했던 만해의 계율관을 통해 자장율사의 정신보다는 원효의 계율전통이 더 부각되는 역사를 갖게 되었다.

물론 광복 이후의 혼란상황 속에서 봉암사 결사를 분기점으로 삼아 계율을 다시 삼학의 한 축으로 자리매김하려는 움직임이 살아났고, 그러한 움직임은 성철과 자운이라는 탁월한 선사와 율사의 삶을 통해 조계종 중심의 한국불교에 이미 뿌리내리고 있는 중이기도 하다. 그렇게 본다면 한국불교는 선에 중심을 두면서도 화엄 전통의 지혜와 초기계율과 대승계율을 포괄하는 계학 모두를 중시하고 있다는 판단도 불가능한 일은 아닐 것이다. 그럼에도 계율을 수행의 중심에 두는 것은 아니라는 또 다른 판단이 성립할 수 있을 만큼 간화선 전통이 강하다는 점 또한 부인할 수 없다. 이러한 한국불교의 역사적 배경과 전개 과정을 염두에 두면서 한국불교의 계율정신을 규명해 본다면 어떤 분석이 가능할까?

필자는 그것을 원효의 계율관에 근거하여 마음의 윤리로 규정해 보고자 한다. 반야(般若)와 자비(慈悲)를 구분하지 않는 보살계를 근

---

5) 지눌의 경우에는 계정혜 삼학 모두를 전제로 하면서도 계율은 기본적인 전제조건으로 하고 주로 정(定)과 혜(慧)를 함께 닦아야 한다는 주장을 펼치고 있다. 定慧二字 乃云戒定慧 分稱 具云戒定慧 戒以防非 止惡爲義 免墮三途, 지눌, 「권수정혜결사문」, 『한국불교전서』 권4, 700하.

간으로 삼아 계율준수 여부를 판단하는 기준이 내 마음에 있다는 생각이 원효 계율관의 특징이다. 이러한 계율관은 사명과 만해에게로 이어졌고, 경허에게서 극단화된 형태로 구체화되기도 하지만 결국 다시 그 중도적 자세를 확립하는 방향으로 현재의 한국불교에 이어지고 있다는 입장이다. 진정한 의미의 무애행(無碍行)을 배제하지 않으면서도 다른 한편 청규(淸規)로 상징되는 강한 규율적 요소를 전승하고자 노력해 온 한국의 승가공동체를 통해서 이러한 주장은 실천적으로 검증 가능하다.

물론 아직도 이 두 요소 사이의 긴장과 갈등이 온전히 해소되었다고 보기 어려운 점이 있기도 하고, 재가자들 사이에서 계율이 그다지 중시되지 않는 듯한 느낌을 받게 하는 요소도 상존하고 있어서 긍정적인 평가만이 가능한 것은 아니다. 오히려 어떤 점에서는 과연 한국불교의 계율정신이 얼마나 살아 있는지, 또 살아 있다면 그 구체적인 모습은 무엇인지에 대해 부정적인 평가를 내릴 수도 있을 것이지만, 그럼에도 확실한 사실은 한국불교가 선불교적 전통 속에서 계율을 마음의 내적 질서로 받아들이고자 노력해 왔고 그러한 노력이 현재에도 진행 중이라는 점이다.

2. 마음의 내적 질서로서의 계율

계율을 마음의 내적 질서로 보고자 하는 한국불교의 전통은 원효에 뿌리를 두고 있다. 원효는 보살계를 중심으로 삼아 계율의 진정한 준수 여부는 결국 내 마음에서 판정되는 내적인 것임을 강조한다.[6]

---

6) 원효는 계율의 지키고 범하는 일[持犯]에는 무겁고 가벼움과 깊고 얕음이라는 두 차원과 함께 그 궁극적 지범의 차원이 있다는 논의를 통해 결국 지범의 궁극은 마음[心]에 있다고 강조하고 있다. 持犯之要 有三門 一輕重門 二深淺門 三明究竟持犯門也,「보살계본지

계(戒)와 율(律)의 합성어인 계율 중에서도 주로 전자에 주목하는 입장으로 분류할 수 있지만, 그에 앞서 이러한 관점은 계율의 본래적 위상을 바라보는 관점과 이어져 있음에 유의할 필요가 있다. 깨달음과 열반을 향한 마음의 지향으로서의 계와 그 깨달음과 열반에 이르는 과정을 공유하는 공동체로서의 승가를 전제로 하여 외적인 몸의 질서를 의미하는 율이 통합된 것이 계율이지만, 원효는 그 중심이 계에 있다고 보았다는 해석이다.[7]

물론 외적이고 타율적인 성격을 일부 지니는 율의 경우에도 그것에 따르고자 스스로 마음을 내는 수계(受戒)를 전제로 해야만 비로소 그 생명력이 작동하는 것이기 때문에, 엄격한 계와 율 사이의 구분은 가능하지도 또 바람직하지도 않다고 볼 수 있다. 그렇지만 계율정신을 찾고자 하는 우리의 목적을 위해 그중 더 중심적인 부분에 초점을 맞추고자 할 때 율보다는 계의 중요성과 의미에 주목하는 일이 불가능한 것은 아닐 뿐만 아니라 그 초점의 명료화라는 점에서 유용성을 지닌다.

계율은 기본적으로 깨달음과 열반을 지향하는 마음의 지향이고, 그 지향이 깨달음에 도달하고자 하는 열망을 포함한다는 점에서 일정한 질서로서의 속성을 지닌다. 이때의 질서는 획일화된 어떤 구체적인 질서가 아니라, 나의 삶을 다르마를 향하게 하고자 하는 열망이자 헌신으로서의 의미를 지니는 내적 질서이다. 현재의 나의 삶이 일상적 윤회의 굴레로부터 자유롭지 못하다는 통절한 자각에 기반을

범요기」, 『한국불교전서』 권1, 581상.

7) 원효의 계율관은 그의 다른 저서를 통해서도 확인해 볼 수 있다. 다음 인용을 통해 계를 직접적으로 범하지 않았다고 해도 마음으로 계를 범했다면 그것은 진정한 의미의 지계(持戒)라고 보기 어렵다는 원효의 관점을 다시 한 번 확인하게 된다. 雖非故犯戒 而由悟犯戒義 故不得名究竟淸淨, 「범망경보살계본사기」 권상, 『한국불교전서』 권1, 590상.

두고 그 자각을 깨달음의 경지로 끌어올리고자 하는 강한 열망에 바탕을 둔 일상의 조복(調伏)이 곧 계율이다. 이러한 조복으로서의 계율을 해석하면서 한영은 우선 "3가지 업을 조절하고 단련하는 것임과 함께 다른 한편 잘못된 것을 제어하고 굴복시키는 것"이라고 말하고 있다.[8]

이러한 논의를 정리해 보면, 계율은 결국 깨달음을 향하는 마음의 지향과 열망에 토대를 두는 내적 질서이고 그 내적 질서를 구현하는 과정에서 만나게 되는 현실적 장애물을 넘어서기 위해 외적인 통제장치인 율을 설정하여 그 안에 포함시킨 것으로 요약할 수 있다. 이러한 계율관은 자타불이의 보살계 정신과 만나면서 나뿐만 아니라 나를 둘러싸고 있는 모든 존재자들에게로 확장된다. 이런 점에서 계율정신은 개인윤리와 사회윤리를 통합하고 있다고 말할 수 있고, 그 정신의 핵심은 마음과 그 내적 질서임을 다시 확인할 수 있다.

현대윤리학에서 사용되고 있는 개념인 마음은 물론 위의 계율정신에서 말하는 마음과 같은 개념이 아니다. 서양철학적 배경 위에서 형성되어 20세기 이후의 윤리학사를 지배하고 있는 현대윤리학에서 말하는 마음은 주로 심리철학에서 논의되고 있는 마음(mind)일 가능성이 높다. 심리철학에서는 인간의 모든 정신활동이 물질로서의 몸이 지니고 있는 물리적 속성으로 환원가능하다고 보는 이른바 물리주의(physicalism)를 근간으로 삼아 마음은 그 물리적 세계의 어느 곳에 어떤 방식으로 자리잡을 수 있는지가 주요 쟁점이 되고 있다. 이 마음의 위상은 곧 삶의 의미 또는 가치문제와 연결되면서 곧바로 윤리학적 쟁점으로 전환된다.

---

8) 古翻爲調伏이니 謂調練三業하며 制伏過非라, 박한영 찬, 김효탄 주해, 『계학약전 주해』, 동국역경원, 2000, 22쪽.

이러한 물리주의적 마음 개념은 마음의 작용을 뇌신경의 움직임과 관련지어 설명하고 관찰하는 신경윤리학으로 이어지고 있기도 하다. 인간의 마음작용이 그에 상응하는 뇌신경의 움직임으로 설명될 수 있다는 가설에 기초한 신경윤리학은 경험적 증거를 축적해 가면서 그 설득력의 기반을 확충하고 있는 중이다. 뇌과학자이자 심리학자인 마커스(G. Marcus)는 유전자가 마음의 발생에 중요한 역할을 한다는 전제를 바탕으로 마음을 포함한 대부분의 정신적 특성들이 선천적으로 주어지는 유전자와 후천적인 학습 사이의 협력을 통해 형성된다고 주장한다.9) 뇌의 움직임이 생물학적 가치를 고양시키는 과정에서 의식과 마음을 형성한다고 주장하는 다마지오(A. Damasio)도 결국 인간의 의식이 뇌와 행동, 마음 사이의 연계를 통한 진화의 과정을 거쳐 문화와 역사의 발전을 이끄는 주체가 되었다고 주장한다.10)

우리의 주된 관심사인 계율정신에 전제된 마음은 이러한 현대 물리주의의 마음 개념을 배제하지 않지만, 그렇다고 해서 동일한 개념이라고 말할 수는 없다. 더욱이 물리주의적 설명 방식은 우리가 마음의 작용이라고 생각하는 것들과 뇌신경의 움직임 사이의 연관성을 밝히는데 주로 주목하면서 뇌의 자극을 통해 마음 또는 정신 작용의 일부를 통제하거나 제어하는 데 주된 관심을 보이고 있다.11)

불교가 과학을 배제하지 않는다는 점에서 이러한 뇌과학과 신경과

---

9) 개리 마커스, 김명남 옮김, 『마음이 태어나는 곳』, 해나무, 2005, 17쪽 참조.
10) A. Damasio(2010), *Self Comes to Mind-Constructing the Conscious Brain*(New York: Pantheon Books), p.287.
11) 신경윤리학의 최근 동향에 대해서는 S. Harris(2010), *The Moral Landscape: How Science Can Determine Human Values*(New York & London: Free Press), 14~25쪽을 참조할 수 있다. 해리스는 도덕적 행동을 인간의 뇌세포와의 관련 속에서 설명하고자 하는 신경과학의 윤리학적 함축에 대해 가치와 사실 사이의 연계성을 중심으로 흥미로운 주장을 펼치고 있다.

학의 연구결과들을 충분히 활용할 수 있는 가능성은 열려 있지만, 그렇다고 해서 모든 마음의 작용을 물리적 환원으로 설명하고자 하는 물리주의에 함몰될 이유도 없어 보인다. 오히려 두터운 불교의 마음 개념을 토대로 삼아 과학과는 상당 부분 다른 차원에 존재하는 가치의 문제를 중점적으로 논의할 수 있는 불교적 바탕의 마음 윤리학을 상정해 볼 수 있다. 이러한 마음 윤리학은 마음에 관한 물리주의적 해석을 수용하면서도 그 마음을 어떻게 관조하고 받아들이면서 자신의 삶을 의미 있게 이끌어 갈 수 있는가 하는 주제를 핵심 탐구주제로 삼을 수 있다.

계율을 깨달음을 향하는 마음의 지향과 열망을 전제로 하는 내적 질서로 정의하고자 한 우리의 논의 맥락 속에서 이러한 마음 윤리학은 곧 계율정신을 바탕으로 하는 윤리학으로 자리매김할 수도 있다. 이 마음 윤리학은 마음의 내적 질서가 무엇이고 그것을 어떻게 형성해 갈 수 있을 것인가 하는 윤리학적 탐구와 도덕심리학적 탐구를 그 구체적인 내용으로 포함하게 된다. 마음의 내적 질서가 과연 어떤 상태이고 그것이 실제 우리의 삶 속에서 어떻게 작동할 수 있는지를 아는 일은 삶의 의미를 구현해 나가는 과정에서 꼭 필요한 일일 수밖에 없고, 그것은 다른 한편으로 도덕교육으로 상징되는 교육의 목적과 이념을 정립하는 과정에서도 꼭 거쳐야 하는 과업이 된다. 우리의 교육이 이런 맥락 속에서 살아 움직일 수 있다면 오늘날 가정과 학교, 더 나아가 온 나라가 공유하고 있는 많은 문제들이 자연스럽게 해소될 수 있는 기반을 마련할 수 있을 것이다.

III. 내적 질서로서의 계율관에 근거한 생태윤리의 모색

1. 환경담론의 과잉과 실천성 결핍

한국불교의 계율정신을 깨달음을 향한 열망과 지향을 전제로 하는 마음의 내적 질서로 보고자 하는 우리의 전제를 바탕으로 생태윤리 논의에 도움을 줄 수 있는 새로운 대안을 찾아보고자 한다면 구체적으로 어떤 것들이 있을까? 이 질문에 대한 답을 찾아가는 첫걸음으로 오늘 우리의 일상적 삶의 국면 속에서 생태윤리 관련 논의가 어떻게 구현되고 있는지를 비판적으로 성찰할 필요성을 느낀다. 우리 한국인들의 일상 속에 어느 순간부터 자연스럽게 포함되어 버린 대형마트 쇼핑을 떠올려 보자. 곳곳에 이른바 '친환경식품'이라는 표지가 붙어 있고 다른 것에 비해 가격도 월등하게 높은 상품들이 즐비하고, 잠깐 망설이다가 대체로 그 가격을 감수하면서 상품을 구입하고 있는 자신을 발견하곤 한다. 아예 친환경상품만을 다루는 매장도 주변에 꽤 많이 등장했고, 곳곳에 환경과 관련된 담론이 넘쳐난다. 신문과 방송에서는 이웃 나라 일본의 원자력 발전소 사고가 난 곳에서 재배된 오이를 시식하는 정치지도자들의 얼굴이 부각되어 등장하기도 한다.

그렇게 보면 우리에게 환경과 관련된 이야기가 부족한 것이 문제가 아니라 오히려 환경담론의 과잉이 우리의 환경의식을 마비시키고 있다고 말할 수 있다. 환경과 환경윤리 담론이 넘쳐나면서 이제는 환경이 이데올로기화되고 있다는 비판이 나올 만하고, 더 이상의 담론은 오히려 그러한 이데올로기가 부정적으로 정착하는데 도움을 줄 수 있을 뿐이라는 비판도 충분히 성립할 수 있는 상황이다. 이런 상황 속에서 오늘 우리의 논의는 어떻게 차별화될 수 있는 것일까?

우선 우리의 논의는 한국불교 계율정신이라는 배경에서 출발하고 있다는 점에서 일차적인 차별화가 가능하겠지만, 그것조차 서양불교학계에서 이미 상당 부분 앞서서 다양한 논의들을 펼쳐 왔다는 점에서 큰 의미를 지니기 어렵다. 절집이 주로 자연친화적인 구조를 갖고 있다거나 채식 위주의 절음식이 육식 위주의 식문화로 인해 황폐해진 자연환경을 극복할 수 있는 대안이라는 식의 논의가 전혀 의미가 없는 것은 아니지만, 그것만으로는 단지 선언적 차원의 의미 이상을 확보하기 어렵다는 점도 인정할 수밖에 없고 그것마저도 비슷한 이야기를 반복하고 있는 것은 아닌가 하는 혐의를 떨쳐버리기 힘든 상황이기도 하다. 생태담론의 경우도 생태라는 개념이 함축하고 있는 총체성과 연계성에 좀더 유념할 수 있다는 정도의 차별성을 지닐 뿐 큰 차이는 없다.

상황이 이렇게 전개되고 있는 데는 여러 가지 원인이 작동하고 있는 것이겠지만, 그 중에서 가장 크게 주목해 볼 만한 문제는 환경 또는 생태담론이 보이고 있는 이론과 실천 사이의 괴리이다. 담론이 본래 이론의 영역에서 형성되고 전개되는 것이지만, 그 이론은 실천과의 연계 고리가 형성될 경우에만 비로소 살아날 수 있다는 점에서 깊은 연관성을 지녀야 한다. 가다머(H.G. Gadamer)의 적절한 지적과 같이 이론(Theoria)은 "하늘의 가시적 질서의 이음새와 세계 질서와 인간 사회의 질서로 넘어갈 줄 아는 어떤 눈을 가진 관조의 여운"을 지닌 개념이었다.[12] 선불교적 전통 속에서 이론은 알음알이의 수준에 머무는 것이 아닌 한 그 자체로 실천적 차원과 분리될 수 없는 것으로 받아들여져 왔고, 그러한 선불교의 영향을 받은 새로운 유학으로 등장한 양명학에서도 이론과 실천의 분리는 비정상적인 앎의 영역에서만 가능한 일이었을 뿐이다.

그러나 이론과 실천 사이의 이러한 원론적 연계성은 늘 현실의 영

---

12) H. G. Gadamer, 박남희 옮김, 『과학 시대의 이성』, 2009, 책세상, 67쪽.

역에서 빗나가곤 했다. 특히 학문이 하나의 직업으로 정착한 근대 이후의 상황 속에서 이론은 그 자체로 자족적인 어떤 것으로 받아들여지는 경향마저 나타났고, 이러한 경향으로부터 우리의 환경 또는 생태담론도 자유롭지 못한 셈이다. 어쩌면 그러한 한계는 자본주의적 삶이 지니는 반생태적 측면에 대한 마르크스주의적 비판의 수입에서 시작된 우리 환경담론이 지닌 태생적 한계일 수도 있을 것이다. 이제 그러한 한계를 극복할 수 있는 구체적 대안을 모색해야 한다는 당위가 우리 앞에 있고, 이 작은 논의에서는 그러한 당위적 요청에 한국불교의 계율정신을 마음 윤리학으로 재해석하면서 마음의 내적 질서에 기반한 실천적 생태윤리를 모색해 보고자 할 따름이다.

2. 마음의 내적 질서에 기반한 생태적 삶의 지향

우리의 마음은 지향성을 지닌다. 어떤 지점을 향한 열망이 마음속에 형성되고 나면 그것으로부터 자유로울 수 있는 사람은 없다. 누군가를 사랑하는 마음을 갖게 된 사람의 삶을 떠올려 보면 그러한 마음의 지향성이 얼마나 크고 깊은 실천성을 지니게 되는지 쉽게 짐작할 수 있다. 그 또는 그녀는 자신의 마음이 가 있는 대상을 향해 몸부림치면서 만나고 싶어 하고 함께 있고 싶어한다. 만약 그러한 열망이 충족되지 못할 경우 당해야 하는 고통은 이미 불교의 고통개념을 통해 충분히 설명되어 왔다.

그 마음의 지향이 늘 좋은 방향만을 지니는 것은 아니어서 미워하는 방향으로 전개되기도 하는데, 우리는 그러한 상황 속에서 만나야만 하는 고통을 감내해야만 한다. 좋아하는 사람을 만나지 못하는 고통만큼이나 미워하는 사람을 만나야만 하는 고통도 크다는 사실을 직접 경험해 보지 못한 사람도 고타마 붓다의 가르침을 통해 충분히 간접 경험할 수 있을 것이다. 이와 같이 마음은 기본적으로 어떤 지향성을 지닌다. 그것을 벤담(J. Bentham)과 서양윤리학자들은 고통과 쾌락이라는 두 요소로 나누어 제시하고자 했지만, 불교에서는 고통에 중심을 두고 쾌락은 단지 이러한 고통을 해소한 상태라는 일원론적 설명틀을 제시해 왔다.

마음 윤리학은 이러한 마음의 지향성에 어떤 질서를 부여하는 일을 중심에 두는 실천윤리학으로서의 성격을 지니게 된다. 물론 이 질서는 기본적으로 그 자신이 스스로에게 부여하는 것이지만, 그 과정에서 몸의 습관을 형성하기 위한 외적 통제를 배제하지 않는다. 스스로 어떤 지향점을 설정한 후 그 지점을 향해 가기 위해 외적 율(律)을 지키고자 노력하고 그 결과 드디어 마음의 습관 형성까지 시도하는 노력을 포함하는 실천적 담론이 곧 마음 윤리학이라고 말할 수 있다. 그런 점에서 마음 윤리학은 서양윤리학적 분류에 따르면 법칙윤리학임과 동시에 성품을 중심에 두는 덕윤리학이기도 하다.

불교윤리학이 그러한 마음 윤리학의 전형적인 예라고 할 수 있다. 불교윤리학은 한편으로 율과 같은 외적 규범을 준수하는 일을 출발점으로 삼으면서도 궁극적으로는 깨달음을 향하는 마음의 지향을 견지하고자 한다. 이런 과정을 거치면서 궁극적으로는 외적 규율을 초월할 수 있을 정도의 마음의 습관이 형성되는 것을 또 다른 목표로 설정한다는 점에서 불교윤리학은 법칙윤리학임과 덕윤리학이기도 하다. 안옥선은 불교윤리학의 이러한 특성을 '탐진치로 상징되는 인간의 욕망을 멈추게 하고자 하는 성품 형성의 윤리'라고 규정짓고 있다.[13] 이러한 불교윤리에 관한 규정을 우리는 '마음질서 형성의 윤리'로 바

---

13) 안옥선, 『불교윤리의 현대적 이해-초기불교윤리에의 한 접근』, 불교시대사, 2002, 23~25쪽 참조.

꾸어 부를 수 있다.14) 마음을 계율준수의 척도로 삼아 온 한국불교의 계율정신은 그러한 불교윤리의 특성을 잘 드러내 주는 상징으로 해석될 수 있는 가능성을 지닌다.15) 이제 이러한 기본 관점을 중심으로 좀더 구체적인 생태적 삶에 관한 논의를 전개해 볼 차례이다.

1) 연기성(緣起性)의 자각을 지향하는 성찰적 삶

생태적 삶이란 나 자신을 둘러싸고 있으면서 동시에 내 삶을 가능하게 해주는 모든 것들에 대한 자각을 전제로 하는 삶이다. 오늘 아침 내 밥상에 올라온 여러 존재자들의 흔적을 온몸으로 느끼면서 그들이 있음으로 해서 내가 비로소 있을 수 있다는 존재적 자각이 전제될 때에야 생태적 삶의 전개는 가능하게 된다. 그것을 몸으로 느낌과 동시에 마음속에 새기면서 자신의 삶의 의미를 찾아가는 노력이 생태적 삶의 출발점이 된다.

그러나 이와 같은 연기성을 자각하는 일은 자연과 일상의 분리가 광범위하게 확산되어 있는 현대 한국인들의 삶에서 쉽게 구현되기 어렵다. 점심식사 전에 막 수확한 푸성귀를 밥상에 올리는 전통적인 생활방식에서 그러한 연기성의 자각은 자연스럽게 달성할 수 있는 손쉬운 목표일 수 있었지만, 중국과 미국에서 생산되어 농약과 같은 첨가물들을 가득 담고서 오랜 시간을 소모해야만 우리 밥상에 올라오

---

14) 이러한 안옥선의 관점에 대한 윤리학적 관점에서의 총체적인 평가는 졸고, 「우리 불교 윤리 논의의 현 단계: 안옥선의 『불교윤리의 현대적 이해』에 대한 서평」, 중앙승가대학교 불교학연구원, 『불교사상과 문화』, 2호, 2010.12. 337~348쪽을 참조할 수 있다.

15) Jin Y. Park은 「보살계본지범요기」를 텍스트로 삼아 원효가 진제(眞諦, ultimate level)에서는 계율이 그 자체의 공성(空性) 때문에 존재하지 않지만 속제(俗諦, conventional level)에서는 계율준수가 붓다와 보살에 이르는 기본이 된다는 불이적 관점을 갖고 있었다고 분석하고 있다. Jin Y. Park(2009), "Wŏhyo's Nonsubstantial Mahāyāna Ethics", W. Edelglass & J.L. Garfield(eds.), *Buddhist Philosophy: Essential Readings*(Oxford: Oxford University Press), p.411.

는 것들을 보면서 연기성을 자각하는 일은 거의 불가능하다. 오히려 연기성보다는 그들이 우리 밥상을 돈벌이의 수단으로만 바라보고 있는 것 같다는 분노감이 훨씬 더 많이 노출되곤 한다.

이러한 자본주의적 상품 순환 구조에 내재된 비연기적 삶의 행태는 한편으로 더 이상 방치할 수 없는 지경에 이르렀지만, 다른 한편으로는 그러한 상품구조에 우리 자신을 노출시키지 않고는 생존 자체가 어렵거나 불가능해지는 전 지구적 차원의 연기성이 강화되고 있다는 사실 자체에 대해서도 우리는 충분히 유의해야 한다. 이러한 전 지구적 차원의 연기성은 이른바 미국이나 유럽과 같은 나라들과의 자유무역협정에 대한 감정적인 저항과 반대를 넘어서는 곳에 자리하고 있다. 오히려 자유무역협정을 계기로 삼아 국가 수준의 연기성 자각을 전 지구적 수준, 더 나아가 우주적 수준의 연기성을 자각하는 노력을 기울일 필요가 있는지도 모른다.

불교의 우주 속에서 인간이 차지하는 상대적으로 특별한 지위에 주목하는 불교윤리학자 하비(P. Harvey)는 "인간은 주로 도덕적 행위와 영적인 발전에 대한 그들 자신의 능력과 관련지어 우월할 따름이고, 이러한 우월성을 자연스럽게 표현하는 것은 자신보다 하급한 존재에 대한 착취적인 태도가 아니라 친절한 태도"라고 강조한다. 우리가 현재 인간으로서 갖는 행운의 지위는 일시적인 사건에 불과한 것으로 과거의 선업에 의존하는 것이고, 그런 점에서 모든 존재는 지난날 서로가 서로의 가까운 친척이나 친구였을 수도 있고 은혜도 입었을 수도 있다는 점을 명심한다면 우리는 그 은혜를 현세에서 친절함으로 되갚아야 마땅하다는 주장이다.[16]

---

16) 피터 하비, 허남결 옮김, 『불교윤리학 입문: 토대 가치와 쟁점』, 도서출판 씨아이알, 2010, 282~283쪽 참조.

하비의 주장을 어떻게 받아들이느냐 하는 문제와는 관계없이 그의 관점이 불교에 근거한 생태적 사유의 한 전형을 보여주고 있다는 평가에는 동의할 수 있을 것이다. 나의 생존을 가능하게 해줄 뿐만 아니라 삶 자체를 가능하게 해주는 것들과의 관계에 대한 자각은 현대문명적 상황 속에서는 자동적으로 이루어질 수 없다. 그런 과정은 교육이나 개인적·공동체적 차원의 협동과정 경험과 같은 의도적인 노력을 거쳐야만 비로소 현실 속에서 구현될 수 있을 뿐이다. 그런 점을 고려하여 가정이나 학교의 생태윤리교육이 실시되어야 마땅하고, 그런 노력들이 공동체적 수준에서 긍정적으로 확인될 수 있는 이중적 장치를 마련해야 하는 과업이 우리에게 남겨져 있는 셈이다. 이런 모든 실천적 노력들은 궁극적으로 우리의 마음에 생태적 질서를 심어주는 일로 규정될 수 있다.

2) 자비 실천(慈悲實踐)의 공동체 형성을 위한 단계적 접근

연기성의 자각은 동체자비(同體慈悲)의 구현으로 이어진다는 것이 불교윤리의 기본틀이다. 이 지점에서 우리가 직면하게 되는 문제는 이때의 동체(同體)라는 개념의 의미가 현재적 맥락 속에서 어떻게 이해될 수 있는가와 그 이해에 근거한 자비의 구현이 어떻게 구체화될 수 있는가 하는 이론적임과 동시에 실천적인 문제이다. 이 문제에 대한 적절한 고려 없이 자비실천을 말함으로써 모든 불교윤리 논의를 일거에 공염불로 만들어 버리는 경우를 우리는 자주 목격하곤 한다.

우리의 상황 속에서 동체(同體)는 과연 어느 정도의 범위와 심도를 가지는 것일까? 우리는 흔히 부부(夫婦)를 일심동체라고 부르고자 하지만 그 말이 곧이곧대로 적용될 수 있다고 느낄 수 있는 부부는 거의 없을 것이다. 범위를 조금 넓혀 소가족을 전제로 하는 가족공동체가 동체라는 개념이 우리 사회에서 그나마 적용가능한 공동체라고 말할 수 있지만, 그 적용의 구체적 차원으로 넘어가면 부정적 인식을 지닐 수밖에 없는 다양한 가족해체 현상과 직면하고 있는 것이 우리의 또 다른 현실이다. 이런 현실 속에서 자비실천이 가능한 '한 가지 몸과 마음[一心同體]'은 어떤 의미를 지닐 수 있을까?

현재 우리의 삶이 지속가능한 것일 수 없다는 인식에 동의할 수 있고 그 원인을 우리의 삶을 가능하게 하는 존재자들과의 연기성에 대한 자각의 부족에서 찾을 수 있을 정도의 성찰력을 갖추고 있는 사람을 전제로 해서 논의를 계속해 보기로 하자. 그러한 성찰력은 곧 마음의 지향성과 습관을 의미하는 것이기 때문에 그는 아마 현재 자신의 삶을 보다 생태적인 것으로 만들고 싶어하는 열망을 지니고 있을 것으로 보인다. 문제는 그가 이러한 열망을 어떻게 구체화할 것인지 하는 실천적 국면에서 방법을 찾지 못하고 고통스러워할 가능성이 높다는 데서 생긴다. 이러한 고통스런 상황이 반복되다보면 마음의 질서가 갖는 유동성 때문에, 또 인지부조화(認知不調和)를 견디지 못하는 속성으로 인해 그는 성찰 이전의 마음 상태로 후퇴할 수 있는 가능성을 지니고 있다. 고등교육을 받은 평균적인 한국인에게서 쉽게 발견될 수 있는 이러한 후퇴의 가능성을 차단할 수 있는 방법은 무엇일까?

우리의 마음은 지향성과 그 지향성에 기반한 열망을 지니고 있다는 우리 논의의 맥락 속에서 그 지향성은 다시 본능적인 것과 그 본능을 넘어서고자 하는 인간다움에 근거한 것으로 구분될 수 있다. 이 두 차원의 지향성은 서로에게 강한 영향을 미치면서 결국 하나의 마음을 형성하지만, 우리가 목표로 삼는 생태윤리는 그 중에서도 두 번째 차원에서 출발해서 첫 번째 차원의 지향성을 포용하고자 하는 노력을 기울이게 될 것이다. 나의 본능적 수준의 생존이 다른 존재자들과의 연기성 속에서만 가능하다는 성찰에 기반을 두고, 그것이 단지 본능적 수준에서 그치는 것이 아니라 그러한 존재자들에 대한 당연한 관심과 친절이 곧 내 삶의 의미를 이룬다는 자각이 불교에서 말하는 깨달음의 한 경지이다. 이러한 깨달음의 지향이 곧 마음의 열망과 지향이고, 우리는 그것을 동체(同體)의 연기적 공동체 속에서 자각할 수 있는 기회를 결정적으로 얻을 수 있다.

결국 그렇다면 우리에게 남은 대안은 우리 자신을 포함해서 다음 세대를 책임질 주체들에게 그러한 동체의 경험을 할 수 있는 다양한 공동체를 만들어주는 것밖에 없다. 가정마저 진정한 동체적 의미의 공동체로 작동하지 못하는 경우가 대부분인 현재 우리의 상황 속에서 우선 학교만이라도 그렇게 작동할 수 있도록 만들어 가야만 한다. 현재의 학교는 경쟁과 사교육에 밀려 공동체로서의 속성보다는 서로를 경쟁의 상대로 인식하게 만드는 살벌한 싸움터로 전락하고 있다는 비판이 많다. 경쟁과 결과 평가 위주의 교육정책으로 말미암아 이러한 살벌함은 학생들 수준을 넘어서서 교사들과 학부모들에게서까지 광범위하게 확산되고 있는 중이다. 이 학교를 어떻게 하면 다시 동체적 차원의 공동체로 환원시킬 것인가 하는 과제가 우리 교육이 직면한 핵심과제임이 틀림없다.

학교 이외의 장에서도 다양한 형태의 공동체를 만들어가는 노력이 병행되어야 하고, 학생들에게는 그러한 공동체를 스스로 만들어가고자 하는 지향성과 능력을 갖출 수 있는 기회를 주는 방식으로 교육과정(教育課程)이 짜여질 필요가 있다. 공교육 체제의 학교가 그러한 기능들을 제대로 해내지 못하고 있다는 비판에 근거한 대안학교들의 성장세가 역으로 그러한 필요성을 역설하는 증거이기도 하다. 다만 대안학교는 말 그대로 대안학교에 그칠 수밖에 없는 한계가 있기 때문에, 기본적으로 공교육 체제 속에서 이러한 동체적 공동체가 어떻게 형성될 수 있는지를 고민하는 교사와 학부모 공동체가 먼저 설립될 필요가 있다.

우리 사회에서 동체적 자비실천이 가능한 공동체 형성은 쉽게 달성될 수 있는 목표가 아니다. 오히려 현실의 근원적 어려움을 수용하면서 할 수 있는 일부터 시작해서 그 목표를 향해 단계적으로 다가가고자 하는 노력이 더 큰 실천성을 담보해 낼 수 있다. 먼저 나 자신과 우리 아이들의 마음속에 생태적 질서와 연기적 관계성에 대한 성찰력을 심어주고자 하고, 그와 함께 그러한 성찰력에 기반을 둔 공동체의 형성 노력으로 단계적으로 접근함으로써 현재 우리가 직면한 생태위기를 근원적으로 해소할 수 있는 지름길을 찾을 수 있을 것이다.

IV. 맺음말

생태윤리는 더 이상 새로운 주제가 아니다. 오히려 그것은 담론의 과잉이라고 평가받을 만한 요소를 노정시키고 있을 정도이지만, 그것이 곧 우리의 생태적 삶과 이어져 있지 않다는 것이 이 작은 논의의 출발점이었다. 이러한 담론과 삶의 괴리를 한국불교의 계율정신을 매개체로 삼아 극복해 볼 수 있지 않을까 하는 문제의식이 우리 논의의 초점이었다. 한국불교의 계율정신을 무엇으로 볼 수 있을까에 대해서도 다양한 논의가 보장되어야 마땅하지만, 여기서는 그것을 '마음 윤리학'이라는 개념으로 규정지어 보고자 했다. 계율의 지범(持犯)을 판단하는 궁극적인 근거를 마음에 두는 계율정신이 한국불교 계율론의 주된 전통으로 자리잡아 현재에 이르고 있다는 분석은 원효에서 시작해서 지눌을 거쳐 만해로 이어지는 한국불교사 속에서 충분히 정당화될 수 있는 것으로 결론지었다.

이러한 마음 윤리학으로서의 속성을 갖는 한국불교의 계율전통은 환경 또는 생태윤리 담론이 노출시키고 있는 실천성의 결여라는 심각한 문제점을 극복할 수 있는 대안이 될 수 있다는 것이 이 작은 논의를 통해 필자가 이끌어내고자 했던 핵심주장이다. 실천성의 결여는 이론이 알음알이의 수준을 넘어서지 못하거나 하늘의 질서를 인간에게 매개하지 못하는 어설픈 관조(Theoria)의 수준에 머물고 있기 때문에 빚어지는 일이다.

이러한 한계를 극복하기 위해서 우리는 자신의 일상의 삶 속에 들어와 있는 연기성을 성찰하는 노력과 함께 동체적 공동체 경험을 공유하면서 또 다른 공동체를 형성해 낼 수 있는 독존적 존재(獨尊的 存在)를 길러내는 교육에 관심을 기울여야만 한다. 교육은 교사 자신과 학생들을 매개하는 것임을 고려하면 학생들을 향하는 말과 마음은 곧 나 자신을 향하는 것임을 인식하는 데 어려움을 겪을 이유가 없다. 그런 점에서 불교적 전통에 근거한 생태윤리의 정립은 마음의 지향을 생태로 향하게 하는 다양한 차원의 교육적 노력과도 긴밀한 연관성을 지니게 된다.

제6장

상좌불교 공동체 계율(戒律)의
현재적 의미와 한계

I. 이 시대 계율에 관한 논의의 의미

우리가 살고 있는 이른바 21세기는 최소한 윤리가 중심이 되는 시대는 아니다. 어느 시대이든지 늘 먹고사는 문제에 밀려 가치와 당위(當爲)의 문제는 뒷전이었지만, 그럼에도 우리 인류의 역사 속에서 이념적으로는 그 가치와 당위를 중심에 둔 시대가 없지 않았다. 우리 역사 속에서 통일 신라와 고려는 불교적 가치를 중심에 두고 정치를 이끌어갔고, 조선의 경우 신유학, 즉 성리학적 가치를 중심에 두고 불교적 가치를 배척하고자 했던 전형적인 '도덕국가'의 모습을 보여주었다. 물론 그들의 이상적 지향이 현실 속에서 어느 정도 구현되었는지에 대해서는 다른 차원의 평가가 요구되지만, 그럼에도 그들의 가치 지향 자체가 평가절하될 수 있는 것은 아니다.

우리들의 시대는 개인(個人, individual)이 주인공인 시대이고, 이 때의 개인은 이기성과 고립성을 전제로 해서 자신의 이익과 권리를 추구할 수 있는 권한을 보장받은 인간을 의미한다. 그에게 사회나 공동체가 전혀 의미 없는 것은 아니지만, 그 의미 자체도 개인의 이익이라는 범주를 넘어서지는 못한다. 여기서 우리가 주목해야 하는 지점은 그 개인의 이기성(利己性)이다. 이기성이란 자신의 이익을 본능적으로 추구한다는 명제를 담고 있는 개념인데, 실제 인간의 본능에 대한 다양한 연구를 통해서 이 이기성이 유전자 속에 내재되어 있다는 사실이 밝혀지고 있기 때문에 사실의 차원에서는 큰 관심거리가 되지 못한다.

그렇지만 우리가 석가모니 붓다의 인간 욕망에 대한 중도적 인식이나 순자의 성악설을 통해서 알 수 있는 것처럼 이러한 이기적 본능은 언제나 당위나 가치와의 연계성 속에서 해석되어야 하는 상관적 변수였을 뿐이다. 인간에게 이기적인 본능이 있다는 사실 자체를 부정하는 것이 아니라, 그것을 인정한다고 하더라도 맹자처럼 그것과는 차별화되는 또 다른 인간만의 본능인 선함의 단서에 주목하거나 삶의 의미 차원에서 재해석되어야 하는 대상으로 인식되어 온 것이 사상사의 기본 맥락이었던 것이다.

이러한 맥락에 근원적인 변화가 생기기 시작한 것은 홉스(T. Hobbes) 이후의 서구 사회철학이 전개되는 과정을 통해서였다. 인간이 처한 본질적인 상황을 생존을 목표로 삼는 투쟁 상태라고 정의하고자 했던 홉스의 생각은 그러한 상황 속에서의 이기성에 도덕적 정당성을 부여하는 자본주의적 사고로 진화했고, 결국 그 이기성을 제외한 다른 인간학적 요소들은 부차적이거나 그것에 도움이 될 때에만 사후적으로 정당화될 수 있는 변인으로 전락하게 된다. 윤리적 이기주의를 넘어서는 광의의 이기주의로 평가되는 공리주의 윤리설의 경우도 자신의 이익을 양보하거나 유예해야 하는 경우는 사회적으로 좀더 큰 이익을 확보한 후에 그 커진 이익을 다시 개별적으로 나눠가질 수 있다는 보장이 있을 때에 한한다.

서구적 의미의 시민사회가 이미 우리 사회의 모습이 되어버린 상황 속에서 모든 도덕이나 윤리에 관한 논의는 바로 이 인간의 이기성 담론에서 자유로울 수 없다. 오늘 우리가 주제로 삼는 계율론도 그 이기성 담론을 전제로 해서 이루어질 수밖에 없고, 그렇지 않을 경우 특정한 영역 안에 머물게 해야만 하는 한계를 벗어나기 어렵다. 계율 의 문제가 기본적으로는 승가공동체 안의 문제이지만, 이미 석가모니 당시부터 재가자들을 위한 계율이 생기기 시작했고 그 승가공동체 자체도 재가자들을 전제로 하는 사부대중(四部大衆)의 범주에 속한 다는 점에서 오늘 우리의 계율에 관한 논의는 시민사회의 도덕담론으 로서의 성격을 자연스럽게 지닐 수밖에 없다.

상좌불교 계율의 현재적 유효성을 주제로 삼는 우리의 논의는 그런 맥락을 고려하면서 이루어진다. 승가공동체가 재가자 공동체, 시민사 회라는 외연 확장을 전제로 삼아 상좌불교의 계율이 그 각각의 외연 (外延) 속에서 어떤 의미와 유효성을 지닐 수 있는지를 고찰하는 방식 의 논의가 전개될 예정이지만, 이를 위한 토대로 한국적 시민사회 속에서 도덕 담론이 지니는 의미와 한계에 관한 논의가 선행될 필요 가 있다. 그렇게 해야만 오늘 우리의 논의가 우리 자신의 현재적 상황 과의 유기적 연관성 속에서 전개될 수 있고, 만약 그 시도가 성공할 수 있다면 계율에 관한 논의가 불교의 범위를 넘어서서 우리 시대와 사회의 도덕 담론으로서의 유효성도 담보할 수 있게 될 것이기 때문 이다.

II. 인간의 욕망과 자본주의 윤리

1. 인간 본성으로서의 욕망

도덕(道德)이란 무엇인가? 이 질문은 도덕이라는 개념의 의미와 정의를 묻는 물음이기도 하고, 도덕이 우리의 삶에서 어떤 위상과 의미를 지니는가를 묻는 실천적 성격의 물음이기도 하다. 전자는 메타윤리학의 주제에 속하고 후자는 실천윤리학 또는 규범윤리학의 주제에 속한다. 도덕에 관한 정의는 다시 사회적 제도로 존재하고 있는 외적 규범체계로서의 그것과 한 인간의 내면속에서 작동하고 있는 일종의 기준 또는 준거로서의 내적 규범체계로서의 그것으로 구분될 수 있다. 그 중에서도 도덕을 후자에 초점을 맞춰 고찰하고자 하는 경우에 우리는 그 내면에서 동시에 작동하고 있는 욕망과 이기성의 문제와 만나게 될 가능성이 높다. 그렇게 보면 도덕에 관한 메타윤리학적 논의와 실천윤리학적 논의는 서로 긴밀하게 연계되어 있음을 확인할 수 있게 된다.

오늘 아침 나는 일어나자마자 화장실에 가고 세수를 하면서 새로운 날을 맞는 준비를 한다. 몸의 건강을 위해 가까운 동산으로 이어지는 산책길을 걸어 맑은 공기를 마시고 맨손체조를 하고 돌아와 먹을거리를 챙겨 아침식사를 한 후에는 노트북 컴퓨터를 걸머지고 단골 커피 전문점에 가서 진한 에스프레소 커피 한잔으로 행복감을 느끼며 밀린 글을 쓰고 있다. 이러한 나의 일상 속에는 인간 삶의 모든 구성요소들이 포함되어 있다. 우선 인간은 잠을 자야하고 일정한 수면을 취한 뒤에는 반드시 일어나야만 하며, 일어나서는 배고픔을 느껴 음식을 섭취해야 한다. 이러한 수면과 음식 뒤에는 그것들을 향하는 나의 본능적 욕구가 숨어 있다. 오랜 시간 잠을 자지 않으면 이 욕구가 충족되지 않는 상태에 빠지기 때문에 심한 고통을 느끼게 되고 음식을 제대로 먹지 않았을 때에도 그와 유사한 고통을 느끼게 된다.

여기까지는 나의 삶과 짐승의 삶 사이의 차별성이 부각되지 않는다. 짐승도 배가 고프면 먹고자 최선을 다하고 자신의 본능에 내재된 프로그램에 따라 잠을 자기 때문이다. 짐승의 그것과 차별화되는 나의 삶의 요소는 몸의 건강을 위해 아침에 산책하고 맨손체조를 하는 부분과 배고픔에 그다지 도움이 되지 않는 커피를 마시는 일, 그리고 노트북 컴퓨터를 켜서 글을 쓰는 일 등이다. 겉으로 보기에 이런 요소들은 나를 인간으로 인식할 수 있게 해주는 확실한 차별화 지점이지만, 좀더 분석해 들어가면 역시 근원적인 차별화 요소일 수는 없다는 사실이 쉽게 드러난다. 산책과 맨손체조는 건강하게 더 오래 살고자 하는 생존욕구와 연결되고, 커피를 마시는 일도 우리 몸의 대부분을 이루고 있는 물을 섭취하는 방식으로 해석될 수 있으며, 글을 쓰는 일 조차도 생존을 위한 돈벌이와 전혀 무관하다고 말할 수 없기 때문이다.

물론 여기서 우리는 생존을 위한 기본적 욕구와 인간의 문명 속에서 형성된 작위적인 욕망을 구별해 볼 수 있다. 그런 구별을 통해 전자는 짐승의 그것과 전혀 차별화될 수 없지만 후자는 그 나름의 '인간다움'을 보장해 주는 차별화 요소로 규정지을 수 있는 가능성이 열릴 수는 있지만, 문제는 우리가 생활하고 있는 구체적인 장면에서 그 구별이 쉽지 않다는 데서 생긴다. 나의 생활 속에서 커피를 마시는 일과 글을 쓰는 일이 그런 구별을 어렵게 하는 경우에 속한다. 커피를 마시는 일이 생존에 꼭 필요한 것이 아니고 글을 쓰는 일도 그 자체로 목적일 수 있는 일이라고 볼 수도 있기 때문이다. 그러나 그 일들은 동시에 생존과 완전히 무관한 것인가 하는 의문의 대상이기도 하다.

기본적 욕구와 작위적 욕망은 이와 같이 그 경계선이 분명치 않고 특히 보드리야르(J. Baudiriar)의 지적과 같이 현실과 이미지 또는 가상 사이의 차이를 점차적으로 줄여오고 있는 현대 자본주의 문명에서 보면 그 차이는 경미한 것에 불과하다고 평가될 수 있다.[1] 사실 우리는 돈이라는 허구의 매개체를 통해서 생존의 대부분을 해결할 수밖에 없는 생활을 영위하고 있다. 그 돈은 한편으로 종이나 금속으로 이루어진 실체이지만 더 중요한 부분은 그것이 담보하는 교환가치와 그것으로 상징되는 부의 가치이다. 그런 전제 속에서 본다면 돈을 추구하고자 하는 것은 한편으로 생존을 위한 기본적 욕구이면서 다른 한편으로는 문명 속에서 형성된 작위적인 욕망이다.

불교에서 욕구는 중도(中道)를 통해 조절되어야 하는 대상이다. 생존을 위해 먹어야 하지만, 그 먹을거리가 연기적 관계망 속에서 형성된 것임을 인지하면서 먹어야 하고 정해진 시간에 먹어야 하는 것과 같이 계율을 통해 일정한 원칙 속에서 충족되어야 한다.[2] 그렇게 본다면 불교의 계율은 생존을 위한 기본적 욕구를 긍정하면서도 일정한 원칙을 전제로 한 충족을 허용하는 중도(中道)의 윤리(倫理)라고 평가할 수 있다. 그렇다면 문명에 의해 형성된 욕망에 대한 불교적 관점은 무엇일까?

이 질문은 먼저 문명을 바라보는 불교적 관점은 무엇인지를 물어야

---

1) 보드리야르는 "사람들이 진실의 베일을 들어올릴 때 진실이 그대로 남아 있다고 믿어서는 안 된다.", "사람들이 현실 세계의 환상을 몰아냈을 때 사실적인 것이 사실 그대로 남아 있다고 믿어서는 안 된다."라는 대구적인 언급을 통해 이 명제를 상징적으로 묘사하고 있다. 장 보드리야르, 이은민 옮김, 『무관심의 절정-필리프 프티와의 대담』, 동문선, 2001, 171쪽.
2) 대표적인 계율이 '때가 아닐 때 먹지 않는 계(非時食戒)'이다. '만약 비구가 정해진 시간이 아닐 때 먹을 것을 받아먹는다면 바일제를 범하는 것이다.'(若比丘 非時受食食者 波逸提) '사분율 비구계'의 구십바일제법에 속하는 계율이다. 「사분율비구계본」, 『대정장』, 22권, 1019a.

하는 선행질문을 전제로 하고 있다. 문명(文明)은 인간의 역사 속에서 일정한 수준을 확보하면서 우리 삶에 질적인 전환을 가져온 특정 형태의 삶의 결이다. 이 삶의 결은 특정한 형태로 그 구성원들의 삶을 제약하는 요소가 되기도 하지만, 다른 한편으로는 자신의 출발점을 이룬 자연에 대한 태도를 결정짓는 요인이 되기도 한다. 그 자연에 대한 태도 속에 당연히 자신의 본능에 대한 태도도 포함되기 때문에, 문명은 제도로서의 도덕과 상당 부분에서 겹치게 된다.

제도로서의 도덕은 도덕의 외부이면서 동시에 그 도덕의 지배를 받는 각 개인들의 내면세계에 일정한 판단과 강제의 준거로 작동하기도 한다는 점에서 도덕의 내부이기도 하다. 다시 말해서 한 개인은 자신이 속한 사회에서 이미 작동하고 있는 제도로서의 도덕에 입문하는 과정을 거치면서 비로소 인간사회의 구성원으로 만들어지고, 그 과정에서 그 외부의 도덕에 대한 저항감을 형성하며 반성적 사회화 또는 비판적 사회화의 역동성도 지니게 되는 것이다. 인간욕망의 주요 동인으로 평가되는 이기성도 그러한 제도로서의 도덕과 지속적으로 충돌하면서 완화되거나 왜곡된다.

2. 인간의 이기성과 자본주의 윤리

우리가 속해 있는 문명은 역사 속에서 자연과의 거리가 가장 먼 자본주의 문명이다. 자본주의를 정의하는 관점은 다양하지만, 그 핵심은 인간의 이기성(利己性)과 고립성(孤立性)에 대한 인정과 도덕적 정당화이다. 인간은 이기적인 존재일 뿐만 아니라 고립된 존재로서의 독자성을 지닌다는 이러한 자본주의의 전제는 2가지 점에서 인류 문명의 새로운 국면을 의미했다. 첫째는 도덕을 인간의 선한 본성에서 찾고자 했던 전통에 대한 전복으로서의 의미이고, 둘째는 역시 오랜 시간 공유되어온 신념이었던 인간의 공동체성에 대한 부정으로서의 의미이다.

이기성을 극복되어야 하는 대상으로 상정했던 윤리학사의 다양한 전통은 특별한 부연설명을 필요로 하지 않는다. 맹자가 그러했고 아리스토텔레스가 그러했으며, 근대 이후에는 주희와 칸트에 의해 인간 이기성의 극복과정과 방법이 상세하게 제시되기도 했다. 불교에서는 이기성 자체를 부정하지는 않지만 그 이기성이 무명(無明)에 의한 집착의 산물일 뿐이라는 관점에서 중도적으로 극복되어야 하는 대상이라는 점에서 큰 차이가 없다. 그런데 자본주의는 이러한 이기성을 오히려 도덕적인 정당화의 대상으로 상정하는 전복자로서 우리 앞에 모습을 드러낸 것이다.

그 이기성은 시장이라는 매개체를 통해서 구현되고 또 구현되어야 한다. 최소의 비용으로 최대의 이익을 꾀하는 이른바 경제성의 원리는 이러한 이기성 구현의 구체적인 원칙이고, 이러한 경제적 합리성은 경제의 영역을 넘어서서 정치와 도덕, 교육의 영역에까지 도덕적 정당성을 전제로 해서 통용되고 있다. 우리 사회도 특히 이명박 정부의 등장 이후에는 이러한 경제성의 원리로부터 자유로운 사람을 찾아보기가 극히 어려운 상황으로 내몰리고 있다.

이와 같은 이기성에 대한 정당화는 자본주의를 지탱하는 또 하나의 핵심 개념인 고립성과 짝을 이루면서 지속적으로 강화된다. 연기성(緣起性) 또는 관계성으로 통용되어 왔던 인간 본성의 중요한 속성을 강하게 부정하면서 인간은 본래 고립적인 존재로 이 땅에 왔다가 그것을 토대로 살아가면서 단지 자신의 이익을 위해 잠시 협력하는 자세를 보일 뿐이라는 계약론적 사유로 정착되어 우리 삶의 또 다른 원리로 작동하고 있다.

자본주의가 상정하고 있는 이기성과 고립성의 토대 위에서도 윤리를 말하는 일이 가능할까? 이 질문에 대한 답을 찾는 과정에서 우리는 다시 2가지 차원의 논의를 동시에 시작해야 할 필요성을 느낀다. 그 하나는 이기성과 고립성에 대한 정당화 자체가 갖는 도덕적 의미에 관한 논의이고, 두 번째는 이기성과 고립성을 토대로 하는 윤리적 논의의 가능성 자체에 관한 물음이다. 첫 번째 논의는 인간을 이기적이고 고립적인 존재로 규정짓는 것 자체가 하나의 강한 도덕적 관점이라는 명제에서 출발할 필요가 있다. 과연 인간이 이기적이기만 한 존재인지에 대해서는 다양한 반론이 가능하고 고립성에 대해서는 더 말한 나위가 없다. 그럼에도 이러한 사실적인 근거들을 부정하면서 그 모든 것들을 이기성과 고립성의 개념에 의지해서 정당화하고자 한다는 것은 일종의 신념 또는 강한 관점이라는 점에서 니체적 관점주의의 혐의로부터 자유롭지 못하다.

　　물론 자본주의의 이런 강한 인간학적 전제는 그 역사적 전개과정에서 일정한 방편적 의미와 효과를 지니고 있었음에 유의할 필요는 있다. 인간의 이기성에 대한 부당한 억압은 중도적 관점에서 극복되어야 하는 과제라고 볼 수 있고, 인간의 공동체성에 대한 과도한 강제는 고유한 인격체로서의 인간에 대한 억압이라는 점에서 극복되어야 할 역사적 과제를 우리에게 노정시키기도 했다.[3] 최소한의 생존 문제 해결이라는 성과와 인권(人權)에 대한 존중감의 확산 등이 민주주의와 결합된 자본주의의 성과라는 점을 우리는 인정해야 한다. 또한 윤리 영역에 있어서도 전통담론인 최대도덕을 괄호 속에 넣고 각자의 이익을 지키기 위해 필요한 최소한의 영역에서의 도덕을 강하게 부각

---

[3] 이러한 문제에 대한 불교적 대안을 모색하기 위한 토대로 필자는 연기적 독존주의(緣起的 獨尊主義)를 상정한 바 있다. 이 책 제12장 참조.

시킨 점에도 주목할 만하다. 어떻게 보면 자본주의 윤리는 늘 최대 도덕의 담론이 아닌 최소 도덕의 담론 체계 안에서 논의의 대상이 되었고, 그만큼의 성과도 보여주고 있다는 평가가 가능하다. 우리 사회보다는 자본주의의 역사가 오래된 서구권에서 에티켓과 같은 최소 도덕의 제도화가 심화되어 있다는 사실을 그 근거로 내세울 만하다.

물론 이러한 최소도덕은 강제성을 지닌 규범인 법과의 차별화가 쉽지 않고 그런 점에서 과연 그것이 진정한 의미의 도덕의 범주에 들어올 수 있는지에 관한 논란이 있을 수 있다. 그럼에도 자본주의를 지탱해주는 윤리적 담론으로서의 최소도덕 논의는 '어떻게 살 것인가?'라는 질문을 전제로 하는 최대도덕을 논외로 하면서도 도덕에 관한 논의가 가능하다는 점을 보여주었을 뿐만 아니라, 각자의 세계관의 차이에도 불구하고 최소한의 보편윤리를 지향하는 담화적 소통이 가능할 수 있다는 새로운 윤리적 담론으로 이어지기도 했다는 점에서 윤리학사에 일정한 기여를 했다는 점을 부인할 수는 없다.[4]

그러나 과연 윤리가 '어떻게 살 것인가'의 문제를 온전히 배제한 채 존재할 수 있는지에 대해서 필자는 쉽게 받아들이기 어렵다. 최소 도덕이 인간의 외적 삶의 한 부분에 대한 일정한 해답을 줄 수 있다는 가능성을 부정하지는 않지만, 궁극적으로 남는 문제가 의미와 가치의 문제라는 점이 확실하다는 데 동의한다면 윤리는 결국 궁극적인 지점에 가서는 최대도덕을 도외시할 수 없고 바로 이 점이 현대윤리학의 실천적 불모성에 대한 비판으로 이어지는 지점이기도 하다. 이제 우

---

4) 의사소통적 합리성을 후기자본주의 사회 도덕담론의 준거로 제기한 대표적인 학자가 하버마스(J. Habermas)이다. 그에 관한 우리 사회의 최근의 논의로 김원식, 「하버마스」, 사회비판과 대안 연구모임, 『프랑크푸르트 학파의 테제들』, 옹기장이, 2010를 참조할 수 있다. 이 책은 호르크하이머에서 호네트에 이르는 프랑크푸르트 학파의 대표적인 학자들을 일목요연하게 개관하면서도 우리 상황과의 연관성에도 주목하는 실천적 자세를 보여주는 우리 사회철학자들의 목소리를 담고 있다.

리는 서구적 담론 중심의 현대윤리학이 제기한 다양한 메타윤리학적 질문들을 포용하면서도 인간의 본성에 대한 질문에서 시작해서 어떻게 살 것인지를 모색하는 최대 도덕의 담론을 다시 펼쳐 들어야 하는 지난한 과제를 안게 된 셈이다. 오늘 우리의 논의도 이와 같은 문제의식과 맥락 속에서 상좌불교의 역사적 승가공동체 속에서 형성되었던 불교의 계율이 지니는 의미와 한계에 관한 물음을 공유하고자 하는 모색의 하나일 뿐이다.

III. 상좌불교 공동체 계율의 기본 정신과 현재적 유효성 문제

1. 상좌불교 승가공동체 계율의 기본 정신

상좌불교를 어떻게 정의할 것인지에 대해서는 다양한 논의가 가능하지만, 여기서는 석가모니 붓다의 생존 시부터 부파불교에 이르는 시공간을 중심으로 전개되었던 초기불교 내지 원시불교 중에서 상좌부와 대중부로 분리되기 시작한 이후의 부파불교를 주로 가리키는 개념으로 정의하면서 논의를 시작하고자 한다. 물론 이런 정의에 대해서 이 시공간의 범위에 포함되는 불교가 동일한 속성을 지닐 수 있는지를 되물을 수도 있고, 만약 그 동일성과 연속성을 인정한다고 하더라도 어떤 방식으로 확인할 수 있는지 하는 방법론적 의문도 제기될 수 있다. 현재 남아 있는 아함부 경전과 빨리 니까야를 통해서 확인할 수 있는 내용들이 그 당시의 것들과 견주어 그 양과 질에 있어서 현저한 차이를 보일 수밖에 없기 때문이다. 이런 논란들이 지닐 수 있는 학문적이고 실천적인 의미에 대해서 충분히 유의해야 한다고 생각하지만, 그렇다고 해서 그러한 훈고학적 자세가 응용불교적 논의

를 원천적으로 제약하는 요소로 작동해서는 안 된다는 것이 필자의 일관된 생각이다.[5]

우리 불교공동체의 계율로 현재 작동하고 있는 것은 사분율(四分律)로 대표되는 소승계율과 범망경 보살계로 상징되는 이른바 대승계율이다. 그 중에서도 비구계와 비구니계의 경우에는 사분율에 주로 의존하고 있고, 승가공동체를 움직이는 계율로는 범망경 보살계와 함께 다양한 형태의 청규(淸規)가 활용되고 있다. 그중에서 우리 논의의 주된 대상은 당연히 상좌불교 공동체를 전제로 하여 형성된 사분율이지만, 이 계율이 대승불교 또는 북방불교의 계율을 형성하는 과정에서도 근원적인 전거로 작동했다는 점에서 논의의 외연(外延)을 작위적으로 사분율에만 제한할 수는 없다.

초기불교 승가공동체는 석가모니 붓다의 생존시와 입멸 후의 상황 속에서 각각 다른 모습을 보여주었다. 생존시의 승가공동체는 석가의 직접적인 영향력이 발휘되면서 그 범위와 결속력이 점차적으로 강화되는 추세를 보여준 반면에, 입멸 후의 공동체는 다양한 형태의 결집 노력 등을 통해서 그 결속력을 확인해야만 존재할 수 있는 위약함을 지니고 있었다. 우리가 현재 접할 수 있는 계율은 이 두 공동체 모두에서 통용된 것으로 받아들일 수 있지만, 좀더 확고한 근거를 갖고 있는 것은 상좌부와 대중부로 나뉘어진 붓다 입멸 100년 이후의 상황 속에서 존재했던 승가공동체를 전제로 하는 계율이다.

박한영 스님의 계학에 관한 개론서에도 명시되어 있는 것처럼 본래 "율의 제정은 녹야원에서 사라쌍수까지 부처님의 말씀을 조용히 외운 것이었는데, 우바리 존자가 계속하여 여래의 말씀을 여든 번이나 외

---

5) 이 문제에 대해서는 필자의 다음 논의를 참고할 수 있다. 졸고, 「원전주의와 상황적 추론의 변증법」, 가산학회, 『가산학보』 8집, 2000.4., 123~130쪽 참조.

워 불렀으므로 이를 '80송율'이라고 했고, 이를 마하가섭이 받들고 아난이 보전하고 말전지, 사나파제, 우파굴다 등 다섯 아라한에 의해 차례로 전수되어 백십여 년 동안 주고받음에 달라진 것이 없었다."는 역사적 믿음에 근거해 형성된 담무덕부(曇無德部) 또는 담다국다(曇摩鞠多, Dharmagupta) 부파 전통의 계율이 '사분율(四分律)'이다.6)

이 '사분율'은 승가공동체를 중심으로 하여 공동체로부터 추방되는 바라이죄와 남아서 계속 참회해야 하는 승잔죄와 같은 순서로 처벌의 무겁고 가벼움에 따라 계율을 규정하고 있는 60권의 방대한 율장이다. 그 구성이 4개의 분(分)으로 나뉘어졌다는 데서 그 명칭이 유래하는 이 율장은 각각 비구계와 비구니계를 담고 있는 바라제목차, 수계와 의식주에 관한 세칙을 담고 있는 건도(犍度)를 중심으로 결집 때의 상황을 설명하고 있는 집법(集法), 계율을 지키는 도중에 생기는 구체적인 의문 사항을 다루는 조부(調部) 등으로 구성되어 있다.7)

『신수대장경』 22권에서는 '사분율'에 앞서 '오분율'과 '마하승기율'이 먼저 다루어지고 있지만, 그 내용과 구성은 대동소이하다. 일반적으로 4대 광율이라고 일컬어지는 율장 중에서 마하승기율만 대중부 계통의 율장이고, 화지부(化地部)의 '오분율'과 설일체유부의 '십송율', 법장부의 '사분율'은 모두 상좌부 계통으로 분류되는 율장이다.8) 부파에 따라 각각 다른 결집 형태를 보여 주면서도 그 내용과 구성이 크게 다르지 않은 것은 율장의 근본정신은 부파의 분열 후에도 어느 정도 일관성 있게 유지되었다는 간접적 증거라고 볼 수 있다.

---

6) 박한영 찬, 김효탄 주해, 『계학약전 주해』, 동국역경원, 2000, 28~30쪽.
7) '사분율'의 체계에 대한 개략적인 설명으로는 목정배, 『계율학 개론』, 장경각, 2001, 127~130쪽을 참조할 수 있다.
8) 『대장정』의 율부는 22~24권의 3권으로 이루어져 있고, 오분율과 사분율, 마하승기율은 22권에 담겨 있고, 십송율과 그것의 수정된 형태라고 볼 수 있는 '근본설일체유부비나야' 등 설일체유부의 율장은 23권과 24권에 나뉘어 담겨 있다.

그렇다면 상좌불교 승가공동체를 전제로 하는 계율의 근본정신은 과연 무엇일까? 4대 광율의 공통된 내용을 이루고 있는 계율의 핵심은 승가공동체의 존속과 발전을 위해 범해서는 안 되는 소극적 계율과 깨달음에 이르기 위해 지켜야 하는 적극적 계율 모두를 포함한다. 상좌부 율장에서 공통적으로 다루어지고 있는 것은 우선 범한 계율의 결과 강약에 따라 순차적으로 승단에서 추방되는 바라이(波羅夷)와 승단에 남아 있기는 하지만 참회하면 겨우 비구로서의 생명이 유지되는 승잔(僧殘), 재물이나 말과 관련된 바일제[捨墮와 單墮], 실수로 인해 계율을 범한 경우의 제사니(提舍尼), 일상에서 흔히 범하기 쉬운 돌길라[衆學] 등의 무겁고 가벼운 계율 위반에 따른 처벌에 관한 구체적인 언급이다. 마지막 돌길라는 상대적으로 죄가 가장 가벼워서 고의가 아니었다면 상대방에게 참회하는 뜻을 표시하지 않고 마음속으로 뉘우치기만 하면 된다.

이러한 구체적인 계율만을 따로 모아서 '비구계' 또는 '비구니계'라는 명칭으로 독립적인 분류를 하기도 한다. 모든 율장은 이러한 바라제목차와 수계와 의식을 담고 있는 건도부를 핵심 내용으로 삼고 있고, 그 구체적인 내용도 크게 다르지 않다. 덧붙여 참회의 의식이자 수행과정의 청정함을 유지하기 위한 갈마법을 중시했음도 모든 상좌부 율장을 통해서 확인할 수 있는 사실이다. 여기서 우리가 한 가지 확인하고 넘어가야 하는 사실은 이 모든 계율들이 승가공동체를 전제로 하는 것들이라는 점이다. 승가공동체에 출가한 사람들을 대상으로 삼아 그들이 지켜야 하는 계율을 그것을 어겼을 때의 처벌이라는 관점에서 경중의 순서를 두어 나열하고 있는 것이 바로 상좌부 계율이다. 따라서 상좌부 계율은 곧 상좌부 승가공동체의 계율이라고 말하는 것이 더 정확한 표현이 된다.

물론 이러한 승가공동체의 계율이 재자가들을 온전히 배제하고 있는 것이라고 볼 수는 없다. 우선 승가공동체와 재가공동체 사이의 밀접한 연계성 속에서 이 계율들의 영향력이 재가자들에게도 간접적인 방식으로 미칠 수밖에 없다는 점에서 재가자들을 포용하고 있다는 해석이 가능하다. 좀더 적극적인 방식의 보살행은 대승불교에 이르러서 권장되기는 하지만, 상좌불교의 경우에도 자신들의 깨달음이 단지 승가공동체의 영역 안에 머무는 것이 아니라 연계망 속에 존재하는 재가자들에게 미치지 않을 수 없었고 그런 점에서 승가공동체의 계율이 재가공동체에 영향을 미쳤다고 해석될 수 있는 여지가 생긴다.

두 번째 연계성 고리는 율장에 등장하는 거사(居士)의 존재를 통해서 확인할 수 있다. 세존에게 계율에 대해 묻고 있는 주된 질문자는 물론 우발리 존자이지만, 거사가 마련한 자리에서 석가와 질의응답을 주고받는 사례를 찾아보기 어렵지 않다.[9] 승가공동체를 지속시키는 다양한 경제적 토대를 제공해 주기도 했던 장로 우바이들은 단순히 승가공동체의 외부자가 아니라 그 스스로 승가공동체의 깨달음의 길에 동참하고자 노력했던 넓은 의미의 수행자들이라고 볼 수 있다.

그렇다고 해도 상좌불교의 계율이 기본적으로 승가공동체에 초점을 맞추고 그 공동체 구성원들의 생각과 행동을 규율하여 깨달음에 이르게 하기 위한 계율이라는 사실 자체가 희석되지는 않는다. 상좌불교 승가공동체는 부파불교라는 한계 속에서 움직이기는 했지만, 계율의 유사성에서 확인할 수 있는 것처럼 석가모니 당시에 작동하고 있었던 계율을 다시 확인해 가면서 수행공동체로서의 위상을 잃지

---

9) 율장에 등장하는 거사(居士)를 통해서 초기불교 시대부터 이미 사중승가(四衆僧家)가 형성되어 있었음을 확인할 수 있다. 佛在王舍城 爾時有居士請二部僧食 六群比丘與六群 比丘尼對坐, 「彌沙塞部和醯五分律卷第十」, 『대정장』, 22권, 72b.

않고 있었다는 점이 중요하다. 그 공동체 안에서 실제로 어떤 일들이 어떻게 벌어지고 있었는지에 대한 사실적 확인은 거의 가능하지 않지만, 최소한 사분율이나 오분율 등을 통해서 계율을 중심에 두는 수행공동체로서의 의미를 잃지 않고 있었을 것이라는 짐작을 할 수 있다는 것이다.

지금까지의 논의를 통해서 우리가 유추해 볼 수 있는 상좌불교 승가공동체 계율의 근본정신과 의미는 무엇일까? 우선 **수행공동체로서의 승가공동체를 유지하기 위한 최소한의 법과 도덕으로서의 의미**에 주목해 볼 필요가 있다. 석가 입멸 후 100년을 지내면서 조금씩 초심을 잃고 있었을 당시의 승가공동체가 수행공동체로서의 정체성을 유지하기 위해서는 가능한 범위에서 석가 당시에 마련된 계율을 지속적으로 확인함으로써 그 청정함을 지켜나갈 수 있었을 것이다. 이러한 추론은 역으로 당시의 승가공동체가 그 청정함을 상당 부분 상실했거나 시대적 상황이 상당 부분 변화했을 것이라는 짐작을 가능하게 해 주기도 한다. 어떻게 보든지 당시의 계율은 깨달음을 지향하는 수행공동체로서의 승가공동체를 유지해 주는 최소한의 공통 규범으로 작동했을 것이라는 사실은 비교적 분명하게 유추해 낼 수 있다.

두 번째로는 이러한 계율의 의미가 타율적이고 외적인 규범으로서의 율(律)과 자율적이고 내적인 규범으로서의 계(戒)와 통합되면서 승가의 자율적인 운영은 물론 **그 구성원들 개개인의 삶에서 청정함을 지탱하게 하는 지렛대로서의 역할**을 했을 것이라는 추론을 해 볼 수 있다.[10] 이러한 비구와 비구니의 청정함은 그들과 다양한 방식으로

---

10) 계(戒)와 율(律)의 이러한 차이에 대해서 이자랑은 계는 외부로부터 가해지는 강제성이 없고 오로지 자발적인 정신력의 문제인 반면에, 율은 한 나라의 법률 또는 한 단체의 규칙과 같은 것으로 강제성이 전제된 것이라고 구분한다. 이 두 개념이 합해진 계율은 산스크리트어나 빨리어 용례에서는 찾아볼 수 없고 한역과정에서 합성되어 비로소

함께했던 장로 우바새와 거사를 통해 재가공동체로 이어지면서 사회 전반의 청정함으로 확산될 수 있는 가능성을 지니고 있기도 했을 것이다.

마지막으로 이런 긍정적인 의미와 함께 당시의 불교가 상좌부와 대중부로 분파화되다가 다시 수십 개의 **부파로 분열되는 과정에서 나타날 수밖에 없었던 목적의식의 일정한 상실**에 주목해 볼 필요가 있다. 비구와 비구니를 중심으로 사중승가가 형성되면서 지니고 있었던 깨달음을 향한 열망은 석가가 설한 교리에 대한 다양한 이론적 쟁점을 중심으로 각자의 입장에 충실하는 논쟁과 지향으로 이어질 수밖에 없었고, 이런 과정은 곧바로 본래의 목적의식, 즉 깨달음의 지향이라는 의식을 약화시키는 방향으로의 세속화를 의미하는 것으로 해석될 수 있다. 계율이 그러한 세속화를 막을 수 있는 최소한의 장치로 작동했을 것이라는 점을 부정하지 않지만, 그럼에도 불교의 이론화와 교리 중심의 쟁점화는 각 부파의 관심사와 연결되면서 그 계율마저도 논쟁의 대상에서 배제시키지 못하는 결과를 빚었을 가능성이 높다.

2. 상좌불교 계율은 우리에게 여전히 유효한가?

1) 만해와 용성, 한영의 계율관

부파불교의 승가공동체를 전제로 해서 형성된 계율이 오늘날의 우리에게 유효한가 하는 질문에 대한 답은 여러 차원의 문제를 고려할 것을 전제로 하여 비로소 찾아질 수 있는 이론적이면서도 실천적인 문제이다. 우선 그것은 '오늘날의 우리'가 과연 누구인가 하는 질문에

등장하는 개념이라는 것이다. 이자랑, 『나를 일깨우는 계율이야기』, 불교시대사, 2009, 20~21쪽 참조.

대한 해답을 필요로 한다. 만약 그 우리가 한국불교의 승가공동체를 중심에 두는 사부대중 공동체의 구성원을 의미한다면, 상좌불교의 계율은 거의 대부분 승가공동체의 구성원들에게 그 적용이 제한된다는 점에서 역시 현재 우리 승가공동체의 계율로서의 유효성을 묻는 질문으로 그 초점이 맞춰져야 한다. 그렇게 될 경우 극단적인 입장으로 '율장은 금서(禁書)'라는 명제를 다시 생각해 보아야 하는 지점으로 내몰릴 수도 있다.[11]

그러나 율장에 등장하는 거사들의 위상을 통해 알 수 있는 것처럼 율장의 제정과정에서부터 재가자들은 온전한 국외자로 취급되지 않았고, 승가공동체가 온전히 성립하기 위해서는 우바새와 우바이라는 두 주체가 배경이 되어야 한다는 점, 그리고 계율 준수를 통한 깨달음의 지향이 재가자들의 깨달음과 생활에 직접적으로 영향을 미친다는 점 등을 고려해 볼 때 율장은 금서일 수 없다. 대승계율에 오면 보살계가 그 중심을 이루면서 출가자와 재가자 사이의 거리는 더 좁혀지게 되지만, 상좌불교 계율의 경우에서도 그 핵심 지향이 달라지는 것은 아니다.

그렇다면 이제 문제는 이러한 상좌불교의 계율을 어떻게 받아들이고 어떤 범위에서 지켜야 하는가이다. 대부분의 계율이 석가모니 당

---

11) 그 사례로 다음 철우스님의 조심스러운 입장을 살펴볼 수 있다. "이 글을 부탁받고 많이 망설였다. **계율을 기록한 율장은 금서(禁書)**이며, 이런 이야기가 요즘 사람들의 생각으로는 관심조차 두지 않을 것으로 생각하기 때문이다. 계율과 비교조차 할 수 없을 정도로 혼탁한데 무슨 말을 감히 할 것인가? 이런 이야기가 있다. 여름철 손자가 배탈이 나면 할머니가 배를 쓰다듬어 주면서 '중도 고기 먹나. 중도 고기 먹나.' 했다고 한다. 중이 고기 먹을 리 없으니 내 손자 병날 리 없다는 생각이었다. 그런데 요즘의 세태는 어떤가? 그러나 속세에서도 수행자 못지않게 정결을 지키는 이들이 있고 승가에도 청정 범행을 닦는 이들이 있다. 작은 씨앗 하나가 온 천지를 뒤덮듯이 지계정신이 퍼져나가기를 바라는 간절한 마음으로 이 글을 쓰기로 했다.", 철우, 「율장을 통해 본 '욕망 끊기'」, 『불교평론』, 24호, 2005 가을.

시의 승가공동체 안에서 벌어졌던 구체적인 사건을 사후적으로 판단하고 규제하는 과정에서 제정되었다는 역사성을 고려한다면 현재의 상황에 맞게 개정하거나 취사선택하는 일이 가능해야만 한다. 그러나 다른 한편 상좌부 율장이 비록 암송을 통한 결집이라는 간접적인 방식으로 이루어진 것이기는 하지만, 석가모니 붓다의 가르침 자체라는 종교성을 고려한다면 쉽게 고칠 수 없다는 입장도 충분히 있을 수 있다.

우리는 이 문제와 관련지어 이미 20세기 초반 일제식민지시대를 경험하면서 치열한 논쟁을 벌인 역사를 갖고 있다. 승려의 결혼 문제를 둘러싸고 만해 한용운과 백용성, 박한영 등이 벌인 논쟁이 그것이다. 물론 이들이 각각 서로를 직접적인 논쟁의 상대로 삼은 것은 아니지만, 간접적으로 서로를 의식하면서 자신의 주장을 펼쳐가고 있었음을 짐작하기는 어렵지 않다. 논쟁의 출발은 승려의 결혼을 자유로운 선택의 문제로 돌리자는 한용운에 의해 마련되었다. 그는 고려 말년 이후의 불교사에서 나타난 승려의 음탕한 행위로 인한 불교 전체의 오손과 같은 역사적 근거와 함께 화엄의 사사무애(事事無碍)라는 교리적 근거를 들어 '승려의 결혼을 금해서는 안 된다는 것이 진실임이 분명하다.'는 강력한 주장을 펼치고 있다.12) 계율 일반에 대해서도 "다만 소승의 근기가 천박해서 욕망으로 흘러 돌이키기 어려운 자들을 상대하셔야 했기에, 방편으로 사소한 계율을 설정해 제한하신 데 불과하다."13)는 입장을 밝히면서도, 현실을 고려해서인지 "그러나 나라고 해서 부처님의 계율을 무시하여 승려 전체를 휘몰아 음계를 범하게 하고자 하는 것은 아니며 다만 그 자유에 일임하려

---

12) 한용운, 「조선불교유신론」, 한종만 편, 『현대한국의 불교사상』, 한길사, 1980, 86쪽.
13) 앞의 책, 82쪽.

하는 것뿐이다."[14]라고 한 발 물러서는 자세를 보이기도 한다.

　백용성은 오늘날 철학과 과학 등 배울 것이 많은 시대에 한문경전에 얽매여서는 안 된다는 선각자다운 주장을 한편으로 펼치면서도 계율에 관해서는 오후 불식(不食)과 묵언수행, 산문 밖으로 나가지 않는 것 등과 같은 엄격한 규율을 지키는 자세를 보여 주었다.

　　오늘날 조선 승려가 대처육식을 감행하여 청정사원을 더러운 마귀의 소굴로 만들고 승체를 돌아보지 아니하니 피눈물을 흘리며 통탄할 일입니다…. 승려의 대처육식을 엄금하여 주시길 간절히 바랍니다 (1926년 「제2차 건백서」).[15]

　용성의 계율에 관한 분명한 입장은 자신의 계맥을 상좌인 동산에게 전하는 전계증(傳戒證)을 통해서도 확인할 수 있다.

　　… 이는 해동의 화엄초조인 원효대사가 전하신 대교의 그물을 펴서 인천(人天)의 고기를 걸러 올리는 보인(寶印)으로써 계영을 삼았으니, 정법안장인 정전의 신표와 함께 동산혜일에게 전하노니 너는 굳게 이를 호지하여 정법안장의 혜명으로 하여금 단절됨이 없도록 해서 부처님의 정법과 더불어 이 계맥(戒脈)이 영원무궁토록 할지어다.

　　　　　　　　세존응화 2963년 병자 11월 18일
　　　　　용선진종이 전수하니 동산혜일은 받아 지킬지어다.[16]

---

14) 앞의 책, 86쪽.
15) 한종만 편, 앞의 책, 140쪽.
16) 가산불교문화연구원, 『근대한국불교 율풍진작과 자운대율사』, 자운대율사율풍선양 제1차 특별심포지움 자료집, 2005.10.15, 경국사, 71쪽.

박한영의 경우는 자신이 몸담고 있던 중앙불교전문학교의 청년승려들이 계율을 제대로 공부할 수 있는 계율학 교재를 만드는 것으로 자신의 입장을 간접적으로 밝히고 있다. 『계학약전(戒學約詮)』이 그것인데, 이러한 작업과 함께 스스로 계행을 엄정히 하여 위당 정인보로부터 '만년에는 주로 서울에 머물며 속세에 있었지만 그 발자취 또한 청초하여 세속에 물들지 아니하니, 마치 거울에 그림자가 스치는 것과 같았다.'라는 평가를 받기도 했다.[17] 일제 당시의 상황을 '불교의 부활시대'로 규정하고 있는 그는 조선불교의 현대화가 절실하고 이를 위해서는 청년불교계를 제대로 교육시키는 일이 가장 근원적인 대안인데, 그 기초 작업의 일환으로 교단의 강의재료를 간략하면서도 알기 쉽게 다듬어야 한다고 주장하고 있다.[18] 이러한 주장을 현실로 구현한 것이 바로 계학에 관한 개론서인 앞의 책이라는 점을 고려해 보면, 그의 계율에 대한 입장이 어떤 것이었는지를 짐작하기 어렵지 않다.

2) 우리 시대 윤리로서의 불교계율, 그 가능성과 한계

우리는 논의의 초점을 상좌불교 공동체의 계율이 지닐 수 있는 현재적 유효성의 문제를 그 공동체 안으로 한정짓지 않고 우리 시대 도덕담론으로서의 가능성 문제까지로 확장하는 것을 전제로 하여 '사분율' 등을 중심으로 하는 상좌불교 계율의 근본정신과 의미를 수행공동체를 가능하게 하는 준거로서의 의미, 구성원 개개인의 삶 속에서 청정함을 유지하게 하는 지렛대로서의 의미, 그리고 부파분열로

---

17) 정인보, 「石顚上人小傳」, 『석전시초』, 여기서는 김효탄 주해, 앞의 책, 244쪽에서 재인용했다.
18) 박한영, 「조선불교근대화론」, 한종만, 앞의 책, 157쪽.

인한 목적의식의 일정한 상실이라는 한계 등으로 정리해 보고자 했다.

비록 상좌불교 계율에 한정되는 것은 아니지만, 4대 광율의 핵심 내용인 비구계를 어기는 대처(帶妻)와 육식(肉食) 문제를 둘러싼 20세기 초반 한국불교계의 논란을 만해와 용성, 한영이라는 당대의 거목들의 관점을 중심으로 간략하게 정리해 보기도 했다. 이제 남은 문제는 논의의 초점을 계속 견지하면서 우리 시대 도덕담론 안에서 이러한 불교 계율에 관한 논의가 어떤 위상과 의미를 지닐 수 있는지를 탐색해 보는 일이다. 물론 그 불교 계율은 일차적으로 상좌불교 계율을 지칭하지만, '범망경'으로 대표되는 대승계율이 굳이 배제될 이유는 없어 보인다. 왜냐하면 대승계율의 경우에도 수행공동체로서의 승가공동체를 배제하는 것은 결코 아니기 때문이다.

인간의 이기성에 관한 인정과 수용, 더 나아가 도덕적 정당화까지 허용하는 자본주의 윤리가 지배하고 있는 우리 시대와 사회에서 승가공동체라는 특수한 공동체를 중심으로 하는 불교계율이 어떤 의미를 지닐 수 있을까? 이 질문에 대한 답을 찾기 위해서는 먼저 우리 사회에서 불교의 위상이 어떤지를 물어야 하고 또 깨달음과 이를 위한 수행이라는 강한 목적의식을 가진 승가공동체의 현황에 대한 분석이 선행되어야 한다. 우리 사회에서 불교는 전통종교이자 문화재를 보전하고 있는 관광지로 인식되는 경향이 강하다. 최근 템플스테이를 통해 불교의 수행전통에 대한 일반인들의 인식이 높아지고 있고 법정스님의 입적을 계기로 무소유 정신에 대한 관심도 높아지고 있지만, 소유를 목표로 삼는 일상적 삶의 변화가 어느 정도 일어나고 있는지에 대해서는 의심의 여지가 많다.[19]

---

19) 법정 스님의 『무소유』(범우사, 1976, 초판 1쇄)는 첫 출간된 후 지금까지 34년간 180쇄를 찍은 최고의 스테디셀러로 기록되고 있다. 특히 "무소유란 아무 것도 갖지 않는다는

그럼에도 우리는 불교의 계율이, 그것도 깨달음이라는 최대 도덕적 지향을 전제로 하는 상좌불교의 계율이 이 시대 도덕담론으로서의 유효성을 지닐 수 있다고 주장할 수 있을까? 만약 유효성을 지닐 수 있다고 주장하려면 자본주의 윤리에 대한 전복을 시도하는 혁명적 유효성이거나, 자본주의 윤리의 최소 도덕적 한계를 보완할 수 있는 보완재로서의 기능을 강조하는 제한적 유효성 중의 하나를 택하는 수밖에 없을 것이다. 전자는 개인의 이기성과 고립성에 대한 반격을 시도하는 철학으로서의 불교를 일상적 삶 속에서 구현하기 위한 이 시대의 수행공동체를 제안함으로써 가능해지고, 후자는 삶의 의미와 가치를 묻는 철학함으로서의 불교를 시도함으로써 가능해진다.[20]

우리는 이 두 시도를 모두 포기할 수 없는 지점으로 내몰리고 있다. 20세기 초반 일제식민지 치하에서 우리 불교의 미래를 위한 개혁에 뜻을 품었던 만해와 용성, 한영이 그 구체적인 실천방법이나 방향에서 다른 지향을 보였던 것은 어쩌면 이러한 2가지 가능성 모두를 포용할 만한 여유를 갖지 못한 시대를 살아내야 했기 때문인지도 모른다. 상좌불교의 계율이 깨달음을 전제로 하는 수행공동체로서의 승가공동체를 구현하기 위한 방편이자 과정 자체로서의 의미를 지닌다는 점에 동의할 수 있다면 그 근본정신을 계승하는 일은 가능한 차원을

것이 아니라 불필요한 것을 갖지 않는다는 뜻이다. 우리가 스스로 선택한 맑은 가난은 부보다 훨씬 값지고 고귀한 것이다."라는 무소유 정의는 그 책 이후에 더 명료한 형태로 제공되어 자본주의적 삶에 대한 근원적인 성찰을 가능하게 해주고 있다.

20) 시더리츠는 불교가 철학으로 평가받을 수 있는 근거 중 하나를 '붓다의 교설이기 때문에 믿는 것이 아니라 그 가르침이 존재의 실상과 그 안에서의 우리의 위치에 관한 객관적인 사실에 근거하고 있기 때문에 받아들인다.'는 명제 속에서 찾고 있다. Mark Siderits, *Buddhism as Philosophy: An Introduction*(Indianapolis: Hackett Publishing Co., 2007), p.7, 철학으로서의 불교의 가능성과 필요성에 관한 글로는 졸고, 「불교는 철학인가?」, '불교평론 열린논단' 발표 원고, 2009.4(『불교평론』 홈페이지에서 검색 가능)를 참고할 수 있다.

넘어서는 당위의 과제가 된다. 그러나 그것이 부파적 당파성을 유지하기 위한 수단으로 일부 전락하여 깨달음의 지향이라는 본래 목적의식을 잃어버리고 조문 자체에 얽매이는 한계점도 지니고 있었을 가능성에도 유의해야 하고, 만약 그런 점에서라면 당연히 상좌불교의 계율은 극복의 대상이어야 한다.

그 극복의 역사적 과정은 이미 만해의 관점에 포함되어 있는 것처럼 화엄과 선의 지향이라는 북방불교의 전통 속에서 구현된 바 있기도 하다.[21] 그렇다면 이제 우리는 우리의 승가공동체를 수행의 공동체로 유지시킬 수 있는 이 시대의 계율을 새로 모색할 필요에 직면하게 된 셈이다. 이 시대의 계율은 승가공동체와 재가공동체, 더 나아가 자본주의의 시장경제가 쉽게 경계선이 그어지지 않는 시대적 특성을 반영한 것이어야 하고, 그렇게 되었을 경우 거꾸로 시장에서 세계화 시대의 가정과 개인 삶의 영역, 재가공동체, 승가공동체로 이어지는 선순환의 고리를 만들어 내는 일이 가능해질 것이다. 이 지점에서 한 가지 우리가 분명히 공유해야 하는 지점은 시간과 공간의 문제로만 환원되지 않는 인간 삶의 고유한 의미와 가치를 내포하는 이 시대의 걸림 없는 도덕담론의 필요성에 대한 자각과 동의(同意)이다.

이러한 자각과 동의가 뒷받침될 수 있다면 상좌불교 승가공동체를 전제로 하여 성립된 '사분율'과 같은 계율은 물론 '범망경'으로 상징되는 대승계율에 대한 총체적인 분석과 재구성이 시도될 필요가 있다. 삶의 의미와 가치를 찾고자 하는 광의의 깨달음이 이 시대를 사는 모든 사람들에게 필요하다는 사실이 확실하게 모든 사람들로부터 받

---

21) 이 문제와 관련지어 지관스님은 "불교에서의 개종(改宗)은 말 그대로 '으뜸의 가르침을 배반하는 것', 즉 지혜롭게 자비를 실천하지 않는 것"이라는 명제를 통해 불교계율의 핵심내용을 일상적 언어로 명료하게 표현하고 있다. 지관, 「한국불교 계율전통-한국불교계법 전승론」, 가산불교문화연구원, 앞의 자료집, 102쪽.

아들여질 수 있는 여지가 마련된다면, 아니 그러한 여지를 마련하기 위한 지난한 노력의 과정 자체 속에서 자신의 삶 전체를 그러한 깨달음의 과정에 바치고자 했던 스님과 재가자들의 모형을 전제로 하면서 우리 시대 수행자의 모습을 불교계율을 전제로 하여 마련할 수 있을 것이라는 기대를 하게 되는 지점이다. 물론 그 과정에서는 불교뿐만 아니라 다른 종교 또는 철학에 기대는 노력들도 충분히 받아들이고자 하는 포용성도 필요하고, 우리 시대 삶의 과학기술적 전제들에 대해서도 충분히 유의하는 전향적인 자세도 필요할 것이다.

그런 점에서 상좌불교 승가공동체의 계율은 우리 시대의 도덕담론에 참여할 수 있는 자격을 충분히 갖추고 있다고 볼 수 있지만, 다른 한편으로는 그 역사적이고 시대적인 한계점을 동시에 지니고 있다고 평가될 수 있다. 승가공동체와 재가공동체 사이의 거리가 한편으로는 더없이 좁혀지고 있는 시대를 살아내면서 우리는 그 재가공동체의 범위를 지속적으로 넓혀가야 한다는 시대적 과제를 부여받고 있기도 하다. 이 과정에서 우리는 엄숙주의와 냉소주의라는 두 극단을 동시에 넘어서야만 한다.

제7장

보편윤리로서 계율(戒律)의 확산 가능성

I. 계율은 우리에게 무엇인가?

계율(戒律)은 기본적으로 승가공동체를 전제로 해서 성립되는 개념이다. 계율은 자율적인 마음속의 기준으로서의 계(戒)와 승가공동체를 유지하고 발전시키기 위해 필요한 외적 규율로서의 율(律)로 이루어진다. 물론 이 둘 사이의 관계는 분리된 것이 아니고 열반에 이르기 위한 수행의 과정 속에서 연계되고 통합되는 것을 전제로 한다.

그렇다면 재가자들을 포함하는 사부대중 공동체를 전제로 할 경우 계율은 어떻게 정의될 수 있을까? 처음으로 성립된 오계가 승가와 재가를 아우르는 계율이었다는 점을 떠올려 보면 계율은 단순히 승가공동체 구성원들에게만 해당되는 것이 아니지만, 외적 규율로서의 율(律)의 경우 승가공동체와 같은 분명한 외연(外延)을 설정하기 어렵다는 점에서 주로 승가공동체를 전제로 성립하는 것임을 확인할 필요는 있다. 그러나 그 승가공동체 또한 재가공동체와의 긴밀한 연계 속에서 비로소 존재할 수 있고, 승가공동체 구성원들의 수행과정과 결과를 재가공동체들이 일정 부분 공유하는 상호작용 속에서 존재한다는 점을 고려해 볼 때 사부대 중공동체라는 개념은 성립 가능할 뿐만 아니라 필요하기도 하다.

한국불교의 경우 초기불교의 계율과 함께 보살계로 상징되는 대승계율을 동시에 받아들이는 과정에서 승가공동체와 재가공동체 사이의 관계가 조금 모호해지는 결과를 가져오기도 했다. 그렇지만 지금 이 시점을 기준으로 할 경우 사부대중 공동체뿐만 아니라 일반 대중들과의 관계 설정도 중요한 과제이고, 이 과제를 적극적으로 수용하기 위해서는 계율과 함께 그 계율이 본래 지향하는 계율정신을 중시할 필요가 있다. 이 계율정신은 세속의 윤리와 직접적으로 만나게 되는 접점이 된다. 계율의 확산 가능성에 주목하는 이 논의에서는 그 점에 착안하여 주로 계율정신의 윤리적 의미에 초점을 맞추고자 한다.

이렇게 논의의 방향을 잡아갈 경우 먼저 정리되어야 할 몇 가지 난점이 부각된다. 우선 계율은 불교(佛敎)라는 특정 종교를 전제로 해서 성립되는 행위규범이자 실천기준이기도 하다. 그런 이유로 우선 불교계 안에서 통용될 수 있다는 한계성을 지닌다. 물론 계율이 '바람직한 행동' 규범으로 작동할 수 있는 보편성 영역을 동시에 확보하고 있기 때문에 당연히 그 경계를 넘어설 수 있는 가능성 또한 열려있다는 점을 경시하는 것은 아니다. 그렇지만 일단 계율은 사부대중 공동체라는 불교공동체와 그 구성원들을 위한 것이라는 전제 조건을 확인하는 일은 그 경계를 확인함으로써 확장 가능성을 이론적 차원과 실천적 차원 모두에서 모색하기 위해 꼭 필요한 기본 요건이다.

그렇게 본다면 계율은 불교도로서의 바람직한 삶을 살아가기 위해 지켜야 하는 어떤 기준이라고 일단 정의해 볼 수 있다. 이 어떤 '기준'

은 불교도 개인의 내면에서 살아 작동할 수도 있고, 공동체 차원의 외적 규범으로 존재하면서 구성원들과 상호작용하는 형태로 살아 있을 수도 있다. 즉, 계율은 우선적으로 승가와 재가공동체 구성원들이 지켜야 하는 외적 규범의 형태로 존재하지만, 좀더 근원적인 차원에서 보면 그 구성원 개인의 내면세계에서 작동하는 준거이다. 이 두 형태의 계율은 서로 긴밀하게 상호작용하면서 공동체의 건전성을 유지하기도 하고 그 구성원의 삶의 방향을 보다 나은 방향으로 이끌어 가는 힘을 발휘하기도 한다.

그러나 이러한 이상적 차원의 계율관이 우리 현실 속에서 어느 정도 통용될 수 있을까? 우리에게 계율은 몇 가지 시선이 엉킨 복잡한 인식 대상으로 다가온다. 우선 그것은 주로 승가공동체에 제한되는 것으로 받아들여지는 경향이 있다. 보살계와 같은 계율 일부가 재가자들이 지켜야 하는 계율이라는 당위적 명제를 모르는 것은 아니면서도 그 구체적인 준수의 차원으로 넘어가면 주로 승가에서 지켜야 하는 것이라는 생각이 강한 측면이 있다. 두 번째는 선불교적 전통과 연계되는 것으로 승가공동체 안에서 조차 계율이 깨달음에 이르기 위한 삼학(三學)의 기반을 이룬다는 사실을 경시하는 경향이다. 계율을 넘어서야 하는 대상으로 인식하고 경시하는 이러한 경향은 우리 승가 전반의 범계문제와도 긴밀한 연계성을 지닌다.

마지막으로 한 가지 더 주목하고 싶은 계율을 바라보는 우리 현실의 시각은 계율과 불교윤리 사이의 관계 문제와 연결되어 있다. 계율은 그 자체로 윤리로서의 특성을 지니지만 그렇다고 해서 계율이 곧 불교윤리는 아니다. 불교윤리는 붓다의 가르침에 기반을 두고 모색될 수 있는 모든 윤리적 논의와 실천 지침을 포함하는 개념이기 때문이다. 그런 점에서 불교윤리는 계율보다도 더 포괄적인 의미를 담고 있을 뿐만 아니라 그 시대와의 접점 모색에 있어서도 더 적극적인 자세를 취할 수 있는 가능성을 내포하고 있다. 우리 사회에서 불교윤리에 관한 논의가 활발한 것은 결코 아니지만, 한편으로 계율의 문제도 불교윤리의 관점에서 불교계는 물론 모든 시민들에게 의미 있는 지침으로 다가가기 위해서는 적극적인 해석이나 재해석이 요청되는 것 아닌가 하는 시각이 존재하고 있다. 우리의 논의는 바로 이 지점에서 출발한다. 불교공동체를 전제로 해서 성립된 계율이 붓다의 가르침이라는 불교의 기본 지향점과 만나면서 현재의 우리에게 어떤 의미의 윤리로 되살아날 수 있는지를 모색하는 것이 우리 논의의 목표이다.

II. 현대 한국사회의 윤리적 좌표 상실과 불교윤리의 위상(位相)

1. 현대 한국사회의 쟁점으로서의 윤리 문제

'현대 한국사회'는 그 내포와 외연이 불분명한 개념이지만, 대체로는 광복과 공업화 과정을 거치면서 경제 성장과 민주화를 전제로 하는 시민사회 형성이 가능해진 20세기 중반 이후에서 현재에 이르는 한국사회를 일컫는 개념으로 받아들여지고 있다. 자유주의와 자본주의라는 두 이념을 기본 축으로 삼아 분단사회라는 한계를 일정하게 극복하면서 이루어낸 경제성과와 민주화는 세계적으로 짧은 시간 안에 많은 것을 이루어낸 성공적인 모형으로 평가받고 있다.

그러나 다른 한편 그 과정에서 전통에 근거한 연대의식을 상실했고 1997년 구제금융사태 이후로는 모든 삶의 영역을 경쟁의 원리에 기반해 이끌어가야 하는 극심한 경쟁사회로 급속히 전환되면서 왜 살아야 하는지와 관련된 물음과 대답을 모두 상실하는 결과를 떠안아야 했다. 세계 최고 수준의 자살률과 교통사고율, 이혼율 등이 그것을 상징하는 수치들로 우리에게 노출되어 있고, 그것은 단순한 수치의 차원을 넘어서 우리 주변과 우리 자신의 삶을 끊임없이 위협하는 요소로 작동하고 있기도 하다.

그런 가운데 한동안 관심사에서 밀려나 있던 가치나 윤리 같은 개념들에 대한 관심도 조금씩 높아지는 경향이 나타나고 있다. 물론 자유주의적 전제 속에서 가치나 윤리 문제는 기본적으로 한 개인의 선택 문제이다. 그런 전제 속에서 전통적 가치로서의 관계의 윤리 문제는 한 개인의 자유를 억압하는 것이라는 강한 비판 속에서 거부당하기도 했고, 특히 국민윤리로 상징되는 국가적 수준의 윤리장려정책은 정당성을 확보하지 못한 정권의 이념적 정당화 수단으로 활용되면서 더 강한 반감을 심어주기도 했다.

그러나 김대중, 노무현 정권으로 상징되는 민주화 세력의 집권 이후 그런 역사에 대한 반성적 성찰과 함께 가치나 윤리문제가 더 이상 미룰 수 없는 우리 삶의 절박한 과제일 수 있다는 인식 또한 지속적으로 확대되어 왔다. 경쟁으로 인한 만성피로를 동반자로 삼아야 하는 현대인들에게 가치문제는 먼저 쾌락과 쉼의 문제로 부각되곤 한다. 다른 것 생각하지 않고 무조건 쉬고 싶다는 열망을 먼저 갖게 된 서구인들이 찾은 대안은 장기휴가이다. 여름 한 철을 온전히 비워두고 어딘가로 떠나는 것을 삶의 유일한 위안으로 삼고 한해를 견디는 그들의 모습을 부러워만 하던 우리도 언제부터인가 그런 삶을 이상적으로 삶으로 그리면서 구현할 수 있게 되었지만, 문제는 그것으로 온전히 해소되지 않고 남는 지점이 있다는 것에서 생긴다.

근대는 신과 피안에 대한 믿음뿐 아니라 현실에 대한 믿음까지도 상실하는데, 이러한 상황은 인간 삶을 극단적 허무 속에 빠뜨린다. 유사 이래 삶이 오늘날처럼 덧없었던 적은 없다. 극단적으로 덧없는 것은 인간 삶만이 아니다. 세계 자체도 그러하다. 그 어디에도 지속과 불변을 약속하는 것은 없다. 이러한 존재의 결핍 앞에서 초조와 불안이 생겨난다. … 그러나 **후기 근대의 자아는 완전히 개별적으로 고립**되어 있다. 죽음의 기술로서 죽음에 대한 공포를 덜어주고 지속의 감정을 일으켜야 할 종교도 이제 그 시효가 다 되었다.[1]

이 인용문은 독일사회에서 활동하는 한 한국인 학자의 현실 진단이지만, 이제 우리 사회에서도 거의 그대로 적용될 수 있을 만큼 닮아가고 있다. 현재 한국인들은 외형적으로는 다양하고 복잡한 관계망을 유지하고 있지만, 실질적으로는 '개별적으로 고립'되어 있다. 그 많은 자살자들이나 자살을 생각하는 사람에게 의미 있게 다가갈 수 있는 관계망은 거의 훼손되어 버렸고, 일반인들의 경우에도 정도의 차이만 있을 뿐이다. 문제는 이러한 경향이 점점 더 급속히 강화되는 추세라는 점이다. 이런 추세로 간다면 현대 한국인들은 오히려 유럽인들이나 미국인들보다 더 메마른 인간관계 속에서 살아가게 될 가능성이 높다.

자본주의 사회로의 편입이 빠른 속도로 이루어진 사회에서 흔히 나타나는 이러한 현상들은 일본에서도 우리와 유사하게 나타나고 있다. 최근 후쿠시마 원전 유출사고를 겪은 일본인들은 자신의 정부를 비롯한 세계에 대한 신뢰를 상실하게 되었을 뿐만 아니라, 더 궁극적인 차원에서 삶의 의미문제에서 결정적인 타격을 입었다는 것이다.[2]

---

1) 한병철, 김태환 옮김, 『피로사회』, 문학과 지성사, 2012, 41쪽, 강조는 필자의 것이다.
2) 강상중, 송태욱 옮김, 『살아야 하는 이유』, 사계절, 2012, 11쪽 참조.

그럼에도 여전히 다른 한편으로는 성장과 돈을 추구하면 행복을 얻을 수 있다는 허황된 신념으로부터 벗어나지 못하는 오류를 범하고 있는 것이 더 문제라는 것인데, 이제 이 상황 판단은 더 이상 일본이나 서구에만 해당되지 않는다.

우리 사회에서도 윤리 문제는 자살이나 학교 폭력, 가상공간에서의 무차별적 신상폭로와 공격 등으로 구체화되면서 핵심적인 문제로 이미 오래 전에 떠올랐지만, 다른 한편으로는 여전히 돈을 모으고 그 돈으로 소비하면 행복해질 수 있다는 신념이 통용되면서 여러 매체 등을 통해 확산되고 있다. 다른 사람의 삶을 통해 그 신념이 속절없이 무너지는 걸 보면서도 애써 외면하거나 그런 개인을 정신적으로 약한 사람이라고 매도하는 경우도 많다. 유명인들의 자살이나 입시를 앞둔 학생들의 자살에도 면역이 생겨 더 이상 충격을 받지 않고, 그런 문제는 그들 개인의 문제일 뿐 내 문제는 아니라는 분리주의적 사고방식을 의도적으로 차용하고 있는 것인지도 모른다.

윤리 문제는 근본적으로는 삶의 의미 문제이다. 삶이 어떤 의미가 있는지를 물으면서 그 의미의 성격과 방향을 묻고 그 방향으로 지향하고자 하는 노력 자체가 윤리이다. 그 과정에서 우리는 사회적으로 통용되는 도덕규범을 그대로 따라갈 수도 있지만, 방향과 배치되는 경우 적극적으로 비판하면서 새로운 대안을 제시하고자 하는 용기를 포함하고 있어야만 비로소 윤리의 영역이 열린다는 점에 주목할 필요가 있다. 윤리는 그런 점에서 일상적 도덕을 뛰어넘을 수도 있는 가능성을 포함하고 있어야 하고, 그것은 삶의 의미 문제와 결합될 때 비로소 온전히 작동할 수 있다. 이 명제를 수용하고 나면 우리 사회의 윤리 문제는 더 이상 주변 문제가 아니라 한국인들의 삶의 방향을 좌우할 수 있는 핵심문제가 된다.

2. 불교윤리의 가능성과 현재적 위상

그렇다면 이런 한국사회의 윤리 문제에 대응할 수 있는 대안으로서의 불교윤리는 어느 정도의 가능성과 의미를 지니고 있을까? 이 질문에 대한 답은 먼저 불교윤리가 무엇인가 하는 개념 정의를 요구한다. 우리는 불교윤리가 계율과 깊은 관련성을 지니고 있으면서도 동시에 그것을 뛰어넘는 내포(內包)와 외연(外延)을 지닐 수 있음을 암시한 바 있다. 앞서 논의한 바와 같이 **불교윤리는 붓다의 가르침인 불교의 기본정신에 근거해서 이끌어낼 수 있는 모든 윤리적 논의와 실천 지침**을 지칭하는 개념으로 정의될 수 있다. 따라서 불교윤리는 율장은 물론 다른 경전에서도 그 지침을 이끌어낼 수 있고, 단순한 계율의 차원을 넘어서서 생명윤리의 영역 같은 보다 구체적인 윤리적 논쟁의 장에서 붓다의 가르침에 근거한 상황적 추론을 통해 실천지침을 만들어내야 한다는 요구에 직면하고 있기도 하다.

우리 사회에서 윤리적 논의가 확산되는 과정은 주로 의료윤리나 생명윤리, 정보윤리 같은 응용윤리 영역을 중심으로 이루어져 왔다. 국가차원의 국가생명윤리심의위원회가 조직되면서 좀더 구체화된 응용윤리 논의는 공리주의와 법칙주의로 대표되는 서양윤리학의 기본 원리들을 응용하는 수준을 넘어서서 우리의 도덕정서에 맞는 주체적인 논의가 요구된다는 합의에 도달하기도 했고, 그리스도교와 불교로 대표되는 각 종교의 관점에서 실천 지침을 마련해야 한다는 요청이 나오기도 했다. 그리스도교에 비해 시기나 내용의 심도면에서 많이 뒤떨어지기는 했지만, 불교의 경우에도 지속적인 노력을 해오고 있다.3)

---

3) 이런 노력의 출발점은 2006년 지관 총무원장 시절에 이른바 '황우석 사태'를 계기로 만들어진 '조계종 생명윤리연구위원회'이고 그 후 조계종 불교사회연구소(소장 법안)가 이어받아 자살과 안락사 문제 등에 대한 불교적 관점의 답변을 마련하는 일을 계속해오고 있다. 범종단 차원에서는 2011년 불교생명윤리협회(공동대표 법응, 박광서)가 결성

불교윤리를 불교의 기본정신에 근거해서 이끌어낼 수 있는 윤리적 논의와 실천지침으로 정의하고 나면, 우리는 불교의 기본정신이 과연 무엇인가 하는 논의로 다시 이끌려 들어간다. 초점을 어디에 두느냐에 따라 이 질문에 대한 답 또한 다양하게 제시될 수 있지만, 삶의 연기성(緣起性)에 대한 통찰과 그것에 근거한 자비(慈悲)라고 규정해 볼 수 있다. "모든 형성된 것들은 무너지게 마련이다."라는 초기경전에서의 붓다의 지속적인 언급이나, "매이지 않는 마음으로 선을 행하고 악행을 그친다."는 대승불교의 윤리관이 모두 불교의 기본 정신을 대변하는 것들이다.[4)]

삶의 연기성에 대한 통찰은 수행의 모든 과정에서 목표이자 과정 그 자체로 삼아야 하는 것이고, 그것이 심화되는 과정이자 결과가 곧 자비행(慈悲行)이다. 불교윤리의 핵심 내용을 이루는 이러한 연기성 자각과 자비행은 그 자체로 윤리적 보편성을 지닌다. 삶의 연기성은 최소한의 분석과 관찰만으로도 검증될 수 있는 과학적 사실이고, 그것의 자각 또는 인식에 근거한 자비행은 윤리학의 황금율, 즉 '자신이 대접받고 싶은 대로 다른 사람을 대접하라.'는 차원을 넘어서는 적극적인 윤리규범으로서의 보편성을 지닌다. 따라서 불교윤리의 윤리 또는 윤리학으로서의 가능성은 이미 확인되었다는 결론에 이르게 된다. 즉, 불교윤리는 종교로서의 불교를 전제로 하지 않고서도 누구나 받아들일 수 있을 뿐만 아니라, 받아들여야 마땅한 권유의 도덕으로서의 자격을 충분히 갖추고 있는 셈이다.[5)]

되어 탈핵운동과 같은 구체적인 생명윤리 활동을 지속적으로 펼치고 있기도 하다.
4) 대승불교의 윤리관에 대해 포괄적으로 논의하면서 현대윤리학적 관점에서의 시도도 포용하는 관점을 잘 보여주고 있는 자료로 원영 편저, 『대승계의 세계』(조계종출판사), 2012를 들 수 있다. 여기 인용은 같은 책, 53쪽의 것이다.
5) 윤리를 구분하는 기준 중 하나가 이행의 강제성이다. 이 기준에 따르면 모든 도덕은 누구나 꼭 하거나 하지 말아야 하는 의무 또는 금지의 도덕과 지키기를 권유하는 차원에

문제는 이러한 가능성을 충분히 지닌 불교윤리가 우리 사회에서 어떻게 받아들여지고 있는가 하는 지점에서 생긴다. 우선 우리 사회에서 불교윤리는 대체로 종교로서의 불교를 전제로 해서 성립된 개념으로 받아들여지는 경향이 강하다. 한국사회에서 가장 믿음이 가는 종교가 무엇이냐는 설문 문항에 대해서 가톨릭(27.1%), 불교(23.8%), 개신교(11.2%)로 대답한 2012년 조계종 불교사회연구소의 설문결과에서 짐작할 수 있는 것처럼, 불교는 가톨릭과 함께 한국의 종교를 대표하는 종교 중 하나로 받아들여지고 있다.[6]

이러한 경향과 함께 불교윤리의 차원에서 주목해 볼 만한 또 다른 경향은 한국의 종교로서의 불교가 어느 정도의 도덕성을 갖추고 있는지에 대한 일반 국민의 인식이다. 같은 설문 조사에서 '한국사회에서 종교가 믿음을 얻기 위해 중점을 두어야 할 덕목'으로 도덕성과 청렴성, 공정성, 언행일치, 희생정신, 사회정의 실현, 관용성 등의 7개 덕목이 꼽혔고, 그 중에서도 도덕성과 공정성, 언행일치는 특정 종교를 갖고 있지도 않고 그렇다고 해서 무종교라고 답변하지도 않은 기타 응답자들이 강조하고 있다.[7] 우리는 여기서 한국불교를 비롯한 종교에 대한 국민들의 신뢰가 생각보다 높지 않다는 점을 주목할 필요가 있다. 도덕성과 공정성, 언행일치라는 덕목이 종교가 신뢰를 받기 위해 필요한 덕목들이라는 답변 속에서 충분히 추적해 볼 수 있는 사실이다.

불교윤리가 불교인들과 불교계를 넘어서는 보편성을 확보하고 있다고 하더라도 불교계와 불교인들에 대한 신뢰가 높지 않다면 그것이 확산될 수 있는 가능성 또한 높아질 수 없다. 특히 강조되고 있는

머무는 권유의 도덕으로 구분된다.
6) 조계종 불교사회연구소, 『한국의 사회·정치 및 종교에 관한 대국민 여론조사 결과보고서』, 2012, 45쪽 참조.
7) 위의 보고서, 47쪽 참조.

'언행일치'에 주목해 보면, 불교계를 비롯한 종교계가 언행일치를 보여 주기 못하고 있다고 생각하는 국민이 많다는 사실은 그 만큼의 신뢰를 잃어버리는 결과를 가져올 수밖에 없다. 특히 2012년에 있었던 승려 도박사건 같은 사태들은 불교계뿐만 아니라 불교 자체에 대한 신뢰를 무너뜨리는 결과로 나타났다. 이처럼 한국사회에서 불교윤리의 위상은 그것이 지니고 있는 보편화 가능성에 미치지 못하는 초라한 위상일 뿐이다. 우리에게 남겨진 과제는 어떻게 하면 그 위상을 보편화 가능성에 맞춰나갈 것인가 하는 실천적인 성격을 지닌다.

III. 계율의 연기적 맥락에 근거한 보편화 가능성 모색

1. 계율의 연기적 맥락에 대한 인식의 과제

불교 계율은 사부대중 공동체를 전제로 하여 성립된다는 우리의 기본명제는 불교수행자 개개인의 마음의 윤리를 배제하지 않는다. 수행자 개인의 마음은 타자와 공동체와의 의존 속에서만 존립 가능하기 때문이다. 따라서 불교계율은 그 출발점과 도착점이 수행자 개인이면서도 동시에 수행자와 연기적으로 이어져 있는 다른 수행자, 수행 공동체는 물론 보살정신에 근거하여 우리 사회에 존재하는 모든 중생들에게까지 이어져 있는 포괄성을 지닌다. 이 지점에서 우리는 불교 계율이 사부대중 공동체를 전제로 해서 성립된다는 명제를 연기성(緣起性)을 전제로 해서 성립된다는 명제로 바꿀 수 있다.

물론 이러한 계율의 연기성 맥락은 그 연기성을 철저히 자각함으로써 넘어서는 깨침의 지향을 동시에 전제한다는 점에도 충분히 유의할 필요가 있다. 연기성을 느끼면서도 그것에 끌려 다니는 것이 아니라 그 연기의 고리를 걸림 없이 넘나드는 것이 우리의 목표이다. 이러한 차원은 화엄철학에서 무애(無碍)의 논리를 통해 잘 증명해 주었고, 보살계 사상을 통해서도 충분히 검증되었다. 그럼 초기불교의 계율에서는 어떠한가?

초기불교 계율을 상징하는 〈사분율(四分律)〉을 보자. 사분율은 고타마 붓다가 자신의 제자들과 승가공동체를 이루어 생활하면서 직면하게 된 여러 행위의 규칙들을 그 경중에 따라 제정하는 과정을 잘 담고 있다. 가장 무거운 범계 행위에 대해서는 승단에서 추방하는 바라이를 명하고, 그 다음 단계는 승단에 남는 것을 전제로 하여 참회의 정도를 달리하는 방식으로 범계자 개인과 승단의 청정함을 유지하고자 노력하고 있다.

"만약 비구가 음욕(淫慾)을 참지 못하는 부정한 행위를 했다면 이 비구는 바라이죄를 범한 것으로 우리와 함께 거주할 수 없다." 이와 같이 세존께서는 모든 비구가 결계를 하도록 하셨다.[8]

이 첫 번째 계는 주지하다시피 본래 수제나 비구가 속가 어머니의 요청을 받아들여 출가 전 아내였던 여성과 성관계를 맺어 자식을 얻은 사건을 계기로 하여 제정된 것이다. 그런데 이 계는 후에 젊은 비구들이 주요 구성원들인 승단에서 가장 빈번하게 일어날 수 있는 범계행위가 음욕과 관련된 것일 가능성이 높다는 점에서 그 적용이 다양화되고 확장되었다. 이때 범계의 대상은 승단 이외의 여성들일 수도 있고,

---

8) 若比丘犯不淨行 行淫慾法 是比丘波羅夷 不共住 與是世尊 如諸比丘結戒 「四分律 卷第一」, 『대정장』 22권 율부1, 570쪽 하.

승단 내부의 다른 비구들이었을 수도 있다. 어찌되었건 음욕을 참지 못하는 범계행위를 한 비구는 더 이상 승단에 머물 수 없다는 석가세존의 엄격한 계율관은 그 비구 개인의 수행과정보다는 승가공동체의 유지에 더 초점이 맞춰져 있다는 해석이 가능하지만, 그의 궁극적인 목적은 당연히 승가공동체 구성원 모두의 열반이었다.[9]

비구계와 비구니계에 대한 소개와 제정 경위를 담고 있는 계경(戒經)인 쁘라띠목차, 즉 바라제목차에 주목하는 불교윤리학자 프레비쉬(C.S. Prebish)는 법구경에서도 다시 언급되고 있는 다음과 같은 붓다의 가르침을 통해서 계율이 승가공동체 유지는 물론 그 구성원들의 구체적인 수행과정을 인도해 왔다는 주장을 편다.

"인내심을 유지하는 것이 최고의 금욕이고 열반은 최고의 목표이다." 라고 붓다는 말씀하셨다. … "어떤 악한 일도 하지 말고 선을 얻고자 하며 자신의 마음을 정화시켜라. 이것이 붓다의 가르침이다."[10]

악한 일을 하지 말고 선을 얻고자 노력하라는 가르침은 모든 윤리에 공통으로 내재되어 있는 것으로 불교계율의 윤리로서의 특성을 잘 보여준다. 그런데 이때 문제가 되는 것은 선과 악을 구분하는 기준이다. 그리스도교와 같은 종교와는 달리 불교는 선악의 구분을 절대적인 것으로 받아들이지 않는다. 이 특성을 일종의 상황윤리적 특성으로 규정지어볼 수도 있지만, 상황윤리가 자칫 상황의존적인 상대주

---

9) 佐藤密雄, 최법혜 역(1994), 『율장』, 동국역경원, 16쪽 참조, 여기서 저자도 '율장에서 거듭 주장하고 있는 것은 승가의 정상적인 발전과 유지이다.'라는 입장을 보여 주고 있다.

10) Charles S. Prebish(2005), "The Pratimoksa Puzzle: Fact versus Fantasy", P. Williams(ed.), *Buddhism: Critical Concepts in Religious Studies*(London & New York: Routledge), p.259.

의로 빠질 수 있다는 점에서 조심스럽게 사용할 필요가 있다.[11]

계율문제에 있어서 초기불교와 대승불교의 차이점은 사실상 해석의 문제일 뿐 본질적으로 차이가 있다고 볼 수는 없다. 초기불교의 계율이 바라제목차의 예에서 살필 수 있는 것처럼 승가공동체의 존속과 유지, 발전에 더 많은 초점을 맞추고 있는 것은 사실이지만, 그렇다고 해서 그것이 그 구성원들의 열반이라는 목표와 분리되어 버린다면 더 이상 진정한 의미의 계율로 볼 수 없게 되기 때문이다. 대승계율의 경우에는 그런 기본 정신을 현전승가의 범위와 함께 사방승가의 개념을 보다 적극적으로 받아들였을 뿐만 아니라, 사부대중 공동체로 확대하여 재가자들의 깨침 가능성을 충분히 인정해 주는 방향으로 확산된 것일 뿐이다.

계율의 이러한 특성과 함께 이 지점에서 우리는 붓다가 왜 그렇게 승가공동체의 유지와 발전에 관심을 가졌는지에 대해 다시 생각해 볼 필요성을 느낀다. 왜냐하면 초기계율에서 붓다는 바라이죄라는 승단 추방죄를 설정하면서까지 승단의 유지와 발전에 각별한 관심을 보이고 있기 때문이다. 승단으로부터 벗어나서 스스로 깨칠 수 있는 가능성이 여전히 열려 있음에도 승단의 조직을 유지하기 위해 노력한 붓다의 의도는 과연 무엇이었을까?

출가수행공동체인 승가(僧伽)의 출현은 계급에 근거한 세습된 성직자 개념에서 탈피하여 차별없는 수행의 장을 마련한 인류역사의 아주 특별한 사건이다.[12] 우리는 이러한 역사적 사건의 의미를 단순

---

11) 대승계율을 연구한 원영스님의 경우에도 대승계에 기반한 불교윤리가 상황윤리적 특성을 지닐 수도 있다는 입장을 펼치고 있다. 현실 속에서 상황윤리의 유용성을 충분히 인정하고 불교윤리가 어떤 점에서는 그런 특성을 지닐 수 있다는 사실을 인정하지만, 상황윤리는 보편적인 준거가 되는 진리를 괄호 속에 넣는다는 점에서 다르마에 대한 지향을 전제로 하는 불교윤리와는 차별화된다는 점에 대해서도 유의할 필요가 있다. 원영 편저, 앞의 책, 53~54쪽 참조.

한 계급철폐나 평등에서만 찾을 것이 아니라 불교 고유의 관점, 즉 수평적이고 연기적인 삶의 형태를 직접 체험할 수 있는 수행의 장으로서의 승가에 주목해 볼 필요가 있다. 붓다라는 스승을 제외하고는 특별한 계급상의 서열이 없는 평등한 승가공동체는 그 평등성만큼 서로 인간으로서의 모든 욕망과 욕구를 있는 그대로 분출하면서 살아내야 하는 생활공동체일 수밖에 없다. 그 안에서 열반이라는 목표를 함께 추구하면서 동시에 자신들의 생활을 뒷받침해 주는 재가자들과의 관계 설정에도 소홀할 수 없었다.

승가공동체의 계율은 그런 점에서 그 공동체 안에서 구성원 각자의 수행을 연기적으로 가능하게 하는 규율이었을 뿐만 아니라, 재가자들과의 연기적 관계를 바람직한 방향으로 이끌어가는 토대였던 셈이다. 나의 깨침은 다른 사람에게 전이되어 다른 구성원들에게 자극제가 되었고, 대승불교에 오면 보다 적극적으로 깨침을 얻은 사람이 중생 구제에 나서야 한다는 보살계 정신으로 정착하게 된 것을 해석해 볼 수 있다. 이러한 역사 속에서 계율은 초기 승가공동체의 유지와 발전을 위한 소극적인 목적을 넘어서 사부대중을 포함한 모든 사람들의 구제를 염원하는 보살의 출현으로 이어지게 된 것이다. 그 기본 전제는 동체(同體)이고 그것의 구체화로 드러나는 윤리는 자비(慈悲)이다. 이 과정을 통해 계율은 연기성을 전제로 하는 사회적 맥락을 확보함으로써 보편윤리로서의 가능성을 확대해 왔다는 해석이 가능하다.

그렇다면 현재 우리 사회에서 계율은 이러한 보편윤리로서의 특성을 어느 정도 발휘하고 있을까? 이 질문에 어느 누구도 쉽게 긍정적인 답변을 하기는 어려운 상황이다. 우선 내부에서부터 계율 자체가 재가공동체는 물론 승가공동체에서조차 제대로 지켜지지 않고 있다.

---

12) 가산지관, 『한국불교계율전통』, 가산불교문화연구원, 2005, 13쪽 참조.

그런 가운데 템플스테이 등을 통해서 일반인들이 긍정적으로 받아들일 가능성이 높은 불교는 그 윤리적 측면보다 정신적 휴식이나 쉼의 시공간으로서의 측면이 부각되어 있다. 불교윤리의 핵심이 자비임에 틀림없지만, 일반 한국인들이 그 자비의 연기적 대상이 되고 있다는 느낌을 받을 수 있는 기회가 극히 제한되어 있다. 이 상황에서 우리는 계율의 보편화라는 과제를 이론적·실천적으로 공유할 필요성과 만나게 된다.

2. 우리 사회에서 계율의 보편화라는 과제

계율이 승가공동체와 재가공동체를 전제로 하여 성립된 것임을 다시 확인하면서 동시에 우리는 그것이 연기성(緣起性)을 근간으로 삼아 두 공동체 사이를 유기적으로 연결시키는 매개체 역할을 해왔음을 확인했다. 더 나아가 계율은 불교가 우리 역사 속에서 삼국시대와 고려시대를 거치면서 사회적·정치적 맥락과 권력까지 확보하는 과정에서 모든 사람들에게 자비의 윤리를 내면화시키는 데까지 확산되었다. 조선의 성리학 이념 채택으로 인한 척불(斥佛)의 고난을 견디면서도 일반백성들의 가치관 속에 내면화된 자비의 윤리는 쉽게 제거되지 않았다.

문제는 일제강점기와 미군정기를 통해서 본격적으로 뿌리를 내리는 서구적 가치관의 세례를 자비의 윤리를 비롯한 전통윤리가 제대로 견뎌내지 못하고 무너져가고 있는 데서 생겨났다. '철저하게 개별화되고 고립된 이기적인 개인'이라는 자유주의적이고 자본주의적인 인간상이 우리 모두의 것으로 알게 모르게 채택되면서 연기성과 관계성을 근간으로 삼아온 전통윤리적 가치관의 자리는 점점 더 협소해지는 과정을 우리는 함께 경험해 왔다. 물론 그런 과정을 견디는 대가로 주어진 물질적 풍요와 민주화의 가치를 결코 소홀히 할 수는 없지만, 21세기를 맞은 현 시점에서 다른 대안을 적극적으로 모색하지 않으면 우리는 물론 특히 우리 아이의 미래가 암울할 수밖에 없다는 사실 또한 부인할 길이 없다. 이런 상황 속에서 불교윤리는 어떤 역할을 할 수 있고 또 해야 하는가?

역사를 돌이켜보면 이러 도덕적 위기가 현재에만 나타난 것은 아니다. 불교가 융성했다고 믿겨져 왔던 고려 중기를 살아낸 지눌의 현실 진단을 들여다 보면 그때가 과연 지금에 비해 더 나은 사회였는가 하는 생각이 들기도 할 정도이다.

> 우리들이 아침 저녁으로 행하는 자취를 돌아 보면, 부처님의 법을 빙자하여 나와 남을 꾸미고 이익을 취하는 데 골몰하고 있으며, 풍진의 세상에 빠져들어 도는 닦지 않고 먹고 입는 것만 허비하고 있으니 비록 출가하였다고 하지만 무슨 덕이 되겠는가? 아! 삼계를 벗어나려 하지만 풍진을 끊는 실천행이 없으니, 헛되이 남자의 몸이 되었을 뿐 장부의 뜻은 없다. 위로는 도를 넓히는데 어긋나고 아래로는 중생을 이롭게 하지 못하며, 중간으로는 네 가지 은혜를 빚졌으니 진실로 부끄러울 따름이다. 나 지눌은 이런 일로 탄식한 지 오래다.[13]

물론 지눌의 시대는 현재 우리의 시대와 비교해 볼 때 그 규모나 복잡성의 측면에서 훨씬 작고 단순한 사회였고, 그의 사회 진단과 탄식이 보다 엄격한 판단 준거에서 비롯된 것일 수 있다는 평가가 가능할 수는 있다. 그러나 수행자들의 태도나 계율 준수 측면에서 보면 근본에 있어서는 현재와 다를 바 없다는 판단에 이르게 된다.

---

13) 지눌, 해주 외 역주, 『정선 지눌』, 대한불교조계종 한국전통사상서 간행위원회, 2009, 80쪽.

다른 점은 자신이 처한 상황에 대한 정확한 인식에 토대를 둔 지눌의 다음과 같은 대응책에서 드러난다.

　　임인년(1182) 정월 어느 날 수도 개경에 있는 보제사에서 담선법회 (談禪法會)를 하고나서 동학 10여명과 다음과 같은 약속을 했다. "법회를 마친 후에는 마땅히 명예와 이익을 버리고 산속에 은둔하여 함께 결사를 맺자. 항상 선정(禪定)을 익히고 지혜를 닦는 것을 본분으로 삼고, 예불하고 경을 읽으며 각자 소임을 정해 노동하고 울력을 하자. 인연에 따라 성품을 길러 평생을 넉넉하게 지내면서 달사(達士)와 진인(眞人)의 고결한 실천행을 따른다면 어찌 즐겁지 않겠는가!"14)

　　계율의 보편화와 확산은 바로 이러한 지눌의 결단과 실천행(實踐行)에서 시작되어야만 한다. 현재 우리 사회에서 계율은 승가공동체에서조차 제대로 지켜지지 않는 유명무실한 것으로 받아들여지는 경향이 있다. 이러한 범계는 지눌의 진단 속에서 확인할 수 있는 것처럼 단순한 계율조목 자체를 어기는 것을 넘어서서 출가자로서의 본분을 상실한 바로 그 사실 자체이다. 그렇게 보면 문제 해결의 출발점도 승가공동체가 먼저 수행자로서의 기본을 지키는 것이지만, 수행자들과 연기적 관계 속에 있으면서 그들의 뒷받침해 줄 뿐만 아니라 스스로의 수행정신도 유지해야 하는 재가공동체의 책임 또한 선후를 따질 수 없을 만큼 중요하다.

　　사부대중 공동체가 이러한 문제의식을 공유할 수 있게 되면, 계율의 현대화 또한 시급하지만 그리 어려운 과제는 아니다. 사분율 중심의 초기불교 계율과 보살계 중심의 대승계율을 모두 수지하는 전통이

---

14) 지눌, 해주 외 역주, 앞의 책, 2009, 80~81쪽. 일부는 우리말에 맞게 필자가 수정했다.

있는 한국불교의 계율은 지나치게 방대할 뿐만 아니라 계율정신을 제대로 인식하지 못하게 할 정도의 혼란상을 보여주고 있기도 하다. 계율정신은 안옥선이 잘 정리한 것처럼 우리의 타고난 본성 속에 담겨있는 욕심과 어리석음, 분노를 그치게 하는 자비의 성품을 기르는 것이다.[15] 계율전통을 면밀히 검토하여 승가공동체와 재가공동체가 공유할 수 있는 계율과 승가공동체만을 위해 더 필요한 계율을 최소한으로 재구성한 다음에, 본래의 계율정신을 제대로 확립해 가는 것을 목표로 삼아 철저히 지켜나가는 것이 우리 사회에서 계율의 보편성에 기반한 확산을 꾀할 수 있는 출발점이자 기본전제이다.

이런 의미의 계율에 근거한 우리 시대의 불교윤리를 구축하는 일은 물론 또 하나의 과제를 이루지만, 우리 시대에 통용되는 청정한 지계정신을 배제한 불교윤리는 이론적으로만 가능할 뿐 실천적으로는 무의미한 정도를 넘어서 불교와 불교계에 대한 반감으로 인해 역풍을 맞을 가능성이 있고 우리는 일정 부분에서 이런 현상과 이미 마주하고 있기도 하다. '2012년 승려 도박사건'과 그에 대한 부적절한 대응이 계율에 대한 조소와 함께 불교 자체에 대한 신뢰를 심각하게 무너뜨리는 결과를 가져왔다는 사실을 자각하고 받아들이지 못한다면 한국불교의 미래는 암울할 수밖에 없다.

3. 불교윤리 논의와 실천행의 확산 방안

우리는 이 논의 안에서 불교윤리는 계율을 포함하여 붓다의 가르침에 근거해서 이끌어낼 수 있는 모든 윤리적 논의와 실천지침이라고

---

15) 안옥선, 『불교윤리의 현대적 이해』, 불교시대사, 2002, 45~46쪽 참조. 안옥선은 초기불교의 이상적 인간상인 아라한도 보살과 같이 자비의 삶을 이상으로 하고 있다는 점에서 동일한 삶을 지향하고 있다고 주장하고 있다.

폭넓게 정의하고 있다. 이런 정의 속에서는 소소한 계율은 폐기해도 좋다는 붓다의 가르침을 적극적으로 수용할 수 있는 가능성이 커진다. 왜냐하면 계율 조목 하나하나에 주목하기보다 계율정신에 초점을 맞추기 때문이다. 다시 말해서 열반이라는 목표를 향해서 다가가는 과정 자체가 모든 계율 조목을 있는 그대로 지키려고 노력하다가 그 목표를 상실하는 것보다는 붓다의 가르침을 충실히 이행하는 방향일 것이기 때문이다.

물론 이런 논의는 이미 선불교 전통의 막행막식 관행에서 충분히 드러난 위험성이 내포되어 있다. 이런 위험성을 최소화하면서 계율정신을 우리 시대에 맞게 확산시킬 수 있는 방안은 무엇일까? 필자는 그 방안의 출발점으로 계율의 보편화로서의 불교윤리의 정착을 제안하고자 한다. 불교윤리는 불교를 전제로 하는 윤리라는 점에서 특수성을 전제하지만, 동시에 그것이 윤리라는 점에서 보편성을 전제로 해야만 성립 가능하다. 불교, 즉 붓다의 가르침이 지니고 있는 보편적 측면은 이미 현대의 여러 윤리학자들 논의를 통해서 받아들여지고 있다. 예를 들어 플래나간(O. Flanagan)은 불교윤리를 철학적 형이상학이 배제된 자연주의 윤리의 관점에서 해석하고자 한다. 그는 현대 인식론의 주류를 이루고 있는 자연주의를 전제로 할 경우에도 삶의 의미 문제는 피할 수 없는 철학적 과제임을 전제하면서, 그런 관점에서 보아도 붓다의 가르침은 충분한 답변을 줄 수 있는 가능성을 갖추고 있다고 주장한다. 그런 불교를 그는 '자연화된 불교(Buddhism naturalized)'라고 부르고자 한다.[16]

불교를 철학적 형이상학이 배제된 철학이자 윤리로 해석하고자 하

---

16) Owen Flaganan(2011), *The Bodhisattva's Brain: Buddhism Naturalized*(Cambridge: The MIT Press), 박병기, 이슬비 옮김(2013), 『보살의 뇌』, 씨아이알, 서론 참조.

는 플래나간의 시도는 우선 '철학적 형이상학'에서 전제하고 있는 철학이 과연 무엇인지에 대한 반론을 제기할 수 있다. 철학적 형이상학을 이데아나 절대자를 전제로 하는 서양 형이상학의 전통으로 이해할 경우 불교는 그 안에 포함되지 않지만, 철학을 존재와 존재자에 대한 물음으로 이해할 경우 불교 또한 당연히 그에 상응하는 형이상학을 전제하고 있다. 더 나아가 절대자에 대해서도 유일신의 맥락과는 다르지만, 이미 타력 신앙화된 불교 전통 안에서는 상당 부분 전제하고 있다는 사실에 대해서도 충분히 유의할 필요가 있다. 그럼에도 그의 논의가 의미를 지닐 수 있는 것은 불교가 굳이 그런 형이상학을 전제로 하지 않고서도 삶의 의미 문제에 대한 답을 찾는데 도움을 줄 수 있다는 사실이고, 그것은 과학적 사유를 근간으로 살아가는 현대인들에게 불교가 받아들여질 수 있는 기본 전제조건을 이룬다.

비슷한 맥락에서 시더릿츠(M. Siderits)는 무아론을 현재적으로 해석함으로써 불교윤리 논의를 확산하는 시도를 하고 있다. 그는 불교를 종교가 아닌 철학으로 간주한다는 전제를 가지고 무아론을 환원주의와 기능주의의 관점에서 재검토하면서 불교윤리는 결국 열반을 목표로 삼아 현재 자신의 욕망을 조절하고 통제해야 한다는 당위로 구체화될 수 있다는 주장을 펼치고 있다. 그 과정에서 굳이 윤회와 같은 종교적 기제를 동원하지 않아도 인간이 누구나 열반을 삶의 목표로 설정할 수 있다는 점을 전제로 한 것이다.[17]

시더릿츠의 시도는 불교가 걸쳐 있는 종교와 철학이라는 외연(外延)을 불필요하게 축소시킬 수 있다는 위험성이 내포되어 있기는 하지만, 그 위험성에 유의하기만 한다면 불교윤리 자체의 보편성을 보

---

17) Mark Siderits(2007), *Buddhism As Philosophy: An Introduction*(Indianapolis: Hackett Publishing Co.), 4장 'Buddhist Ethics' 참조.

다 수월하게 확보할 수 있는 길이기도 하다. 불교윤리의 보편성은 붓다의 가르침에 근거하고 있으면서도 종교로서의 불교가 요구하는 신념(信念, belief)을 괄호칠 수 있는 포용성이 그 확산의 기반이 되기 때문이다. 이런 논의들을 참고로 하면서 이끌어낼 수 있는 **불교윤리 논의와 실천의 확산방안**을 아래와 같은 3가지 측면에서 정리해 보고자 한다.

첫 번째는 붓다의 가르침을 우리 시대의 삶의 의미 문제와 관련지으면서 적극적으로 재해석하여 제시하는 방안이다. 삶의 의미 상실 문제는 우리 사회뿐만 아니라 21세기를 살아내고 있는 전 인류가 직면한 가장 근원적이면서도 심각한 문제다. 서구의 경우 오랜 시간 유지해왔던 이데아나 절대자의 '죽음'으로 인해 고통을 겪고 있고, 비서구의 경우 자신의 전통을 상당 부분 잃어버렸을 뿐만 아니라 물질적 행복 추구의 궤도에 무분별하게 합류함으로써 이중적인 고통을 겪고 있다. 이런 시대에 철학마저 분과학문으로 위축되면서 어느 누구에게서도 삶의 의미에 관한 가르침을 기대할 수 없는 상황으로 우리 모두가 내몰려 있다. 불교는 우리 시대에 거의 유일하게 받아들여지고 있는 자연주의를 포용하면서 삶의 의미 문제에 대한 지속적인 물음을 스스로에게 던지게 할 수 있는 윤리적 힘을 지니고 있고, 그 구체화 방안은 무아론이나 연기(緣起), 공(空) 등으로 요약할 수 있는 붓다의 근본 가르침을 생활세계의 개념으로 재해석하여 내놓는 길이다.

두 번째는 계율을 계율정신에 맞게 재구성하여 사부대중 공동체 구성원은 물론 모든 대중에게 접근 가능한 것으로 만드는 방안이다. 사분율과 범망경 보살계로 상징되는 율장의 방대한 계율체계는 그 자체로 역사일 뿐만 아니라 시대적 유효성 속에서 충분히 그 역할을 수행해 냈지만, 그 안에는 그것이 만들어진 시대의 과제와 상황이 구체적으로 포함되어 있는 역사적 유물이기도 하다. 따라서 그 하나하나의 조목보다는 우리의 삶과 수행환경에 맞춰 살려낼 수 있는 계율정신, 즉 열반을 목표점으로 삼아 일상 또는 수행과정에서 스스로의 지향을 지켜내고자 하는 삼감의 마음가짐에 초점을 맞춰야 한다. 이러한 계율정신은 수행자 개인의 내면세계에서 출발하여 사부대중 공동체와 일반대중 공동체로 확산될 수도 있고, 역으로 일반대중 공동체 구성원들의 삶의 의미 문제에서 출발하여 수행자의 내면세계로 확산될 수 있는 가능성도 열려 있다. 이런 방향으로 불교윤리 논의가 확대된다면 그것은 동시에 실천행을 담보하는 진정한 윤리의 모습을 갖추게 될 것으로 기대한다.

　　마지막으로 계율이 참선이나 경전공부와 같은 삼학의 울타리 속에서 유기적으로 작동할 수 있도록 해야 한다는 점을 강조하고자 한다. 이 세 축은 서로 뗄 수 없는 것들이고, 그중 어느 하나가 제대로 작동하지 않을 경우 다른 축들 또한 시간적 차이를 두고 무너질 수밖에 없는 구조이다. 남방불교가 초기불교의 전통을 어느 정도 유지해내고 있는 데는 삶과 수행이 분리되어 있지 않은 점이 결정적인 역할을 하고 있다. 예를 들어 버마의 아웅산 수지의 경우, 새벽 4시 30분에 일어나 한 시간 동안 명상을 하는 것으로 오랜 감금의 고통을 견뎌냈을 뿐만 아니라 정치적 억압 상황을 가장 효과적으로 극복하는 정신적 무기로 삼아오고 있다.[18] 청정한 삶은 기본적인 계율 준수에서 시작해서 화두선이나 위빠사나 수행 같은 참선, 그리고 지속적인 경전 공부의 병행 과정을 통해 비로소 온전히 확보될 수 있다는 평범한 진리는 계율의 정립과 사회적 확산을 위해서도 반드시 요청된다.

---

18) Aung San Suu Kyi, *Letters from Burma*(New York & London: Penguin Books), 1997, p.59.

IV. 글을 맺으며

우리 사회에서 모든 윤리 논의는 이중적 왜곡의 맥락 속에 놓여 있다. 하나의 맥락은 일종의 도덕적 엄숙주의이고, 다른 하나는 물질 주의의 광포한 확대 속에서 극단화된 무도덕주의이다. 바람직한 윤리 논의는 이 왜곡의 두 고리를 넘어서는 것이고, 그럴 경우에만 실천의 차원으로 확산될 수 있는 가능성도 보장된다.

계율을 중심에 두는 불교윤리 논의 또한 이러한 왜곡의 가능성으로 부터 전혀 자유롭지 못하다. 방대한 율장에 묘사되어 있는 계율의 조목 하나도 고칠 수 없다고 강변하는 수행자가 있는가 하면, 계율의 준수행위 자체가 수행에 저해가 된다고 생각하는 수행자 또한 적지 않다. 재가공동체 구성원들도 최소한의 계율인 오계조차 제대로 수계 하지 않거나 수계했다고 해도 의식(儀式)의 차원을 넘어서지 못하는 경우가 비일비재하다. 이제 더 이상 이런 비정상적인 상황을 지속시 킬 수 없을 만큼 한국불교와 불교계는 위기에 처해 있다. 만약 이 위기 상황 속에서도 대안을 찾지 못한다면, 한국불교는 그 형체만 남기고 역사 속으로 사라질 가능성이 농후하다.

이런 절박한 문제의식은 한국사회 전반에도 거의 그대로 적용된다. 물질적 풍요가 진정한 행복에 이르는 길이 아님을 다양한 경로를 통 해 충분히 확인하면서도 다른 길을 찾지 못해 헤매고 있는 21세기의 한국인들은 이미 세계 최고 수준의 이혼과 자살률이라는 상징적 지표 를 통해 절망의 저점을 보여주고 있다. 종교이자 철학으로서의 속성 을 모두 지니고 있어서 현대를 지배하는 자연주의적 인식론조차 수용 이 가능한 패러다임으로 평가받고 있는 불교가 제 역할을 해내기 위 해서는 먼저 계율 문제부터 제자리를 찾아가야 한다. 왜냐하면 계율은 열반에 이르는 수행과정인 삼학(三學)의 핵심기반이기 때문이다.

이제 우리는 계율을 현재적 상황에 맞게 재구성하고 붓다의 근본 가르침을 삶의 의미 문제와 관련시켜 적극적으로 재구성하는 불교윤리를 정착시킴으로써 나 자신과 우리 모두의 삶을 올바른 방향으로 이끌어야 한다는 절박한 과제와 직면해 있다. 이 과제를 해결하는 데는 출가자와 재가자의 구별이 특별한 의미를 지니지 못한다. '세상이 종교계를 걱정하는 시대'를 살아내고 있는 우리는 출가공동체와 재가공동체 사이의 연기성에 대한 적극적인 인식과 수용을 전제로 하여 서로에게 불교윤리를 권유하고 실천하는 보살의 역할을 자임해야만 한다. 그 과정에서 계율에 대한 우리의 태도도 자연스럽게 보다 실천적인 방향으로 재정립될 수 있을 것이고 계율 준수와 수행과정이 서로 분리되지 않는다는 상식을 생활세계로 들여 놓을 수 있게 될 것이다.

제8장

한국불교 수행론의 쟁점과 확산 가능성: 청담을 중심으로

I. 머리말

한국불교의 수행론은 그 이론적 측면과 실천적 측면에서 오랜 역사와 전통을 지니고 있다. 보조 지눌의 정혜쌍수(定慧雙修)의 수행론은 그 이후 다양한 논란과 계승의 과정을 거쳐 현재의 한국불교에 이어지고 있다. 선정을 통한 깨달음의 추구와 경전 공부를 통한 지혜를 추구를 병행해야 한다는 정혜쌍수의 정신은 깨달음에 이르는 또 하나의 길인 지계(持戒)의 방법과 연계되면서 삼학(三學)의 전통으로 전승되고 있음을 우리는 쉽게 확인하곤 한다.

깨달음이라는 목표를 전제로 해서 3가지 공부 방법 또는 수행의 방법을 동일한 비중으로 강조하는 것이 삼학의 본래 지향점임에도 실제 각각의 불교문화와 전통 속에서는 그 중의 어느 하나를 더 강조하는 경향을 보이는 경우가 일반적이다. 우리의 경우에는 그 중에서도 주로 간화선(看話禪)을 중심에 두는 선정의 방법을 강조하면서 다른 2가지 방법을 부수적인 것이거나 그것을 뒷받침하기 위한 것이라는 인식이 자리잡고 있다.

간화선 중심의 수행방법에 대한 강조는 돈오(頓悟)의 가능성을 획기적으로 높여 줄 수 있다는 점에서 의미를 지니지만, 그것이 상근기의 수행자들에게서만 가능할 뿐만 아니라 중간 단계의 의미를 평가하지 않음으로써 자신이 돈오의 어느 지점에 이르렀는지를 제대로 점검받기 어렵다는 난점이 부각되고 있기도 하다. 물론 당대 선지식과의 선문답(禪問答)을 통해 깨달음을 인정받는 일이 가능하고 실제 우리 불교사에서 그런 사례가 적지 않다는 점은 고려한다면, 이러한 난점이 곧 간화선의 한계를 드러내는 지점이라고 평가하기는 어렵다.

그렇다고 해도 대부분의 사람들이 돈오의 경지에 오르는 일이 실제의 삶 속에서 거의 실현불가능한 일임을 감안해 본다면, 간화선 이외의 다른 수행법에 대해서도 정당한 평가와 활용이 필요하다는 점은 인정해야 한다. 특히 불자라면 누구나 지켜야 하는 계율과 경전공부의 중요성에 대해서는 일상적인 생멸의 상황 속에서 지속적인 수행을 할 수 있는 방법이라는 점에서 충분히 주목해야 마땅할 것이다.

우리 불교의 수행론은 그동안 간화선 위주의 수행법에 대한 비판과 그 대안으로서의 남방불교의 수행법인 위빠사나에 대한 적극적인 관심, 일상적인 삶 속에서의 수행 가능성 문제, 계율을 어떻게 지킬 것인가의 문제 등으로 구체화되면서 다양한 논의와 함께 실천적인 쟁점을 제기해 왔다. 오늘 우리의 논의는 그러한 수행론의 다양한 쟁점들을 청담 스님의 수행정신과의 연계성 속에서 정리해 보고, 바람직한 대안을 모색해 보는 것을 목표로 삼고 진행된다. 청담 스님은 이판과 사판의 세계를 넘나들면서 수행과 실천을 병행하는 모습을 보여 주었고, 그 바탕에는 강한 수행정신이 자리잡고 있었다는 평가가 가능하다. 청담 스님의 수행정신이 그 자체로 독보적인 영역을 지니고 있기는 하지만, 기본적으로는 한국불교 수행론의 전통을 당시 시대 상황에 맞게 적극적으로 재해석하면서 구체화한 것이라는 점에서 먼저 근대 이후 한국불교 수행론의 쟁점을 살펴본 후에, 그것과의 관련 속에서 청담 스님의 수행정신이 무엇이고 그것이 지니는 현재적 의미는 무엇인지를 살펴보는 순서로 논의를 진행시켜 나가고자 한다.

II. 근대 이후 한국불교 수행론의 쟁점에 관한 현재적 검토

1. 근대 이후 한국불교 수행 전통의 형성 과정

근대 이후 한국불교 수행의 전개 과정을 살피기 위해서는 먼저 '근대 이후 한국불교'라는 개념을 보다 명확하게 할 필요가 있다. 근대 이후의 한국불교는 우선 개화기 이후 일본 제국주의를 비롯한 서구의 침략이 본격화되는 시기 이후의 한국불교를 가리키는 개념으로 규정할 수 있다. 대체로 경허 스님의 선 중흥 운동과도 그 출발점이 일치하는 것으로 받아들일 수 있고, 이를 출발점으로 삼아 일제식민지 시절의 혹독한 일본 불교화 과정이나 광복 이후의 불교정화운동 모두를 포함하여 현재에 이르고 있는 한국불교를 가리키는 개념으로 활용하고자 하는 것이다.

이 시기 한국불교는 조선조 전반을 통해 지속적으로 이루어진 숭유억불의 지난한 어려움을 스스로 극복할 여유를 갖지 못한 채 일본 제국주의자들에 의해 대처승단 중심의 일본 불교 속으로 편입되거나 일제의 앞잡이가 되어 불교를 그들의 식민지 통치도구로 활용할 수 있게 하는 데 힘을 보태는 일부 친일승려들의 만행으로 상징되는 왜곡의 과정을 거쳐야만 했다. 광복 이후에는 이승만 정권의 불교정화 유시와 함께 시작된 비구승단과 대처승단 사이의 치열한 정화과정과 그 극복의 상징으로서의 조계종단 중심성 확보, 자본주의로 급속히 편입되는 사회 상황에 대한 소극적인 대처 등으로 이어지면서 현재에 이르고 있다.

이러한 어려운 상황을 극복하는 과정에서 우리는 경허, 만공으로 이어지는 덕숭문중의 선풍(禪風)과 용성, 동산으로 이어지는 가야문 중의 실천지향적이면서도 선교가 양립하는 균형잡힌 수행의 전통을 세워내는 데 성공했고, 그것은 다시 광복 이후의 상황 속에서 오래도 록 이어진 불교정화운동을 이끄는 청담과 성철이라는 우뚝 선 선지식 과의 마주침이라는 빛나는 역사를 지닐 수도 있게 되었다. 이들 이외 에도 일제에 맞서 직접적인 저항운동을 펼치면서 내면적으로는 한국 불교의 재건을 외치는 만해나 한영 스님 같은 독각승의 선풍을 지닌 선지식과의 만남도 가능했고, 이러한 역사 하나하나는 곧 현재 우리 한국불교의 건강한 가능성으로 이어지고 있다고 보아야 한다.

조선 불교의 개혁은 공상적 이론을 떠나서 역사적 필연의 실행기에 와 있다. 아직도 산간에 있어서 시대를 이해하지 못하는 완고한 승려라 든지 다소의 시대상황을 안다는 자의 보수주의로는 근원적인 대안을 마련할 수 없다. 그러나 우리 안에 이미 충분히 축적되어 있는 청년불도 의 포부라든지 급류처럼 흐르는 주변 정세로 보아 조선불교의 개혁 운동은 어떤 형태로든지 폭발하지 않으면 안 될 것이다. …

대중불교라는 것은 불교를 대중적으로 행한다는 의미이니, 불교는 반드시 애(愛)를 버리고 친(親)을 떠나서 인간사회를 격리한 뒤에 행하 는 것이 아니라 인간 사회의 만반 현실을 조금도 여의치 않고 번뇌

중에 보리를 얻어 생사 중에서 열반을 얻는 것인즉, 그것을 인식하고 실천하는 것이 곧 대중 불교의 건설이다.[1]

만해 스님의 불교개혁안에 나와 있는 시대 인식과 그 대안으로서의 대중불교에 대한 정의를 잘 보여주고 있는 대목이다. 일제식민지 상황 속에서 온몸을 던져 저항하면서 진정한 의미에서의 한국불교 전통을 새롭게 세우고자 했던 만해의 고뇌와 정확한 현실 인식을 확인할 수 있다. 그러한 만해가 한국불교의 개혁을 위해서 그 다음으로 강조한 것이 선교(禪敎)의 진흥이다.

선교(禪敎)를 떠나서 불교를 말할 수 없으니 선교는 곧 불교요, 불교는 곧 선교다. 선(禪)은 불교의 형이상학적 순리(純理)의 이름이요 교(敎)는 불교적 언문(言文)의 이름이니, 교로써 지(智)를 얻고 선으로써 정(定)을 얻는 것이라, 정을 얻어야 바야흐로 생사고해를 건너서 열반 피안에 이르게 되는 것이요 교로 말미암지 않으면 중생을 제도하는 지침을 얻을 수가 없는 것이다. 그러므로 선과 교는 새의 두 날개와 같아서 하나를 빼놓고는 날지 못하는 것이니, 불교의 성쇠는 선교의 성쇠와 함께 할 수밖에 없다.[2]

이러한 만해의 인식은 그와 유사한 시대를 살았으면서도 광복 이후의 상황과도 마주해야 했던 석전 영호, 즉 박한영 스님의 생각에도 비슷한 형태로 담겨져 있었다.

---

1) 한용운, 「조선불교의 개혁안」, 한종만 편, 『현대 한국의 불교사상』, 한길사, 1988, 107, 117쪽. 일부 내용은 필자가 독자의 이해를 돕기 위해 조금 수정했음을 밝힌다.
2) 위의 글, 117~118쪽.

우리 불교의 진리가 드넓고 위없음에도 점차 기독교에 처지고 있음은 실로 태평양의 물을 온통 기울인다 해도 그 수치를 씻기 어렵거늘 오히려 우리 형제들은 그 노후한 유풍에만 깊이 젖어 공덕은 좀처럼 이룬 게 없고 내 몸 하나 위하는 데 해가 안 되면 남이 고통받는 것쯤은 안중에도 두지 않는다. 뿐만 아니라 나만 배부르고 편하면 그만이라는 자세를 고집하는 지경으로 썩어 들어가 마치 흐르는 물에 아무렇게나 떠내려가는 나무토막처럼 하루하루를 흘려보내니, 불교가 과연 미래에 오늘의 상황만이라도 유지할 수 있겠는가? …

오로지 불제자라면 승속이나 노소를 막론하고 과거 불교의 진면목을 직시하고 미래 불교의 현상을 조명하여 개개인이 저마다 장부로서의 지행(智行)을 원만히 그리고 바르게 함으로써 세계만방에 우리 불교의 참되고 지혜로운 공덕을 사명감을 갖고 명실공히 실천해 나갈 때 미래의 황금시대는 곧 불교의 전성시대를 일컫는 말이 될 것이 분명하다.[3]

그러면서 그는 당시 언론계에서 문제 삼고 있던 조선 불교의 정신 문제에 대해서도 분명한 자세를 보이고 있다.

새삼스럽게 조선불교의 정신문제를 논하려 함은 반드시 안팎으로 그럴만한 까닭이 뚜렷이 있기 때문이지 그냥 늘상 하는 얘기로 듣기 좋은 제목만 취한 것은 아니다. 격언에 물질이 부패하면 벌레가 생기기 마련이고 남을 의심하다 보면 으레껏 헐뜯게 된다 하였으니 이 이치는 예나 이제나 아무런 변함이 없으리라. …

얼마 전 동아일보 사설에 '조선불교의 정신문제'가 실린 바 있는데 그 내용인 즉, 조선 불교도는 종래의 불교정신을 망각하고 웅대한 절간

---

3) 박한영, 「조선불교현대화론」, 한만종 편, 앞의 책, 146쪽.

과 논밭을 경영하며 처자들의 생활편의에만 매진할 뿐이라며 매끈한 문제로 불교도의 유연성을 통렬히 비판하고 그들이 공부하지 않는 것을 깊이 탄식하고 있었다. 실상 우리 승려들의 현상이 사회비평가들의 준열한 비판을 감수해야 할 처지에 놓여 있음을 사실이다. 그러나 근본적인 문제인 조선불교의 정신문제에까지 섣불리 언급한 것은 잘못이다. …4)

만해와 한영 같은 스님들의 문제의식은 청담스님에게 전승되어 확대되고 심화되는 과정을 겪는다. 주로 광복 이후 일제의 강압통치로부터 벗어났지만 곧바로 이념의 대립과 그것으로 인한 한국동란 등의 역사적 비극이 이어지는 시대를 살아야 했던 청담의 문제의식은 보다 실천적인 지향을 지닐 수밖에 없었겠지만, 실제로 그는 수행정신과 수행방법을 중심에 두고 실천문제를 풀어나가고자 하는 정법적인 자세를 지니고 있었음을 확인할 수 있다.

대개 도를 닦는 데는 그 방법이 한량없으나 그것을 묶어서 2가지로 나눌 수 있습니다. 첫째는 **정신으로써 들어서는 법**이요, 둘째는 **행동으로써 들어서는 법**입니다. 먼저 정신으로써 들어서는 방법에 대해 알아봅시다. 불도를 닦아 이 마음을 깨달아 죽지 아니하고 우주에 자유스런 본래 사람이 되고자 한다면 먼저 부처님과 조사들의 말씀을 자세히 배우고 철저히 들은 다음에 백 번 죽는 일이 있더라도 결코 물러서지 아니할 발심과 정신(正信)을 성취하여 부처님과 달마조사에 지지 아니할 용기로써 저 청산 깊숙이 들어가서 조용히 앉아 생각해야 합니다. 모든 중생들이 다같이 진실하고 허망하지 아니하며 천지만물에 걸림 없이 자유자재한 이 마음 하나만이 자아일 뿐인데, 다만 이 육신을 자아

---

4) 앞의 글, 160~161쪽.

라고 착각하여 일어나는 번뇌망상 때문에 우리가 그것을 모르고 있는 것입니다. … 그것은 곧 인간의 천진한 본고장이 곧 마음이므로 새삼스레 이것을 되따지거나 딴 망상을 내지 말고 그대로만 정진하여 깨끗하게 나아가면 이 마음을 크게 깨칠 날이 있을 것입니다. 이것은 정신놀음으로 들어서는 방법입니다.

행동으로 도에 들어서는 방법은 이른바 4가지가 있는데, 84,000가지 수도 방법이 다 이 가운데 들어 있습니다. 그 네 가지 방법이란 '원수풀이'와 '인연 맡겨두기', '아무 것도 구하지 아니하기'와 조작 없는 본연의 마음 그대로 '제대로 살기'입니다.[5]

이러한 과정을 거쳐 근대 이후 한국불교의 수행전통은 기본적으로 선(禪)과 교(敎)가 혼연을 이루고 마음공부와 실천이 병행하는 것으로 형성될 수 있는 기반을 마련한다. 그러나 불행히도 이 과정에서 삼학의 한 부분을 이루는 계율이 동일한 비중으로 다루어지지 못했고, 선과 교 중에서도 선에 초점을 맞출 뿐만 아니라 그것도 간화선에만 초점을 맞추는 일방적인 모습을 드러내는 한계가 보이기도 했다.

2. 간화선 중심 수행론의 대한 비판적 검토

한국불교의 수행이 간화선 중심으로 이루어지고 있다는 사실은 확실해 보인다. 특히 그 중에서도 조계종은 간화선을 거의 유일하면서도 수승한 수행법으로 간주하는 경향성을 보이고 있고, 최근 들어 이러한 간화선에 대한 다방면의 비판이 제기되었지만 근간이 흔들리는 모습은 찾아보기 어렵다.

변희욱의 고찰과 같이 '간화선이 한국불교계의 주목을 받은 것은

---

5) 청담, 혜성 엮음, 『마음속에 부처가 있다』, 화남, 2006, 265～266쪽.

어제 오늘의 일'이 아니다.[6] 지눌에서 성철에 이르는 한국불교의 종
장들이 모두 간화선의 방법으로 수행하라는 가르침과 실천적 모형을
제시해 왔고, 현대 한국불교를 대표하는 조계종단은 이 간화선을 몰
록 깨침에 이르는 거의 유일한 방법으로 인정할 정도로 대표적인 수
행 방법임에 틀림없다.

그러나 다른 한편으로 현대 한국불교에서 남방불교의 수행법인 위
빠사나의 효용성에 대한 진지한 논의가 시작된 것은 꽤 오래된 일일
뿐만 아니라, 조계종단에 속하는 승려들도 위빠사나 수행법을 오히려
석가모니 붓다의 수행법으로 받아들이는 경향마저 강화되고 있는 추
세라는 사실도 부인할 수 없다.

또 한 가지 주목해야 할 점은 실제 한국불교도들의 신행에서 수행
이 차지하는 위상과 비중에 대한 비판적 검토의 필요성이다. 전체
인구 중에서 불교도의 비율이 전체 4분의 1을 차지한다는 점과 가톨
릭과 개신교를 구분하고 나면 가장 많은 신도수를 자랑하는 대표종교
가 불교라는 점을 감안한다고 해도 그들이 실제 간화선과 같은 수행
을 어느 정도 비중 있게 받아들이고 있는지에 대해서는 비판적 검토
가 필요하다는 의미이다. 그런 점에서 '한국불교계의 과제는 이제까
지 선종일변도의 불교를 대중화하는 데에 있다.'고 규정짓는 염동균
의 문제의식이 기복신앙적 신행문화 극복에까지 이르고 있는 것은
균형잡힌 시각이라고 말할 수 있다.[7]

과연 우리 불교의 대표적인 수행법이 간화선인지에 대해서 이와같

---

6) 변희욱, 「看看話禪, 간화선 다시 보기-비판과 대안으로서의 간화선」, 『불교평론』 24호,
   2005 가을 불교평론사, 176쪽.
7) 염동균, 「현대 한국불교의 동향과 과제」, 동아시아불교문화학회, 『불교와 문화』, 창간호,
   2007, 107쪽 참조. 염동균은 '불교계의 이미지 쇄신'을 현대 한국불교의 과제 중 하나로
   제시하면서 불교의 대중화와 기복신앙적 행태의 신행문화 개선을 꼽고 있다.

은 의문을 제기하는 일이 불가능하지 않음에도 최소한 공식적으로 조계종은 간화선을 거의 유일한 수행법으로 받아들이고 있고 선방에서 이루어지는 선의 핵심이 간화선이라는 점에서 일단 받아들이는 일 또한 가능하다고 보아야 한다. 그렇다면 이 간화선은 여전히 유효한 것인가? 아니면 단지 지눌에서 성철로 이어지는 전통이기 때문에 고수해야 한다고 주장하는 것에 불과한 것인가?

대혜종고의 어록을 인용하면서 수행법으로서의 간화선에 대한 비판적 방어를 시도하는 변희욱은 간화선을 제대로 하면 마음공부과 현실개입을 걸림 없이 할 수 있다는 입장을 지지한다. 그는 "선불교는 사회적 실천에 관심을 두지 않는다는 일부의 생각은 조심스레 다시 생각해 봄직하다. 당의 한유를 기점으로 송의 주희가 선불교의 대사회적 실천 결여를 비판한 이래 조선 유학자들은 대부분 이런 관점에 입각했다. 현대의 호우와이러, 런지위, 푸도 마찬가지이다."라고 비판한다.[8] 그에 따르면 대혜가 당시의 불교계와 유학계에 만연한 병폐를 해결하고자 제시한 공부가 바로 간화선이고, 이 간화는 그런 점에서 마음공부의 첩경이자 자기성찰의 계기일 뿐만 아니라 그 이후에 이어져야 하는 현실에서의 활동을 실행하게 하는 계기가 된다고 규정하기도 한다.[9]

김영욱은 간화선의 현재적 의미에 대해 더 철저한 규명을 시도하고자 한다.

나는 선(禪)이 현대의 여러 병리적 현상을 진단하고 치료하는 탁월한 방법이라고 생각하는 사람들의 견해에 전적으로 동의하지는 않지만,

---

8) 변희욱, 앞의 글, 192쪽.
9) 위의 글 같은 곳 참조.

선사들이 확보하고 있는 고유의 영역에서 흥미로운 비판적 기능을 발견할 수 있다는 사실은 어느 정도 믿는다. 특히 화두공부는 그저 희망의 메시지를 주기보다는 딱딱하게 굳은 인식의 근거를 무너뜨린다는 점에서 보기 드문 약효를 지닌다. 종교적 카리스마나 도그마도, 정치적·사회적 이념도, 성인군자의 고상한 인격도 더 이상 써먹을 수 없는 폐품으로 전락시키고 그 모든 것을 행사하는 권력에서 벗어나 자유롭고 균형 잡힌 의식 상태를 지향하는 화두의 가능이 바로 그것이다.[10]

간화선에 대한 이러한 긍정적 평가에 전체적으로 동의하고 보다 구체적인 활성화 방안이나 선수행과 현실 문제에 대한 관여의 연계성을 생멸(生滅)과 진여(眞如)의 차원에서 확보해야 한다는 점을 덧붙이고 싶다. 생멸과 진여는 모두 하나의 마음에서 비롯하는 2개의 문에 불과한 것이고, 그런 점에서 간화선은 단지 진여에만 관여하는 것이 아니라 생멸에도 관계하는 것이 마땅할 것이기 때문이다. 더 나아가 수행방법으로 간화선만을 고집하는 것에 대해서 필자는 비판적 입장을 견지하고자 한다. 왜냐하면 간화선이 돈오에 이르는 가장 확고한 수행방법으로서의 자격을 획득하는데 성공했다고 해도 그 방법을 통해 깨달음을 얻을 수 있는 사람들이 상근기의 존재자들이라는 점을 감안하거나, 불교수행론은 항상 계정혜 삼학이라는 세 뿌리에 기반을 두고 정립되어야 마땅하기 때문이다. 그런 관점에서 본다면 간화선만을 유일한 수행법이라고 보는 것은 협소한 견해라고 평가할 수 있다.

그렇다고 해서 간화선의 중요성을 간과해서는 안 된다. 간화선은 이미 우리 근대 이후의 불교사를 통해서 검증된 수행법이기도 하고, 그 구체적인 방법론의 차원에서 지눌과 성철로 대표되는 돈점논쟁을

---

10) 김영욱, 『화두를 만나다』, 프로네시스, 2007, 12~13쪽.

통해 범부들이 이론적으로만 판단하기에는 많은 어려움을 주고 있기는 하지만 확실히 일정한 수준 이상의 깨침을 가능하게 해주는 수행법임이 이미 일정하게 검증된 것이기도 하기 때문이다. 다만 우리의 수행 문화는 이러한 간화선을 중심에 두되, 그 기초이면서도 동일한 수준에서 경전공부를 계속해 가는 일과 일상 속에서 지계를 늘 실천하는 자세를 함께 견지하는 균형잡힌 수행법과 수행문화의 정착이 요청된다.

III. 청담의 수행정신에 기반한 새로운 수행 문화의 정착 과제

1. 청담 수행정신의 요체

근대 이후 한국불교의 수행론과 수행방법을 둘러싼 논쟁과 그 현재적 의미에 관한 이상의 고찰을 토대로 삼아 이제 우리의 구체적인 주제인 청담의 수행정신이 그 맥락 속에서 어떻게 규정될 수 있고 그것을 근간으로 삼는 새로운 수행문화의 정착이 어떻게 가능할지 하는 실천적 논의로 옮겨갈 차례이다. 청담은 일차적으로 현대 한국 불교를 정법 위에 안착시킨 실천가로서의 면모가 앞서는 분이지만, 그러한 실천이 철저한 수행정신의 견지에 기반을 두고 있었기 때문에 존중받은 선지식이라는 점에서 더 깊은 주목이 요청된다.

청담의 수행정신이 어떤 것이었는지 대해서는 법문의 곳곳에 산재한 설명을 통해 충분히 규정해 낼 수 있다. 특히 청담이 주목했던 마음개념과 수행의 관련성에 우리도 함께 주목해 볼 필요가 있다.

다만 이 마음 하나만 깨달으면 그 사람이 곧 부처이니, 천지와 만법이 다 그 가운데 있는 것이다. 부처와 중생이 그 마음에 있어서는 조금도 다를 것이 없다. 마치 저 허공이 일체 만물과는 섞여지지도 깨어지지도 않는 것과 같다. … 세상 사람들이 도를 배우려고 모든 부처님이 마음법을 전하였다는 말을 듣고 스스로 생각하되, 이 마음 가운데 별달리 깊고 묘한 도리가 또 하나 있는데 그것을 어떻게 구하여 얻을 것인가? 그런 사람은 이 마음이 곧 정법이요, 정법이 곧 마음인 것을 알지 못하여 또한 믿지 못한 때문이니, 사람마다 다 가지고 있는 이 마음을 다시 따로 찾아 구한다면 될 법이나 한 일인가?

천만겁을 지내도 마침내 얻을 수 없을 것이니, 아예 **당장에 무심하여 문득 본 정신**, 본 마음대로인 것만 같지 못한 것이다.[11]

필자가 보기에 청담의 수행법은 돈오를 강조하는 돈오돈수론에 가깝다고 생각된다. 위의 인용에서 강조한 부분에서 '당장에 무심하여 **문득 본** 정신'이 돈오의 방법을 암시하고 있기 때문이다. 자신의 마음을 다른 곳에서 찾는 중생들의 어리석음을 경책하면서 스스로 무심한 상태에서 문득 보는 것이 마음이고, 이 마음이 곧 부처라는 입장을 택하고 있는 셈이다. 이러한 돈오론은 '산은 높고 물은 깊다.'는 깨침으로 연결되는 것이기도 하다.

도를 배우는 사람은 다만 듣고 보고 따지고 생각하며 행동하고자 하는 모든 생각만 놓아버리면, 이 본래 있는 마음만이 온전히 남아 앞뒤가 뚝 끊어져 있으며 또한 깨달아서 들어설 곳도 없으며 들어설 나도 없으므로 보고 듣는 것이 눈이나 귀가 아니고 곧 이 마음인 것이다.

모든 생각과 일체 망상, 이것은 다 그대가 스스로 일으켜 낸 것이

---

11) 청담, 혜성 엮음, 앞의 책, 140쪽. 강조는 필자의 것이다.

아닌가, 그대가 일으키면 계속해서 있고 일으켜 내지 않으면 없는 것이다. 이 마음이 곧 무심하며 또한 본래 부처인 줄 확실하게 알고 보면 이 마음은 본래 망상이 없었던 것이다.

그런데 그대 스스로가 부질없이 망상이거니 하는 딴 생각을 낸 것이다. **산은 높고 물은 깊다. 여기에 무슨 허물이 있다는 말인가.** 정말 안타까운 일이다.[12]

이 두 부분의 인용에서 우리는 이미 청담 수행론의 핵심 요체를 간파해 낼 수 있다. 즉, 깨침은 내 마음이 곧 부처임을 문득 깨닫는 일이고, 그것은 세상의 모든 일들로부터 자유로와져서 무심(無心)의 상태에 이르러 있을 때 가능한 것이다. **산은 높고 물은 깊은데, 여기에 무슨 허물이 있다는 말인가?** 이러한 몰록 깨침은 한국불교의 전통 속에서 면면히 이어져 온 것임에 틀림없지만, 하찮은 자신의 마음속에 이미 온전히 구현되어 있는 것임을 깨닫는 일은 결코 녹녹지 않다는 현실이 바로 우리의 여여한 모습이기도 하다는 것이 문제이다.

그런 점에서 몰록 깨침의 여정에서 계행이 중시되는 것임을 청담은 석가모니 붓다의 말씀을 빌어 다음과 같이 강조하고 있다.

부처님은 『열반경』에서 "여래가 청정한 계율을 가지는 이는 열반을 얻느니라 하였으니, 내가 지금 깨끗한 계율을 닦는 일로 열반을 얻으리라."고 하였다. 또한 "세간의 계율은 청정하다고 이름하지 않나니, 왜냐하면 세간의 계율은 있음을 위하는 연고이며, 성품이 결정되지 못한 연고이며 끝까지 이르지 못한 연고이며 모든 중생을 널리 위하지 못하는 연고이니, 그러므로 깨끗하지 못하다 이름하느니라."고도 말씀하셨다.[13]

---

12) 청담, 혜성 엮음, 앞의 책, 217쪽. 역시 강조는 필자의 것이다.
13) 앞의 책, 227~228쪽.

12) 청담, 혜성 엮음, 앞의 책, 217쪽. 역시 강조는 필자의 것이다.
13) 앞의 책, 227~228쪽.

제8장 한국불교 수행론의 쟁점과 확산 가능성: 청담을 중심으로 · 199

이 법문에서 우리가 유의해야 할 지점은 두 가지이다. 하나는 청담이 계율을 닦는 일을 깨달음, 즉 열반에 이르는 길이라고 보고 있는 점이고, 다른 하나는 그러한 결론을 이끌어내면서 '열반경'이라는 경전에 의지하고 있는 점이다. 다시 말해서 청담은 자신의 내면 속에 이미 온전히 갖추어져 있는 마음을 문득 알아차리는 일이 수행의 중심임을 지속적으로 강조하면서도 계율을 닦는 일과 경전 공부를 하는 일의 중요성을 결코 간과하지 않고 있음을 알 수 있다는 것이다. 다시 말해서 청담은 깨달음에 이르기 위한 수행의 방법으로서의 3가지 공부, 즉 계행과 선정, 경전 공부 모두를 중시하는 균형 잡힌 수행론을 지니고 있었음을 확인할 수 있다. 그러면서도 그 중심을 마음에 두는 마음공부론을 부각시킴으로써 자신의 수행론이 지니는 특성을 자연스럽게 드러내는 데 성공하고 있다는 평가가 가능한 지점이기도 하다.

2. 마음공부 중심의 삼학(三學)의 전통

오늘날 한국불교의 수행문화는 전통적인 간화선에 대한 다각적인 비판과 그 비판에 대한 조계종 측의 적극적인 대응에도 불구하고 여전히 살아 있는 다양한 문제의식, 그리고 더 심각하게는 많은 비율의 신도들에게서 나타나는 수행이 배제된 기복신행 문화 등으로 상징되는 문제점을 안고 있다. 이러한 문제점들은 재가자들을 중심으로 확산되고 있는 템플스테이의 수행법과 승가공동체에서 계속되고 있는 간화선 수행 전통의 면면한 계승이라는 긍정적인 문화에 의해 스스로 소멸될 수 있을 것이라는 기대를 해 볼 수도 있지만, 현실이 그렇게 녹록한 것만은 아닌 것으로 보인다.

우선 자본주의 사회의 물질주의 문화 속으로 승가공동체도 급속도로 흡수되고 있고 그 흐름을 주도할 수 있는 승가공동체의 청정성은 악화일로에 있는 것이 아니냐는 비판이 제기된 지가 꽤 오래된 현실이기도 하다. 이러한 현실을 적극적으로 수용하면서 어떻게 하면 우리의 수행문화를 제대로 세워갈 수 있는가 하는 점이 우리 불교와 사회 자체의 미래를 결정짓는 요소가 될 수밖에 없는 상황적 절박성이 눈앞에 자리하고 있다.

이런 시점에 우리는 간화선으로 상징되는 마음공부를 수행의 중심에 두면서도 계율의 준수와 경전공부를 통한 지혜의 획득을 깨침 또는 열반에 이르는 또 다른 통로로 확보해 두었던 청담의 수행론이 갖는 현재적 의미를 다시 되새기게 된다. 자신의 마음속에 이미 온전한 부처가 자리하고 있다는 사실을 문득 깨닫는 것이 깨침에 이르는 확실한 방법이고, 그것은 일상생활 속의 계행(戒行)과 진지한 경전공부를 통한 지행(智行)이 병행될 때 비로소 담보될 수 있다는 확고한 삼학전통 견지를 우리 시대의 새로운 전통으로 불러낼 필요성이 절박하게 대두되고 있다.

특히 우리 불교계에 계행을 경시하는 풍조가 남아 있다는 점에서 그러하고, 성철의 역설적인 돈오론을 경전공부의 경시로 해석하는 어리석음이 아직 남아 있다는 점에서 3가지 공부를 함께 병행하고자 했던 청담의 균형 잡힌 수행론과 수행의 모형을 충분히 주목할 만한 가치가 있다고 판단된다. 이제 우리에게 남은 과제는 그러한 삼학의 전통을 실제 우리의 승가공동체나 재가공동체의 생활양식으로까지 정착시키는 일일 것이고, 그것이 가능해진다면 우리 문화 전반의 유물론적인 천박함을 근원에서부터 극복할 수 있는 토대를 마련하는 일도 충분히 가능해질 것이다.

계행의 중시는 자본주의 사회의 혼란을 극복할 수 있는 기반이 된다는 점에서도 주목할 필요가 있다. 자신의 삶의 목표를 분명히 챙기면서 다른 요소들에 휘둘리지 않는 삶의 추구가 우리의 의미를 드러낼 수 있는 거의 유일한 방법이라는 점에서 스스로 윤리적 기준을 세워 지켜나가고자 하는 자세는 불교의 계행과 동일한 차원에서 강조될 필요가 있다. 이러한 계행의 근간을 무시하고 다른 수행법들에만 매달리거나 이런저런 수행법을 전전하면서 하나의 방법에도 집중하지 못하는 병폐가 우리 불교계에도 있음을 감안할 때 삼학의 병행을 목표로 삼는 가운데 계행의 중요성을 무시하지 않는 청담의 수행 자세는 우리 시대 삶의 의미를 물어가는 사표로 해석될 수 있는 여지가 많다.14)

3. 수행과 자비행의 연계성 추구: 불교 개인윤리와 사회윤리의 통합

청담의 수행 정신에서 또 하나 돋보이는 부분은 수행과 대중을 향한 자비행을 분리시키지 않고 있는 점이다.

법을 구하고 부처를 이루고자 하는 자는 중생과 더불어 살아야 함을 가르친 것입니다. 현대에 있어서 불자들이 법을 구하고자 한다면 **대중과 함께 사는 길**을 찾아나서야 합니다. 그것은 단 한 사람이라도 제도받지 않는 중생이 있는 한은 성불하지 않겠다고 하는 서원으로 봉사하는 보살도입니다. 둘을 가진 자는 하나를 나누어주고, 하나를 가진 자는 반을 나누어주고 반도 없는 자는 내 몸을 바쳐서라고 봉사해야 합니다. 남을 위하고 법을 위한다는 생각 없이 행하여야 합니다. 혼탁한 사회를 탓할 것이 아니라 종단의 사부 대중은 모두 다같이 이 혼탁한

---

14) 우리 불교계에서 다양한 수행법들이 권장되다보니 그 중 어느 하나에 집중하지 못하는 병폐가 나타날 수 있음을 우룡 스님도 지적하고 있다. 우룡, 『불교의 수행법과 나의 체험』, 효림, 2008, 5~7쪽 서문 참조.

사회 속에 뛰어들어 내 몸에 때가 묻는 한이 있더라도 주변을 정화하는 것이야말로 불자의 본연한 자세입니다.[15]

내 몸에 때가 묻는 한이 있더라도 주변을 정화하는 것이야말로 불자의 본연한 자세라는 청담의 강조는 수행과 자비행을 분리시키지 않는 수행관에서 나올 수 있는 강한 입장이다. 청담이 평생을 바쳐 종단 정화를 위해 몸 바칠 수 있었던 저력과 집념도 바로 이러한 실천 지향적이고 대중지향적인 수행관을 바탕으로 하여 나올 수 있었을 것이라는 해석을 가능하게 해준다.

이러한 수행관은 우리 불교가 지나치게 개인의 수행에만 초점을 맞추다보니 그리스도교에 비해 한국 현대사에서 사회정의를 위한 실천에서 소극적인 자세를 보였다는 비판으로부터도 자유로운 것으로 해석될 수 있는 여지도 있다. 한 개인의 수행이 그 개인의 내부에만 머문다는 명제는 불교의 연기설에 의해 그 자체로 성립될 수 없는 명제이다. 연기성에 의존해 비로소 존재할 수 있는 것이 개인이기 때문에 개인만의 깨달음 추구는 그 자체로 바람직하지 않은 수준을 넘어 가능하지 않은 일이기도 하다. 만약 그런 깨달음이 있다면 그것은 진정한 의미의 깨달음을 벗어나는 사이비적 성격을 지니는 것에 불과한 것이다.

그런데 실제 우리 불교계의 수행생활을 들여다보면 한 개인의 수행이 그 개인의 고립된 세계를 넘어서지 못하고 맴도는 경우가 있다. 소위 '소승(小乘)' 담론이 적용될 수 있는 여지가 없지 않다는 것이다. 이러한 상황을 서양 윤리학적 관점에서 해석해 보면, 인간사회의 모든 문제를 개인의 도덕성으로만 귀속시키는 개인윤리적 한계라고 이

---

15) 혜성 찬, 『마음-청담대종사』, 삼육출판사, 2002, 258쪽.

름붙일 수 있다. 때로는 한 개인의 도덕성만을 강조함으로써 더 큰 구조적 악을 감추게 하거나 유지시키는 결과를 가져올 수도 있다는 비판담론이며, 그 대안으로 사회윤리(social ethics)를 내세운다. 사회윤리는 사회구조적 차원의 도덕 문제에 대해서는 구조적 힘으로 대항하는 것이 도덕적으로 정당하다는 주장을 근간으로 삼으며, 기본적으로는 개인윤리와는 분리된 윤리로서의 성격을 지닌다는 입장을 펼치기도 한다.

조금 맥락이 다르기는 하지만, 이러한 사회윤리 담론은 인간 도덕의 역사를 노예의 도덕역사로 규정했던 니체의 도덕담론과 사회구조 자체의 도덕성에 개인의 도덕성이 귀속될 수밖에 없는 역사적 필연성을 강조한 마르크스의 도덕담론을 이은 것으로 볼 수 있다.16) 우리 사회가 군부독재정권에 의해 저질러진 폭압적 정치구조로 신음하고 있을 때 진보적인 기독교 지도자들이나 가톨릭 지도자들이 적극적이고 제도적으로 저항했던 반면에, 우리 불교계의 경우에는 소극적인 저항이나 무관심으로 일관했던 역사에 대한 비판을 면하기 어려운 점이 분명히 있다.

물론 그리스도교에 기반한 사회윤리와 불교의 사회윤리가 근본적으로 다른 지향을 가질 수 있다는 점에 대해서도 충분히 유의할 필요는 있다. 전자가 주로 하나님으로 표현되는 절대자와 그 지체로서의 국가 또는 교회를 상정하면서 인간의 개별적인 도덕성과는 근원적인 차이가 있는 사회윤리를 내세우는 데 어려움이 없는 반면에, 불교의 사회윤리는 연기성에 기반한 동체자비의 윤리를 추구하기 때문에 개

---

16) 니체의 도덕 담론이 지니는 사회윤리적 특성에 대해서는 S. May, Nietsche's Ethics and his War on 'Morality(Oxford: Clarendon Press, 1999), 151~154쪽을 참조할 수 있고, 마르크스의 도덕 담론이 갖는 사회윤리적 성격에 대해서는 졸편저, 『포스트모던 시대의 사회윤리학』, 인간사랑, 1992, 159~162쪽을 참조할 수 있다.

인윤리와 사회윤리의 구별이 근본적인 차원에서는 불가능하다는 차이점에 유념할 필요가 있다는 말이다. 더욱이 불교의 사회윤리는 단지 직접적인 사회참여의 방법이 아니라 수행문화의 정착과 깨달음의 사회화라는 보다 포괄적인 차원에서 사회적 발언을 할 수 있는 길도 열려 있다는 점에서 당시의 상황에 대한 정당화가 완전히 불가능한 것은 아니다.[17]

그러나 불교에서 수행과 자비가 둘로 온전히 분리될 수 없다는 진리는 우리 불교의 보다 적극적인 자비행이 수행 자체의 중요성에 비해 결코 소홀히 다루어질 수 없는 과제이고, 이 과제는 단순한 개인적 차원의 자비행(慈悲行)에 그칠 수 없다. 사회구조적 문제에 대해서는 그 개인적 차원의 자비행이 사회구조의 차원으로까지 확장될 필요가 있고, 우리는 그 한 사례를 최근 지율 스님의 '천성산 뭇생명에 대한 자비행'을 통해 충분히 확인한 바 있다.

청담의 수행정신이 단순한 수행에 관한 강조에서 그치지 않고 끊임없이 자비행으로 이어졌다는 점은 이러한 불교의 개인윤리와 사회윤리 사이의 연계 또는 통합을 모색할 수 있게 하는 중요한 역사적 전거라고 평가할 수 있다. 그의 수행은 단순한 개인적 차원의 깨달음을 넘어서서 조계종단을 비롯한 불교계의 구조적 문제를 해소하고자 하는 개혁의 몸짓으로 구체화되었고, 그것은 다시 우리 사회 전반의 정신문화를 개혁하는 데까지 이르렀다는 점에서 청담의 수행정신은 불교 사회윤리가 수행에 뿌리를 두면서도 충분히 확장될 수 있음을 보여준 대표적인 사례로 평가되어야 마땅하다는 의미이다.

---

17) 이 문제에 대한 보다 상세한 논의는 졸고, 「우리의 불교사상에 근거한 새로운 사회윤리의 모색」, 가산학회, 『가산학보』, 10호, 가산불교문화연구원, 2002, 82~97쪽을 참조할 수 있다.

Ⅵ. 맺음말

우리는 지금까지 한국불교의 수행론을 둘러싼 최근의 논란을 논의의 출발점으로 삼아 청담의 수행정신이 그러한 논란을 해석하고 해소하는 데 어떤 방식으로 기여할 수 있는지를 적극적으로 모색하는 작업을 하고자 했다. 그 결론은 그의 수행정신이 그 핵심요체에 있어서 돈오돈수론에 가까운 마음공부론임을 확인할 수 있었고, 이러한 수행정신은 계율의 준수와 경전 공부를 아우르는 삼학(三學)의 전통을 현대 한국의 상황에 맞게 계승한 결과물이라는 결론에 일단 도달할 수 있었다.

이러한 청담의 수행 정신은 간화선 위주의 수행전통에 대해 부정적인 의견들이 적지 않은 현재 조계종 중심의 한국불교계에 그런 논란 이전에 우선 삼학의 전통이 굳건하게 전승되어야 함을 강조하는 근간으로 해석될 수 있다. 위빠사나와 같은 불교의 다른 수행법들을 배척하지 않으면서도 계율준수와 경전공부를 근간으로 삼는 간화선의 방법에 대한 정당한 관심과 공부가 요청된다는 명령으로 해석될 수 있다는 의미이다.

더 나아가 청담의 수행정신은 단순한 개인적 차원의 깨달음에 한순간도 머물지 않고 종단과 사회의 보다 맑은 정신을 위한 삶의 추구를 이끌어간 근간이 되었다는 점에서 한국 현대불교사의 아킬레스건 중의 하나로 꼽히는 폭압적 정치상황에서의 불교계 침묵문제라는 사회윤리적 문제제기에 불교적 방식으로 대응할 수 있는 하나의 실천적·이론적 지형으로 해석될 수 있는 여지가 있음도 확인할 수 있었다.

이제 우리에게 남은 과제는 삼학의 전승을 굳건하게 확보해 나가면서도 개인적 차원의 수행과 사회적 차원의 자비행을 동시에 추구하는 불교적 자세를 회복하는 일이고, 이러한 과제를 수행해 가는 과정에서 청담의 솔선수범은 많은 힘과 격려의 원천이 될 수 있을 것으로 기대한다.

03

불교 생명윤리와 사회윤리

제9장

현대 윤리학과 불교윤리의 만남 가능성

I. 현대 윤리학의 전개과정

현대 윤리학은 20세기 이후 서양 윤리학이 주도권을 행사하는 가운데 주로 옳음과 좋음이라는 개념을 분석하는 분석윤리학과 구체적인 윤리적 쟁점들에 대한 답을 찾아가는 응용윤리학으로 나뉘어 전개되었다. 그 과정에서 우리가 일상적으로 사용하던 도덕 관련 개념들이 보다 명료해지는 성과를 거두었지만 일상의 실천 지침으로 도덕규범을 제공하는 데서는 후퇴하는 결과를 빚었고, 그 공백을 응용윤리학이 메우는 모양새로 전개되었다.

옳음과 좋음의 문제를 철학적 분석의 대상으로 부각시키는 데 성공한 '현대 윤리학'은 그러나 곧바로 자신의 학문적 엄밀성과 정체성을 의심받는 위기로 내몰리게 된다. 옳음과 좋음이 분석의 대상일 뿐 구체적인 인간의 삶 속에서 어떤 지향점을 제시해 줄 수 있는 기준은 될 수 없다는 생각이 분석윤리학의 핵심주장으로 깔리게 되었기 때문이다. 이러한 현대 윤리학의 분석적 경향은 세계 대전을 겪으면서 놓아버린 가치를 다시 찾아야 한다는 현장의 절박한 목소리에 의해 타율적으로 극복되기 시작하면서 다시 삶의 규범과 가치를 묻는 규범윤리학이 응용윤리와 동행하면서 등장한 것은 20세기 중반 이후의 일이다.

'현대 윤리학'은 그 자체로 비판적 검토의 대상이다. 우선 그 '현대'를 어디부터 꼽아야할지를 물어야 하고, 그 구체적인 내용과 정체성이 무엇인지를 다시 물어야 한다. 일반적으로는 20세기의 등장을 현대의 시작으로 꼽지만, 우리를 기준으로 할 경우 1900년은 개화기를 맞아 외세의 침입에 자신을 내주어야 했던 식민지 상황의 초입부에 불과했기 때문에 과연 진정한 의미의 현대인지에 대해 의구심을 갖지 않을 수 없다. 오히려 우리에게는 1945년 일제강점기 치하에서 벗어난 때가 미국으로 상징되는 현대와 만나는 계기가 되지만, 그것도 우리의 사회구조와 가치관 자체의 변화까지 확보되는 계기는 아니라는 점에서 오히려 박정희 정권에 의해 관 주도의 공업화가 진행되던 1960년대 이후를 현대로 꼽는 것이 더 나을 것도 같다. 이러한 현대적 전환이 경제성장과 지난한 민주화과정으로 이어지면서 상당한 수준의 외적 성공을 거두었지만, 1997년을 전후하여 맞게 된 이른바 구제금융 사태로 인해서 좀더 적극적인 자본주의적 흐름 속으로 우리 삶 자체를 들이밀 수밖에 없는 상황을 맞고 있는 21세기 초엽의 현재가 우리에게 본격적인 현대일지도 모른다.

그렇다면 현재의 우리에게서 통용되거나 우리 삶에서 작동하고 있는 우리의 '현대 윤리학'은 과연 무엇일까? 그것은 우선 학계를 기준으로 할 경우 서양 윤리학인 것으로 보인다. 공리주의와 칸트 윤리학은 물론이고, 아리스토텔레스로 대변되는 덕윤리학, 하버마스(J. Habermas)와 아펠(K-O. Apel)로 대표되는 담론윤리학이 우리 윤리학계의 주된 주제로 상정되어 있기 때문이다. 물론 그와 함께 일부 논의 속에서 유교윤리와 불교윤리가 포함되기도 하고, 특히 응용윤리학의 영역에서 이들 주제에 좀더 많은 관심을 기울여야 하지 않는가 하는 요청이 있기도 하지만 여전히 논의의 중심은 서양윤리학이다.

최근에는 롤스(J. Rawls)와 센델(M. Sandel)로 대표되는 정의(正義, justice)의 문제가 윤리학계 내부의 논의가 아니라 베스트셀러라는 일반의 관심사를 통로를 삼아 확산되기도 하고, 응용윤리적 쟁점들에 대해 어떤 과정의 논의를 펼쳐갈 것인가 하는 문제가 주로 대학의 논술시험 대비 차원에서 일반국민과 학생들의 관심을 모으고 있기도 하다. 이와 같은 논의의 수준과 범위는 최소한 서양 윤리학계에서 이루어지고 있는 논의들을 거의 대부분 포함하고 있다는 점에서 우선 양이나 외연(外延)의 측면에서는 평가받을 만하다. 외국에 유학한 학자들이 늘어나고 국내에서도 외국 학계의 정보를 손쉽게 접할 수 있는 인터넷망의 확충에 힘입은 결과로 일단 긍정적으로 평가할 만한 수준이다.

그러나 이렇게 서양 윤리학계의 지식과 정보를 수입하는 것만으로 우리가 직면하고 있는 윤리적 쟁점을 제대로 소화해 낼 수 있는지에 대해서는 어느 누구도 긍정적인 평가를 하기 어렵다. 우리들의 윤리의식을 지배하고 있는 전통의 코드를 제대로 반영할 수 없고, 그들의 맥락에서는 절실한 문제가 우리에게는 그다지 중요한 쟁점이 되기 어려운 데서 비롯되는 한계이다. 예를 들어 청소년들의 총기소지나 약물남용과 같은 쟁점들이 미국과 같은 나라에서는 매우 중요한 쟁점이 되지만 우리에게는 별다른 문제가 되지 않는 경우나, 절대자와의 관계를 어떻게 설정할 것인지가 여전히 중요하게 다루어지는 그들의 윤리적 논의 맥락이 우리의 그것과 다른 경우를 꼽아볼 수 있다.

우리의 상황 속에서 독특함을 보여주는 특수성의 맥락을 제대로 고려하면서 실천적인 논의를 전개시켜 나가기 위해서는 이러한 서양 윤리학의 논의를 주체적으로 수용하는 과정과 함께 우리의 윤리적 전통에 관한 정당한 관심이 필수적이고, 그 과정 속에서 유교윤리나 불교윤리와 만나야 하는 필요성이 제기된다. 그 중에서 우리의 주된 관심사는 불교윤리이다. 그동안 불교윤리에 관한 논의 자체가 많지 않아서 참고할 만한 자료가 적지만, 이제는 그 개념 정의에서부터 시작해서 내용의 범위와 당위 설정의 근거 등에 대해 적극적인 관심을 가져야 하는 시점임에는 틀림없다.

우리의 초점은 불교윤리를 고립시켜서 다루지 않고 현대 윤리학 전반의 논의와 어떻게 만날 수 있는가에 맞춰진다. 불교가 이미 서구화되고 자본주의화된 한국사회의 주된 전통종교의 하나로 정착해 있는 점을 고려해 보아도 그런 초점을 가질 필요가 있고, 불교윤리가 단지 승가공동체의 계율에 그치는 것이 아니라 오늘 한국인들을 비롯한 세계인들에게 어떤 의미를 지닐 수 있는지를 고찰하는 일이 지니는 중요성과 실천성을 고려해 보아도 역시 그런 초점을 분명히 할 필요를 느낀다.

II. 불교윤리란 무엇인가?

그렇다면 이제 본격적으로 불교윤리가 과연 무엇인지에 대해 생각해 볼 차례다. 불교윤리는 한편으로 불교가 지니고 있는 윤리성이 주목하는 개념으로 해석될 수도 있고, 붓다의 가르침에 근거해서 이끌어낼 수 있는 모든 윤리적 논의를 지칭하는 개념으로 정의될 수도 있다. 그 중에서 전자는 후자, 즉 붓다의 가르침에 근거해서 이끌어낼 수 있는 모든 윤리적 논의 속에 포함될 수 있기 때문에 우리는 후자를 불교윤리에 관한 포괄적인 정의로 수용하면서 계속 논의를 전개해 보고자 한다.

불교윤리에 관한 논의가 확산되면서 불교윤리와 계율 사이의 관계를 어떻게 설정할 수 있을지 하는 문제도 관심을 모으고 있다. 불교윤리를 붓다의 가르침에 근거해서 이끌어낼 수 있는 제반 윤리적 논의를 포괄하는 개념으로 정의한다면, 당연히 불교윤리가 그 가르침의 한 부분인 계율에만 근거할 수는 없다. 오히려 어떤 점에서는 연기법이나 삼법인과 같은 근본 가르침에서 이끌어낼 수 있는 윤리적 기준이 불교윤리의 핵심을 이룬다고 말할 수도 있다. 그럼에도 우리는 다른 한편 불교윤리는 대체로 계율과의 긴밀한 연계성 속에서 논의될 수 있을 것이라는 막연한 기대를 떨치지는 못한다.

그런 막연한 기대나 생각은 우리 사회에서 불교윤리를 바라보는 시각이 대체로 계율에 한정지어지는 한계를 드러낸 것이거나, 계율 안에 불교윤리와 관련된 거의 모든 논의들이 포함되어 있을 것이라는 전제에서 비롯된 것일 가능성이 높다. 전자의 경우는 일정부분 교정이 필요한 시각이라고 볼 수 있지만, 후자의 경우 실제로도 계율 안에 대부분의 불교윤리적 쟁점이 포함되어 있거나 포함될 수 있는 가능성이 높다는 점에서 주목해 볼 만한 지점이다.

우리가 살아가고 있는 한국사회를 비롯한 현대사회 속에서 제기되고 있는 윤리적 쟁점은 매우 다양하고 그 쟁점들을 다루기 위한 이론적·실천적 논의들도 그에 걸맞게 다양하고 다층적이지만 일반적인 구분의 틀을 활용한다면, 이론윤리학과 응용 또는 실천윤리학의 범주로 나뉘거나 분석윤리학과 규범윤리학, 기술(記述)윤리학의 범주로 나뉜다. 앞의 범주는 윤리학을 이론과 응용 또는 실천의 대비 위에서 고찰하고자 하는 것이라면, 뒤의 범주는 윤리학의 역할과 기능을 각각 도덕적 개념의 분석과 도덕원칙의 수립, 도덕현상의 객관적 기술로 규정지으면서 바라보고자 하는 시도에 속한다.

우리가 불교윤리라는 개념을 사용하고자 할 경우에도 어떤 방식으로든지 이러한 범주들을 염두에 두지 않을 수 없다. 물론 불교 특유의 관점을 부각시키면서 새로운 범주에 속하는 불교윤리 논의를 전개하는 일이 불가능하지 않고 더 나아가 불교윤리가 기존의 범주에 온전히 포섭되지 않을 수 있는 특수성에 주목해서 새로운 범주의 윤리학적 논의 틀을 구성하는 일이 필요할 수도 있지만, 그럴 경우에도 앞선 범주들을 어떤 방식으로든지 비판하거나 옹호하지 않고서 논의를 전개하는 일은 결코 쉬운 일도 아니고 또 소통의 문제와 관련지어볼 때 꼭 바람직한 일이라고 말하기 어려운 부분도 있다.

기본적으로 불교윤리학은 '마음 윤리학'이라는 개념으로 특징지을 수 있다. 윤리학의 핵심 쟁점인 윤리적 원칙의 준수 또는 덕성의 함양을 불교윤리에서는 기본적으로 마음을 중심에 두고 전개할 수밖에 없을 것이기 때문이다. 이때의 마음은 윤리적 원칙을 준수하고자 하는 그 마음을 의미하기도 하고, 계율의 지범(持犯) 여부를 평가할 수 있는 기준을 의미하기도 한다. 그런 점에서 불교윤리학은 윤리학의 다른 범주와 분명히 차별화될 수 있는 특징을 지니지만, 그렇다고 해서 그런 윤리학이 앞에서 거론한 기존 윤리학의 분류 기준으로부터 완전히 자유롭다고 보기는 어렵다. 왜냐하면 '마음 윤리학'도 한편으로는 이론윤리학과 응용윤리학의 차원을 지니고, 다른 한편으로는 규범윤리학적 속성과 함께 분석윤리학으로서의 성격도 지닐 수 있을 것이기 때문이다.

우리 불교계나 불교학계에서 계율이나 불교윤리에 관한 논의는 꽤 드문 편이다. 이렇게 된 이유는 여러 측면에서 분석될 수 있겠지만, 단순하게 보면 다음 2가지를 생각해 볼 수 있다. 하나는 계율이나 불교윤리에 관심을 갖는 스님 또는 불교학자가 적다는 연구 주체의 측면이고, 다른 하나는 아직도 율장을 금서로 생각하거나 계율 자체를 그다지 중시하지 않는 우리 승가공동체의 계율관의 측면이다. 이 둘은 서로 상호작용하면서 계율과 불교윤리 모두의 논의를 제약하는 요인으로 작동하고 있다고 판단된다.

불교윤리를 '붓다의 가르침에 근거해서 이끌어낼 수 있는 윤리'라고 정의하고자 하는 우리의 관점에서 보면, 불교윤리는 당연히 계율을 포함하면서도 다른 한편으로 그 계율을 넘어서기도 하는 마음의 윤리이다. 어떤 점에서 불교윤리는 다르마(dharma)를 향하는 마음의 지향 그 자체인지도 모른다. 왜냐하면 붓다의 가르침을 다름 아닌 생멸심(生滅心) 속에서 진여심(眞如心)을 찾아가라는 당위적 명령으로 해석할 수도 있기 때문이다.

안옥선은 불교윤리를 초기불교에 초점을 맞추고 '탐진치 지멸(止滅)의 성품 형성의 윤리'라고 정의하는데, 이때의 성품이란 곧 마음의 크기와 넓이를 의미하는 것으로 받아들일 수 있다.[1] 성품은 한 인간이 갖추고 있는 또는 갖추어야 하는 마음의 폭과 깊이이고, 그것은 일정한 지속성과 일관성을 지니면서 한 인간의 인격(人格) 속에 내재한다. 다른 말로 마음의 크기와 넓이가 충분히 갖추어져 있어서 걸림 없는[無碍] 행동이 가능하고, 어떤 상황 속에서도 평상심을 잃지 않을 정도의 포용성을 갖추는 보살의 마음이라고 표현해 볼 수도 있다.

이런 정의를 바탕으로 삼아 불교윤리를 서양윤리학과 비교해 보는 것도 불교윤리에 관한 정의를 보다 정교하게 하는 데 도움을 줄 수

---

1) 안옥선, 『불교윤리의 현대적 이해』, 불교시대사, 2002, 1장 참조.

있다. 서양 근대윤리학의 두 흐름 중의 하나를 형성하는 공리주의 윤리설은 시민사회에서 어떤 정책을 선택하고자 할 때 활용할 수 있는 유용한 기준을 제공해 주는 데는 성공한 반면, 정작 그 윤리를 감당해내야 하는 행위주체에 대한 고려는 최소화하거나 배제하는 결과를 낳고 말았다. 또 다른 흐름인 칸트의 의무윤리학은 공리주의와 비교하면 행위주체에 대한 관심이 더한 편이기는 하지만, 그럼에도 도덕원칙을 그 행위주체보다는 의무를 이행하는 행위 자체에서 찾고자 한 점에서는 크게 다르지 않다. 더 나아가 공리(功利) 또는 의무(義務)라는 기본개념이 삶의 의미문제를 포괄적으로 담아내기에는 부족한 개념이라는 인식도 확대되었고, 그러한 행위중심 윤리에 대한 대안으로 행위 주체의 덕성을 강조하는 아리스토텔레스의 덕윤리학이 새롭게 조명받게 된 것이다.

아리스토텔레스의 덕윤리학은 폴리스(polis)라는 도덕공동체이자 정치공동체를 전제로 해서 성립되었다. 한 인간의 삶은 폴리스 안에서만 의미를 지닌다는 점에서 인간은 폴리스적 동물(zoon politicon)이고, 그 안에서 자신의 인간으로서의 가능성을 최대한 펼쳐내는 것이 곧 덕 또는 탁월함(arete)이다. 이 탁월함을 갖춘 사람이 향유할 수 있는 삶이 곧 행복이고, 그런 점에서 덕과 행복은 뗄 수 없는 긴밀한 연계성을 지니는 셈이다. 이러한 덕윤리학은 현대에 들어와 맥킨타이어(A. MacIntyre)와 같은 윤리학자에 의해 다시 살아나 윤리학과 정치학 등 다양한 영역에서 중요한 논점들을 제공하는 역할을 하고 있는 중이다.

초기불교윤리의 핵심을 탐진치 지멸의 성품 형성의 윤리로 규정짓는 안옥선의 주장은 더 나아가 그것을 서양윤리학과 비교하면 덕윤리적 패러다임에 속한다고 보는 비교윤리학적 분석으로 이어지고 있다.

이러한 분석은 성품 또는 덕성을 덕윤리학의 핵심 내용으로 전제할 때 받아들일 만한 분석이다. 탁월함으로서의 덕은 반드시 인격적 주체의 성품 속에서 발휘될 수밖에 없고, 따라서 주체를 배제한 덕론의는 생명력을 상실한 것이 되고 만다. 불교윤리를 성품형성의 윤리라고 규정한 그의 선행논의에 동의할 수 있다면, 불교윤리는 당연히 덕윤리적 패러다임을 갖는 것으로 해석하는 것이 적절하기 때문이다. 붓다의 가르침을 생멸심에서 진여심을 찾으라는 명령으로 해석할 수 있기 때문에 그 명령은 다시 배경적 요인으로 자신의 삶이 타자와의 의존적 관계, 즉 연기성에 의해서만 가능하다는 실체를 인식하라는 명령으로 전환될 수 있다.

연기성을 깨닫는 일은 곧바로 동체의식(同體意識)으로 이어지고 이 동체의식에 근거한 윤리가 자비의 윤리이기 때문에, 불교에서 인식론과 윤리학은 동전의 앞뒷면과 같은 밀접한 관계를 유지한다. 그런데 이 자비는 다른 한편 연기성을 인식한 한 존재자의 마음에서 나오는 것이라는 점에 주목할 필요가 있다. 순환론적 구조를 갖는 이러한 논의는 결국 불교윤리가 자비의 성품을 형성하는 일에 관심을 갖는 덕윤리적 패러다임임을 확인할 수 있는 근거가 된다.

다만 한 가지 남는 문제가 있다면, 불교윤리는 그런 마음의 윤리와 함께 승가공동체를 유지하는 구체적인 규범체계로서의 계율을 포함한다는 점이다. 계율에서 계는 바로 이 마음의 윤리를 그대로 의미하거나 반영하는 것이기 때문에 문제가 없지만, 율의 경우는 상당한 정도의 구체성과 형식성, 외적 규제성을 지니고 있다. 다시 말해 율은 내 마음의 질서와 일정한 거리를 유지하는 법과 같은 타율성을 지니고 있다는 것이다. 이 문제는 어떻게 해석되어야 할까?

계와 율의 관계를 어떻게 정립하느냐 하는 문제는 불교 계율론의 핵심 쟁점을 이룬다. 특히 한국불교 전통에서는 타율적인 율보다는 깨침을 향하는 자율적인 마음의 지향으로서의 계에 더 초점을 맞춰 왔는데, 이런 전통은 불교윤리를 성품의 윤리로 정의하고자 하는 안 옥선의 관점에서는 바람직한 방향이라고 해석될 수 있을지 모른다. 그럼에도 율(律)이 단순히 승가공동체를 유지하기 위한 외적 규범으로서의 성격만을 지니는 것이 아니라, 결국 그것도 자신의 몸과 마음을 깨달음으로 향하게 하기 위해 스스로 선택한 타율적인 규범의 성격도 지닌다는 점에서 보면 율에 대한 맹목적인 경시는 계율론의 핵심에서 벗어난 태도라고 볼 수 있다. 이런 점까지 고려한다면 불교윤리는 단지 덕윤리적 패러다임으로만 분류되기 어렵고, 오히려 의무윤리의 패러다임까지 포괄하는 속성을 지니고 있다고 판단하는 것이 바람직할 것이다.

불교윤리는 기본적으로 '붓다의 가르침'에 근거한 윤리적 관점과 원칙이고, 우리는 그 붓다의 가르침을 경전의 자구 자체로 지나치게 한정할 필요는 없을 것이다. 과학기술 문명에서 제기되고 있는 응용윤리적 주제들은 불교의 역사적 경전에서는 다루어지지 못했던 새로운 것들인 경우가 많고, 그럴 경우조차 경전의 자구 자체에만 매달려야 한다거나 사분율 등 율장의 구체적인 조목들에만 한정지어야 한다고 주장한다면 더 이상의 논의가 불가능하거나 오히려 붓다의 진정한 가르침으로부터 벗어날 수 있는 가능성조차 있다. 그러나 그렇다고 해서 붓다의 가르침의 핵심 내용이 무엇인지를 고민하지 않고 자의적으로 윤리적 지침이나 원칙을 이끌어낼 경우 근원적인 오류를 범하게 될 가능성이 다분하다는 점에서 모든 논의의 출발점은 경전이어야 한다.

지금까지의 논의를 정리해 보면, 불교윤리는 현재 우리의 삶을 둘러싸고 있는 무명(無明)의 한계를 직시할 수 있는 지혜를 바탕으로 삼아 깨달음을 지향하고자 하는 마음의 윤리라고 정의할 수 있다. 이 마음의 윤리는 내 마음속에 계(戒)를 살아있게 하는 것임과 동시에 우리를 둘러싸고 있는 동체의 공동체인 사부대중의 공동체를 이끌어 가기 위한 외적인 규범으로서의 율(律)을 포함하는 개념이다. 계와 율 모두 각각 형식적인 자율성과 타율성의 기준을 넘어 자신이 스스로 그것을 수용하고자 하는 마음을 낸다는 점에서 실질적인 자율성을 바탕으로 성립되고, 이러한 윤리는 우리가 몸담고 살고 있는 자본주의적 삶의 경계들과 만나면서 수많은 실천적인 쟁점들을 해소할 수 있는 근원적인 기준이 되어준다.

III. 불교윤리의 실천적 쟁점들

1. 응용윤리로서의 불교윤리

불교윤리를 계율과 계율정신을 근간으로 마음의 윤리로 정의하고 나면, 과연 그런 불교윤리가 실제 우리의 삶의 국면에서 부딪치는 윤리적 쟁점들에 대해서는 어떤 답을 줄 수 있을까 하는 생각을 하게 된다. 이론적으로는 충분히 동의할 수 있는 마음의 윤리가 과연 실제로 판단을 내리고 그에 따라 행동해야 하는 실천적 국면에서는 지나치게 추상적이거나 모호한 기준만을 제시해 주는 데 그치는 것 아닌가 하는 의구심을 가질 수 있기 때문이다.

마음의 윤리로서의 불교윤리는 기본적으로 이론윤리학에 속하면서도 그것이 실제 행동의 지침을 제공해 줄 수 있다는 점에서 동시에 실천윤리와 응용윤리의 영역에 속한다. 마음의 윤리라는 말이 단순한 마음의 상태나 지향을 의미하는 데서 그치는 것이 아니라, 그 상태나 지향을 실천과 연계시켜 나갈 수 있는 실천능력을 포함하는 개념이기 때문이다. 어떤 마음을 진정으로 갖고 있다면 우리는 어떤 외적인 상황 속에서 달성하고자 끊임없이 노력할 것이고, 만약 한 번에 이루지 못하거나 외적 조건 때문에 실패했을 경우에도 마음으로는 포기하지 않고 지속적으로 다시 시도하려고 할 것이다. 그런 점에서 마음은 추상적인 논의의 영역을 배제하지 않으면서도 좀더 궁극적으로는 실천적 영역의 힘을 보유하고 있다고 말할 수 있다.

실천을 담보해 낼 수 있는 여러 가지 장치 중에서도 상황의 본질에 대한 정확한 인식과 그것을 달성하고자 하는 의지가 가장 중요한데, 불교윤리에서 말하는 마음은 우선 상황을 제대로 바라볼 수 있는 지혜를 전제로 하고 그 지혜로 깨달은 것을 자신의 삶 속에서 구현해 내고자 하는 강한 열망을 포함한다는 점에서 전형적인 실천윤리로서의 속성을 지닌다고 평가받을 만하다. 여기서 그치는 것이 아니라 그러한 실천윤리적 속성이 구체적인 윤리적 쟁점들, 즉 생명이나 환경, 사회정의의 문제와 만나게 되면 그 응용력과 적용력이 적절히 발휘될 수 있다는 점에서 응용윤리로서의 특성도 함께 지니고 있다.

응용윤리는 본래 윤리학의 영역에서 개발된 윤리적 원칙들을 구체적 상황과 쟁점에 응용하는 과정에서 등장한 것이다. 그 때 응용되는 구체적인 윤리적 원칙에는 칸트의 의무론과 밀(J.S. Mill)의 공리주의가 대표적인 것으로 활용되어 왔다. 그런데 응용윤리학이 그 학문적 깊이를 축적해 가면서 이제는 오히려 상황에서 출발해서 그 상황을 가장 잘 설명할 수 있는 윤리적 원칙을 찾아가는 방식으로 전환되고 있기도 하다. 불교윤리는 붓다의 가르침에 근거한 윤리이고 붓다의 가르침이 우리가 몸담고 있는 상황에 터하고 있다는 점에서, 그 기본

속성으로 응용윤리적 특성을 지니고 있다는 분석도 가능하다. 이제 우리에게 남은 과제는 이러한 특성을 지닌 불교윤리를 우리가 만나고 있거나 만나게 될 구체적인 쟁점들과 어떻게 연계시킬 것인가 하는 문제이다.

2. 불교윤리 논의에서 요구되는 몇 가지 자세

불교윤리를 응용윤리적 관점에서 해석하고 적용하고자 할 때 우리가 공유하고 있어야 하는 몇 가지 핵심 전제가 있을 수 있다. 그 전제는 물론 고정된 것은 아니지만, 최소한 붓다의 가르침에 기반해서 윤리적 원칙을 이끌어내야 한다는 근본 전제를 비롯하여 다음과 같은 몇 가지를 상정해 볼 수 있다. 이런 노력들을 통해 우리는 앞으로도 다양하면서도 다층적으로 펼쳐질 쟁점들에 대해 비교적 일관성을 갖춘 답변을 찾는 데 도움을 받을 수 있을 것이다.

첫 번째 전제는 **생멸과 진여의 불이성(不二性)에 주목하는 자세**이다. 모든 윤리 문제는 삶의 문제이고, 삶은 생멸과 진여의 두 차원을 동시에 지닌다. 이 두 차원 사이에는 둘도 아니고 하나도 아니라는 불이적 관계가 성립한다고 보는 것이 불교윤리의 핵심논리이기 때문에 응용윤리적 주제들에서 불교윤리에 기반한 원칙을 끌어내기 위해서는 이 논리와 관계에 충분히 주목해야 한다. 좀더 구체적으로 말한다면 앞의 논의에서 다룬 적이 있는 이익과 원칙 사이의 차별성뿐만 아니라 연계성에도 주목해야 한다는 것이다. 이런 균형잡힌 시각을 불교에 근거한 응용윤리의 첫 번째 특성으로 꼽을 만하다.

두 번째 전제는 **계율과의 관계성에 주목하는 자세**이다. 주로 승가 공동체를 유지하기 위해 마련된 계율이 불교윤리의 모든 것이라고 말할 수는 없지만, 불교윤리의 핵심 내용과 원칙이 계율에서 나올 수 있어야 한다는 것은 중요한 요청이다. 그 계율이 제정될 당시 상황의 구체성과 역사성에 충분히 주목하면서 찾아낸 계율정신을 출발점으로 삼아 현재 우리의 삶에서 부각되고 있는 다양한 쟁점들에서 활용할 수 있는 윤리적 원칙을 찾아내고자 노력해야 한다는 것은 더 말할 필요가 없다. 다만 우리는 원효의 계율관에 따라 그 지범(持犯)의 경계지움을 마음에 두는 마음의 윤리로 불교윤리를 정의하고자 했기 때문에, 계율과의 기계적인 대비보다는 융통성 있고 원론적인 대비와 유비를 통해서 새로운 상황에 맞는 원칙을 찾아내고자 노력해야 할 것이다.

마지막 전제는 **구체적인 상황과 삶의 의미라는 두 차원에 동시에 주목하는 총체적인 자세**이다. 응용윤리의 쟁점들은 뇌사나 안락사 문제에서도 볼 수 있는 것처럼 한편으로는 구체적인 상황적 맥락 속에서 제기되는 것이면서도 다른 한편으로는 인간의 존엄성과 살아 있음의 진정한 의미를 묻는 쟁점들이기도 하다. 생명의 존엄성과 삶의 의미를 어떤 근거에서 찾아내 정당화할 수 있는가에 대해 불교는 충분한 답변을 할 수 있는 논거를 포함하고 있다. 그런 점을 고려하여 응용윤리적 쟁점을 다룰 때에는 단지 그 상황을 단절적으로 파악하는 대신에 삶의 의미와 같은 본질적인 쟁점과의 연계성 속에서 총체적으로 파악하고자 하는 자세를 가질 필요가 있고, 이런 자세는 모든 요소들 사이의 유기적 연기성을 강조하는 불교의 성격에 부합하는 것이기도 하다. 이제 이런 기본 전제를 바탕으로 삼아 우리 시대와 사회에서 가장 큰 응용윤리의 주제로 부각되고 있는 생명과 환경, 정보의 문제를 바라보는 불교윤리적 관점에 대해 하나씩 함께 생각해 볼 시간이다.

3. 생명과 환경, 정보의 문제: 불교윤리의 실천적 쟁점들

불교윤리의 실천적 쟁점 또는 실천불교윤리의 쟁점들은 매우 다양하고 앞으로도 사회의 변화양상에 따라 지속적으로 더 많은 쟁점들이 제기될 수 있는 가능성이 늘 열려 있다. 실천불교윤리의 그런 특성 때문에 어떤 한정된 주제에만 집중하는 논의는 바람직하지 않을 수 있고, 가능한 범위에서는 다양하면서도 심층적인 논의지평을 확보하고자 노력할 필요가 있다. 여기서는 앞 절에서 정리한 실천불교윤리가 작동하는 과정에서 염두에 두어야 하는 몇 가지 자세, 즉 계율과의 연계성을 염두에 두는 열린 자세와 생멸과 진여의 불이성에 주목하는 균형잡힌 자세, 각각의 구체적인 주제와 전체의 맥락을 함께 아우르는 총체적 자세 등을 바탕으로 삼아 현재 우리에게 가장 크게 부각되어 있는 쟁점들을 생명, 환경, 정보로 나누어 살펴보고자 한다.

생명, 환경, 정보라는 주제는 현대문명을 상징하는 주제들이다. 산업화의 급속한 진행과 인구 증가 등으로 야기된 환경오염에 대한 우려에서 비롯된 환경윤리와 인간의 생명에 대한 과학기술적 개입이 일정한 선을 넘어섬으로써 비롯된 생명윤리의 문제, 그리고 컴퓨터와 인터넷망으로 상징되는 정보소통으로 인해 야기된 가상공동체 중심의 정보윤리 문제는 이미 우리 사회에서도 중요한 윤리적 쟁점으로 떠오른지 오래다. 이러한 쟁점들을 다루는 과정에서 전반적으로 염두에 두고자 하는 것은 삶의 의미와 가치 문제이다. 모든 쟁점들이 결국 의미의 문제로 환원될 수 있는 소지를 갖고 있고, 그것을 통해 각각의 쟁점들이 지니고 있는 윤리적 특성을 보다 명료하게 드러낼 수 있을 것이기 때문이다.

1) 불교 생명윤리

먼저 생명의 문제는 과학기술의 급속한 발달에 따른 생명경시풍조와 함께 등장해서 20세기 후반부터는 생명의 탄생과정에 인간이 개입할 수 있는 기술이 등장함으로써 그 차원이 달라지게 된 윤리적 쟁점이다. 우리의 경우 이른바 '황우석 사태'로 촉발된 배아복제의 문제가 배아줄기세포나 체세포를 가지고 인간을 복제하는 문제로 확산되면서 큰 관심을 모은 바 있다. 이런 논란의 과정에서 문제가 된 생명을 불교적 관점에서 볼 때 가장 유사한 개념은 중생(衆生, sattva)이다. 이 중생은 범부와 유정(有情), 중연화합생 등으로 나뉘고 그 중에서도 좀더 생명의 범주 안에 들어오는 것은 주로 인간을 의미하는 범부와 정식(情識)과 업식(業識)을 갖고 있는 유정이고, 중연화합생은 현재의 생태계와 유사한 개념이다.[2]

불교의 생명관에서 보면 인간은 중생의 한 범주에 속하면서도 정식과 업식 능력이 뛰어난 중생이고 특히 깨달음의 기회를 얻을 수 있는 가능성이 높기 때문에 비록 범부(凡夫)로 태어나지만 붓다가 될 가능성, 즉 불성(佛性)을 내재하고 있는 중생이라는 것이 대승불교의 인간관이다. 이러한 인간이 태어나는 과정은 먼저 여성의 임신주기에 부모가 교합을 해야 하고 그 과정에 간다바(gandhabba), 즉 중음(中陰)이 임해야 한다고 되어 있는데, 여기서 문제가 되는 것은 간다바가 과연 무엇인가 하는 점이다. 아함부 경전의 『중부』에 등장하는 이 설명은 『장부』에 가면 다시 식(識)이라는 개념으로 바뀌고 있고, 율장의 『사분율』에서도 "사람이란 처음의 식에서 마지막 식에 이르기까지를 말한다."라고 규정하고 있는 것으로 보아 식으로 바꾸어 해석

---

[2] 불교생명윤리연구위원회, 『현대사회와 불교생명윤리』, 조계종출판사, 2006, 31~33쪽 참조.

해도 큰 무리는 없을 것 같다.[3]

불교적 관점에서 보면 결국 인간은 중생이면서 식이 다른 중생에 비해 더 발달한 존재자이고, 그것으로 인해 깨달음의 가능성을 더 많이 확보하고 있는 존재자로 정의할 수 있다. 이러한 인간이 태어나는 과정은 당연히 부모의 결합과 함께 식이 임해야만 한다는 연기성(緣起性) 속에서 전개되고, 이러한 연기성은 다시 업식(業識)에 의해서 인간에게 주어진 것과 인간의 힘으로 극복 가능한 것을 통해 구체화되어 삶을 구성하는 핵심요소가 된다. 이런 관점에서 보면 인간 생명을 포함하는 생명복제는 연기적 생명 형성의 과정의 인간의 의지가 반영되는 과정과 결과가 된다. 결국 생명 형성과정에서 인간이 업을 짓는 일이 되는 셈인데, 이러한 업에는 반드시 보(保)가 따라온다는 점에 대해서 충분히 유념해야만 한다는 윤리적 요청이 우리에게 주어진다. 그렇다면 인간생명의 복제 과정에서 업보의 차원에 충분히 유념할 수 있다는 전제 속에서 조심스럽게 그 복제의 목적과 목표를 분명히 하고, 과정을 투명하게 하면서 할 수 있다면 굳이 불교적 관점에서 이러한 복제에 반대할 수 있는 논거는 그리 강하지 않게 된다.

그러나 다른 한편으로 감각적 수용능력인 정식(情識)과 인지적 판단 능력을 포함하는 고차적 능력인 업식(業識)을 갖고 있는 중생이면서도 깨달음의 가능성을 가진 존엄한 존재인 인간의 목숨을 스스로 끊거나 안락사하도록 돕는 일은 우리가 예측할 수 없고 감당할 수도 없는 업보을 가져올 수밖에 없다는 점에서 쉽게 용납하기 어렵다는 사실에 대해서도 유념할 필요가 있다. 아라한과를 얻은 제자 박깔리가 육체적인 고통 때문에 자결하는 것을 허용하는 석가모니 붓다의 모습이 『잡아함』의 「박깔리경」에 있기는 하지만, 그것은 극히 예외

---

3) 앞의 책, 65~66쪽 참고했고, 율장은 『대정장』 22, 576c에서 인용했다.

적인 경우일 뿐 중생의 범주에 머물고 있는 인간들이 선택할 수 있는 일은 아니다.[4)]

이러한 불교생명윤리에 관한 논의는 앞으로도 지속적으로 그 외연을 넓혀갈 것으로 예상해 볼 수 있다. 이미 우리나라에서도 문제가 되었던 구제역사태는 우리가 생명을 어떻게 다루어야 하는지에 대한 심각한 난제를 던져주고 있다. 살아가기 위해 육식(肉食)을 할 수밖에 없다는 점은 인정한다고 해도 동물들을 학대하면서 오직 인간의 필요에 따라 사육하는 집단사육방식이 더 이상 용납될 수 없다는 비판도 나오고 있고, 채식문화를 획기적으로 환산시켜야 한다는 주장이 나오고 있기도 하다. 계율의 문제와도 직결되어 있는 이러한 육식문화의 심각성은 단순히 사육동물의 문제에서 그치는 것이 아니고, 인간의 품성에까지 영향을 미칠 수 있다는 점에서 보다 각별한 관심이 요구되는 새로운 불교생명윤리의 주제이다.

그 논의가 주로 이른바 '살처분'이라는 이름으로 거의 생매장당한 소와 돼지의 무덤에서 흘러나오는 침출수에 초점이 맞춰졌지만, 불교생명윤리의 관점은 당연히 그 배후에 있는 생명경시 풍조와 단절적인 사고방식으로까지 확장되어야 한다. 단절적인 사고방식이란 인간과 동물 사이의 경계를 지나치게 강하게 그으면서 그들을 단지 우리들의 수단으로 간주하는 사고방식을 의미하는데, 연기적 관점에 따르면 결코 받아들일 수 없는 인식론적 오류일 따름이다. 동물의 고기를 생존을 위해 섭취할 수밖에 없다는 전제를 받아들일 경우에도, 그것은 동물의 최소한의 생존권을 보장해 준다는 것과 인간의 식욕이 일정한 범위에서 제한적으로 발휘되어야만 한다는 제한이 따라야 한다.

생명과학기술과 그것에 기반한 생명산업의 경우에도 불교생명윤리

---

4) 불교생명윤리연구위원회, 앞의 책, 223~225쪽 참조.

의 관점에서 지속적으로 관심을 가져야 하는 문제로 부각될 가능성이 높다. 인공심장과 같은 인공장기를 만드는 첨단 산업은 곧바로 인간의 건강과 수명이라는 삶의 질 문제와 긍정적인 연관성을 지닌다는 점에서 오히려 권장해야 할 문제이지만, 그것이 배아복제를 통해 이루어질 경우에 한 생명을 위해 다른 생명을 해쳐도 되는가 하는 윤리적인 논란을 불러올 수 있고 이미 이 문제는 우리 사회의 주된 쟁점의 하나가 되기도 했다. 앞으로도 이 문제는 지속적으로 확장되면서 우리가 미처 예상하지 못했던 윤리적 쟁점을 불러올 것이고, 그런 문제들에 대해서 불교도 적극적으로 대응하는 자세를 가져야 할 것이다.

2) 불교 환경윤리

불교 환경윤리는 인간을 비롯한 중생의 삶을 연기적으로 뒷받침해 주고 있는 중연화합생인 생태의 바람직한 모습을 찾고자 하는 노력과 과정으로 정의될 수 있다. 인간의 삶이 다른 중생들과의 연기성은 물론 무정물을 포함하는 생태계에의 의존을 통해 비로소 가능하다는 점을 고려한다면 환경윤리보다는 생태윤리라는 개념이 불교적 관점에 더 가깝다고 볼 수도 있다. 그러나 환경이라는 개념도 환경과 유기체들 사이의 긴밀한 연계성을 중시하기 때문에 불교 생태윤리라는 표현과 함께 필요에 따라 불교 환경윤리를 혼용하는 방식을 택하는 것은 큰 문제가 되지 않는다. 개념을 어떻게 사용하든지 인간과 자연과의 화해라고 칭해질 수도 있는 자연을 바라보는 새로운 자세 확립은 단순히 자연이 인간의 삶을 풍요롭게 해주기 때문에 보존되어야 한다는 인간중심적이고 이기주의적인 관점을 벗어나 인간과 자연의 연기적 관계 회복이라는 관점에서 재구성되어야 마땅하다.[5]

5) 이와 관련하여 박이문은 불교는 모든 생물들을 동등한 입장에서 윤리적 고려의 대상으로

이러한 불교 환경윤리 또는 불교 생태윤리의 출발점은 인간의 탐욕을 자극하고 부추기는 자본주의 문명의 소유구조에 대한 성찰에서 시작될 필요가 있다. 이미 우리 사회에서도 법정 스님의 무소유 개념으로 널리 확산되기도 했던 새로운 소유 개념이 정립될 필요가 있고, 그 소유는 다름 아닌 소유하지 않는 것이 아니라 자신에게 꼭 필요한 것이 무엇인지를 지속적으로 성찰하는 바탕 위에서 소유하는 것을 의미한다.

사실 이 세상에 처음 태어날 때 나는 아무 것도 갖고 오지 않았었다. 살 만큼 살다가 이 지상의 적(籍)에서 사라져 갈 때에도 빈손으로 갈 것이다. 그런데 살다보니 이것저것 내 몫이 생기게 되었다. 물론 일상에 소용되는 물건들이라고 할 수도 있다. 그러나 없어서는 안 될 정도로 꼭 요긴한 것들만일까? 살펴볼수록 없어도 좋을 만한 것들이 적지 않다.[6]

불교 생태윤리의 실천은 바로 이와 같은 일상의 범주에서 시작되어야 하고, 그것은 단지 시작의 차원일 뿐만 아니라 마무리의 차원을 이루기도 한다. 자신에게 꼭 필요한 것들만을 소유하고자 노력하면서 다른 사람에게 더 필요한 것은 기꺼이 내어주는 자비행이야말로 불교 생태윤리의 핵심이다. 이러한 각 개인의 노력들을 지속적으로 약화시키거나 무력화시키는 구조인 자본주의의 시장 구조를 윤리적으로 성찰하면서 이를 극복할 수 있는 인드라망 생명공동체와 같은 생태공동체 운동을 대안으로 모색해 나가다 보면 우리가 직면한 생태계의 위

삼기에 적절한 형이상학을 갖고 있다는 평가를 하고 있다. 박이문, 『자비의 윤리학』, 철학과현실사, 2008, 223쪽 참조.

6) 법정, 『무소유』, 범우사, 2010, 23~24쪽.

기는 저절로 해소될 수 있을 것이다.

인드라망은 화엄의 사유구조 속에서 각각의 개체들 사이의 관계를 규정짓는 핵심개념이다. 모두가 그물코로 연결되어 있는 존재자들을 상정하면서 각각의 그물코에 다른 모든 존재자들이 비추는 인드라망의 구조는 우리 생명이 무아적 존재성을 지닐 수밖에 없음을 상징적으로 잘 드러내준다. 그런 점에서 인드라망은 생태라는 개념보다도 좀더 적극적이고 근원적으로 서로간의 의존성을 드러내주는 개념으로 평가받을 만하다. 이러한 화엄적 사유방식에 익숙해지는 과정이 먼저 이루어지고 나면, 그와 동시에 그것을 구체적인 삶의 국면에서 어떻게 구현해 나가야 할 것인가를 고민해야 한다.

이 실천의 과정에서 우리 승가공동체가 간직하고 있는 삶의 방식은 좋은 모범이 될 수 있을 것이다. 발우공양은 말할 것도 없고, 음식을 만드는 과정에서 자연을 가능하면 훼손하지 않으려는 자세나 음식이 자신의 입에 들어오는 과정에 대한 지속적인 자각 등이 승가공동체 안에서는 일상화되어 있고 이러한 전통이 가정교육이나 학교교육을 통해서 전 사회로 확산되게 하려는 보다 적극적이고 체계적인 노력이 요구된다. 환경문제에 접근하는 방식은 대체로 환경공학적 접근과 환경윤리적 접근으로 나뉜다. 불교 환경윤리는 당연히 후자에 속하는 것이지만, 그렇다고 해서 전자를 무시하거나 배척하는 것은 아니다. 환경공학적 접근도 개체존재자들 사이의 관계를 다시 설정하게 하는 좋은 수단으로 활용될 수 있기 때문에 먼저 환경윤리적 접근을 통해서 주체들의 의식을 전환하면서 구체적인 해결 방안을 찾는 과정에서는 환경공학적 접근에 대해서도 관심을 가질 필요가 있다.

또 하나 불교 환경윤리를 말하면서 유의해야 할 점은 불교적 관점에서 바라보는 환경이 갖는 특수성이다. 환경을 바라보는 불교적 관점은 단순히 물질적 환경에 환정되지 않고 정신적 영역도 중요한 환경 중의 하나로 간주한다. 조용한 집에 살면서도 정신적으로 안정되어 있지 않은 사람의 경우를 생각해 보면, 환경이 단지 물질적 환경에 한정되지 않는다는 사실이 쉽게 이해된다. 참선을 통해 마음의 안정을 찾는 일도 그런 점에서 불교 환경윤리의 범위에 속하는 것이다.[7] 따라서 불교 환경윤리는 외부의 물질적 환경과 생태를 어떻게 하면 본래의 흐름으로 돌려 놓을 수 있을까를 고민하는 동시에 그 외부 환경과 관계를 맺는 내 마음의 평화와 안정을 찾을 수 있는 방안까지를 고민해야 하고, 그런 폭넓은 관점에서 불교 환경윤리가 할 수 있는 일은 제한이 없는 셈이다.

3) 불교 정보윤리

마지막으로 불교 정보윤리의 문제를 살펴보자. 인터넷망의 급속한 확산으로 수많은 정보를 순간적으로 주고받을 수 있는 가상공간이 등장했고, 이 가상공간은 이전과는 다른 형태의 만남과 공동체를 형성해 내고 있다. 그 중에는 현실공간과 이어져 있는 것들도 있지만 순전히 가상공간 안에서만 이루어지는 것들도 적지 않은 상황이다. 또한 소통의 과정에서 순간적인 익명성에 기대서 악성댓글을 달아 사람에게 큰 마음의 상처를 주는 경우도 적지 않다. 이런 문제에 대해서는 일차적으로 인터넷윤리교육과 같은 교육적 노력과 함께 법적 제재를 통해 대응해야 하겠지만, 단지 이런 방안만으로 모든 문제가 근원적으로 해결될 것으로는 보이지 않는다.

---

7) 전재성도 "환경의 문제는 불가피하게 정신적인 질서나 안정과 깊게 연결되어 있기 때문에 참선을 하고 마음을 안정시키는 것이 환경문제의 해결과 아무런 연관이 없다고 생각하는 것은 크게 잘못된 것이다."라는 입장을 취하고 있다. 전재성, 「불교사상과 환경문제」, 한국불교환경교육원 엮음, 『동양사상과 환경문제』, 모색, 1996, 125쪽.

정보윤리는 인터넷망에 기반한 지식과 정보의 소통을 출발점으로 삼아 가상공간의 공유를 기반으로 삼는 가상공동체의 출현과 함께 그 가상공동체 안에서 행위주체들이 어떻게 사고하고 행동해야 하는가를 묻는 응용윤리 또는 실천윤리의 비교적 새로운 주제이다. 우리 사회도 세계에서 손꼽히는 초고속인터넷망을 확보하고 있고, 이 인터넷망은 단순한 정보의 교류를 넘어 쇼핑과 게임 등 생활의 상당 부분을 침식하는 공간으로 자리잡아가고 있는 중이다. 그 가운데 인터넷중독이나 게임중독과 같은 부정적인 현상들이 더 많이 부각되어 있지만, 그것과 함께 우리 삶의 공간이 현실공간에서 가상공간으로 확장된 점과 이전과는 비교할 수 없을 정도의 편의성을 확보하게 된 점도 결코 간과해서는 안 된다.

가상공간과 가상공동체는 인터넷망을 중심으로 펼쳐지는 의사소통의 공간이다. 이곳에서 이루어지는 의사소통의 특징으로는 대체로 전달되는 정보의 탈인간화 가능성과 지식과 정보의 의도적인 왜곡 가능성, 가상과 현실의 착각으로 인한 자아정체성의 분열 가능성 등이 꼽힌다.[8] 이러한 의사소통은 인격적 만남을 방해하는 방식으로 전개될 가능성이 있지만, 다른 한편으로는 현실공간에서는 쉽게 주고받을 수 없는 마음을 편하게 주고받는 기회를 제공받을 기회가 차단되어 있는 것은 아니다. 이미 우리의 삶 속으로 편입된 가상공간과 가상공동체에 대해서 부작용만을 강조하면서 경계하기보다는 그 속성에 대한 정확한 이해와 수용을 바탕으로 삼아 적극적으로 활용할 수 있도록 노력해야 하고, 그 과정에서 불교적 사유와 가상공간의 만남 가능성에 대해서 적극적으로 고려하는 것이 불교 정보윤리 논의

---

8) 이 문제에 대한 보다 상세한 논의는 박병기, 『우리 시대의 문화와 사회윤리』, 인간사랑, 2003, 32~36쪽을 참고할 수 있다.

의 출발점을 이루어야 한다.

　사실 인터넷망은 불교계에도 영향을 미쳐서 절마다 홈페이지를 두고 단지 소개를 하는 차원을 넘어서서 외부와 긴밀하게 소통하는 공간으로 활용하는 경우도 많다. 또한 새로운 세대들이 인터넷에 기반을 둔 생활문화에 깊이 젖어 있다는 점을 고려해 본다면, 불교와 젊은 세대의 소통을 위해서는 이러한 가상공간과 가상공동체에 대한 보다 적극적인 이해와 활용은 더 이상 미룰 수 없는 과제가 되었다고 평가할 만하다.

　사실 가상공간이 인터넷에 기반한 가상공간에 한정되는 것은 아니다. 인간의 상상 속에서 존재하는 모든 공간들이 사실은 가상공간의 특성을 지닌다. 수많은 불교설화는 각각의 내용을 펼쳐내는 가상공간을 지니고 있다고 말할 수 있다. 다만 컴퓨터와 인터넷에 기반한 가상공간은 단순한 공간으로서의 의미를 넘어서서 상당한 정도의 실재성을 갖고 공동체를 형성해 낼 수도 있다는 점에서 차별화될 수 있을 뿐이다. 이러한 가상공동체의 특성에 주목하면서 불교윤리의 관점에서 어떤 판단과 행동의 원칙을 정해야 할 것인지를 고민하는 일이 바로 불교 정보윤리의 핵심과제이다.

　불교적 관점에서 정보윤리에 접근하고자 할 때 우선 고려해야 할 점은 가상공간 자체가 지니고 있는 속성이 불교에서 말하는 존재의 실상을 좀더 적극적으로 반영한 것이라는 인식이다. 불교적 관점에서 존재는 마음의 지어냄과 같은 허상이기도 하면서 동시에 끊임없이 변화하는 과정 그 자체일 뿐이다. 가상공간도 마찬가지로 익명성과 속도, 순간적인 변화를 지속적으로 이어가는 허구의 공간이면서 동시에 실제로 우리가 그 공간 속에서 살아 있다고 느낄 수 있는 존재성을 지닌 공간이기도 하다. 이러한 가상공간의 속성을 불교적 관점에서 규명해 내면서 이 안에서 인간이 어떻게 살아가고, 그것을 공성(空性)과 어떻게 연결시켜 바람직한 행동방식을 이끌어낼 것인가를 고민하는 것이 중요한 과제이다.

4. 삶의 의미와 사회 정의의 문제

불교윤리는 궁극적으로 삶의 의미 문제를 지향하는 과정적 논의라고 할 수 있다. 그것이 특히 실천의 문제와 만나 실천불교윤리로 전개될 경우에 삶의 의미문제는 더 강한 준거틀로 작동될 수 있는 가능성이 높아진다. 왜냐하면 결국 윤리가 어떻게 살 것인가에 관한 답을 추구하는 과정이고 불교윤리는 그 답을 불교적 관점에서 추구하고자 하는 노력이라고 할 때, 그 '어떻게'의 문제가 대체로 삶의 의미문제와 결부되어 나타날 수밖에 없기 때문이다.

우리는 어떻게 살아가야 하는가? 이 질문에 대한 불교적 관점의 답은 공성을 자각하는 지혜와 그 공성에 충실하는 실천적 자세인 자비라는 두 개념으로 요약된다. 그것으로 충분하고 완전하기 때문에 다른 어떤 개념이나 논의의 과정이 필요 없을 정도로 단순한 구조의 답변이다. 한편으로 허망하게 느껴지기도 하는 이 답변 속에서는 '삶의 의미'라는 개념조차 특별한 빛을 발하지 못한다. 우리는 우리가 온전히 알 수 없는 업식(業識)의 윤회과정 속에서 현재와 같은 마음과 몸을 가진 구체적인 존재자가 되었을 뿐이고, 그 업식이 인연을 다하면 흩어져야만 하는 운명을 지닌 존재자일 뿐이기도 하다.

이러한 불교적 존재론을 제대로 인식해서 자신의 삶 속에서 지속적으로 관조할 수 있게 되면, 나와 인연을 맺고 있는 뭇삶 또는 뭇생명들에 대해 당연히 자비를 베풀 수밖에 없다. 그 이외의 삶의 다른 의미가 필요하지 않다는 것이다. 따라서 모든 불교의 실천윤리 또는 실천 불교윤리는 이러한 지혜와 자비의 두 축을 중심으로 인식과 실천의 지평을 확보해 가야 마땅하다. 생명윤리의 경우에도 그렇고 환경윤리나 정보윤리의 경우에도 마찬가지이다. 그러한 두 지평을 확보하는 과정이나 단계가 복잡할 수 있고, 또 단계적으로 후퇴하는 경우도 있을 수 있기 때문에 우리는 돈오(頓悟)와 점수(漸修)의 두 지평을 모두 포기할 수 없는 것인지도 모른다.

불교적 관점에서 바라보는 행복은 고통이 제거된 상태이다. 그 고통이 자신의 연기성에 대한 무명에서 비롯되는 것이기 때문에, 행복 또는 지혜에서 토대를 마련하고 자비를 통해 구체적으로 구현할 수 있는 삶의 의미이자 과정 그 자체일 뿐이다. "모든 존재하는 것들은 행복하라."는 석가모니 붓다의 말씀은 이러한 불교의 행복관을 정확하게 보여준다. 우리 사회에서 늘 문제가 되곤 하는 사회정의의 문제도 역시 같은 맥락에서 해소될 수 있는 문제일 뿐이다.

정의의 문제는 우리 시대와 사회에서 새롭게 제기되고 있는 삶의 의미를 묻는 과정에서 첫 번째로 만나게 되는 상징성을 지닌 실천윤리적 쟁점이다.9) 그것은 한편으로 이 사회의 구성원으로서 살아가는데 요구되는 최소한의 생존 요건을 보장받기 위한 인권의 문제에서 출발해서 사회가 제대로 유지되고 운영되는데 요구되는 제도적 규범으로서의 호혜성의 원칙을 담고 있는 것이기도 하다. 그 호혜성의 원칙을 불교적 관점에서 보면 연기성에 대한 충실, 즉 자비심의 원칙이 되기 때문에 그 호혜성이 구현되는 과정과 장소는 곧 그곳에 있는 사람들에게 삶의 의미와 행복을 동시에 느끼게 하는 결과로

---

9) 이 문제에 대한 보다 상세한 논의는 박병기, 「정의(正義) 문제를 바라보는 불교적 관점」, 『불교평론』, 47호, 2011 봄, 10∼28쪽을 참고할 수 있다.

나타난다.

우리 사회는 평등의식이 폭넓게 공유되고 있는 사회이면서도 실제 사회운영은 연고주의나 부패에 근거한 불공정한 방식으로 전개되기도 하는 복잡한 사회이기도 하다. 물론 이러한 문제가 우리에게만 있는 것은 아니고 민주화 과정을 겪으면서 조금씩이나마 개선되고 있다는 점에서 절망적인 상황이라고 보기는 어렵지만, 경쟁원리가 급속히 사회 구석구석으로 확산되고 있기 때문에 최소한의 정의, 즉 공정성의 원칙이 자리잡아야 한다는 요구는 더 강하게 제기될 것으로 보인다. 윤리학적 관점에서 정의는 기본적으로 '각자의 공헌에 따라 정당한 몫을'이라는 아리스토텔레스적 정의관이 주된 흐름을 차지하고 있다. 그 각자의 공헌을 따지는 방식이 문화와 사회에 따라 각각 다르게 마련되었고, 우리의 경우에도 조선 시대에는 주로 신분제를 전제로 하여 그 몫이 결정되다가 시민사회로 진입하면서 각자의 행위에 근거한 분배 원칙이 통용되고 있는 중이다.

불교적 관점에서 보면 이러한 단순한 행위에 근거한 분배는 일면적이라고 평가할 수 있는 소지를 남긴다. 정당한 분배는 기본적으로 자신이 지은 업(業)에 상응하는 과보(果報)의 형태로 주어지는 것이 옳다. 그런데 그 업 중에는 자신이 이 생에서 지은 것 말고도 부모의 업과 같은 이전 생의 업이 포함될 수밖에 없고, 우리는 그 모든 것들을 그 나름의 정당성을 갖는 분배의 원칙으로 고려할 필요가 있다. 다만 이 지점에서 유의해야 할 점은 그런 모든 업이 자신의 노력에 의해 극복될 수 있다는 깨달음의 가능성을 늘 열어두어야 한다는 원론적인 차원과 함께 그 중심을 이루는 원칙은 역시 현재의 내가 짓고 있고 지을 수 있는 업에 대해 최선을 다해 책임지고자 하는 현재적 자세이다.

이러한 불교적 정의관을 현실 속에 투영하면 결국 현재 자신의 삶을 어떻게 의미 있게 구현해 나갈 것인가 하는 실천윤리적 화두(話頭)로 전환된다. 자신의 삶을 구성하고 있는 모든 측면들과 그것에 대한 반성적 성찰의 과정은 삶의 의미를 찾아가는 과정 그 자체일 것이기 때문에 우리는 먼저 자신의 일상 속에 들어와 있는 존재들에 대해 애정어린 눈으로 관심을 가질 필요가 있다. 그들이 있어 나의 생존이 보장된다는 인식과 함께 그들이 있어 내 삶이 비로소 의미를 지니게 된다는 인식을 해가는 과정은 점진적인 깨달음의 과정이거나 순간적인 깨침의 과정으로 우리에게 다가올 것이다. 그런 과정과 함께 오늘 만나는 사람들에게도 내가 그들의 삶의 의미로 다가갈 수 있게 노력하는 것이 곧 자비이고, 그 자비의 과정 속에는 당연히 정의(正義)의 구현 과정이 포함된다. 이런 과정을 수용할 수 있게 되면 실천불교윤리가 공성의 자각이라는 지혜와 그 지혜의 실천적인 구현인 자비라는 두 차원 또는 통로를 통해 열린다는 우리의 관점도 상당한 정도로 입증되는 셈이다.

제10장

현대 한국사회의 불교윤리

I. 우리 사회에서 윤리를 바라보는 이중적 관점

우리 사회는 한편으로 윤리 과잉의 사회이다. 누구나 윤리를 말하면서 세상을 개탄하거나 비판하고, 윤리를 회복해야만 현재의 위기를 극복할 수 있다고 말한다. 정치를 개혁하기 위해서는 정치인들의 도덕성을 회복해야 하고, 경제난을 회복하기 위한 전제 조건도 역시 경제인들의 도덕성 회복이라고 강조하기도 한다. 더 나아가 학교교육이 처해 있는 위기를 극복하고 학교를 인성교육의 장으로 만들어야 한다고 주장하는 사람들은 그 출발점으로 교사들의 도덕성 회복을 외치기도 한다.이런 주장들을 접하다 보면 마치 우리 사회는 윤리가 존재하지 않는 사회처럼 보이기도 하고, 다른 측면에서는 윤리만 회복되면 만사가 해결될 것이라는 낙관적 사고가 느껴지기도 한다.

그러나 과연 그러한가? 다른 한편에서는 윤리를 철저하게 경시하거나 무시하면서 출세를 지향하는 사람들과 그것을 부추기는 사람들을 만나기가 어렵지 않다. 돈을 벌기 위해서는 사람들이 먹는 음식에 썩은 단무지를 넣기도 하고, 수단과 방법을 가리지 않고 출세한 사람이라도 일단 그 자리에 오르면 부러움과 존경의 대상이 되기도 한다.

물론 이러한 혼란은 인류의 역사가 시작된 이래로 계속되어온 당위와 현실 사이의 갈등 정도로 해석될 수도 있다. 그렇지만 현재 우리가 직면하고 있는 문제는 그 갈등을 넘어서는 곳에 있다. 당위와 현실 사이의 간극은 당위적 영역에 관한 일반적인 합의가 존재할 경우 크게 문제시되지 않는다. 누구나 동의하는 방향의 당위라면 현실은 그것을 지향할 수밖에 없다는 합의도 자연스럽게 가능해지기 때문이다. 그런데 현재 우리의 상황은 그 당위에 관한 합의 또는 인식이 일치하지 않는다는 특수성을 내포하고 있다. 현대 윤리학의 역사 속에서 이 주제는 대체로 윤리적 상대주의의 문제로 다루어져 왔다.

보편적인 가치를 전제로 하고 그것에 대한 가치평가의 상대성만을 인정하는 현상학적 가치윤리학에서부터 모든 가치 판단을 감정적 판단의 위장으로 파악하는 정의주의 윤리설에 이르기까지 윤리적 상대주의를 바라보는 시각은 다양하지만, 확실한 것은 현대에 들어와서 상대주의에 대한 지지가 강화되었다는 사실이다. 이러한 강화는 보편적 가치에 대한 합의의 과정에 어려움을 가중시켰고 우리의 상황은 그것에 전통적 가치와 서구의 근대적 가치 사이의 충돌이 더해져서 혼란이 가중될 수밖에 없었다.

우리 사회가 직면하고 있는 윤리적 상황에 대한 윤리학적 분석을 찾아보기 어려운 것은 아니지만, 그것들 사이의 연계성이나 공통점을 찾기가 어렵다는 사실은 상황 분석 자체의 어려움과 함께 그 바탕에 서양 윤리학적 분석틀의 한계가 전제되어 있다. 우리 사회를 움직이고 있는 중요한 원리인 자유민주주의적 자본주의에 근거한 현대 서양의 계약론적 윤리학이나 담화적 이성의 보편화 가능성에 근거한 담화윤리학적 틀로 분석하는 우리 사회의 윤리적 상황은 대체로 그 공정성의 원칙이 지켜지지 않거나 보편적 담화 대신에 감정에 근거한 '목소리 높이기'가 횡행하는 후진적인 상황으로 나타나곤 한다.

문제는 이렇게 높여진 목소리가 그다지 큰 설득력을 지니지 못한다는 데 있다. 각각의 윤리학적 분석이 지니는 나름의 논리성과 설득력에도 불구하고 이들의 주장이 온전한 설득력을 확보하지 못하고 표류하는 듯한 느낌을 주는 이유는 무엇일까? 그것은 대체로 2가지 해답으로 설명될 수 있는데, 하나는 우리가 직면하고 있는 도덕문제 자체의 구조적 복합성에 근거한 설명이고 다른 하나는 우리 자신들의 도덕 감정과의 일정한 거리감에 근거한 설명이다.

이러한 두 차원의 난제는 서로 일정 부분 연계되어 있다. 우리의 도덕 감정이 한편으로 자본주의 사회 구조와 연결되어 있기도 하지만, 오랜 시간 동안 우리 문화를 지배해온 전통적 도덕과도 깊은 연관성을 지닌다는 것이다. 이러한 혼재는 각 가정의 문화와 개인이 처한 상황에 따라서 그 양상을 달리하기 때문에 일괄적으로 말하기 어렵지만, 그럼에도 누구에게서나 그 혼재 현상이 나타날 수 있다는 사실 자체를 부인하기는 어렵다.

이러한 혼재로 인한 각 개인들의 윤리적 판단의 혼란은 구체적인 응용윤리 문제로 옮겨오면 더욱 구체적인 양상을 띠게 된다. 내 마음 속에 내재해 있는 상반된 도덕 기준이 한꺼번에 몰려나와 판단 불능의 상태에 빠지거나, 아예 도덕적 판단을 배제하고 경제적 이익을 판단의 준거로 삼는 비도덕적 판단을 내리기도 한다. 거기에 이 장에서 관심을 갖는 생명공학과 윤리문제는 이전에 직면해 본 적이 없는 새로운 판단을 요구하는 문제로 다가와 혼란을 가중시킨다.

II. 불교윤리가 우리 시대에 어떤 의미를 갖는가?

1. 불교에서 당위의 의미와 근거 문제

윤리 문제를 바라보는 이러한 이중적 시각은 바로 그것을 이유로 윤리에 관한 논의를 하는 과정에서 그 혼란의 양상을 직시하는 혜안(慧眼)을 요구한다. 오늘 우리는 그러한 혜안의 한 준거틀로서의 불교윤리를 다시 생각해 보고자 한다. 불교윤리라는 개념은 그 외연이 넓은 개념이다. 한편으로 그것은 불교의 계율을 의미하기도 하고, 다른 한편으로는 그것을 포괄하는 불교의 윤리적 관점을 의미하기도 한다.

또한 전자의 경우에도 사분율(四分律)에 근거한 이른바 소승계와 주로 범망경(梵網經)에 근거한 대승의 보살계로 나뉘고, 우리의 승가는 이 둘을 모두 포섭하여 행동의 기준과 준칙으로 삼는 전통을 축적해 오기도 했다. '불교의 윤리적 관점'의 경우에도 어떤 구체적인 문제를 바라보는 불교의 도덕적 기준 또는 시각으로 볼 수도 있고, 불교철학에 근거해서 유추할 수 있는 모든 윤리적 논의를 의미하는 것으로 해석될 수도 있다.

이렇게 다양하게 정의될 수 있는 불교윤리는 우리 시대에 어떤 의미를 갖는 것일까? 이 질문에 대한 답을 찾기 위해서는 먼저 불교윤리에 대한 최소한의 합의된 정의를 전제할 필요가 있는데, 우리는 그 작업을 윤리학의 핵심 질문인 도덕적 당위의 불교적 근거를 찾는 것으로 대신할 수 있다. 윤리학이 여러 가지 하부 주제를 갖고 있지만, 윤리학 자체가 당위를 지향하면서 그 당위의 근거를 묻는 학문이라는 점에서 역시 그 질문에서 출발하여 모든 다른 주제들을 포괄할 수 있을 것이기 때문이다.

불교에서 당위는 한편으로 현실과의 밀접한 연계성 속에 존재하면서도 다른 차원에서는 그 현실을 초월하고자 하는 과정과 노력 속에 존재한다. 인간의 행동을 설명하는 불교적 패러다임인 연기법(緣起法)은 한편으로 인간의 행동에서 나타나는 다양한 책임의 소재를 인연의 법칙에서 찾아 설명하고자 하는 것이기도 하지만, 다른 한편으로 그것은 그 자체로부터 벗어나 해탈할 수 있는 실마리이기도 하다. 이것을 심재룡은 연기법이 인간의 자유 의지를 부정하는 운명론이 아니라 고통으로부터의 자유와 열반으로의 자유를 둘 다 아우르는 독특한 불교적 인과율이라고 표현하고 있다.[1)

공(空)의 다른 설명이라고 볼 수 있는 연기법은 다양하게 해석될 수 있는 여지를 갖고 있지만, 윤리적 측면에서 고찰하고자 할 경우에는 이러한 연기법의 본질에 대해서 먼저 분명하게 인지할 필요가 있다. 공 개념에 대한 이해가 부족할 경우에 흔히 품게 되는 윤리적 질문 중의 하나가 '일체가 공하여 선악조차 없다면 굳이 선을 행할 이유도 없지 않은가?' 하는 것이다. 이 질문에 대해서 김성철은 세속제(世俗諦)로서의 세속윤리의 필요성과 자리(自利)와 이타(利他)의 개념을 공 개념에 적용하여 전자는 공성을 터득하기 위해 지켜야 할 윤리로 후자는 공성을 터득한 이후에 나타나는 윤리라고 해석하고 있다.[2)

연기의 공성에 특별히 주목하지 않았던 초기불교에서도 온갖 인연으로 말미암은 탐진치의 소멸을 도덕적인 삶의 모형으로 삼았다는 점에서는 다르지 않다. 이러한 삶은 그것이 어떻게 표현되든지 그

---

1) 심재룡, 「윤리와 열반」, 서울대학교 철학사상연구소 엮음, <철학사상>, 1호, 1991, 15쪽.
2) 김성철, 「공(空)과 윤리」, 고려대장경연구소, 『공과 연기의 현대적 조명』, 1999, 113~115쪽 참조.

핵심관건은 마음의 정화, 즉 탐진치 성향을 무탐진치의 성향으로 전환시키는 데 있다. 수행을 통한 이러한 자기 전환을 안옥선은 덕윤리학적 관점에서 '선한 행동을 할 수밖에 없는 성품을 성취하는 것'이라고 해석하고 있다.[3]

불교윤리가 서양윤리학의 오랜 전통 중의 하나인 덕윤리학으로 온전히 해석될 수 있는가 하는 문제는 논의의 여지를 남기지만, 확실한 사실은 불교윤리가 덕윤리적 속성을 갖고 있다는 것이고, 그때의 덕은 자신에게 남겨진 인연의 굴레를 벗어나고자 하는 수행과 연계되어 있다는 점이다. 물론 불교윤리의 공리주의적 측면에 주의를 기울이는 학자도 있다. 그 대표적인 경우가 키온(D. Keown)이다.[4] 물론 그도 불교윤리가 온전히 공리주의적 특성만 지닌다고 생각하는 것은 아니고 다른 측면에서 아리스토텔레스주의적 덕윤리학과의 유사성에도 유의하는 열린 자세를 보여주고 있다.

불교의 윤리적 측면에 대한 고찰이 그다지 풍부하지 않은 국내 학계의 상황 속에서 초기 불교의 윤리적 측면에 주목하는 안옥선과 중관사상의 윤리적 측면에 유의하고자 하는 김성철의 노력은 모두 충분한 의미를 지닌다. 그런데 우리 불교가 지니고 있는 선불교적 전통 속에서 윤리적 차원을 어떻게 해석할 것인가에 관한 논의는 극히 부족하다. 그것은 아마도 선불교가 윤리적 차원조차도 뛰어넘는 깨달음을 지향한다거나, 불교 자체가 인간의 윤리적 차원보다는 오히려 심리적 측면에 더 초점을 맞추고 있다는 편견에서 비롯된 것으로 보인다. 예를 들어 임상심리학자로서 불교에 깊은 관심을 갖고 있는 일본의 가와이 하야오는 "일신교의 종교는 신이 명령을 내리면 그것을

---

3) 안옥선,『불교윤리의 현대적 이해-초기불교윤리에의 한 접근』, 불교시대사, 2002, 8쪽.
4) D. Keown, The Nature of buddhist Ethicsc(Hampshire: Palgrave, 2001), pp.175~177.

어떻게 지킬 것인가에 관심을 가지면서 윤리에 치중하지만, 불교는 '모든 것이 마음이다.'라는 관점에서 심리를 중시하게 된다."라고 말하고 있다.[5] 그러나 이런 생각은 윤리에 관한 정의를 지나치게 좁게 내리고 있는 데서 비롯된 편견이라고 판단된다. 윤리는 단순히 명령을 지킬 것인가의 문제를 넘어서 자신의 마음을 어떻게 다스릴 것인가의 차원을 포함하는 것이고, 그런 점에서 불교에 근거한 심리학은 윤리학으로 해석될 수 있는 여지가 많다.

그리고 선불교적 전통 속에서도 윤리가 근본적으로 무시될 수 있는 것은 아니다. 육조 혜능은 '마음에 부끄럽지 않는 일을 하는 것이 곧 계'라고 말하고 있지만, 그것의 구체적 표현으로서의 계율을 경시한 것은 아니다. 석가모니 부처의 말씀을 담고 있는 모든 경전에서는 계율을 중시하라고 강조하고 있다.[6]

특히 출가 승단의 경우에는 보다 엄격한 계율을 받아 지키는 전통이 유지되어 왔고, 아직도 우리 승가의 면면한 전통으로 이어지고 있다고 판단된다. 다만 이 소승 사분율의 경우 당시의 승단에서 구체적으로 어떤 일이 발생했을 때 석가모니 부처가 내린 결과적 금지율로서의 성격을 강하게 지니고 있기 때문에 시대 상황에 맞는 맥락적인 해석이 요청된다고 말할 수는 있을 것이다. 보살계의 경우는 그와는 달리 마음의 법과 기준을 세우는 원리적 차원의 계율의 성격이 강하기 때문에 폭넓은 해석의 여지보다는 그것을 받아들여 온전히 구현하고자 하는 성품 또는 성향으로 발전시키는 일이 더 중시될 수 있고, 그것은 서양 윤리학의 덕윤리적 전통과도 연결될 수 있는 여지를 남기는 것이다.

---

5) 가와이 하야오 외, 김옥희 옮김, 『불교가 좋다』, 동아시아, 2004, 60쪽.
6) 이지관, 『南北傳 六部 律藏比較研究』, 가산불교문화연구원, 1999, 20~21쪽 참조.

이러한 불교윤리에 관한 여러 해석들을 통해서 우리가 유추해 낼 수 있는 불교적 당위의 세계는 다음과 같이 요약될 수 있다. 우선 우리 삶의 바람직한 모형은 연기법에 대한 깨달음을 전제로 하여 모색될 수 있다. 눈에 보이는 것들에 대한 탐진치의 집착을 극복하고 자신의 내면에 흐르고 있는 공성의 본질을 깨달아 걸림이 없는 삶을 추구하는 것이 불교에서 최선의 윤리적 지향점이기 때문이다. 이러한 당위적 지향점은 그곳에 이르는 과정에서의 수행을 요청하고, 이 요청 속에는 계율을 제대로 지켜내는 것이 당연히 포함된다.

2. 인간의 자율성과 공동체성, 그리고 인연

서양 윤리학이 주도해온 현대 윤리학의 주된 관심은 자본주의 사회에서 어떤 윤리가 가능한가 하는 문제에 초점이 맞추어져 있다. 인간의 개체적 고립성을 강조하면서 그의 이기적 욕구에 도덕적 정당성을 부여하는 자본주의 이론은 이전까지의 도덕 논의에 대해 회의적인 시선을 보낼 수밖에 없었고, 단지 그 이기적 욕구를 충족시키는 과정에서의 절차적 정당성 정도의 최소 도덕만을 인정하고자 하는 경향을 보이게 된다. 이렇게 정착된 개인주의 문화는 이제 우리 사회에서도 급속도로 확산되고 있다.

개인주의 문화는 대체로 이전의 공동체 문화를 배경으로 하여 형성된 전통적 도덕으로부터의 탈피를 시도한다. 기존의 공동체적 인간관계를 억압적인 것으로 파악하고 그것으로부터의 해방이 개인주의적인 삶의 도덕적 전제로 받아들여지기도 한다. 이러한 개인주의 문화와 기존의 도덕에 대한 총체적 불신에 대해서 이진우는 '사회의 탈도덕화'와 '개인 중심의 도덕화'라는 개념으로 해석해 내고자 한다. 개인화는 회피할 수 없는 현대인의 운명이며 그것은 근본적으로 현대사회의 특징인 유동화(流動化)에 기인한다는 것이다.[7] 이러한 지적이 얼마나 옳은가의 문제와는 다른 차원에서 상당한 정도의 호소력을 지니는 것은 부인할 수 없는 사실이다.

개인주의 문화에 부합해서 작동할 수 있는 윤리는 아직 온전히 그모습을 나타내지 못하고 있다. 서양 윤리학의 이기주의 윤리설이나 공리주의 윤리설, 그리고 계약론적 윤리설 등이 각 개인의 이익이나 고립성을 일정 부분 수용할 수 있는 여지를 갖고 있어서 일부 통용되고 있기는 하지만, 더 근원적인 문제는 이진우의 지적과 같이 사회전반의 탈도덕화로 인한 도덕에 대한 무관심 내지는 이중적 인식에서 비롯된다. 도덕에 대한 무관심은 생각 없이 살아가는 자본주의 사회구성원들의 일상 속에서 흔히 발견되는 현상이고, 도덕에 대한 이중적 인식은 흔히 도덕주의자들이라고 비판받기도 하는 도덕적 엄숙주의자들에게서 발견되는 현상이다.

인간 존재성의 본질을 개인주의적 관점에서 파악하느냐, 아니면 공동체주의적 관점에서 파악하느냐는 현대 윤리학과 정치학의 오랜 쟁점이기도 했다. 그 논쟁과정에서 자유주의적 공동체 또는 공동체적 자유주의 등의 절충적 시각이 나타나기도 했지만, 현재 확실해진 사실 중의 하나는 개인의 자율성을 무시하는 공동체도 바람직하지 않지만 그렇다고 해서 인간의 공동체성을 온전히 무시하는 극단적 자유지상주의도 지지받지 못하고 있다는 점이다. 어느 지점에서 출발하든지 개인의 자율성과 공동체성을 그 최소한의 정도까지 인정하는 지점까지는 수렴된 것으로 판단된다. 예를 들어 공동체주의 윤리학자에 속

---

7) 이진우, 「도덕의 절대화는 오히려 도덕 위기를 초래한다-전통의 도덕적 엄숙주의와 미래의 개인윤리-」, 계명대학교 인문과학연구소 편, 『새로운 우리 철학의 모색-회고와 전망』, 계명대학교 출판부, 2000, 39쪽.

하는 맥킨타이어(A. MacIntyre)는 '인간의 의존성을 인정하는 것이 독립으로 가는 열쇠이다.'라고 강조하면서 의존성이라는 개념을 중심으로 하여 자율성과 공동체성의 연계를 꾀하고자 노력하고 있다.[8]

이러한 현대 윤리학자들의 노력은 불교윤리의 새로운 가능성과 자연스럽게 마주치게 된다. 인간의 존재성을 연기와 공으로 설명하는 불교윤리의 기본 전제에서 자율성과 공동체성문제는 그 자체로 해소될 수 있기 때문이다. 인연이라는 틀은 인간을 억압하는 특정한 공동체를 설정하지 않으면서도 관계성이 곧 존재의 근원이라는 설명을 가능하게 해주고, 동시에 각 주체가 그 연기의 법칙을 깨달을 수 있는 주체성과 독자성을 지닌다는 해석을 가능하게 해줌으로써 문제를 해소시킬 수 있게 된다는 것이다.

불교윤리는 더 나아가 자신의 이익을 극대화하기 위해서 채택하는 이기성의 원칙이 결국 자신의 이익을 파괴하는 방향으로 갈 수밖에 없다는 논리적 귀결을 바탕으로, 개인을 억압하는 공동체를 전제로 하지 않으면서도 인간의 관계성을 중시할 수 있는 새로운 윤리의 가능성에 대한 기대를 갖게 해준다는 점에서 미래적이다. 물론 이러한 미래적 설정은 윤리 이론 자체가 현실 사회에서 작동하게 되는 순간에 이미 그것은 이론적 차원을 넘어서서 그 사회와 문화의 맥락 속으로 들어서 있는 맥락주의적 전제를 요청한다.

불교윤리는 고대 인도사회에서 출발하여 동남아시아와 동북아시아로 전해졌고, 현대에 들어서는 서양에까지 전해져서 일정 부분 살아 작동하고 있는 전통윤리의 전형적인 모습을 보여주고 있다.[9] 그런

---

8) A. MacIntyre, Dependent Rational Animals-Why Human Beings need the Virtues(Illinois: Open Court Publishing Co, 1999), p.85.
9) 서양에 전해진 불교의 역사와 현재 상황에 대한 진지한 고찰의 한 예로 프레드릭 르누와르, 양영란 옮김, 『불교와 서양의 만남』, 세종서적, 2002를 들 수 있다. 이 책에서 저자는

점에서 본다면 불교윤리가 현대인의 삶이라는 맥락에서 보아도 그다지 낯설 것은 아니겠지만, 그럼에도 그것이 주된 도덕적 원리로 작동했던 구조적 맥락에서는 상당한 정도의 거리를 지니게 되었다는 점도 중시되어야만 한다. 특히 각 문화에 따라 다른 양상으로 전개되면서 정착한 여러 유형의 불교에 근거한 계율의 경우 그러한 맥락의존성에 대한 관심을 더 강하게 요청할 수밖에 없다.

III. 응용윤리로서의 불교윤리: 생명복제와 유전공학 문제에 대한 불교적 입장 탐색

1. 불교윤리는 어떻게 응용될 수 있는가?

응용윤리학은 현대 윤리학의 핵심 영역으로서 뿐만 아니라, 규범윤리학의 부활을 가져온 실천적 계기로서 작동함으로써 윤리학자들뿐만 아니라, 전문가들, 또 일반인들의 관심을 불러모으고 있다. 초기 응용윤리의 관심은 주로 기존의 윤리 이론을 현실적인 윤리 문제들에 어떻게 적용할 것인가에 모아져 있었지만, 현재의 응용윤리학자들은 그것을 넘어서서 하나의 독자적 영역을 구축하면서 기존의 윤리이론과도 일정한 거리를 유지하고자 노력하고 있다. 물론 윤리학 자체가 지니는 강한 실천적 성향 때문에 이론윤리학과 응용윤리학, 실천윤리

현대 서양의 불교를 '불교적 인본주의'라는 개념으로 설명하면서 '불교와 서양의 만남은 서양의 기술 발전 위주로 개가를 올려온 현대 문명의 정점에서 인간 정신의 두 극점, 즉 논리적이고 추상적이며 분석적인 면과 직관적이고 종합적인 면의 접근을 가능하게 한다. 또 외부 세계로 향한 행위와 자신의 내부로 향한 행위 간의 균형도 가능하게 한다.' 고 말하면서 중요한 의미를 부여하고 있다. 같은 책, 319~320쪽.

학을 온전히 구별하는 일은 불가능하다. 그렇지만 그 초점이나 관심, 방법론의 차이를 근거로 구분짓는 일은 가능하고 또 필요하기도 하다. 응용윤리학은 흔히 '특정한 도덕 문제의 해명을 시도하는 윤리학의 한 분야'로 정의된다.[10]

특정한 도덕문제를 해명하기 위해서는 우선 기존의 윤리이론을 동원하는 경우가 많겠지만, 때로는 그것으로 규명되기 어려운 과제들이 등장할 수 있고 그럴 경우에 응용윤리학자들은 새로운 윤리이론을 만들어내는 일에 종사해야 하는 경우가 생긴다. 그런 점에서 응용윤리학은 이론 의존적이면서도 동시에 어느 정도의 독립성을 유지해야 한다는 주장이 가능해진다.

이 장에서 우리가 문제 삼고 있는 생명복제와 유전공학의 윤리적 쟁점의 경우도 그러한 새로운 이론의 필요성을 가져올 수 있는 새로운 윤리 문제이다. 그러나 윤리이론에서 이전의 것들과 완전히 다른 차원의 새로운 것을 찾는 것은 어렵다. 윤리문제가 대체로 인간을 중심으로 하는 것들이고, 새로운 윤리문제라고 할지라도 그 본질을 들여다보면 언젠가 윤리사상사에서 한 번쯤 고민해 보았던 문제이거나 그와 유사한 문제인 경우가 대부분이다. 다만 문화적 차원이나 역사적 차원의 전환이 일어난 경우 윤리적 패러다임의 전환 차원에서 기존의 이론을 새롭게 해석하거나 주도권을 잃고 있었던 이론을 복권시켜 다시 새롭게 논의하는 일은 필요할 것이다.

근대 이후의 역사적 전개 국면에서 주도권을 행사해 온 윤리이론은 주로 서양 윤리학의 전통에 근거해서 시민사회의 구조에 맞게 재구성된 것들이다. 그 대표적인 근대윤리학 이론은 주지하다시피 칸트 윤

---

10) A. Pieper & U. Thurnberr, Angewandte Ethik(München: Verlag C. H. Beck, 1998), p.10.

리학과 공리주의 윤리설이고, 현대의 그것은 계약론적 윤리설과 담화 윤리설이다. 이러한 윤리설들의 내포와 외연이 각각 다르고 그 전개 과정도 다르지만 하나 공유하고 있는 점은 인간의 이성(理性, reason, Vernunft)에 대한 깊은 의존이다.

인간의 이성에 대한 서양윤리학적 해석은 대체로 2가지 방향에서 이루어져 왔다. 하나는 온전한 세계를 따로 설정하고 그 온전함을 열망하는 실천적 이성이고, 다른 하나는 현실세계에서 이상 세계, 즉 플라톤의 이데아와 같은 이상향까지의 거리를 측정하는 계산능력으로서의 이성이다. 이 2가지 이성개념이 온전히 살아 있는 윤리 이론은 물론 칸트 윤리학이지만, 공리주의 윤리설이나 계약론적 윤리설의 경우에도 계산능력으로서의 이성개념에 깊이 의존하고 있고 담화윤리학은 인간의 의사소통 가능성에 대한 믿음이 전제되어 있다는 점에서 일정한 실천적 이성을 포기하지 않고 있음을 확인할 수 있다.

근대 이후의 서양 윤리 이론들이 공유하고 있는 또 다른 특성은 인간중심주의이다. 인간을 윤리문제의 중심에 두는 정도를 벗어나 인간만을 윤리적 고려의 대상으로 삼는 경우가 대부분이다. 이러한 인간중심성은 도덕적 책임의 주체라는 측면에서는 일정 부분 불가피하다. 인간 이외의 존재에게 도덕적 책임을 돌리는 일은 인간의 집합체인 공동체 자체의 책임을 묻는 일 외에는 가능하지 않을 것이기 때문이다.[11] 그러나 현대인들이 직면하고 있는 윤리문제는 이미 인간의 차원을 넘어서고 있다. 우리나라의 경우에도 애완견들이 어떤 경우에는 인간보다도 더한 도덕적 배려를 받기도 한다.

---

11) 개인 이외의 주체가 도덕적 책임의 주체가 될 수 있는가 하는 문제에 대해서는 졸고, 「사회윤리에 있어서 책임의 주체에 관한 연구」(서울대학교 대학원 박사학위 논문, 1994, 미간행)를 참조할 수 있다.

이러한 서양 윤리학이 주도하고 있는 현대 윤리이론이 갖고 있는 한계는 한편으로 그 이론적 차원에서 정의적 차원의 도덕성에 대한 관심과 페미니즘 윤리학에 대한 관심, 공동체주의적 덕윤리학의 새로운 도전 등으로 극복의 가능성을 보여주고 있기도 하지만, 다른 한편으로는 그들의 전통에 근거하지 않는 새로운 윤리이론 또는 윤리학의 요청으로 나타나고 있다. 그러한 요청은 최소한 윤리 이론을 다루면서 서양적 전통에 속하는 것 이외의 것들을 어느 정도는 다루어야 한다는 압력으로 나타나고 있는 것으로 보인다. 예를 들어 현대의 대표적인 응용윤리학자 중의 하나로 평가받고 있는 피터 싱어가 편집한 '윤리학의 길잡이' 시리즈에서는 윤리의 뿌리 중의 하나로 '고대 근동의 윤리'를 포함시키고 있을 뿐만 아니라, '위대한 윤리학의 전통들'을 다루는 부분에서는 인도윤리, 불교윤리, 중국 고전 윤리, 이슬람 윤리 등을 포함시켜 논의하고 있다. 대체로 1990년대 이후에 서양윤리학계에서 관찰되는 현상이다.[12]

현대 윤리학의 주된 흐름이 한편으로는 서양 전통 이외의 것에 주목하는 방향으로, 다른 한편으로는 응용윤리에 치중하는 방향으로 전개되고 있는 이 시점에서 불교윤리는 2가지 가능성을 모두 가지는 셈이다. 즉 새로운 윤리 이론으로 재평가될 수 있는 가능성도 높아지고 있고, 응용윤리 문제가 봉착하고 있는 여러 난점들을 해결해 줄 수 있는 응용윤리적 가능성도 주목받을 수 있는 시점이라는 것이다. 실제로 서양의 불교학자들이 불교윤리를 응용윤리에 적용하려는 의미 있는 시도들이 출간되고 있기도 하다.[13]

---

12) 피터 싱어 엮음, 김미영 외 옮김, 『윤리의 기원과 역사』, 철학과 현실사, 2004, 제 1부 및 2부 참조.
13) 그 한 예로 P. Harvey, An Introduction to Buddhist Ethics-Foundations, Values and Issues(Cambridge: Cambridge University Press, 2000)을 들 수 있다. 이 책에서는 불교윤

이와 같이 응용윤리로서의 불교윤리의 가능성은 이미 확인되고 있지만, 그럼에도 그 응용의 과정에서는 몇 가지 유의해야 하는 지점이 있음을 분명히 할 필요가 있다. 우선 지적되어야 하는 점은 불교윤리를 바라보는 관점들 사이에 최소한의 보편적 합의가 전제되어야 한다는 것이다.

그 중에서도 초기불교와 선불교적 전통에서 바라보는 윤리적 관점의 차이가 보다 분명하게 정리될 필요가 있다. 공성에 대한 자각을 전제로 하는 깨달음을 지향하는 과정에서의 선수행의 중요성을 강조하는 선불교적 전통에서도 계율로 대표되는 윤리성에 대한 최소한의 중시는 필수적이다. 계정혜(戒定慧) 삼학의 전통을 이어가는 한국불교의 경우 이러한 최소한의 중시는 충분히 합의할 수 있는 문제라고 판단된다. 다만 그 계율을 어떻게 구체적으로 지켜나갈 것인가 하는 문제는 마음으로 지키는 내면적 준수를 강조해 온 원효적 전통을 되살려 현대적 맥락을 충분히 고려하는 지혜를 발휘할 수 있을 것이다.

불교윤리의 응용에서 또 하나 유의해야 하는 지점은 경전을 어떻게 위치시킬 것인가 하는 문제이다. 특히 율장의 경우에는 그 시대의 상황과 석가모니 부처가 고려한 각자의 상황에 대한 고려가 충분히 의식될 필요가 있다. 율장의 결집 과정, 특히 2차 결집의 과정에서 이미 이러한 문제가 제기되었다. 석가모니의 열반 후 백 년경에 바이살리 성에서 이루어진 2차 결집의 동기는 1차 결집과 마찬가지로 계율의 문란을 예방하는 데 있었다. 불타가 제정한 계율이 지나치게 세밀하거나 번잡하여 실행하기에 많은 어려움이 따르는 상황에서 석

리의 핵심 개념을 먼저 정리한 후에, 경제 문제와 안락사, 성 차별, 전쟁과 평화의 문제 등을 불교윤리적 관점에서 어떻게 해석할 수 있고 어떤 대안을 찾을 수 있는지에 대해 비교적 상세하게 논의하고 있다.

가모니 부처 스스로 '교단 화합을 위해서는 소소한 계를 버려도 좋다.' 고 말했다는 아난다 존자의 전언에 근거하여 이루어진 결집이기도 했다.14)

이러한 율장 결집의 역사는 일정하게 상황적 추론의 가능성과 함께 정당성을 담보해 주는 장치로 해석될 수 있다. 율장의 자구 하나하나에 의존하여 그 범위에서의 응용만을 허용하는 원전주의 입장이 지니는 장점이 분명히 있지만, 그럼에도 현대적 상황 변화를 고려하는 상황적 추론을 이미 석가모니 부처가 허용하고 있음을 감안하여 보다 개방적이고 진전된 응용의 자세가 보다 바람직하다고 판단된다. 물론 원전의 정신에서 벗어나는 다른 이야기를 하면서 불교적 또는 불교윤리적이라고 말하는 정도의 차원은 넘어서는 것을 전제로 한다.15)

2. 생명의 본질과 인간 개입의 정당화 문제

현대사회는 시민의 사회이다. 이 시민들에게 요구되는 시민윤리는 이전의 최대 도덕이 아닌 시민사회를 유지하는데 필요한 최소 도덕이다. 이 최소 도덕의 핵심은 경쟁의 공정성(Justice)와 타인에 대한 최소한의 배려(Care)이다. 우리 사회도 이미 대부분의 영역에서 시민사회적 속성을 지니고 있고, 따라서 현실적 맥락을 고려하는 윤리학적 논의라면 이러한 시민사회적 구조와 속성을 일단 전제할 수밖에 없다.

그렇게 본다면 불교윤리의 구체적 내용을 이루는 계율 중에서 현대

---

14) 이러한 내용이 담긴 경전은 『장아함경』, 『유행경(遊行經)』인데, 여기서는 이지관, 앞의 책, 31~32쪽에서 재인용했다.
15) 이 문제에 대한 보다 상세한 논의는 졸고, 「원전주의와 상황적 추론의 변증법」, (가산학회, 『가산학보』 8호, 1999, 124~130쪽 참조.

시민사회에 온전히 들어맞는 계율을 찾는 일은 원천적으로 불가능하다. 불교에서는 이상적인 인간상으로 아라한이나 보살을 전제로 하고 그가 스스로 준수하는 계율을 보살계 등의 형태로 제시하고 있는데, 이 모든 것들은 최소 도덕의 범주가 아니라 최대 도덕의 범주에 속하기 때문이다.[16]

그러나 시민사회가 더 이상 최소 도덕으로 유지되기 어렵다고 보는 시각이나 미래의 비전을 위해서는 최대 도덕논의를 도입할 수밖에 없다고 주장하는 시각을 감안하면 전혀 불가능하다고 말할 수는 없다. 다만 윤리적 논의의 맥락에 충분히 유의하면서 전개해야 할 필요는 분명히 있을 것이다.

생명복제와 유전자조작 등의 생명공학의 발달이 가져온 윤리적 쟁점들을 불교윤리적 관점에서 해석하고 대안을 모색하기 위해서는 우선 불교에서 생명을 어떻게 보는가 하는 문제를 정리한 후에 그 생명의 차원에 인간의 개입을 정당화할 수 있는 도덕적 근거가 있는가 하는 문제로 논의를 전개해야 한다. 그런데 불교의 생명관에 관한 이해는 그다지 어려운 과제가 아니다. 기본적인 교리를 제대로 이해할 수 있는 수준이면 불교에서 말하는 생명의 본질을 이해하는 데 큰 어려움을 겪지 않을 것이기 때문이다. 문제는 이러한 생명에 관한 현상적 이해의 배경에 담겨져 있는 당위의 영역, 즉 윤리적 계기를 생명복제나 유전자조작 등의 생명공학의 차원으로 어떻게 연결시키느냐에 있다.

우선 불교의 생명관을 먼저 정리해 보도록 하자. 불교의 생명관은 생명의 본질적 속성을 공과 깨달음의 가능성으로 규정하는 불성론(佛

---

16) 이러한 최대 도덕 적용의 난점에 대해서는 졸고, 「보살과 선비, 그리고 우리 시대의 시민」, 『동양 도덕교육론의 현대적 해석』, 인간사랑, 2009 참조.

性論)과 각 생명의 외면적 층차를 설명하는 업설(業說)로 이루어져 있고, 이 두 설명은 모두 연기설에 바탕을 두고 있다. 생명이란 무엇인가를 설명하는 초기불교의 입장은 분명하다. 12연기설이 그것인데, 무명(無明)에서 행(行)이 발생하고 행에 의해 개체가 발생하면 식(識)이 생기고 식을 연하여 명색(明色)이 있게 된다.

명색을 연하여 육처(六處)가 있고 그것은 촉(觸)으로 이어지며 다시 수(受)와 애(愛), 취(取)로 이어지며 드디어 유(有, bhava)가 생기고 이 유가 바로 생사하는 존재자 자체를 의미한다. 이 유에 연하여 자연스럽게 생(生, jati)이 나타나고 생한 것은 반드시 늙고 병들어 죽고, 그에 따른 고통과 슬픔을 감내해야 하는 연기의 과정을 반복한다는 것이다.17)

12연기설에서 생명의 등장 과정이 분명하게 정리되어 있고 인간의 생명도 우선적으로 그와 같은 생명의 범주에 속하는 것은 당연하다. 모든 생명이 이런 과정을 겪어서 등장했다가 사라지는 것이므로 생명들 사이의 본질적 차이는 존재할 수 없지만, 그럼에도 그 질적인 차이가 있는 것은 업설에 의해 설명이 가능해진다.18)

자신이 누세에 걸쳐서 쌓은 업에 따라서 각각 다른 세계에 태어날 수 있는 가능성을 열어주고 있는 것이다. 생명이 거주하는 세계는 욕계와 색계, 무색계 등의 3개의 층으로 나뉘는데, 인간은 그 중에서 가장 낮은 단계인 욕계에 존재하는 생명으로 앞으로의 업의 의해 이후의 상황이 달라진다. 그러면서도 그 인간을 포함하는 모든 중생들

---

17) 이러한 12연기설에 대한 간략하면서도 정확한 설명으로 여기서는 고익진의 것을 택했다. 고익진, 『불교의 체계적 이해』, 새터, 1998, 44~46쪽 참조.

18) 다른 측면에서 보면 생명은 업보 그 자체이기도 하고 동시에 과정이기도 하다. 이에 대해 이중표는 생명을 업의 관점에서 이해하여 '생명이란 업보의 과정 내지는 삶 그 자체'라고 말하고 있다. 이중표, 「불교의 생명관」, 범한철학회, 『범한철학』, 20집, 1999, 242쪽.

에게 자신을 얽매고 있는 인연의 법칙을 깨달아 그 굴레로부터 벗어날 수 있는 가능성을 열어주고 있는 것이 불교적 세계관의 핵심 내용이다.

생명에 대한 이러한 이해를 바탕으로 하여 불교적 생명윤리관을 끌어낸다면 생명의 복제나 유전자 조작과 같은 인위적인 생명 관련 행위는 각각의 생명이 갖는 인연과 업보의 과정에 인위적인 조작을 가하는 것이라고 일단 해석될 수 있다. 이것은 인간의 관점에서 또 다른 업을 쌓는 것이 되고, 그 업이 선업인지 악업인지에 대한 판단을 내리는 작업이 불교윤리의 핵심 쟁점이 되는 것은 당연하다. 만약 율장의 어딘가에 이런 문제들이 구체적으로 언급되어 있다면 문제 해결은 지극히 단순해진다. 그러나 이 문제들은 현대 과학의 발달과 함께 등장한 새로운 차원의 것들이어서 단순한 대입을 통한 해결책을 찾기가 어렵거나 거의 불가능할 수도 있다.

이와 같은 상황 속에서 우리들은 주로 승가공동체 구성원들의 구체적인 행위들에 대한 결과적 규제인 사분율보다는 대중적인 포용성이 더 넓은 보살계로부터의 상황적 추론 가능성에 주목하게 된다. 보살계는 원효의 표현과 같이 '큰 율의 근원으로 돌아가는 것이고 삿됨을 버리고 바른 것을 얻는 핵심적인 문'이다.[19]

이러한 보살계 중에서 신라 시대 이후로 우리 민중들의 삶을 규제하는 도덕 원리로 정착한 것이 바로 오계(五戒)이며, 그 각각은 살생과 도둑질, 음란한 행위, 함부로 하는 말을 금하는 본래적인 계(性戒)와 음주하지 말라는 방어적 계(遮戒)로 다시 나뉜다. 그런데 음주와 관련된 계에 대해서는 범망경 주석서를 남긴 원효와 승장, 의적, 태현

---

19) 「菩薩戒者 返流歸源之大律 去邪就正之要門也」, 원효, 『보살계본지범요기(菩薩戒本持範要記)』, 한불전 권1, 581쪽 상.

등이 모두 약으로 술을 마시는 경우는 계를 범한 것이 아니라는 융통성 있는 주석을 달고 있는 점에 유의할 필요가 있다.[20]

그 중에서 원효는 불음주계의 구체적인 적용에 대한 가장 상세한 기준을 술을 파는 경우를 상정하여 다음과 같이 묘사하고 있다.

첫째는 오직 복이 될 뿐 죄가 되지 않는 경우인데, 중생의 근기에 통달한 달기보살이 술을 파는 경우이다. 둘째는 죄도 되지 않고 그렇다고 해서 복도 되지 않는 경우인데, 약으로 쓰기 위해 술을 만들어 다른 사람에게 돈을 주고 파는 경우이다. 값을 받았기 때문에 복될 것도 없지만 약에 쓰기 위한 것이므로 죄가 될 것도 없다. 셋째는 가벼울 뿐 무겁지는 않은 경우로 다른 물건을 팔면서 술을 끼워 파는 것이고, 넷째는 매우 무거운 죄가 되는 경우로 진짜 술을 파는 경우이다.[21]

동일한 계일지라도 구체적인 적용 상황으로 넘어오면 이와 같은 4가지 경우가 있을 수 있다는 것인데, 원효의 시대가 아닌 현대 한국의 경우에는 그 이상의 경우를 충분히 예상해 볼 수 있다. 불음주계의 적용 사례에서 우리가 유추해 낼 수 있는 윤리학적 의미는 계를 지키는 중심은 마음에 있고 상황에 따라 계를 어겼다고 하더라도 마음속에서 계를 지키고자 노력했다면 최소한 그 책임이 경감될 수 있다는, '마음의 윤리'이다. 물론 모든 것이 마음의 문제로 환원될 수 있는 것은 아니고, 여전히 일정한 영역에서는 외적인 준수의 필요성이 남아 있겠지만 그럼에도 깨달음의 지향이라는 계의 본래적 의미에 유의하면서 마음으로 계를 지키고자 노력하는 자세는 관습적 도덕을 넘어

---

20) 최원식, 『신라보살계사상사 연구』, 민족사, 1999, 241~242쪽.
21) 一唯福非罪 達機菩薩 二非罪非福 謂爲藥作酒 與他人取價 取價故非福 藥酒故非罪 三者 唯輕非重 此我中兼立似酒等 四者唯淫非輕 此戒中正所立眞酒等, 원효, 『梵網經菩薩戒本私記』, 한불전 권1, 600쪽 중-하.

서는 궁극적인 윤리의 차원에 속하는 것이다.

　이러한 마음의 윤리는 깨달음을 지향하는 지속적인 자세와 태도의 문제와도 연결되는데, 그것은 깨달음의 과정에서 지녀야 하는 덕, 즉 '깨달음의 덕'이라는 개념으로 표현해 볼 수 있다. 결국 불교윤리의 핵심은 깨달음이라는 궁극적인 목표를 전제로 해서 외적인 수준의 타율적인 율과 스스로에게 스스로가 부여하는 자율적인 계를 지키는 것에서 출발하여 그것을 자신의 품성 속에 내면화시키고자 노력하는 깨달음의 덕으로 완성된다고 말할 수 있다.

　이러한 불교윤리 이해를 생명공학의 문제에 적용하는 문제는 불교 응용윤리의 새로운 과제이고 또 핵심적인 과제임에 틀림없다. 생명에 대한 불교적 이해, 즉 인연의 산물로서의 생명과 연기법의 지배를 받으면서도 동시에 초월할 수 있는 불성을 지닌 존재로서의 생명이라는 생명관에 토대를 두고 다른 생명과의 관계 속에서 인위적인 조작을 가하는 행위가 어떤 업을 가져올 것인지를 깊이 고민하는 실천 행위가 요청되는 시점이다.

　그것은 단순히 관련된 사람들과 국가의 이익을 계산하는 공리주의적 차원을 넘어서서 인연을 맺고 있는 모든 생명들의 이익을 고려하는 포괄적이고 근원적인 태도여야 한다. 또 그것은 무조건적으로 생명의 독자적인 존엄성만을 강조하는 유일신의 창조물로서의 생명관이 지니는 고립성의 한계를 넘어서는 것이기도 해야 한다. 자신의 몸을 던져서라도 중생을 구제하고자 했던 많은 보살들의 살신성인이 오늘날 과학자들의 이익추구와 관행적 연구 자세에 대한 큰 경고가 될 수 있을 것이다. 겉으로는 동일한 행동처럼 위장한다 하더라도, 자신의 행동이 모든 인연 속의 생명과 존재들에게 곧바로 이어지는 행동일 수밖에 없다는 연기적 사고에 근거한 행위와는 근원적인 차원을 달리하는 것일 수밖에 없다.

　자신과 동일한 유전자를 지니는 복제인간이 출현하는 데 기여하는 과학자들의 행위에 대한 윤리적 평가는 우선 그 과정에서의 수많은 생명살상 가능성과 자연스런 인연의 법칙을 깨뜨리는 악업의 가능성 여부에 의해 이루어져야 하고, 복제인간이 출현한 경우에는 어떤 과정을 거쳤든지 그 인간에게도 동일한 불성이 있을 수밖에 없다는 교리적 근거를 고려하면서 이루어져야 하는 지난한 작업이다. 이제 우리는 그러한 문제들을 보다 심각한 윤리적 관점에서 바라보아야 하고, 그때의 윤리적 관점 중에서 인연과 업, 생명 자체의 소중함을 중시하는 보살계 중심의 불교윤리는 중요한 역할을 할 수 있는 여건과 가능성을 갖고 있다.

제11장

불교 생명윤리의 관점에서 본 자살

I. 우리 사회의 자살문제와 불교

우리 사회의 자살문제는 이미 우려를 넘어 심각한 수준으로 다가오고 있다. 경제적 어려움에 처한 가장들의 자살은 물론 대학입학시험을 앞둔 꽃다운 젊음들의 자살은 이제 더 이상 대단한 뉴스거리가 되지 않을 정도로 만연해 있다. 그러다보니 자살은 익숙한 현상으로 우리의 일상에 어두운 그림자를 남기고 있다.

물론 이러한 자살문제가 우리 사회만의 것은 아니다. 이미 일본이 그런 경험을 했고, 자본주의 사회가 정착해가던 20세기 초반 프랑스에서도 급속하게 자살률이 높아지는 현상이 나타나기도 했다. 이 현상을 사회학적 시선으로 바라보면서 해결하고자 했던 에밀 뒤르껭은 사회를 지탱해 주던 규범이 무너지면서 등장한 이른바 아노미 현상이 사회적 자살을 불러오는 주된 원인이라고 주장했다. 그 후 100여 년의 세월이 흐르고 우리 사회도 자본주의 사회로 진입하게 되면서 어쩌면 그 성장의 대가를 치르는 것이 아닌가 하는 불안한 느낌을 떨쳐버리기 어렵다. 특히 한국사회의 자살률이 OECD 국가의 평균보다

거의 3배가 가까울 정도라는 통계치가 우리를 놀라게 한다. 2010년을 기준으로 OECD 국가의 10만명 당 자살자수 평균이 12.8명인데 비해, 우리나라는 33.5명으로 나타나고 있다(통계청 자료 참조).

우리나라에서 이러한 자살의 심각성은 특히 청소년들의 사망원인 1위가 자살이라는 점에서 잘 드러난다. 학교 폭력에 내몰리거나 성적 경쟁에서 낙오했다고 생각하는 청소년들의 절망이 손쉽게 자살로 이어지고, 그것이 대학입학시험을 앞두고는 연례행사처럼 반복되는 현상이 이미 우리 일상 깊숙이 파고들어와 있는 것이다.

이러한 자살문제를 어떻게 바라보고 어떤 해결책을 마련할 것인가는 각자가 처한 입장에 따라 달라질 수 있겠지만, 그 중에서도 불교적 관점은 생명을 논의의 중심에 둔다는 점에서 좀더 특별한 위상을 지닐 수밖에 없다. 생명의 존엄성과 소중함을 연기성(緣起性)과 공(空)의 깨침에 토대를 두면서 그 자체로 존중해왔던 불교는 이 시대 우리가 직면하고 있는 자살문제를 비롯한 생명윤리 문제에 대해 좀더 적극적인 대안을 내놓아야 하는 것 아니냐는 요구와 마주하고 있다.

불교는 말 그대로 붓다의 가르침이고, 붓다의 가르침은 우리의 일상에 대한 성찰을 통한 깨침과 열반으로 요약될 수 있다. 이러한 불교의 관점에서 생명의 존엄성 근거를 찾고 그 존엄성과 자살이 어떤 관계를 지닐 수 있는지에 대해 고찰하는 일은 다른 관점에 근거한 논의와 일정하게 차별화될 수밖에 없다. 무상한 삶 자체에 대한 반성적 성찰을 강조하는 불교는 어떻게 보면 의미 없는 삶에 대한 철저한 비판을 요구할 수도 있고, 그 관점에서 적극적인 자살이 정당화될 수 있는 여지가 있는 것 아닌가 하는 생각을 해 볼 수도 있다. 실제로도 초기불교의 경전에는 아라한의 경지에 이른 사람들의 자살 사례가 묘사되고 있기도 하다.

그러나 이런 피상적인 고찰은 불교적 관점의 왜곡 또는 과장을 전제로 한 경우가 될 수 있고, 그런 점에서 우리는 우선 경전에 근거한 자살의 의미규정을 선행할 필요가 있다. 물론 방대한 모든 경전을 대상으로 할 수는 없기 때문에 먼저 고타마 붓다의 가르침이 비교적 원음에 가깝게 남아 있다고 판단할 수 있는 초기불교의 니까야 또는 아함부 경전에서 자살과 관련된 내용을 찾아보고자 하고, 행동규범에 대한 지침을 담고 있는 율장에서 자살과 관련이 있는 내용을 찾아보는 것으로 한정하고자 한다.

현재 우리가 직면하고 있는 윤리 문제에 대한 경전의 근거를 찾는 일은 불교윤리의 출발점이자 핵심과정이다. 그러나 불교윤리 논의가 그것으로 한정될 경우 자칫 현재적 맥락을 상실함으로써 탈맥락적이고 추상적인 선언수준의 논의로 진행될 가능성을 배제할 수 없다. 더 나아가 새롭게 부각된 윤리 문제의 경우 경전에서 그것과 동일하거나 유사한 사례를 찾는 것이 불가능한 경우도 있을 수 있다. 이런 점을 감안하여 우리의 논의는 경전의 근거를 소홀히 하지 않으면서도 '현대 한국'이라는 시공간적 특수성과 관련된 맥락성에 대해서도 충분히 유의하고자 한다. 이를 통해 현재의 심각한 우리 자살문제와 관련하여 좀더 구체적인 지침과 대안을 찾을 수 있을 것으로 기대해 볼 수 있다.

II. 불교 생명윤리 문제로서의 자살(自殺)

우리 사회의 자살은 일단 사회현상으로 분류될 수 있다. 자살을 감행하는 것은 개인이지만, 그로 하여금 자살하도록 몰고 가는 사회적 분위기에 초점을 맞춘 분석이다. 이러한 분석은 에밀 뒤르껨에 의해 '사회적 자살'이라는 개념이 정착한 이후로 널리 받아들여지고 있다. 이 과정에서 물론 우리는 각 개인의 우울증 같은 개인적 변인을 소홀히 할 수 없겠지만, 그런 요인조차도 사회적 변인과 연계되지 않을 경우 쉽게 실행으로 옮겨지지 않는다는 사실에 대해서도 동시에 주목할 필요가 있다.

사회현상으로서의 자살은 그 내부에 사회규범의 혼란 같은 사회윤리적 변수를 내포하고 있다. 자살을 하는 이유는 다양하지만, 가장 근본적인 이유는 삶의 의미 상실이고 이러한 의미 상실은 동시에 각 개인의 삶의 영역에서 지향성 상실을 가져와 극단적인 선택으로 이어지는 과정으로 나타난다. 이런 점들을 감안해 본다면, 사회현상으로서의 자살은 동시에 각 개인의 삶의 영역에서 의미와 선택지를 상실함으로써 나타나는 개인적인 차원의 몰락이라고 말할 수 있다. 이 문제는 생명의 가치와 존엄성을 심각하게 훼손하는 것이라는 점에서 생명윤리의 핵심주제 중 하나로 자리잡고 있기도 하다.

불교 생명윤리의 경우 이러한 생명윤리의 문제에 불교적 관점에서 접근하고자 하는 시도이다. 불교의 생명관과 인간관에 토대를 두고 보다 온전한 생명의 모습, 즉 연기성을 토대로 해서야 비로소 존립이 가능한 연기적 존재로서의 생명을 추구하면서도 동시에 깨달음을 통해 열반의 세계를 지향하는 것이 불교 생명윤리의 핵심과제이자 내용이다. 이러한 불교 생명윤리에 대한 정의에서 우리는 연기성의 자각과 열반의 지향이라는 두 목표 사이의 연계성에 주목하게 되지만, 동시에 두 목표 사이에 생길 수 있는 긴장의 가능성에도 주목할 필요가 있다. 즉, 연기성의 자각이 온전히 이루어지 않은 채 그 인연의 고리에 붙잡혀 걸림없음의 경지를 알아차리지 못할 수 있는 가능성이 열려 있다는 점이다. 그렇게 되면 불교 생명윤리 논의는 자칫 그 관계의 보존을 위한 대안들을 찾는 실천적 노력으로 한정될 수 있다.

자살문제에서 이러한 위험성이 좀더 명확하게 부각된다. 자살은 우선 한 개인의 선택과 결단의 문제인 것처럼 보이지만, 그 내면을 들여다보면 수많은 관계 속에서 고통 받는 개인이 존재하고 있음을 알 수 있다. 관계망 속에서 존재해야만 하는 인간이 그 관계로 인해서 고통받는 것은 어찌 보면 피할 수 없는 일일 것처럼 느껴지기도 하지만, 그 관계망을 있는 그대로 받아들이면서 살아가는 무애(無碍)의 지향이 요청된다는 점에서 관계망과 연기의 고리는 곧 깨달음의 출발점을 이룬다.

생명문제에 대한 불교적 관점으로서의 불교 생명윤리는 그 생명에 관련된 인간의 조작 가능성이 높아지면서 좀더 높은 관심의 대상이 되고 있다. 생명조작과 관련된 많은 윤리적 쟁점들, 즉 그 조작과정에서 개입하고 있는 인간의 업(業)에 대한 보(報)를 어떻게 감당할 것인지의 문제와 생명의 존엄성 근거에 대한 새로운 논의 요구, 조작된 생명체를 먹고 살아가는 인간들의 신체적·정신적 변화에 대한 적절한 예측과 대응 등 끊임없는 문제들을 양산해 내고 있고, 그에 따라 이런 문제들에 대한 불교적 관점을 어떻게 정립해 나가야 하는지를 고민해야 하는 불교 생명윤리 논의의 필요성도 높아질 수밖에 없는 상황이다.

자살문제는 이와 같이 새롭게 대두되고 있는 생명윤리 문제들과

비교하면 오래된 전형적인 문제이다. 이미 초기경전에서부터 아라한
과를 얻은 박깔리 존자가 육체적인 고통을 호소하자 자결을 묵인하는
석가모니 붓다의 이야기가 나오고 있다. 그러나 전반적으로 불교경전
에서 자살은 중심주제가 되지는 못하고 있는데, 그 이유는 다른 사람
을 위해 자신을 희생하는 보살행(菩薩行)의 차원에서 자살이 일부
포함되어 있을 뿐 자신의 목숨을 스스로 거두는 일에 대해 불교가
상대적으로 관심을 덜 갖기 때문이다.[1] 다시 말해서 불교에서 보살행
의 초점은 주로 타인을 향해 맞춰져 있지 자신에게 맞춰져 있는 경우
는 드물다는 것이다.

　두 번째로 주목해 볼 만한 부분은 그럼에도 현대 한국사회에서 자
살이 일상적인 현상처럼 우리 앞으로 던져지면서 인간의 생명을 비롯
한 중생(衆生)의 생명을 중시한다고 알려져 있는 불교계의 목소리가
좀더 분명해져야 하는 것 아니냐는 사회적 요청의 증가이다. 인류역
사 속에서 자살이 만연했던 기억은 20세기 초반의 유럽사회 정도에
그치지만, 그에 못지 않은 비율로 현재의 우리에게서 나타나고 있기
때문에 불교의 역사 속에서 주목받은 것 이상으로 자살에 더 많은
관심을 가져야 한다는 요구가 있는 것은 어쩌면 자연스런 현상이다.
그런데 바로 그 이유 때문에 경전적 근거를 찾는 일 못지않게 상황적
추론을 해야 하는 국면이 더 부각되어 있기도 하다는 점 또한 주목받
아 마땅하다.

　불교 생명윤리 문제로서의 자살은 이와 같이 역사적으로는 비교적

---

1) 라모트(E. Lamotte)는 이런 유형의 자살을 '종교적 자살(religious suicide)'이라고 규정짓
　고 있다. 박깔리 존자의 사례를 예로 들면서 그는 초기불교의 관점에서 보면 자살은
　윤회의 세계로부터 벗어난 존엄한 자(尊者, the Noble One)와 관련된 일상적인 문제일
　뿐이어서 그다지 큰 관심을 불러일으키지는 못했다고 분석하고 있다. E. Lamotte,
　"Religious Suicide in Early Buddhism", P. Williams(ed.), *Buddhism: Critical Concepts in
　Religious Studies, vol.1*(London & New York: Routledge, 2011), p.215.

주목받지 못했던 주제였지만 현재 한국의 상황 속에서 더 많은 주목을 받고 있다. 이러한 주목에 담긴 시선을 크게 분류해 본다면, 대체로 다음과 같은 3가지 유형의 자살이 쟁점으로 제기될 수 있다.

첫 번째는 종교적 자살과 같은 특정한 목적을 전제로 하는 목적형 자살을 들 수 있다. 우리의 경우에는 문수스님의 소신공양을 목적형 자살의 한 사례로 들 수 있고, 베트남과 티벳 승려들의 독립을 향한 소신공양도 목적형 자살의 전형적인 사례로 분류될 수 있다. 그 외에 정치적 목적을 달성하기 위한 자살도 여기에 속한다. 대통령 선거과 정에서 야권 후보의 단일화를 촉구하면서 아파트에서 투신자살하는 경우2)나 1980년대 군부독재에 맞서 민주화를 외치며 도서관에서 뛰어내린 학생들의 자살이 이 유형의 자살로 분류될 수 있다.

두 번째 유형의 자살은 우울증이나 경제적 어려움을 겪고 있는 사람들의 충동적 자살을 들 수 있다. 주변에서 흔히 접하게 되는 자살 유형으로 우리는 이 자살을 쉽게 개인적인 차원의 문제라고 분류해 버리는 경우가 많다. 그러나 1997년 구제금융사태 이후로 생존 자체에 어려움을 겪으면서 자녀들과 함께 동반 자살하는 안타까운 경우는 비록 개인적인 선택에 의한 것이라 할지라도 그 배경에 우리 사회의 극심한 경쟁구조와 그 경쟁에서 탈락한 사람에 대한 최소한의 배려의 결여라는 사회적 차원의 원인이 숨겨져 있음에 유의할 필요가 있다. 물론 우울증 같은 개인적 원인을 무시할 수는 없지만 그런 경우라고 해도 적극적으로 치료할 수 있는 시스템과 그에게 심리적 안정감을 줄 수 있는 관계망을 갖추도록 노력해야 한다는 점 또한 동시에 강조되어야 마땅하다.

---

2) 2012년 11월 22일 전북 완주의 50대 남성이 야권후보 단일화를 촉구하면서 아파트에서 뛰어내려 자살한 사건이 발생했다.

세 번째 유형의 자살은 중·고등학교 학생들을 중심으로 하는 청소년들의 자살이다. 우리 사회에서 이 유형의 자살에 특히 유념해야 하는 이유는 성인의 경우와 비교하여 청소년들의 자살은 많은 부분 부모나 교사, 우리 사회 전체의 귀책사유가 크기 때문이다. 뒤르껭이 강조하는 사회적 자살이 가장 잘 적용될 수 있는 유형으로도 분류될 수 있는 청소년들의 자살은 학교 폭력과 같은 강압적 환경에 내몰리거나 성적 이데올로기에 매몰되어 자신의 성적 정도와 관계없이 압박감을 느껴 자살하고자 하는 충동에 몸을 맡긴다는 점에서 그들의 책임이라기보다 우리 사회 전체의 책임이 더 강조될 수밖에 없다.

이 세 번째 유형의 자살은 넓게 보면 두 번째 유형과 다르지 않다고 말할 수 있지만, 그럼에도 특별한 분류가 필요한 이유는 한국사회의 다양한 모순들이 학생들의 절망과 그 절망의 표출인 자살로 구체화되고 있기 때문이다. 학생들의 자살은 급속한 경제성장 과정에서 한국사회가 안게 된 다양한 모순들, 즉 물질주의적 가치관의 만연과 불필요한 경쟁의 강요, 낙오자에 대한 멸시 등의 현상들이 아직 감당하기 어려운 학생들에게 과도한 부담을 안겨주어 그들의 선택지를 극히 제한하고 있다는 점에서 각별한 관심을 가져야 할 대상이다. 그 관심을 토대로 단순히 대학입시 제도를 바꾸는 등의 단기적인 처방이 아니라, 더불어 살아갈 수 있는 능력을 길러주는 교육목표 설정 같은 근원적이면서도 총체적인 대안을 마련해 가면서 적극적으로 대응해야 할 필요가 있다.

한국사회에서 심각한 문제로 부각되고 있는 자살을 이렇게 세 유형으로 분류한 다음에 불교 생명윤리의 관점에서 어떻게 분석하고 각각의 경우에 부합하는 대응책을 내놓을 것인가가 우리 논의의 주된 초점이다. 그 논의의 시작점은 당연히 붓다의 시각이지만, 그 구체적 작업은 다시 경전에 나타난 석가모니 붓다의 말씀에 온전히 의존해서 해답을 찾는 원전주의 방법과 원전의 정신에 근거하되 현대적 상황에 맞게 추론해내는 상황적 추론주의의 방법으로 나뉘어 전개될 필요가 있다. 자살문제에 대해서는 그 중에서 두 번째 방법이 강조될 필요가 있다. 왜냐하면 경전에서 다루고 있는 자살문제 자체가 많지 않을 뿐만 아니라 제한적이라는 것이라는 것이 첫 번째 이유이고, 두 번째 이유는 현대 한국의 상황이 지니는 특수성에 유의하면서 붓다의 정신 또는 불교정신을 창의적으로 해석해 내야 하는 부분이 많이 포함되어 있기 때문이다.

III. 불교 경전에 나타난 자살과 붓다의 가르침

1. 초기 경전에 나타난 자살과 붓다의 관점

경전에 나타나 있는 자살은 크게 2가지 형태로 분류해 볼 수 있다. 첫째는 초기경전에 나타난 비구들의 자살이고, 둘째는 주로 대승경전에 나타난 보살행으로서의 자살인 신화적 성격의 자살이다. 먼저 살펴보고자 하는 초기경전에 묘사되고 있는 비구들의 자살은 2가지 유형으로 분류해 볼 수 있다. 첫 번째 유형은 주로 육신이 부정하다는 부정관(不淨觀)에 지나치게 몰입한 비구들이 자신의 육체에 너무 혐오감을 느껴 스스로 목숨을 끊은 경우이다. 어떤 승단의 경우 자살자들이 많아 남아 있는 비구들이 별로 없을 정도로 심각한 문제로 대두되자, 붓다는 비구들을 모아놓고 부정관 대신 수식관(數息觀)을 강조하면서 자살하지 못하도록 다음과 같이 분명한 가르침을 베풀고 있다.

비구들이 이런 식으로 자살하는 것은 옳지 않다. 다시는 이런 일이 일어나서는 안 되며, 만약 자살을 희망하는 자를 죽이는 비구는 교단에서 추방되어야 한다.[3]

자신의 육체가 더러운 것으로 가득 차 있음을 알아차리는 부정관 수행이 정도를 벗어나 그 더러움을 견딜 수 없어 스스로 육체를 버려버리는 극한적인 상황으로 내몰리는 생생한 사례를 통해 붓다는 '이런 식으로 자살하는 것은 옳지 않다.'라는 분명한 가르침을 내리고 있다. 더 나아가 부정관 대신 날숨과 들숨을 관찰하는 수식관 수행을 가르치고 있는 대목에 대해서도 유의할 필요가 있다. 어떤 수행법도 그 정도를 벗어나면 옳지 못한 수행이 되고 당연히 그 결과도 그릇된 것으로 나타날 수 있다는 비판과 함께 그것을 대신할 수 있는 수식관을 제시함으로써 적극적인 대안을 내놓고 있는 붓다의 태도는 오늘날 특정한 수행법만이 옳다고 고집하는 일부 수행자들의 태도를 되돌아볼 수 있게 하는 모형이 된다.

더 나아가 자살을 희망하는 자들을 죽이는 비구들은 계율상의 최고 벌칙인 승단 추방죄, 즉 바라이죄를 범한 것으로 규정짓고 있는 점에 대해서도 주목할 필요가 있다. 그런 자들과는 함께 생활할 수 없고, 더욱이 함께 수행하는 일이 불가능하다는 판단을 붓다는 내리고 있는 것이다. 승가공동체 안에서뿐만 아니라 견디기 힘든 중병에 걸린 부인을 가진 우바새가 어려움을 호소하자 일단의 비구들이 고통스럽게 사는 것보다는 죽게 하는 것이 더 낫다고 부추겨 죽게 하자, 이 사실을 알게 된 붓다가 그 비구들을 승단에서 추방한 사례도 기록되어 있다.[4]

---

3) Vinaya III. p.68.
4) Vinnaya III. p.72.

육체적 고통이나 사회구조적 요인으로 인해 경제적 어려움과 경쟁의 칼날 위에 놓인 사실이 자살을 정당화할 수 있는 근거가 될 수 없음을 분명히 하고 있는 붓다의 음성과 태도를 확인하면서 우리는 현재 한국사회의 자살 사례 대부분을 차지하는 두 번째, 세 번째 유형의 자살에 대한 불교적 관점을 비교적 명확하게 세울 수 있다. 어떤 육체적 고통이나 경제적 어려움도 자살의 근거가 될 수 없으며, 그런 상황에 처한 사람들에게 비구(니)들이 어떻게든 살아가야 한다는 용기와 위로를 주는 것이 바람직하다는 것이 자살문제를 바라보는 불교적 관점의 가장 확고한 원칙임을 확인하게 된다. 또한 부정관의 경우와 같이 수행 방법 선택의 잘못된 결과로 자살을 하는 경우도 용납될 수 없다는 사실 또한 분명해졌다.

그런데 문제는 경전에서 붓다가 모든 자살을 비난하지는 않았다는 점에서 생겨난다. 초기경전에서 묘사되고 있는 자살 관련 두 번째 형태인 이 경우는 물론 극히 제한된 상황에 한정되어 있다. 붓다는 다음 3가지 사례에서 자살행위를 비난하지 않고 있다. 첫째는 몇 번얻은 심해탈(心解脫)을 계속 유지하지 못한다는 사실에 고민하던 고디카(Godhika) 비구의 자살이다. 일곱 번째로 일시적인 해탈을 얻은 틈을 타서 그가 자살한 곳을 찾아가 붓다는 "비구들이여! 고디카 비구의 식(識)은 소멸된 채 무여의열반을 성취하였다."고 말하고 있다.[5] 생사윤회의 굴레를 벗어난 아라한의 죽음 또는 자살은 곧 열반과 이어지기 때문에 비난할 만할 일이 아니라는 판단을 내리고 있는 셈이다.[6]

---

5) Samyutta Nikaya I, p.122.
6) 안양규, 「누가 허물없이 자살할 수 있는가」, 『불교평론』 17호, 2003 겨울호, 7쪽 참조. 이 사례에 대한 해석에서 안양규도 동일한 결론을 이끌어내고 있다.

두 번째 사례는 우리에게 더 많이 알려져 있는 박깔리 비구의 경우이다. 그는 질병으로 인한 극심한 고통으로 괴로워하면서 붓다를 뵙고 싶어 했고 붓다는 기꺼이 그를 찾아가 문병한다. 그 후 박깔리는 주변의 비구들에게 자신을 절벽이 있는 바위로 데려가 달라고 당부한 후에 자살한다. 그 과정에서 붓다는 천신을 통해 박깔리의 소식을 듣고서 "박깔리 비구여! 두려워마라. 너의 죽음은 나쁜 것이 아니다. 너의 운명은 나쁘지 않다."고 알리라고 말한다.[7]

박깔리여, 그러므로 잘 배운 고귀한 제자는 이와 같이 보아서 물질에서도, 느낌에서도, 지각에서도. 의식에서도 싫어하여 떠나고 사라지게 하여 해탈한다. 그가 해탈했을 때는 '해탈하였다.'는 궁극적인 앎이 생겨나서 태어남은 부서졌고 청정한 삶은 이루어졌으며 해야 할 일은 다 마쳤으니, **더 이상 윤회하지 않는다는 것을 분명히 안다.**[8]

석가는 그가 죽은 후에 자살한 장소를 찾아 검은 연기가 여러 방향으로 움직이는 것을 가리키며 더러운 마라가 박깔리 비구의 식을 찾지 못해 헤매고 있는 것이라고 덧붙이기도 한다.

세 번째 사례는 이미 아라한과를 얻은 찬나(Channa) 비구의 자살이다. 그는 이미 생사윤회의 굴레를 벗어난 아라한이었지만, 육신은 온갖 질병으로 시달리고 있었기 때문에 더 이상 살고 싶은 마음을 내지 않고자 했다. 주변에 있던 사리뿟다(Sariputta)와 같은 비구들이 자살하지 말 것을 권유했지만 뿌리치고 자살을 감행한 찬나의 소식을 듣고서, 석가모니 붓다는 "(자살을 통해) **이 육신을 내려놓고 다른 육신을 취하게 될 때, 그런 사람은 비난받아 마땅하**다고 나는 말한다.

---

7) Samyutta Nikaya III, p.122.
8) Samyutta Nikaya III, p.122. 강조는 필자의 것이다.

(그러나) 찬나 비구의 경우에 이런 일은 일어나지 않았다."⁹⁾고 말하고 있다.

여기서 우리가 다시 확인하게 되는 붓다의 자살에 대한 생각은 일반적인 자살은 결코 허용될 수 없지만, 아라한과를 얻었거나 죽는 과정에서 열반에 도달할 수 있는 극히 예외적인 경우에 한하여 허용될 수 있다는 것이다. 생사윤회의 굴레에서 벗어나지 못한 대부분의 중생들은 물론 부정관 같은 수행에 몰두하고 있는 수행자들의 경우에도 결코 자살을 해서는 안 되고 자살을 방조하거나 권유해도 안 된다는 것이 자살을 바라보는 붓다의 기본 관점이다. 극단적인 육체적 고통이나 경제적 어려움, 주변 인간관계로 인한 극심한 고통 등이 한 개인을 자살충동으로 몰고 가지만, 그런 죽음은 결코 허용될 수 없다. 왜냐하면 이 육신을 내려놓아도 또 다른 육신을 취하게 되는 생사윤회의 굴레 속에 남아 있기 때문이다.

그런데 극히 예외적으로 이미 아라한과를 얻어 윤회의 굴레를 벗어나 있는 비구가 자신에게 남아 있는 육신을 던지고자 하는 경우나, 육체적인 고통을 끝내는 과정을 통해 열반에 도달할 가능성이 담보되어 있는 비구들의 경우에는 자살이 허용될 수 있다는 것이 초기 경전에서 보여주고 있는 붓다의 자살관이다. 이렇게 허용될 수 있는 자살은 현재 우리의 삶과는 상당한 정도의 괴리를 전제로 하는 것이기 때문에 쉽게 일반화되어서는 안 된다. 우리들의 무명(無明)의 삶은 반드시 죽은 이후에도 또 다른 육신을 갖게 될 것이고, 그 육신이 인간이 아니라 육도윤회(六道輪廻)의 다른 단계로 태어날 가능성도 높아지기 때문에 자살은 허용될 수 없다는 것이 붓다의 확고한 입장임을 다시 한 번 확인하게 된다.

---

9) Samyutta Nikaya IV, p.60. 강조 부분은 필자의 것이다.

2. 보살행(菩薩行)으로서의 자살문제

불교 생명윤리 문제로 자살을 다루고자할 때 우리가 마주해야만 하는 또 하나의 지점은 보살행으로 자신의 몸을 던지는 경우를 어떻게 해석할 것인가 하는 문제이다. 석가모니 붓다의 전생이야기를 담고 있는 경전이나 일부 대승경전, 또는 구체적인 불교사의 어느 지점에서 다른 사람을 위하거나 자신이 속해있는 공동체의 미래를 위해 기꺼이 몸을 던지는 사례를 어렵지 않게 찾아볼 수 있고, 우리는 그 경우의 자살을 어떻게 해석하고 받아들여야 하는지를 고민하게 된다. 이 사례들은 앞에서 살펴본 아라한의 자살과도 차별화되고, 그렇다고 해서 일반 범부들이 스스로를 또 다른 윤회의 굴레 속으로 자신을 던지는 자살과 같다고도 보기 어렵기 때문이다.

우리는 이러한 행위들을 일단 보살로서의 자비행(慈悲行), 즉 보살행이라는 범주에 포함시킬 수 있다는 전제를 가지고 논의를 전개해볼 수 있다. 물론 그것이 진정한 보살행인지에 대해서는 각각의 사례를 분석해가면서 조심스럽게 판정을 내리는 일이 전제되어야 할 것이지만, 그들의 의도가 자신의 이해관계나 육체적 고통에 묶여 있지 않고 다른 사람과 사회를 향해 있다는 점에 초점을 맞춰보면 일단 광의의 보살행으로 보고자 노력하는 일은 의미가 있을 것이다.

보살행으로서의 자살문제는 기본적으로 보살계(菩薩戒)와 연관을 지닐 수밖에 없다. 보살계 중에서도 불살생계(不殺生戒)와 깊은 관련성을 지닌다. 이 계율에 관한 『범망경(梵網經)』의 붓다 말씀에 먼저 귀를 기울여보자.

붓다께서 말씀하셨다. '불자들아! 직접 죽이거나 남을 시켜 죽이거나 방편을 써서 죽이거나 **칭찬을 해서 죽게 하거나** 죽이는 것을 보고 기뻐

하거나 주문을 외워서 죽이는 그 모든 짓을 하지 말아야 한다. 죽이는 인(因)이나 연(緣), 또는 죽이는 방법이나 업(業)을 지어서 온갖 생명이 있는 것들을 의도적으로 죽이지 말아야 한다. 보살은 항상 자비로운 마음과 순한 마음을 내어 모든 중생들을 방법을 다해 구호해야 마땅한 데도, 하물며 제멋대로 산 것을 죽이는 행위는 **보살의 바라이죄**가 된 다.10)

여기서 자살과 관련지어 주목해 볼 만한 부분은 강조한 '칭찬을 해서 죽게 한다.'는 부분이다. 이 경우가 스스로 목숨을 끊는 자살과 직접적 관련성을 지니지는 않지만, 다른 사람이 죽고자 할 때 칭찬을 하거나 분위기를 만들어서 죽게 하는 일 또한 불살생계에 어긋나는 일임을 분명히 하고 있다는 점에서 의미를 지닌다.11) 보살행은 나 자신이 하는 일이기는 하지만, 그 방향이 다른 사람을 향해 열려 있다 는 점에서 연기성의 자각을 전제로 한다. 그런데 그 연기성의 자각과 자비 실천이라는 적극적인 자비행이 다른 사람의 생명을 직접 죽이는 일뿐만 아니라 죽고자 하는 사람을 말리지 않고 오히려 부추키는 일 을 금지하는 보살계의 소극적 적용을 먼저 전제로 하는 셈이다.

이러한 보살계 사상은 신라불교 이후로 우리 불교계의 계율로 적극 적으로 수용되었고, 특히 원효의 경우는 좀더 적극적으로 지계(持戒) 의 문제를 마음[心]과 중도(中道)의 문제와 연관시켜 발전시키고 있다.

---

10) 佛言 佛子 若自殺敎 人殺方便 讚嘆殺見 作隨喜 乃至呪殺 殺因殺緣 殺法殺業 乃至 一切 有命者不得故殺 是菩薩應起 常住慈悲心孝順 方便救護 一切衆生 而自恣心決意殺生者 是菩薩波羅夷罪,「梵網經盧舍那佛十地戒品」제10하,『대장정』24, 1004 중. 역시 강조 부분은 필자의 것이다.
11) 이 문제는 안락사 문제와도 깊은 연관성을 지닌다.

이상과 같이 밝힌 법문(法門)에 의해 능히 계를 지키는 일의 가볍고 무거움과 깊고 얕음의 상태를 안다고 해도 **계의 상(相)을 있는 그대로 이해하지 못하고 죄가 되는지에 대해 극단적으로 치우치는 견해를 버리지 못한다면**, 계를 범함이 없이 깨달음의 경지에 이르기까지 제대로 계를 지키는 것을 바라기 어려울 것이고 따라서 청정한 계바라밀을 성취할 수도 없을 것이다.[12]

원효의 보살계 사상에 근거해서 불살생계와 자살문제 사이의 긴밀한 연관성을 추론해내는 일이 가능하다. 계의 상(相)을 있는 그대로 이해하는 일의 중요성을 강조하는 부분을 통해서 불살생계의 적용 범위를 다른 생명을 죽이는 일과 함께 자신의 생명을 죽이는 일에까지 확장할 수 있다는 것이다. 왜냐하면 불살생계는 그 목적이 청정한 계바라밀 성취를 통한 열반의 획득이고, 그 과정에서 자신의 생명을 스스로 해치는 행위가 당연히 허용될 수 없을 것이기 때문이다.

원효의 보살계 사상에 근거해서 논의해 볼 수 있는 또 하나의 쟁점은 어떤 행위가 죄가 되는지에 대해 극단적으로 치우치는 견해를 버려야 한다는 중도의 관점에서 제기될 수 있다. 자신의 목숨을 스스로 거두는 자살행위는 이미 우리가 고찰한 아라한과 관련된 초기경전의 자살문제와 관련지어 어떤 입장을 취해야 하는지에 대해 상당한 정도의 혼란을 조성하는 요인으로 작동한다. 모든 생명을 해치는 행위를 엄격히 금하고 그 생명의 범위에 자신의 생명이 당연히 포함되기 때문에 그 어떤 자살행위도 허용될 수 없다고 하는 것이 불교 생명윤리에 입각한 자살을 바라보는 관점이라고 해야 함에도, 그 특정한 부분에서는 허용하고 있는 점을 어떻게 받아들일 것인가 하는 쟁점이다.

---

12) 雖依如前所說法門 能識輕重之性 兼知淺深之相 而於戒相 不能究竟持而無犯 不趣淸淨 戒波羅密, 원효, 「보살계본지범요기」, 『한불전』 권1, 585상. 강조는 필자의 것이다.

이 쟁점에 대해 어떤 행위가 죄가 되는지에 대한 극단적으로 치우치는 견해를 갖는 것이 바람직하지 않고, 그 목적과 행위자의 의도 등 마음 상태, 결과 등을 동시에 고려하는 열린 자세가 보살계 사상에 기반한 바람직한 자세라고 해석해 볼 수 있다. 그러나 이런 논의의 과정에서 목적과 결과를 동시에 고려하는 것이 불교 생명윤리라는 점이 논란의 여지를 남길 수 있다. 기본적으로 불교 생명윤리는 행위자의 마음을 계율을 어기고 지키는 일의 근간과 기준으로 삼는다는 점에서 서양 윤리학의 의무론적 윤리설과 유사성을 지니지만, 동시에 앞선 아라한의 자살에서 보는 것처럼 붓다가 그 결과로 열반을 얻은 것까지 직접 언급하고 있는 점을 고려하면 결과주의 윤리설의 측면도 지니고 있다고 볼 수 있다.

이와 같은 쟁점들을 염두에 두면서 보살행으로서의 자살에 대해 평가할 차례이다. 보살행은 보살의 행위이고, 이 개념은 초기불교 등에서도 사용되기는 하지만 더욱 강조되고 풍부한 내용을 갖게 되는 것은 대승불교에 이르러서이다. 대승불교에서 보살의 의미는 일반적으로 "부처님의 깨달음을 구하고(自利), 일체 중생을 구제하려고 노력하는(利他) 자"이다.[13] 보살계는 그러한 보살들이 수지해야 할 계율을 의미하고, 그 보살에는 출가자와 재가자 사이의 구분이 없다. 다시 말해서 누구나 보살이 될 수 있고, 보살이 되고자 하는 사람은 누구나 보살계를 수지하고 지켜야 한다는 뜻이다.

대승불교권에서 보살은 다른 한편 이미 깨달음을 얻고서도 중생을 구제하기 위해 성불(成佛)을 미루고 있는 이타행의 적극적 실천자로 등장하기도 한다.[14] 지금 우리의 논의에서 쟁점이 되고 있는 것은

---

13) 지관 편저, 『가산불교대사림』, 9권, 가산불교문화연구원, 2007, 1116쪽.
14) 지관 편저, 위의 책, 1122쪽 참조.

그 '이타행의 적극적 실천'에 자신의 몸을 기꺼이 던지는 종교적 자살이 허용될 수 있는가 하는 점이다. 부처님의 이전 생애를 다루는 경전에서는 이러한 사례들이 이미 풍부하게 제시되어 있고, 현실 불교의 역사 속에서도 이런 사례들은 어렵지 않게 찾아볼 수 있다. 그런 점을 감안해 보더라도 만약 '깨달음을 이미 얻고서도 중생을 구제하기 위해 성불을 미루고 있는 보살'이라는 이상적 의미의 보살을 전제로 할 경우 이타행 안에 자살이 포함될 수 있는 여지를 남겨둘 수밖에 없다.

그러나 실제 우리의 삶 속에서 일상어로 사용되고 있는 수준의 '보살'과 '보살행'을 전제로 할 경우, 이타행 안에 자살은 포함될 수 없다. 왜냐하면 초기경전의 사례에서도 보듯이 자살 이후에 윤회의 굴레를 벗어나서 다시는 육신을 갖지 않을 정도의 수준이 될 때에야 비로소 자신의 결단에 의해 자살하는 것을 묵인한 정도가 석가모니 붓다의 자세이기 때문이다. 따라서 우리는 '보살행으로서의 자살'이라는 말을 사용할 때, 엄격히 제한할 필요가 있고 더 나아가 기본적으로는 중생들의 삶 속에서는 자살이 결코 허용될 수 없다는 입장을 택하는 것이 불교 생명윤리에 입각한 자살관이라고 결론 내릴 수 있다.

Ⅳ. 우리 사회의 자살문제에 대한 불교적 대안

우리 사회의 자살문제는 이미 정상적인 수준을 넘어서고 있지만, 그에 대한 대응책은 소극적이거나 아예 방치하고 있는 것 아닌가 하는 느낌을 받을 정도로 미미하다. 그런 가운데 자살은 일부 마음이 약한 사람들이나 우울증을 갖고 있는 사람들이 조금 어려운 상황을 이기지 못해 저지르는 개인적 잘못 또는 결단 정도로 해석되면서 자살에 대한 미묘한 찬양을 서슴지 않는 경우도 주로 가상공간을 통해 우리에게 노출되고 있다. 이러한 자살에 대한 대응책 미비는 특히 삶의 의미에 관한 확고한 토대를 쌓지 못한 청소년들에게 부정적인 영향을 미쳐 이미 지적한 대로 대입 수능시험과 같은 큰 시험에 끝나면 의례껏 발생하는 연례행사 정도로 받아들여지는 무감각이 우리 주변에 퍼지게 되는 결과를 낳고 있다.

자살문제가 사회적인 차원과 개인적인 차원에 걸쳐서 있고 자살의 양태가 매우 다양하다는 점을 고려해 볼 때, 그 대응방안 마련도 그러한 복합성에 유의하는 자세를 전제로 해야만 한다. 자살은 우선 철학적인 분석의 대상이기도 하고 사회현상으로서 사회과학의 분석 대상이 되기도 한다. 더 나아가 자살자의 심리적 변화 양상에 주목할 경우 심리학적 주제가 된다. 자살 관련 연구물 중에서는 이러한 심리학적 접근에 토대를 둔 것이 적지 않다. 우리들의 초점은 자살문제를 불교적 관점에서 분석하고 대응책을 마련하는 데 맞춰져 있다. 이 때 불교적 관점은 철학으로서의 불교와 종교로서의 불교를 모두 포용하는 개념이고, 대응책 마련에 있어서도 이 두 관점은 당연히 포함된다.

불교적 관점에서 우리 사회의 자살문제를 바라보고 대응책을 마련하고자 할 때 가장 먼저 검토되어야 할 것은 '살아 있어야 하는 이유' 또는 '살아 있는 것의 의미'에 관한 불교적 규정이다. 질병이나 경제적 어려움이 닥쳐와도 왜 죽지 않고 살아 있어야 하는 것인지에 대한 답을 불교철학과 종교로서의 불교가 보다 명확하게 제시할 수 있어야만 그 다음 논의와 실천이 가능해질 수 있다. 물론 이러한 삶의 의미 규정 과정에서 불교는 그것을 고립된 한 개인의 몫으로 남겨두지 않고 연기성에 근거한 우리 모두의 책임으로 보고자 한다는 점이 동시에 강조되어야 한다. 이러한 두 측면을 동시에 고려하는 자세를 전제로 해서 우리 사회의 자살문제에 대한 불교적 대응책을 다음과 같은 2가지 차원으로 나누어 제시해 보고자 한다.

1. '삶의 의미'에 대한 불교적 답변 제시

삶의 의미 문제는 오래된 철학의 화두이면서도 20세기 이후 철학사에서는 그다지 관심을 모으지 못한 주제이다. 분석철학과 현상학이라는 영미철학과 대륙철학의 대표적인 흐름 속에서 삶의 의미라는 주제는 비트겐슈타인의 표현을 빌리면, '말할 수 없는 것'에 속해 가능하면 언급하기를 꺼려온 탓이다. 그러나 철학계의 사정이 그렇다고 해서 일반인들의 삶의 의미에 관한 갈구가 약해졌거나 관심이 줄어든 것은 결코 아니다. 오히려 경제적 성장의 그늘이 짙게 드리우는 20세기 중후반을 지나면서 살아가야 하는 이유, 또는 살아가는 것의 의미를 묻는 강도가 더 깊고 절박한 것이 되어 사회 곳곳에서 부각되고 있다. 우리의 상황도 예외가 아니다. 대학 강단에서 인문학 강좌가 인기를 잃어가는 이면에 일반인들을 대상으로 하는 인문학 강좌는 지속적인 인기를 모으고 있는 이유는 주로 그들의 삶의 의미에 관한 갈구 때문이라고 규정지어도 큰 무리가 없을 것이다.15)

철학이 삶의 의미에 관한 답변 제시에 소극적일 때 종교가 그 자리를 대신할 수 있다. 종교는 궁극적인 삶의 의미를 물으면서 죽음을 극복하고자 하는 시도이고, 불교와 그리스도교로 대표되는 현실 종교

---

15) 한국연구재단이 지원하는 시민인문학 강좌가 그 대표적인 사례이다. 구체적인 사례 중 하나로 충남대 동서문명연구소가 주관하여 2012년 11월부터 2013년 1월까지 진행한 '인문학의 위안' 프로그램을 들 수 있고, 구체적인 강의주제 중 필자가 맡은 것은 '무상한 삶의 과정에서 의미 찾기'이다.

는 보다 확고하고 적극적인 삶의 의미에 관한 답을 갖고 있어 많은 신도를 불러 모으고 있다. 문제는 우리 현실 종교가 상당한 정도로 자본주의와의 만남 과정에서 본래의 영역을 잃고 있는 점이다. 종교가 일상의 함몰 속에서 삶의 의미를 제시하기는커녕 오히려 세속적 욕망을 부추기는 방향으로 타락해 가는 징후가 곳곳에서 발견되는 현실 속에서 더 이상 종교에 기대할 게 없는 것 아닌가 하는 우려가 제기되기도 한다.

자살은 삶의 의미 상실에서 비롯되는 불행한 선택의 결과이다. 따라서 자살에 대한 대응책으로 가장 시급하고 본질적인 과제는 그 삶의 의미를 찾을 수 있게 도와주는 일이고, 불교는 불교적 관점에서 삶의 의미를 찾아갈 수 있는 뚜렷하면서도 분명한 대안을 제시해 주어야 한다. 붓다의 가르침 속에 들어있는 그것을 현대의 상황에 맞게 재구성하여 제시해 줌으로써 자살 충동을 느끼거나 생각하는 사람들에게 되돌아볼 수 있는 계기를 줄 수 있어야 한다. 그렇다면 삶의 의미에 관한 불교적 관점 또는 답변은 어떻게 규정될 수 있을까?

붓다 가르침의 핵심 내용을 여러 측면에서 요약해 볼 수 있지만, 가장 중요한 가르침은 '모든 생겨난 것은 사라지게 마련이다.'는 공(空)의 철학이다. 초기경전에서부터 지속적으로 강조되고 있는 이 철학은 인간은 누구나 상호의존 속에서만 존재하는 것이 가능하다는 연기(緣起)의 존재론이기도 하고, 그 연기적 관계 속에서 살아가면서도 동시에 그 관계망을 깨달아 걸림없이 살아가야 한다는 가치론이기도 하다. 붓다의 가르침, 또는 불교적 관점에서 삶의 의미를 찾고자 할 때에도 바로 이 공의 철학과 윤리학에 기반을 둘 수밖에 없다. 이 관점에서 삶의 의미는 연기성(緣起性)의 자각과 충실이라는 일상적 삶의 영역과 걸림없음[無碍]의 지향이라는 깨달음의 영역 사이의 불이적(不二的) 관계 속에서 모색되어야 한다. 일상적 삶의 영역에서 우리는 나 자신의 삶의 근거가 되는 수많은 인연들에 충실하는 삶을 살아가야 하지만, 다른 한편으로 그 삶 자체가 포함하고 있을 가능성이 높은 깨달음의 영역에 대한 동시적 관여 또는 성실(誠實)에 관심을 가져야만 한다.

이러한 불교적 관점의 삶의 의미 차원을 좀더 구체화시켜본다면, 현재의 나를 존재하게 해준 모든 인연들에 대한 자각과 충실, 그리고 그 안에 내재되어 있는 공(空)의 진리에 대한 깨침과 성실로 요약될 수 있다. 나 자신의 삶과 목숨이 내 것이 아니라는 철저한 자각은 자살을 쉽게 선택하지 못하게 만드는 강력한 억제제 역할을 해줄 것이고, 이 순간의 삶에 대한 몰입과 동시에 이루어지는 걸림없음의 허허로움은 우리 자신의 삶에 대한 지나친 긍정이나 부정의 양 극단을 넘어서서 끊임없이 다르마의 경지를 구현해내는 토대가 되어줄 것이다. 특히 이러한 중도(中道)의 자세는 작위적인 삶의 의지를 지나치게 강조해 모든 사람이 신경증적인 앓고 있는 21세기의 상황에서 절실하게 요구되는 것이다.16)

아리스토텔레스 이후로 삶의 목적을 행복으로 내세우고자 하는 시도들이 지속적으로 이어져 왔고, 특히 경제적 성장과 개인주의의 폐해가 모든 인간들의 삶 속에서 구체적인 모습을 드러내기 시작한 20세기 후반 이후 재구성된 행복론이 모든 상황을 긍정적으로 받아들이는 일이 필요할 뿐만 아니라 훈련을 통해 가능한 과업이라고 주장하는 이른바 긍정심리학의 도움을 받아 한동안 우리의 깊은 관심 대상

---

16) 21세기 인류가 처한 상황을 신경증적이라고 규정하여 많은 사람들의 공감을 불러일으킨 사람은 재독 사회학자인 한병철이다. 그는 "21세기의 시작은 병리학적으로 볼 때 박테리아적이지도 바이러스적이지도 않으며, 오히려 신경증적이다."라고 현재의 상황을 규정짓고 있다. 한병철, 김태환 옮김, 『피로사회』, 문학과지성사, 2012, 11쪽.

이 되기도 했다. 그런 류의 주장이 갖는 긍정적 측면, 예를 들어 '지금 여기의 삶' 자체에 대한 긍정적 인식이 갖는 효과를 부정하고 싶지는 않지만 그런 인식은 자칫 공허한 자기위안에 그칠 가능성이 있다는 점에서 조심스럽게 접근할 필요가 있다.

우리보다 앞장서서 서구 자본주의적 삶의 양식을 받아들인 일본인들이 겪고 있는 정신적 고통의 원인 중 하나를 뒤틀린 행복론에서 찾고 있는 강상중에 의하면, 이제 우리는 뒤틀린 행복론, 다시 말해서 소비를 행복의 핵심 통로로 설정하는 시장경제의 왜곡된 행복론에서 벗어나 새로운 삶의 의미를 찾아야 한다는 절대절명의 과제와 마주하고 있다.[17] 이런 시점에서 불교적 관점의 삶의 의미 모색, 즉 한편으로는 자신의 존재을 뒷받침하고 있는 연기성에 대한 철저한 자각과 충실을 추구하고 다른 한편으로는 걸림없음이라는 깨달음을 추구하는 불이적 자세는 근원적인 대안이 될 수 있다. 그 대안 속에서 자살 문제는 자연스럽게 해소될 수 있을 것이다.

2. 자비(慈悲) 공동체 형성을 전제로 하는 사회정의 실현

자살문제에 대응하는 불교적 방안 모색의 또 다른 차원은 사회적 차원의 공동체 형성과 그 공동체를 전제로 하는 사회정의의 실현이다. 자신의 삶을 구성하는 연기성(緣起性) 또는 관계성(關係性)을 스스로 몸으로 느낄 수 있게 해주는 자비의 공동체 안에서 각 개인은 그 자체로 삶의 의미를 찾을 수 있는 가능성이 높아질 뿐만 아니라, 자살의 유혹에 내몰리는 사람이 겪고 있는 경제적·심리적 곤경 상황을 근원적으로 껴안을 수 있을 것이기 때문이다. 돈으로 상징되는

---

17) 강상중, 송태욱 옮김, 『살아가야 하는 이유』, 사계절, 2012, 41~43쪽 참조.

물질주의의 만연과 그 물질을 획득하고 축적하기 위한 경쟁이 불필요하게 과장되어 있는 우리 사회를 비롯한 현대 자본주의 사회 속에서 각 개인들은 모든 것을 동원해 그 경쟁에서 이기든지 아니면 사회로부터 튕겨져 나가 노숙자 같은 낙오자로 낙인찍히는 선택지만을 갖고 있다는 압박감을 공유하고 있다. 이런 압박감은 시간이 가면 갈수록 단순한 감각의 수준을 넘어서서 우리 삶의 현실적 국면으로 다가서고 있기도 하다.

같은 맥락에서 우리 사회의 자살문제와 관련지어 유념해야 하는 또 하나의 지점은 '쌍용 자동차 노동자들의 연이은 자살'과 같은 자본주의의 구조적 맥락에 의해 강화되고 있는 사회적 자살문제이다.[18] 노동유연성이라는 이름으로 비정규직 노동자를 양산해 내고 있는 한국 자본주의의 현재적 단계에서 다국적 금융자본의 횡포에 의해 집단적으로 해고되거나 재벌그룹의 경영방침에 따라 최소한의 생존조건도 보장받지 못한 채 내쫓긴 노동자들과 그 가족들의 자살은 분명히 개인적 자살을 넘어선 사회적 자살이고, 이 자살에 대해 우리 사회의 모든 구성원들은 책임을 면하기 어렵다. 이 문제에 대해서는 종교적 관점에서뿐만 아니라 사회정의 실현의 차원에서 적극적인 대응책이 마련되어야 한다.

경쟁의 칼날이 한 개인을 향해 그 차가운 날카로움을 지속적으로 드러낼 때 승리나 패배와는 관계없이 극심한 긴장으로 내몰리고, 그 긴장의 과도한 지속은 인간의 심성 속에 포함되어 있는 여유와 깨달음의 단서, 즉 불성(佛性)을 훼손하는 결과로 나타난다. 그런 상황이

---

18) 쌍용자동차 해고노동자와 그 가족들의 지속되는 자살은 물론 현대자동차, 한진중공업 등에서 해고된 노동자들이 자살하는 사태가 끊이지 않고 반복되고 있다. 조현미, 「무엇이 잇따른 노동자들의 자살을 부르고 있나」, 『미디어오늘』 2012.12.24.

지속되면서 경쟁에서 이기는 사람의 삶은 점점 더 짐승의 그것과 차별화될 수 없는 정신적 위기로 치닫고 계속해서 패배하는 사람의 삶 또한 더욱 황폐해져 자살과 같은 극단적인 선택으로 내몰리게 된다. 이런 상황을 극복할 수 있는 불교적 대안은 일차적으로는 자살에 대한 대안이지만, 더 높은 차원에서 보면 인간다운 삶의 회복을 위한 근원적인 대안이 되어야 한다. 그 대안의 방향은 당연히 동체자비(同體慈悲)의 공동체 형성이다.

동체자비의 공동체는 한 개인의 연기성을 토대로 삼아 한편으로는 누구에게나 따뜻한 시선을 돌릴 수 있게 하는 기반이고, 다른 한편으로는 특히 어려움에 처한 사람에 대한 연민과 도움을 일상화하는 토대이기도 하다. 이 자비공동체 형성 방안에는 우선 현재 존재하고 있는 가정과 같은 공동체를 자비를 중심축으로 삼아 재구성하는 방안이 있고, 더 적극적으로는 불교계 차원의 공동체를 새롭게 구축하여 소외되고 곤경에 처한 사람들을 적극적으로 포용하는 방안이 있다. 이미 현실 속에 존재하고 있기도 한 불교 관련 공동체에 대한 긍정적 인식과 반성적 성찰을 근간으로 삼아 그 안에서 일을 하고 그 일을 통해 바깥의 사회와 적극적으로 교류하게 하는 경제적 자비공동체 형성에 보다 큰 관심을 가질 시점이다. 이를 통해 자살의 유혹에 내몰리는 사람들이 삶의 의미를 새롭게 찾거나 느끼면서 자신의 삶을 긍정적으로 인식하고 수용하는 결과를 기대할 수 있을 것이고, 바로 그것이 자살문제를 해소하기 위한 보다 근원적인 불교의 대응책으로서의 의미를 지니게 될 것이다.

이러한 자비 공동체 형성은 그 자체로 사회정의 실현의 과정이기도 하다. 사회정의 실현은 인간의 존엄성에 대한 최소한의 존중에서 시작되어 그가 갖고 있는 자유와 평등성의 보장은 물론, 깨달음의 기회를 가질 수 있는 시간과 공간의 확보라는 차원까지 이어진다.[19] 한 인간에게 존엄성 확보는 그를 둘러싸고 있는 수많은 인연의 고리들에 대한 인식에 토대를 둔 공정한 경쟁의 보장과 경쟁에서 밀렸을 때 최소한의 생존을 유지할 수 있는 권리 확보 등을 통해서 구체화될 수 있다. 불교적 관점의 사회정의는 바로 이러한 과정을 동체자비의 윤리에 의해 확보해 가는 과정이자, 그 안에서 자신의 삶의 의미를 구현하는 과정 자체이기도 하다. 이러한 과정을 단순한 추상적 원리의 과정이 아닌 구체적이고 실질적인 구현의 과정으로 만드는 노력은 우리에게 남겨진 이 시대의 실존적 과제이다.

V. 맺음말

자살문제에 대한 불교적 관점은 언뜻 보면 분명치 않은 것으로 인식될 수 있는 가능성이 없지 않지만, 우리의 논의를 통해서 충분히 밝혀진 것처럼 붓다의 기본 관점은 '자살은 허용될 수 없다.'는 것이다. 자살은 우선 살아 있는 것을 죽여서는 안 된다는 불살생계(不殺生戒)를 어기는 행위이고, 깨달음의 가능성을 스스로 부정하는 비불교적 자세이다. 초기 경전에서 극히 예외적으로 아라한과를 얻는 제자들의 자살을 묵인한 사례는 '더 이상 윤회의 굴레에 머물지 않는 자'이거나, '극심한 고통을 벗어나 열반에 도달할 수 있는 수준을 갖춘 자'의 경우일 뿐이다. 우리 사회 속의 거의 모든 사람들에게 자살은 또 다른 윤회의 굴레로 뛰어들어 깨달음의 가능성을 스스로 훼손하는

---

19) 깨달음의 기회를 보장해 주는 것을 불교적 인권의 핵심 내용으로 설정할 필요가 있다는 주장에 대해서는 이 책의 제3장을 참조할 수 있다.

행위일 뿐이다.

우리 사회의 자살문제가 이미 정상적인 수준을 벗어나 있지만 그에
대한 대응책은 아직 실효성을 거두지 못하고 있는 상황 속에서, 불교
는 보다 적극적이면서도 근원적인 대응책을 마련해 내놓아야 한다는
요구에 직면해 있다. 그 방향을 우리는 우선 '삶의 의미'에 대한 불교
적 답변을 보다 명료하게 재구성해서 내놓아야 한다는 것과 자살 유
혹을 느끼는 사람들이 그 유혹에서 자연스럽게 벗어날 수 있게 하는
자비의 공동체 구축을 기반으로 하는 사회정의 실현으로 제안해 보고
자 했다. 이런 대응책을 어떻게 현실 속에서 구현할 것인가에 대해서
는 승가공동체와 재가공동체가 합심하여 논의와 의견수렴, 실천 등을
구체화하는 과정에서 자연스럽게 드러날 수 있을 것이다. 그런 사부
대중 공동체의 노력과 함께 우리 주변의 사람들에 대한 연기적 연민
의 눈길을 보내는 일이 더 시급한 과제인지도 모른다.

제12장

한국사회의 새로운 이념으로서의
연기적 독존주의

I. 머리말

우리가 살고 있는 시대는 공동체보다 자유에 더 많은 관심을 갖는다. 어떻게 하면 각 개인이 자신이 원하는 대로 자유를 누리며 살수 있는가 하는 문제가 시민사회의 핵심 관심사이고, 이 자유를 적극적으로 해석해서 그가 가진 권리를 어떻게 하면 더 많이 확보할 수 있는가 하는 문제까지 주된 관심사로 삼는다. 중세 서구의 교회공동체와 동아시아의 유교적 가족공동체에 억눌려 왔던 역사를 극복하는 과정에서 등장했던 자유주의적 배경의 시민사회가 지닐 수밖에 없었던 당연한 지향이기도 하다.

우리 사회는 유독 그러한 자유주의적 지향이 더 강한 곳이다. 양반과 평민으로 구별되던 계급사회가 동학농민운동으로 상징되는 거대한 사회변혁의 요구를 수용하는 과정에서 다른 사회에서는 찾아보기 어려울 정도의 평등주의적 경향을 지니게 되었고, 그것이 다시 4·19와 박정희의 유신독재와 전두환 군사정권에 저항하는 민주화 운동을 통해서 '타는 목마름으로 부르는' 대상으로 자유가 등장하여 사회의 전 영역으로 확산되는 역사가 바로 우리 현대사이기도 하다.

아직까지 우리 사회에서 인터넷을 기반으로 하는 가상공간에서의 자유가 문제되고 있고 그것이 이명박 정권에 이르러 더 악화되었던 것이 아닌가 하는 우려가 남아 있기는 하지만, 최소한 자유와 관련지 어 결정적인 후퇴가 허용될 것 같지는 않다. 왜냐하면 이미 우리 국민 들의 유전자 속에 '자유'라는 코드가 강하게 새겨져 있어서 그 억압을 견뎌낼 수 있을 것 같지 않고 박정희와 전두환 정권 때와 같은 정보 통제와 왜곡도 가능할 것 같지 않기 때문이다. 오히려 우리가 이 시점 에서 관심을 가져야 하는 부분은 자유 자체가 아니라 자유를 탈맥락 적으로 해석하는 일종의 한국적인 자유지상주의(libertarianism)이다.

자유지상주의는 자유주의(liberalism)의 외연 속에 포함되면서도 자유를 제약하는 요소들에 대해 훨씬 더 적대적이라는 점에서 구별되 는 일종의 극단화된 이데올로기이다. 인간이라는 존재자에게 허용될 수 있는 자유는 자신의 존재성 자체 안에서 그 범위가 결정되는 제약 적인 요소이다. 따라서 자신의 존재를 가능하게 하는 요소들이 무엇 인지에 대한 고려 없이 자유 자체를 독립된 요소로 설정하고자 하는 시도는 그 자체로 근본적인 전제조건 또는 선행요건을 고려하지 않는 오류를 범하는 셈이 된다.

우리 사회에서 자유주의 담론이 지니는 결정적인 한계는 바로 이러 한 오류 가능성에서 비롯되는 것이다. 불교와 유교 전통으로 대표되 는 전통적인 사상과 윤리의 맥락으로부터 벗어난 상태에서 수입된 자유주의 담론에 치중하거나 그 자유주의에 대한 반론으로 등장한 서구의 공동체주의를 중심으로 전개하는 논의 모두 그런 오류 가능성 으로부터 자유롭지 못하고 최근에 서구의 유교 공동체에 대한 관심의 역수입 형태로 거론되고 있는 유교 공동체주의론도 동일한 서구적 맥락을 지니는 한계로부터 자유롭지 못하다.

자유와 관련된 우리 사회의 다양한 담론이 지니는 이러한 한계점들에 유의하면서 우리는 맥락적 사유를 근간으로 삼아 자유에 관한 불교적 담론의 가능성을 모색해 보고자 한다. 그동안 우리 사회에서 인간관계를 설정하거나 바라보는 주된 개념 중의 하나로 작동해 온 인연(因緣) 또는 연기(緣起)는 실제 우리의 자유주의와 공동체주의 논쟁에서 거의 주목받지 못한 개념이다. 그 논쟁의 주된 흐름이 서구의 논쟁 자체의 수입에서 비롯되었기 때문이기도 하지만, 우리의 상황을 고려하는 것이라고 해도 거의 대부분 유교적 담론 자체에 한정되었기 때문이다.

불교에서 자유는 독존(獨尊)의 개념으로 치환될 수 있다. 스스로 존귀한 존재임을 자각한 석가모니 붓다의 깨침이 불교(佛敎), 즉 붓다 가르침의 출발점을 이루고 있다는 점에서 그러하고 그 존귀함의 까닭 자체를 묻는 것이 불교 교리의 핵심 내용을 이룬다는 점에서 그러하다. 이 독존(獨尊)은 그러나 독존(獨存)이 아니다. 홀로 존재할 수 없는 연기적 존재로서의 인간이 그럼에도 바로 그 사실 때문에 스스로 존귀하다는 명제는 불교적 자유 개념을 고찰하는 논의에서 빠뜨릴 수 없는 핵심명제이기도 하다.

스스로의 존귀함을 인식하고 그 존귀함을 연기성(緣起性) 속에서 지켜나가는 일이 불교 신행(信行)의 핵심과업임을 인정한다면 결국 불교의 자유개념은 '연기적 독존(緣起的 獨尊)'으로 해석되어야 한다는 결론에 동의할 수밖에 없게 된다.

이 장의 논의에서는 이러한 전제를 근간으로 삼아 우리 사회의 자유주의와 공동체주의 논쟁을 개괄하고 특히 그 과정에서 제대로 주목받지 못한 맥킨타이어(A. MacIntyre) 등의 공동체주의를 불교적 관점에서 재해석하면서 우리 시대에 요구되는 공동체가 '연기적 독존'에 기반한 공동체여야 함을 주장하고자 한다.

이러한 주장을 담을 수 있는 개념 틀로는 '연기적 독존주의(緣起的獨尊主義)'를 활용하고자 하는데, 그 이유는 그렇게 함으로써 우리 사회의 자유주의와 공동체주의 논쟁에 보다 적극적으로 참여할 수 있을 것이기 때문이고 또 그것을 통해 더 많은 소통을 보장받을 수 있기 때문이기도 하다. 물론 '독존주의'라는 개념을 사용하는 순간에 이미 그 자유주의와 공동체주의 논쟁의 일상적 맥락으로부터 일탈할 수 있는 가능성을 내포하게 되는 셈이지만, 그럼에도 기존의 논쟁 맥락에서 불교의 고유한 자유와 공동체 개념을 왜곡할 수밖에 없는 오류 가능성을 염두에 두면 낯설기는 하지만 충분히 수용될 수 있는 여지와 불교적 사유 방식을 고유하게 반영할 수 있는 새로운 개념 설정은 가능할 뿐만 아니라 필요하기도 하다는 생각에서 선택하는 일종의 방편이다.

II. 자유주의와 공동체주의 논쟁의 현재적 의미와 한계

1. 논쟁의 주체적 맥락 문제

우리 사회에서 자유주의와 공동체주의 논쟁은 기본적으로 주체성을 결여한 채 일종의 수입 담론의 형태로 시작되었다. 현대 자유주의를 대표하는 정치철학자 롤스(J. Rawls) 등에 대한 반론의 형식으로 제기된 공동체주의는 센델(M. Sandel)의 '정체성을 구성하는 공동체(identity-constituting community)'나 맥킨타이어의 '전통 의존적인 합리성(tradition dependent rationality)' 등으로 구체화되면서 지속적인 논쟁의 흐름을 주도했고, 그것이 우리의 철학계와 정치학계에 수입되면서 시작되었다. 그중에서도 우리의 경우 정치적 맥락을 더 중시했기 때문에 왈처(M. Walzer)의 '공유된 이해(shared understanding)'나 테일러(C. Taylor)의 '소속감(sense of belonging)' 개념도 주목받아 왔다.

지금까지의 논의는 자유주의에 대한 일종의 대항 담론으로서의 공동체주의와 그 공동체의 외연을 유교의 공동체에까지 확대하여 '유교 공동체주의'라는 개념으로 재구조화하는 논의, 그리고 그러한 공동체주의의 비판에 대응하는 자유주의의 반론 등으로 이어지면서 전개되어 왔고, 현재는 그러한 논의 자체가 그다지 활발하지 않은 상황이다. 논의의 활력이 떨어진 이유에 대해서는 여러 가지로 분석이 가능하겠지만, 가장 중요한 이유는 그것이 자생적인 담론이 아니라 수입 담론으로서의 유행 속에 있었기 때문이라고 볼 수 있다.

유행(流行)은 시간이 지나면 사라질 수밖에 없다는 한계가 자유주의와 공동체주의 논쟁에서도 그대로 드러났다는 것이다. 논쟁의 중간 단계에서 일정하게 한국적 맥락에 유의하려는 노력이 있었고, 그것이 유교적 담론으로의 확장으로까지 이어지기는 했지만 본질적인 유행의 한계로부터 벗어날 수 있을 정도의 역동성을 갖추는 데는 실패했다는 것이 필자의 분석이다.[1]

우리 사회가 이미 민주주의와 자본주의의 토대 위에서 운영되고

---

[1] 자유주의와 공동체주의 논쟁에서 유교 공동체가 지니는 의미에 대해 고찰한 대표적인 논의로는 이상익, 『유교전통과 자유민주주의』, 심산, 2004를 꼽을 수 있고 이 논쟁이 한국적 상황 속에서 적절하게 전개되고 있는지에 대한 비판적 고찰 중에서 주목할 만한 것으로는 이승환, 「한국에서 자유주의-공동체주의 논의는 적실한가?」, 『자유주의와 공동체주의』, 철학연구회 '99년 춘계학술발표회 자료집에 실린 논문을 꼽을 수 있다.

있다는 현실을 감안해 본다면 그러한 토대를 먼저 마련했던 서구의 관련 담론이 지닐 수 있는 유효성과 적실성 자체를 온전히 부정할 수는 없겠지만, 그렇다고 해서 그 토대에 못지않게 불교와 유교로 대표되는 전통사상과 윤리의 틀에 의해 움직이고 있는 우리 사회의 특수성에 충분히 주목하지 않는 담론이 지닐 수밖에 없는 근원적 한계에 대해서 소홀히 할 수는 없다.

박효종의 주장과 같이 "한국사회에서 공동체주의에 대한 담론과 관행 및 실천이 일상적인 것이기는 하지만, 그 이론화나 개념화는 미흡하거나 빈곤하기 때문에 논의 과정에서 서구학계에서 유행하고 있는 개념이나 이론적 틀에 의존하거나 원용하는 방식을 취할 필요가 있다."는 점을 부인하지만 않지만 그 '의존이나 원용'이 한국적 맥락에 대한 철저한 인식을 토대로 하지 않는 한 공소한 이질적인 담론으로 끝나버리고 그 결과 실천의 영역에서는 거의 힘을 지닐 수 없는 이론 자체에 머물 수밖에 없는 한계도 분명히 받아들여야 한다.[2]

그러한 한계는 이미 아시아적 가치와 유교자본주의에 대한 논의 과정을 통해서도 충분히 드러난 바 있다. 한국과 대만으로 대표되는 동아시아 국가의 경제성장에 대한 평가에 토대를 두고 적극적으로 제안된 유교자본주의론과 아시아적 가치론은 불과 몇 년 사이에 이들 국가의 경제 위기와 관료들의 부패 등을 이유로 용도 폐기되는 모습을 우리는 이미 지켜본 바 있다.

물론 그 담론이 주로 현실 정치와 경제 현상을 설명하는 데 초점을 맞추고 있었고 그 결과 적실성을 결정짓는 요소도 변화무쌍한 현실 요소일 수밖에 없었다는 점을 고려해 볼 수 있고, 그 저변이 깔려 있는 원론적 측면에서는 여전히 주목할 만한 가치가 남아 있다는 평

---

2) 박효종, 「공동체주의에 대한 성찰」, 박세일외 편, 『공동체자유주의』, 나남, 2008, 127쪽.

가도 가능하다.

또 아시아적 가치를 유교뿐만 아니라 불교까지도 포함하는 것으로 확장한다면 충분히 의미 있는 담론의 재구성이 가능하다는 점도 부인할 수 없지만, 그렇다고 해도 우리의 입장에서는 수입 담론으로서의 근원적 한계를 어떻게 극복할 수 있는가 하는 또 다른 굴레를 받아들일 수밖에 없다.3)

그렇다면 이 논쟁에서 유의해야 하는 한국적 맥락 또는 주체적 맥락이란 구체적으로 무엇인가? 맥락에 대한 고려는 먼저 그 상황 자체에 대한 고려를 의미하고, 그것은 다시 그 사태가 벌어지고 있는 상황의 시간과 공간의 지점을 의미한다. 우리의 상황 속에서 시간은 21세기 초반이라는 현재와 한반도의 남쪽을 중심으로 하는 한국이라는 지역적 공간을 말한다.

물론 이러한 시공간의 제한이 '21세기 현대 한국' 자체에 제한되는 것은 아니고 그것을 중심으로 삼아 시간적으로는 20세기와 19세기로 이어지고 공간적으로는 북한과의 긴밀한 관계와 중국·일본으로 대표되는 동아시아, 미국과 유럽 등 서구와 이어지는 연속성과 불연속성을 포함한다. 그리고 이러한 시공간적 초점이 단순히 지정학적 초점이 아니라 사상과 역사를 포함하는 것이라는 점은 더 말할 나위가 없다.

그렇게 논쟁의 맥락을 정의해 놓고 나면 이제 자유주의와 공동체주의 논쟁에서 고려해야만 하는 맥락은 무엇인지 하는 문제와 만나게 된다. 이 문제를 바라보는 시각에는 자유주의와 공동체주의라는 개념

---

3) 필자는 이미 아시아적 가치론이 부각되던 시기에 그것이 유교에 한정되어 있는 한계를 지적하면서 불교로 확대시킬 필요가 있다는 주장을 펼친 바 있다. 졸저, 『우리 시대의 문화와 사회윤리』, 인간사랑, 2003, 7장 참조,

자체가 서구 담론의 수입품이어서 그 맥락을 온전히 규명하는 일이 불가능하다는 회의론에서부터 이미 우리 사회에서 자유주의와 공동체주의로 규명할 수 있는 이념적 현상이 충분히 관찰되고 있기 때문에 그 개념들 자체를 그대로 적용할 수 있다는 낙관론까지 그 논의의 스펙트럼이 나타날 수 있겠지만, 그중에서 우리가 허용할 수 있는 담론은 우리의 맥락을 고려하는 신중한 담론일 뿐이다.

물론 이 '신중한 담론'에 포함되어야 하는 맥락은 우리의 시공간적 특수성에 관한 최소한의 관심이고, 최소한의 관심 속에는 우리의 일상을 이루고 있는 생멸(生滅) 차원의 특수성과 함께 삶의 의미를 구성하는 진여(眞如) 차원의 보편성이 동시에 포함되어야 마땅하다.

2. 자유주의와 공동체주의 논쟁의 현재적 의미에 대한 재검토

이제 자유주의와 공동체주의 논쟁이 '21세기 현대 한국'이라는 시공간 속에서 지닐 수 있는 현재적 의미에 대한 보다 구체적인 규명을 할 차례이다. 이미 몇 차례에 걸쳐서 이 논쟁의 의미와 한계에 대한 정리가 있었기 때문에 여기서는 우리의 관심의 범위에서 그 핵심 쟁점을 정리하면서 다시 한 번 그 의미를 재규정하는 선에서 그치고자 한다. 우리 관심의 범위란 불교적 관점에서 현재 우리 사회의 성격에 대해 규명하면서 그 사상적 대안을 모색하는 것을 말한다.

공동체주의는 최소한 자유주의와의 논쟁 속에서 등장한 그것에 한정할 경우에 자유주의에 대한 대항 담론으로서의 성격을 강하게 지닌다. 그것은 특히 롤스(J. Rawls)의 자유주의를 비판하는 입장에 서면서 자유주의가 지니고 있는 몇 가지 핵심 관점을 임의로 규정해서 제안하는 방식을 택하고 있다. 그중에서도 가장 주목받은 공동체주의자들인 센델(M. Sandel)과 맥킨타이어(A. MacIntyre), 테일러(P. Taylor),

왈처(M. Walzer)로 제한할 경우에 다음과 같은 몇 가지 전제를 갖고 있는 것으로 요약해 볼 수 있다.4)

첫째는 인간관의 문제인데, 자유주의자들은 인간이 사회 또는 공동체 이전의 개인으로, 혹은 아무런 연고 없이 존재한다는 관점을 택한다. 즉, 개인들이 자신의 목적과 가치를 이미 그 사회에서 통용되고 있는 선(善)과 공동체에 대한 애착과는 관계없이 스스로 규정짓는다는 관점을 택한다는 것이다.

둘째는 보편주의의 문제인데, 한 개인이 갖고 있는 도덕과 정치에 관한 신념이 문화와 관계없이 보편적이라는 주장을 펼친다는 것이다. 셋째는 사회 또는 공동체를 바라보는 관점과 관련된 것으로 그것은 단지 각 개인들의 이익의 관점에서만 설명될 수 있는 일종의 결사체(association)일 뿐이다. 이러한 결사체 안에서의 만남은 기본적으로 이익을 기준으로 성립될 수 있을 뿐 왈처가 말하는 '공유된 이해(shared understang)'나 센델들이 말하는 '정체성을 구성하는 공동체(idendity-constiting community)'와는 차원이 다른 만남일 뿐이다.

이러한 공동체주의자들의 반론에 대해서 롤스를 비롯한 자유주의자들은 자신들의 논리적 기반을 포기하지 않는 범위에서 설득력 있는 재반론을 펼치고자 했고, 그들의 주장이 갖는 공통 요소들을 제시해 보면 다음과 같다. 먼저 허수아비 공격의 오류 가능성에 대한 지적을 들 수 있다. 공동체주의자들의 자유주의에 대한 비판이 실제로는 존재하지 않는 가상의 자유주의를 대상으로 하고 있다는 비판인데, 실제로 롤스의 자유주의에서 말하는 '무지의 베일 속에 있는 개인'이란

---

4) 여기서는 스테판 물홀·애덤 스위프트, 김해성·조영달 옮김, 『자유주의와 공동체주의』, 한울아카데미, 2001, 211~213쪽을 주로 참고하지만, 다른 관련 문헌들에서도 이 부분에 관한 논의는 거의 대동소이하다.

그의 정의 원칙을 이끌어내기 위한 이론적 가설일 뿐 현실 속의 개인을 전제로 하는 가설은 아니라는 반론이 가능하다.

둘째로는 좀더 적극적인 반론으로 자유주의를 비판하면서 공동체주의자들이 제안해야 한다는 압박을 받는 공동체의 모형에 대한 비판이다. 공동체주의자들이 자신의 정체성을 구체화하기 위해서는 어떤 방식으로든지 자신의 비판적 논리의 기반 위에서 새로운 공동체 모형을 제시해야 하는데 그것이 과연 무엇인가 하는 비판이다. 이 비판은 우리 시대의 공동체 가능성을 묻는 것으로 해석될 수 있고, 특히 우리 사회와 같이 일정한 공동체가 존재하고 있는 것으로 받아들여지는 상황 속에서는 좀더 세심한 주의가 필요한 지점이다.

이렇게 간략하게 요약할 수 있는 자유주의와 공동체주의 논쟁은 그 이후에도 각각의 상황을 반영하면서 전개되었고, 우리 학계에서도 주로 정치학과 철학을 중심으로 유교자본주의와 동아시아적 가치를 반영하면서 좀더 전개되었지만 그 핵심에 있어서는 특별히 다른 내용을 담고 있지는 못하다. 여기서 우리가 좀더 주목해야 할 점은 이 논쟁이 이 시점에서도 여전히 유효할 수 있는가 하는 근본적인 질문과 함께 만약 그렇다면 그것이 구체적으로는 어떤 내용을 담아야 하는가 하는 보다 실천적인 질문이다.

첫 번째 질문과 관련지어서 우리는 이 논쟁이 그 이론적 차원과는 별개로 우리 사회에서 계속 진행 중인 실천적인 쟁점이라는 답변을 제시할 수 있다. 우리의 삶이 한편으로는 각 개인의 자유영역을 극대화하는 방향으로 전개되고 있고, 그 징후들은 계속 확대되고 있는 독신자들의 존재만으로도 충분히 입증될 수 있다. 주로 여성 전문직들을 중심으로 확산되고 있는 독신주의 확산은 결혼으로 상징되는 유교 공동체주의의 근간을 무너뜨리는 징후로 해석되기에 부족함이 없다. 더 이상 자신의 정체성을 결혼과 가족을 중심으로 설정하지 않는다는 의미이기도 하고, 다른 한편으로는 삶의 의미와 가치를 공동체가 아닌 자신의 독자적인 삶의 영역 속에서 찾고자 한다는 의미로 해석될 수도 있다.

그러면서도 우리 사회는 개인을 당연히 '연고적 개인(situated self)'으로 설정하는 연고주의의 깊은 뿌리를 갖고 있는 사회이기도 하다. 한 개인을 그 자체로 바라보기보다는 그가 태어난 고향과 부모, 학교와 연관시켜 파악하고자 하는 경향이 아직도 강한 사회인 현대 한국 사회는 바로 그 이유 때문에 학벌주의와 지역주의, 강한 교육열 등을 특징으로 삼고 있는 사회이기도 하다. 동시에 여전히 우리 사회는 가족주의적 경향을 강하게 지니고 있어서 명절 때면 고향을 찾는 열기와 가족을 위해서는 기꺼이 개인을 희생할 수 있다는 의식으로 연결되곤 한다. 그런 점들을 감안해 본다면 우리 사회에서 자유주의와 공동체주의 논쟁은 이론적인 차원보다는 실천적인 삶의 영역 속에서 각 개인들 사이는 물론 한 개인의 내면세계 속에서 지속적으로 전개되고 있다는 판단이 틀리지 않다고 말할 수 있다.

정치철학에 있어서 이론의 의미에 대해서 뒤셀(Enrique Dussel)은 "정치철학은 후대 사람들이 추종하게끔 무언가를 생각해 내는 것이 아니다. 철학은 사람들의 의식을 일깨우기 위해 그들이 하고 있는 것을 명확히 하는 일이다. … 진정한 정치이론은 현재적 경험에서 나오며 지금 하고 있는 일에 대해 잘 이해하는 데 사용되어야 한다. 우리 삶 속의 경험을 더 명확하게 하는 것, 그것이 이론이다."라고 말한다.[5] 이러한 뒤셀의 이론관은 이론과 실천 사이의 괴리가 심각

---

5) 엔리코 뒤셀과의 대담(대담자 김창민), 경향신문 2008년 8월 12일자 29면 참조. 뒤셀의 공동체 개념에 대해서는 E. Dussel(trans. by Robert R. Barr), *Ethics and Community*

한 문제로 대두될 수밖에 없는 이론적 식민지 상황인 우리 사회에서 특별히 주목받을 필요가 있고, 그런 관점에서 보면 자유주의와 공동체주의 사이의 논쟁은 다순한 이론적 차원의 문제가 아니라 우리의 내외적 경험 세계에 대한 지속적인 성찰에 토대한 살아 있는 이론적·실천적 쟁점이라는 해석이 가능해진다.

이제 우리에게 남겨진 과제는 우리의 사유 과정과 방식 속에서 자연스럽게 등장할 수밖에 없는 '공동체'의 실체를 규명하면서 그것이 우리의 미래를 위해서 어떻게 작동할 수 있는지에 대한 비판적 평가와 함께 대안을 모색해 보는 일이다. 이 작업도 방대하고 복합적인 성격을 지니기 때문에 초점을 제한할 수밖에 없고, 이 장의 초점은 한국불교이다.

살아 있는 전통으로서의 의미와 한계를 동시에 지니고 있는 한국불교는 그 '살아 있음'의 기반 때문에 쉽게 이론적 접근을 허용하지 않는 실천성과 변화성을 지니고 있다. 따라서 그것조차도 우리의 논의를 위해 또 다른 차원의 제한을 가하는 것이 불가피하고, 여기서는 주로 만해를 출발점으로 삼아 원효로 그 뿌리가 닿아가는 한국불교의 핵심 흐름을 고찰하는 것으로 만족하고자 하는데, 그 이유는 만해가 식민지 상황 속에서 자유주의와 직접 만나야 했던 첫 번째 세대라는 점과 그 논의의 뿌리가 원효로 이어지는 한국불교의 수행과 계율 전통에 닿아 있을 것이라는 믿음 때문에 근거한 것이다.

(Oregon: Wipf and Stock Publisher, 1988), 10∼11쪽을 참조할 수 있다. 그는 기독교적 사랑의 관점에서 대면의 윤리를 말하면서 그것이 구체적이고 실제적이며 역사 속에서 살아 움직이는 것이라는 입장을 택한다. 같은 책, 11쪽.

III. 불교적 대안으로서의 연기적 독존주의(緣起的 獨尊主義)

1. 불교의 '자유'와 '공동체'

불교철학에서 현재 우리가 사용하고 있는 자유와 공동체라는 개념에 해당하는 정확한 개념은 존재하지 않는다. 우리가 사용하는 자유는 그 배경에 자유주의를 깔고 있고, 그 자유주의에서 말하는 자유는 한 개인의 고립성과 이기성을 전제로 해서 비로소 성립될 수 있는 개념이기 때문에 불교의 연기성과 충돌할 수밖에 없다. 공동체라는 개념도 마찬가지이다. 그 배경에 공동체주의를 깔고 있을 수밖에 없고 그 공동체주의는 하나의 실체로서의 공동체를 벗어난 개인의 존재성을 인정하지 않는 입장을 취하기 때문에 연기성과 함께 독존(獨尊)의 가치를 포기할 수 없는 불교의 공동체 개념과는 차원이 다르다고 말할 수 있다.

물론 우리가 이런 논의를 전개하는 과정에서 이미 유의한 것처럼 실제로 자유주의와 공동체주의 논쟁에서 각각의 입장을 택하고 있는 자유주의자와 공동체주의자의 구체적인 논의의 맥락 속으로 들어가면 이상의 논의에서 제기되고 있는 불교적 사유와 그들의 사유 사이의 간극은 현저히 좁혀질 수 있는 가능성이 있음을 지적할 수 있다. 예를 들어 롤스의 자유주의는 그 스스로의 정의에 의하면 정치적 자유주의(political liberalism)인데, 이때의 '정치적(political)'이라는 개념 속에 이미 상당한 정도의 각 개인들 사이의 유기적 관계성이 포함될 수 있는 가능성이 열려 있다고 보아야 한다는 것이다.[6]

---

6) 롤스가 '정치적 자유주의'라는 개념을 직접적으로 사용하기 이전부터 이미 그의 정의원칙 속에는 최소화된 사회라는 전제가 있기는 하지만 일정한 공동체적 요소가 포함되어 있다는 주장도 있다. F. I. Michelman, "Constitutional Welfare Rights and A Theory of

그럼에도 우리가 자유주의와 공동체주의 사이의 논쟁에서 제기된 쟁점이 갖는 맥락적 의미를 수용한다는 입장에 선다면, 그 위험성을 자각한다는 전제 속에서 각각의 차별화된 지점에 주목하는 일은 가능하고 그 바탕 위에서 논의를 불교에서 자유와 공동체 개념이 어떤 의미를 지닐 수 있는지 또 불교에서 그것과 가장 깊은 관련이 있는 개념은 무엇으로 규정지을 수 있는지의 문제로 확산시키는 일은 필요하기도 하다. 왜냐하면 그것은 이미 우리의 사유체계 속에 혼재되어 있기 때문이기도 하고, 다른 한편으로 그 혼재 양상을 정확하게 이해하면서 우리 나름의 대안을 찾아가기 위한 기반을 마련해 줄 수도 있을 것이기 때문이다.

불교철학에서 개인에 해당하는 낱말을 찾자면 자아(atman) 정도일 것이다. 그렇지만 이 자아는 이미 불교철학에서 극복 대상으로 설정되면서 무아(無我) 개념으로 발전되기 때문에 실제로는 서구적 의미의 고립된 개인이 존재할 수 있는 공간은 마련되어 있지 않다. 그럼에도 무아를 말하는 이면에 사람들이 일상 속에서 존재하는 것으로 받아들이는 자아가 있고, 이 자아는 그런 점에서는 있는 것이기도 하고 없는 것이기도 하다는 규정이 가능해진다. 다시 말해서 개인으로서의 자아가 존재하기는 하지만, 극복의 대상으로서 존재할 뿐 실체로서 존재하는 것은 아니라는 명제가 성립될 수 있다는 말이다.

공동체에 해당하는 말은 자유에 비해 풍부하게 존재한다. 승가공동체가 이미 역사 속에서 오랜 시간 동안 존재해 왔고, 한 개인의 존재가 타자와의 연계성 속에서만 가능하다는 연기성의 원리를 그 자체로 하나의 공동체 원리로 해석할 수 있는 여지가 남아 있다. 물론 이

Justice", N, Daniels(ed.), *Reading Rawls-Critical Studies of A Theory of Justice*(New York: Basic Books, 1995), 319~322쪽 참조.

때의 공동체는 실체로서의 공동체가 아닌 일종의 상상 속의 공동체이거나 연기성의 구체화된 표현으로서의 개념적 공동체일 가능성이 높지만, 계율의 전통 속에서는 이미 하나의 승가공동체로 존재했던 만큼 일정한 범위에서는 실체를 지닌 공동체였다고 볼 수 있는 여지도 충분히 있다.

다만 그 공동체에 속하는 과정에서 자율성을 충분히 보장해 주었고 공동체로부터의 이탈 과정에도 자유가 보장된다는 점, 그리고 더 본질적으로는 깨달음에 이르는 여정을 함께하는 스승과 도반의 존재 자체와 동일시될 수 있다는 점 등에서 정치공동체에 초점을 맞춘 서구의 그것과 차별화될 수 있다.

주지하다시피 승가공동체의 성립은 석가모니 붓다 당시의 인도상황과 밀접한 관련성을 지닌다. 붓다 당시의 수행자들은 전통적인 브라흐만 세력에 반대하는 수행자들로서 집단을 이루어 함께 생활하면서도 어느 한곳에 머무르지 않고 떠돌며 걸식과 탁발에 의지한 탈속적인 집단이었고, 그들이 생활하는 과정에서 필요에 의해 제정된 것이 바로 계율이다.[7]

목정배는 이 시기 승가공동체가 '동일한 사람 아래에 입문 의식을 치르고 함께 수행하는 동료'로서의 의미를 지니다가 후대에 들어가면서 '함께 살고 배우며 의례와 행위 규범, 수행법, 생활 방법, 나아가서는 세계관을 함께 배우고 전승해 나가는 장소'로서의 의미가 강해진 것이라고 분석하고 있다.[8] 일종의 동료의식으로서의 승가(僧伽)가 점차 구체적인 공간적 의미로까지 확장된 역사적 과정을 비교적 명료하게 분석해 낸 견해라고 판단된다.

---

7) 목정배, 『계율학 개론』, 장경각, 2001, 34~35쪽 참조.
8) 위의 책, 35쪽.

이러한 승가공동체는 한편으로 깨달음을 향한 여정을 함께하는 이념적 공동체로서의 도반(道伴)임과 동시에 일상생활을 공유하는 생활공동체로서의 속성도 함께 지니고 있었기 때문에 그 공동체를 이끌어가는 규범체계인 계율을 전제하지 않으면 안 되는 역사적 전개 과정을 우리에게 보여주고 있다.

그럼에도 이 공동체가 무상(無常) - 고(苦) - 무아(無我)로 이어지는 진리인식의 과정을 전제로 해서 성립될 수 있을 뿐만 아니라 그 존재의 의미를 보장받을 수 있다는 점을 감안하면 그 안에서의 개인의 자유 또한 동일한 제약 속에서만 보장받을 수 있을 것이라는 명제를 추론해 내는 일이 자연스럽다고 말할 수 있다.

그런 점에서 불교의 철학적 속성에 주목하고자 노력하는 시더릿츠(M. Siderits)가 무아개념을 설명하면서 한편으로는 무상을 설정하고 다른 한편으로는 한 개인의 고립적인 존재를 인정하지 않는 석가모니 붓다의 가르침을 제시하는 방식은 충분한 설득력을 지닌다.[9] 그는 결국 이러한 이중적인 설정을 통해서 한 개인의 존재는 타자와의 의존 속에서만 가능하고 그 의존은 각 개인의 독자적이고 고립적인 존재를 인정하지 않는 방향으로 전개되면서 궁극적으로는 공동체라는 개념도 그러한 의존성과 연기성에 근거해서만 성립 가능함을 보여주고자 하는 것이라고 읽혀진다.

지금까지의 논의를 정리해 보면 불교에서 자유와 공동체에 직접적으로 해당하는 개념을 찾는 것은 불가능한 시도이지만, 그럼에도 자유는 연기성 속에서만 존재 가능한 개인에게 독존(獨尊)의 의미를 깨우쳐줄 수 있는 가능성의 영역으로 존재 가능하고, 공동체는 그

---

9) Mark Siderits, *Buddhism as Philosophy*(Indianapolis: Hackett Publishing, 2007), 37~39쪽 참조.

연기성에 대한 자각을 시도하는 수행의 과정 속에서 함께할 수 있는 일종의 이념적 존재자로서의 그것을 설정하는 일은 가능할 뿐만 아니라 필요하기도 하다는 점이다.

그러면서도 한 개인의 고유한 삶의 영역이 독자적으로 보장될 수는 없지만, 그의 깨달음을 향한 여정은 여전히 독각승(獨覺僧)과 같은 개념 속에서 보장받을 수 있으면서도 그 여정은 다르마를 향한 스승과 도반의 존재를 온전히 부정하면서 존속될 수 있는 것은 아니라는 점에서 독특한 자유주의로서의 가능성은 열려 있다는 진단이 가능해진다.

2. 연기적 독존주의(緣起的 獨尊主義)의 설정 근거

이제 본격적으로 자유와 공동체를 둘러싼 논쟁에 동참하면서 그것에 부합하는 불교적 대안을 모색해 볼 순서이다. 이미 우리 근대 이후의 불교사 속에서 만해에 의해서 이러한 시도가 이루어진 적이 있기도 하다.

그는 불교의 주의(主義)를 크게 나누어 평등주의와 구세주의로 나눌 수 있다고 보고 "부처님께서는 중생들이 불평등한 거짓된 현상에 미혹하여 해탈하지 못함을 불쌍히 여기신 까닭에 평등한 진리를 들어 가르치셨던 것이니, 경에 '몸과 마음이 필경 평등하여 여러 중생과 같고 다름이 없음을 알라.'고 하셨고, 또 '유성(有性)·무성(無性)이 한 가지로 불도(佛道)를 이룬다.'고 하셨다. 이런 말씀은 평등의 도리에 있어서 매우 깊고 넓어서 일체를 꿰뚫어 남김이 없다고 하겠다. 어찌 불평등한 처지와 판이함이 이리도 극치에 이른 것인고. 근세의 자유주의와 세계주의가 사실은 평등한 이 진리에서 나온 것이라 할 수 있다."고 주장한 바 있다.[10)

물론 만해가 파악한 자유주의가 서구의 맥락 속에서 형성되어 전해진 그것을 제대로 파악한 것인지에 대해서는 검토의 여지가 남아 있다. 그는 자유주의뿐만 아니라 20세기 초반의 한반도 상황 속에서 맞아야 했던 세계주의에 대해서까지 자기 나름대로의 해석을 꾀하고 있다.

자유의 법칙을 논하는 말에, '자유란 남의 자유를 침범하지 않는 것으로써 한계를 삼는다.'고 한 것이 있다. 사람들이 각자 자유를 보유하여 남의 자유를 침범하지 않는다면 나의 자유가 다른 사람의 자유와 동일하고 저 사람의 자유가 이 사람의 자유와 동일해서 각자의 자유가 모두 수평선처럼 가지런하게 될 것이며, 이리하여 각자의 자유에 사소한 차이도 없으므로 평등의 이상이 이보다 더한 것이 무엇이 있겠는가. 또 세계주의는 자국과 타국, 이 주(州)와 저 주, 이 인종과 저 인종을 논하지 않고 똑같이 한 집안으로 보고 형제로 여겨 서로 경쟁함이 없고 침탈함이 없어서 세계 다스리기를 한 집을 다스리는 것 같이 함을 이름이니, 이와 같이 한다면 평등이라고 해야 할 것인가 아니라 해야 할 것인가?[11]

자유주의와 세계주의에 대한 만해의 이러한 정의와 해석은 오늘의 시점에서도 눈여겨볼 만한 몇 가지 의미를 지닌다. 먼저 자유주의에 대해서는 로크적 단서를 분명하게 언급하면서 이것이 불교의 평등주의에 이미 그 단초가 마련되어 있다는 입장을 택하고 있는 점이 돋보인다. 평등을 '공간과 시간을 초월하여 얽매임이 없는 자유로운 진리를 이르는 것'이라고 전제한 후에 부처님의 가르침이 바로 이 평등주의를 기반으로 삼고 있다고 보고 있는 것이다.

---

10) 한용운, 이원섭 옮김, 『조선불교유신론』, 운주사, 1992, 33쪽.
11) 한용운, 위의 책, 33-34쪽.

만해의 이러한 자유주의 해석은 자유의 동일성과 평등한 존중 가능
성을 중시하는 것으로 적극적 자유의 의미보다는 소극적 자유의 의미
에 초점을 맞춘 것이라는 점에서 한계도 지닌다. 각자의 자유를 평등
하게 보장한다는 것이 반드시 각 개인의 자유 보장 과정에서의 충돌
을 전제로 할 수밖에 없는 점을 고려해서 이 충돌을 어떻게 해소할
수 있는지를 함께 물어야 하고, 그것이 자유주의자들에게는 이익의
공정한 분배를 위한 공정성의 원칙과 그 원칙 보장을 위한 일종의
협의체 필요성으로까지 이어지는 자유주의의 외연을 좀더 적극적으
로 고려해야 한다는 지적이다.

만해의 주장 속에는 물론 이러한 지적을 수용하면서 대응할 만한
다른 내용도 포함되어 있다. 그것은 바로 당시의 식민지 세력으로
상징되는 악에 대해서 불교의 세력을 확장함으로써 대응해야 한다는
보다 실천적인 의미의 사회윤리 이론으로 구체화될 수 있다. "세력이
란 자유를 보호하는 신장(神將)이니, 세력이 한 번 꺾이면 자유 또한
상실되어 살아도 죽은 것과 다를 바 없어지게 마련이다. 아, 뒤집힌
보금자리 밑에서는 성한 알을 기대할 수 없고 가죽이 남아 있지 않으
면 털을 어디 가서 구하랴."는 사자후 속에 그러한 사회윤리적 인식과
대안 제시가 포함되어 있다.[12]

이러한 만해의 상황 인식과 함께 자신의 삶을 통해서 보여준 적극
적인 실천성은 그 출발점을 불교의 기본 윤리, 즉 자리와 이타를 동일
시하는 자비의 윤리에 두고 있다는 점에서 불교윤리의 사회윤리적
지평을 연 전형적인 근대 불교인으로 인식되어야 마땅하다. 부처의
본래 가르침을 왜곡하지 않으면서도 그것을 자신이 살고 있는 현재적

---

12) 앞의 책, 72~73쪽 참조.

상황과의 연계성 속에서 재해석함으로써 진리 인식과 실천행의 틀을 마련하고자 한 점에서 그의 노력은 우리의 불교사상에 근거한 새로운 사회윤리의 모색으로 평가받을 만하다.[13]

자신이 처한 현실을 적극적으로 껴안으면서 삶의 의미와 가치의 문제를 불교철학적 지평 위에서 펼쳐내는 데 성공한 또 하나의 전형으로 우리는 원효를 꼽는 데 주저하지 않는다. 원효의 저서 중에서 특히 우리의 주제와 관련지어 주목해야 할 것들은 계율과 관련된 저서들인 『범망경보살계본사기(梵網經菩薩戒本私記)』와 『보살계본지범요기(菩薩戒本持犯要記)』인데, 특히 그 중에서도 자유주의와 공동체주의 사이의 논쟁에 유념하면서 불교적 대안을 모색하기 위해 꼭 검토되어야 하는 저서는 전자이다.

이 저서에서 원효는 먼저 이 경에 '범망경보살계본'이라는 명칭이 붙은 이유를 설명한 후에 이 경이 담고 있는 뜻을 자신의 관점에서 주석하여 제시하는 전형적인 방식을 택하고 있다. 그중에서 주목할 만한 부분은 바로 자리(自利)와 이타(利他) 사이의 관계를 해와 달의 관계에 비교하면서 설명하는 곳이다.

　만약 해만 있고 달이 없으면 모든 초목의 씨앗이 타버려서 열매를 거둘 수 없고 그렇다고 달만 있고 해가 없으면 모든 씨앗이 썩어버릴 것이기 때문에 싹을 틔울 수 없다. 계도 이와 같아서 율의(律儀)와 정법(正法)을 모두 포섭했다고 해도 중생계를 포섭하지 못하면 오직 자리행만이 있고 이타행은 없게 되는데, 이 둘이 근원이 같은 데서 나온 두 수레이기 때문에 보리의 풍부한 결과를 얻을 수 없다. 마찬가지로 오직

---

13) 졸고, 「우리의 불교사상에 근거한 새로운 사회윤리의 모색」, 가산학회, 『가산학보』, 10호, 2002, 90~91쪽 참조.

중생계만을 포섭하고 율의와 정법을 포섭하지 못한다면 오직 이타행만이 있고 자리행을 없을 것이기 때문에 다시 범부로 돌아가 보리를 얻는 것이 불가능한 결과를 초래하게 된다.[14]

자리와 이타의 관계는 자유주의와 공동체주의 사이의 논쟁에서 핵심을 이루는 부분이다. 개인의 자유에 토대를 두고 자신의 이익과 권리를 고려하는 것을 우선으로 하는 자유주의가 직면할 수밖에 없었던 난점은 그 자유의 범위에서 타인의 자유와 권리를 얼마만큼 또 어떻게 보장할 수 있는가 하는 점이었고, 공동체주의의 난점은 공동체에 기반을 둔 이타행이 각 개인의 자유와 권리를 침해할 수 있는 여지를 없앨 수 없다는 점이었기 때문이다. 그런 이유에 근거해서 자유주의와 공동체주의 사이의 논쟁을 불교적 관점에서 재구성하고자 할 때 가장 핵심적인 부분을 이루는 것이 바로 이 자리와 이타 사이의 관계설정 문제라고 볼 수 있다.

이 문제에 대해서 원효는 계율은 수행의 과정에서 가장 근원적인 스승의 하나임을 전제하면서 그 계율이 같은 근원에서 나온 2가지 주체화된 계율인 율의(律儀)와 정법(正法), 그리고 중생계(衆生戒)로 나뉘고 이 둘을 포괄할 수 있을 때에야 비로소 보살이 될 수 있다는 입장을 택하고 있음을 위의 인용을 통해 분명히 알 수 있다.[15] 율의와 정법은 자신의 수행을 위해 스스로 견지하는 내면적 자리행(自利行)

---

14) 若有日而無月者 萬苗燒燋 故不能生果 亦若有月而無日者 萬苗物卽腐 故不能生牙 戒亦如是 若雖有攝律儀及攝正法戒 而無攝衆生戒者 唯有自利行而無利他行 故同於二乘 而不生無上菩提豐果 若有攝衆生戒 而無攝律儀及攝善法戒者 唯有利他 而無自利行故 環同於凡夫 故不能生菩提牙也, 원효, 「梵網經菩薩戒本私記」, 상권, 『한국불교전서』, 1권, 589상.

15) 보살들이 모두 계율을 근본 스승으로 삼았다는 논의는 故言本師戒 一云諸佛皆亦戒爲師 故言本師之戒也, 원효, 위의 책, 1권 588하 참조.

의 계율이고, 중생계는 다른 중생들의 구제와 깨달음을 위해 스스로 선택해서 지키는 타자적 이타행(利他行)의 계율이다. 이 둘은 원효의 사상에서 핵심 논리로 채택되고 있는 기신론적 사유의 근거하면 하나의 마음[一心]에서 비롯된 두 개의 문[二門]에 불과한 것이다.

이런 설정 속에서 우리는 자유주의와 공동체주의 논쟁 자체가 해소되어버릴 수 있을 것 같은 느낌을 공유할 수 있게 된다. 자유주의의 이타행 문제와 공동체주의의 자리행 문제가 더 이상 갈등을 빚을 공간을 상실해 버리기 때문이다. 그러나 과연 이것으로 문제가 완전히 해소되었다고 판정을 내릴 수 있을까? 이 지점에서 우리는 무언가 미진한 느낌을 다시 공유할 수밖에 없게 된다.

그 미진한 느낌은 불교윤리가 근본적으로 깨달음을 향하는 최대의 윤리를 지향하는 담론인 반면에 자유주의와 공동체주의 논쟁이 펼쳐지고 있는 장인 시민사회의 윤리는 각자의 이익과 권리, 자유 등을 보장받기 위한 최소한의 방책으로서의 최소의 윤리를 지향한다는 점에서 비롯되는 것이다. 말하자면 범주가 각각 다른 것인데, 만약 이런 범주의 차이를 무시하고 문제가 해소되었다고 말한다면 우리는 이른바 범주의 오류로부터 자유로울 수 없게 되는 셈이다.[16]

그러나 시민사회의 윤리가 근본적으로 최대 도덕의 문제를 도외시할 수는 없고 그것을 다만 각 개인의 사적인 영역에서의 선택과 권유의 문제로 돌려놓을 수밖에 없다는 전제와 함께 불교윤리의 최대 도덕 문제도 결국 각 개인이 자율적으로 선택해서 근본 스승으로 삼아지키고자 한다는 전제 속에서만 의미를 지닐 수 있게 된다는 점에서

---

16) 이러한 범주의 오류 가능성은 군자 또는 선비와 시민 사이의 관계를 설정하는 과정에서도 동일하게 부각된다. 졸고, 「도덕교육의 목표로서의 군자(君子)와 시민」, 한국윤리교육학회, 『윤리교육연구』 15집, 2008.4., 13~14쪽 참조.

이 둘이 만날 수 있는 여지가 없는 것은 아니다.

특히 21세기 한국의 정신적 상황을 염두에 둔다면 시민윤리의 최대 도덕 영역에 대한 적극적인 관심은 불가피하고 우리는 이미 도덕교육을 통해서 이러한 접근을 시도하고 있는 중이기도 하다. 다만 지금까지의 접근이 시민사회의 최소 도덕 영역의 당위성과 필요성에 대한 적극적인 논의를 도외시한 채 이루어져 왔기 때문에 문제가 될 뿐이고, 이러한 노력을 도덕교육 내에서 철학교육을 도입하고 강화함으로써 상당 부분 해소될 수 있는 문제이다.[17]

이제 우리의 논의를 개념적으로 구조화하는 과정을 남겨두고 있다. 실제로 이 작업은 이미 이상의 논의 속에서 이루어져 있는 셈이기는 하지만, 그것을 오늘의 담론 체계에 맞게 재구성하는 노력은 필수적이고, 그 노력을 '연기적 독존주의(緣起的 獨尊主義)'라는 개념을 통해 구체화할 수 있다는 판단이다.[18] 자리와 이타가 서로 갈등 없이 만날 수 있는 근거는 무아이기도 하고 공성(空性)이기도 하지만, 가장 보편적인 개념인 나와 타자가 연기성 속에서 서로 다른 존재자가 아니라는 진리에 근거한다.

그렇다고 해서 연기성 자체가 각 개개인의 존재 자체를 폄하하는 것은 결코 아니다. 오히려 연기를 근거로 하는 동체관계(同體關係)

---

17) 실제로 2007년에 개정고시된 국가수준의 도덕과 교육과정에서는 철학교육을 적극적으로 도입하기 위해 전체 4영역 중에서 한 영역을 '자연·초월적 영역과의 관계'로 설정하고 있고, 이미 이 교육과정에 근거한 초등학교와 중등학교 교과서가 개발되어 있기도 하다.

18) 이 문제에 관한 선행연구 중에서는 특히 박세일의 시도를 눈여겨볼 만한데, 그는 서양의 자유주의와 동양의 공동체주의를 결합하는 방식으로 '공동체자유주의(comminitarian liberalism)'라는 개념을 도입할 수 있다고 주장하고 있다. 이러한 주장의 진정성과 대중성을 인정할 수 있지만, 그 개념 자체가 이미 서양적 담론 안에 포섭되어 있기 때문에 불교의 자유와 공동체 개념을 포괄하기에 부족하다고 판단된다. 박세일, 「공동체자유주의: 이념과 정책」, 박세일외 편, 앞의 책, 6장 참조.

속에서 스스로의 존재가 지니는 수많은 의존성과 함께 그 스스로의 존재함 자체가 지니는 우주적 맥락을 읽어내야 한다는 점에서 필요충분한 독존성(獨尊性)을 획득한다.

연기적 독존성에 근거해서 개인과 공동체를 바라본다면, 개인은 타자와의 연기성 속에서만 비로소 실존이 가능하고 공동체는 다름 아닌 그 연기적 관계 자체인 셈이 된다. 이 관계는 서로를 불필요하게 억압할 이유도 없고 그렇다고 해서 배척할 수도 없는 열린 관계임과 동시에 자신의 존재를 가능하게 하는 근원적 관계이기도 하다.

그런 점에서 한 개인의 삶의 심연은 그 연기성에 대한 근원적이고 포괄적인 인식에 의해 좌우될 수밖에 없고, 그 주체는 시민사회 속에서는 기본적으로 무명(無明)의 한계 안에서 존재하는 각각의 존재자들이다. 이들이 제대로 된 삶을 영위할 수 있게 하기 위해서는 보살심(菩薩心)과 보살계에 근거한 자비와 교육이 베풀어져야 하고, 우리는 그 일단을 학교교육을 중심으로 하는 시민교육에서 마련할 수 있는 토대를 갖추고 있다. 누구나 교육받아야 하는 의무를 지니고 있을 뿐만 아니라 평균적으로 고등학교 졸업 정도 이상의 학력을 지니고 있는 21세기 현대 한국의 시민들은 그런 점에서는 최소한 많은 가능성을 부여받고 있는 혜택 받은 개인들이다.

IV. 맺으면서

20세기 중반 이후 주로 서양 정치철학과 윤리학의 영역에서 전개되어온 자유주의와 공동체주의 논쟁은 독립된 개체로 인식되어 온 시민사회의 구성원이자 주체로서의 개인이 타자와 어떤 관계를 맺어가야 하는지에 대한 새로운 물음에 대한 응답의 형식으로 전개되었다.

자유주의의 자기파괴적 속성, 즉 극단적인 형태의 자유지상주의를 끝까지 밀고 나갈 경우에 반드시 부딪치게 되는 자신의 근원적 공동체성과 정체성에 대한 부정이 현실화되면서 전개된 경향이 강하다. 그 결론은 공동체적 자유주의이거나 자유주의적 공동체주의 같은 절충적 대안이거나 각각의 입장을 강화하는 방향으로의 평행선 달리기일 수밖에 없었지만, 우리 사회에서의 그것은 불교와 유교로 대변되는 전통적인 공동체와도 만나야만 하는 이중고를 경험할 수밖에 없었다.

자유주의자나 공동체주의자로 쉽게 분류되는 학자들 개개인은 그러한 분류를 받아들이지 않으려는 태도를 보이기도 했는데, 그 이유는 논쟁과정에서 이른바 허수아비 공격의 오류가 난무했기 때문이기도 했고 자유주의와 공동체주의가 공유할 수밖에 없는 어떤 지점에 대한 고려 때문이기도 했다.

오늘 우리의 논의는 그러한 쟁점에 대한 불교적 대안을 모색해 보는 것을 목표로 삼아 자유에 해당하는 독존(獨尊)과 공동체에 해당하는 연기적 관계(緣起的 關係)라는 두 개념을 근간으로 삼는 '연기적 독존주의(緣起的 獨尊主義)'라는 새로운 개념을 설정한 후에 정당화하고자 했다.

이 새로운 이념에 근거하면 각 개인들의 삶은 독존성을 보장받으면서도 관계성을 상실하지 않는 균형 잡힌 그것으로 전개될 수 있는 가능성이 열린다. 군이 공동체라든지 개인이라는 개념을 사용하지 않고서도 각 개인들 사이의 관계를 그 존재성에 맞게 설정할 수 있을 뿐만 아니라 각 개인의 삶의 의미를 그 관계 속에서 독자적으로 구현해낼 수 있는 길도 열리게 된다.

다만 이 담론이 근본적으로 시민사회의 최소 도덕 담론과는 충돌할 여지가 있고, 각 시민이 스스로 무명(無明)으로부터 벗어날 수 있는 계몽의 계기를 마련해야 한다는 전제가 있기 때문에 우리 사회의 대안적 담론으로 정착하기 위해서는 이론적 차원의 논의 심화와 함께 그 개인에게 계몽의 기회를 부여할 수 있는 수행과 교육방안을 함께 마련해 주어야 한다는 두터운 과제를 갖고 있다. 이 장의 논의도 그러한 과제를 확인하고 그 방안을 모색해야 한다는 요청을 공유하는 계기로 작동될 수 있기를 기대한다.

제13장

한국사회 정의문제와 불교의 자비실천

I. 무엇이 문제의 초점인가?

사회정의 실현은 인류의 오래된 과제이자 열망이다. 정의(正義, justice)를 어떻게 규정짓느냐에 따라 그 구체적인 방향이나 내용은 달라질 수 있겠지만, 어떤 사회의 구성원도 자신의 사회가 '부정의한 사회'라고 규정받는 데 대해서는 좋은 느낌을 갖지 못할 것이라는 상식적 판단에 근거해 보아도 사회정의 실현은 비교적 보편적인 과제라고 할 수 있다. 유교에서 지향하고자 했던 대동사회(大同社會)나 사부대중의 공의(公意)를 수렴하면서 수행공동체로서의 정체성을 유지하고자 했던 초기 승가공동체 모두 그 나름의 맥락에서 사회정의 개념을 지니고 있었다.

그런데 현재 우리의 사회정의 담론을 지배하고 있는 것은 이와 같은 우리의 전통적인 담론이라기보다 서양 정치철학의 맥락에서 형성되어 오늘에 이르고 있는 정의론(theory of justice)이다. 특히 그 중에서도 1970년대 초반 규범윤리학의 부활을 촉발시킨 롤스(J. Rawls)의 정의론을 바탕으로 이론적 심층을 확보하고자 하거나 적용의 범위를 넓히고자 하는 사회정의론이 중심을 이루고 있고, 우리 사회의 그것도 크게 다르지 않다.

롤스의 정의론은 제2차 세계대전에 뒤늦게 참전하여 승리를 거머쥔 미국이 소련과의 냉전구도를 형성하면서 초강대국의 지위를 유지하다가 베트남전 패배라는 복병을 만나 휘청거리던 1960년대 중후반의 혼란상을 그 시대적 배경으로 삼고 있다. 그런 혼란 속에서 자신들이 포기할 수 없다고 믿은 최고 가치인 자유를 최대한 누리면서도 사회적 약자들도 최소한의 삶의 질을 유지할 수 있는 평등의 장치를 포용하는 원칙을 찾아 정의의 원리로 제시한 윤리학자이자 정치철학자 롤스의 영향력은 그 이후 미국 안에 머물지 않고 전 세계의 사회정의 담론을 지배하기에 이르렀다.

우리 사회에서 정의에 대한 본격적인 관심이 일어난 것은 그리 오래된 일이 아니다. 물론 광주민주화 운동을 폭력으로 진압하고 등장했던 1980년대 초반의 전두환 정권이 '정의사회 구현'을 핵심구호로 내거는 웃지 못할 해프닝도 있었고, 그에 앞선 1970년대에 열악한 조건 속에서 하루 종일 일해야 했던 공장노동자들의 인간다운 삶을 보장하라고 외쳤던 초기 노동운동 속에도 사회적 약자에게 최소한의 삶의 조건을 보장해 주어야 한다는 정의감(正義感)이 포함되어 있었지만 그런 실천적 노력들이 본격적인 담론의 장으로까지 이어지는 데는 시간이 필요했다.

1980년대 중반 이후 6·29 선언을 이끌어냈던 시민들의 민주화운동과 함께 사회과학계에서는 주로 주체성과 사회구조의 도덕성을 강조하는 사회철학적 배경의 정의관이 부각되다가 현실사회주의 붕괴와 함께 자유민주주의와 자본주의의 결합으로 상징되는 이른바 '민주자본주의'가 1990년대 후반 구제금융사태와 더불어 우리 사회를 지배하는 이념으로 정착하는 과정을 거쳤다. 그 결과는 일차적으로 그러한 삶이 세계화된 사회 속에서는 불가피한 것이라는 체념과 그 체념에 기반한 무한경쟁 논리의 급속한 확산이고, 21세기 초반 현재 한국사회는 이미 상당 부분 이러한 무한경쟁의 장으로 편입되어 있다.

문제는 이러한 경쟁이 과연 누구를 위한 것인가 하는 본질적인 의문에서 시작된다. 경쟁의 확산은 빈부격차의 심화를 낳고 있고, 그 심화 정도와 함께 그 격차를 견뎌낼 수 있게 하는 정당화 근거 박약의 문제가 대두되면서 우리 사회에서도 공정한 경쟁 또는 '공정한 사회'라는 화두(話頭)가 수면 위로 떠오르고 있다. 이명박 대통령이 제기한 공정사회 담론은 2010년 롤스 정의론에 대한 비판가 중의 하나였던 샌델(M. Sandel)의 『정의란 무엇인가』라는 비교적 전문적인 저서가 100만 부가 팔리는 베스트셀러가 되는 과정과 이어지는 기이한 현상을 불러오기도 했다. 오늘 우리의 담론도 어쩌면 이러한 정의 열풍의 한 자락을 이루는 것인지도 모른다. 오늘 논의의 초점은 물론 불교적 관점이다. 대한불교조계종을 중심으로 하는 한국불교계가 사회적 실천을 위한 보다 심화된 안목과 지혜를 모으기 위해 마련한 대토론회의 주제로 '사회정의 실현'을 설정한 일 자체가 우리 사회의 정의 문제가 더 이상 방치하기 어려운 수준에 이른 것 아닌가 하는 공공의 도덕감 표출로 해석될 만하다.

이러한 공공의 문제의식을 불교적 관점을 전제로 하여 적극적으로 수용하고자 하는 우리 논의는 다음과 같은 쟁점들을 포함해야 할 것 같다. 우선 우리 사회 정의 문제가 지니고 있는 보편성과 특수성의 맥락에 동시에 주목하는 일을 들 수 있다. 우리 사회 정의문제는 그 자체로 정의의 보편적 맥락 속에 위치한 것임과 동시에 우리 사회의 역사적이고 구조적인 배경을 담을 수밖에 없다는 점에서 특수성의 맥락을 지닌다. 그 두 지점을 놓치지 않으려면 현재성을 중심에 두고 이론과 현실 사이의 유기적 연관성과 거리감을 고려하는 자세가 필요할 것이다. 두 번째는 과연 그러한 사회정의의 문제를 불교적 관점에서는 어떻게 바라보아야 하는가 하는 맥락이다. 여기서 불교적 관점은 '사회정의'라는 대상에 접근하는 하나의 방법론이자 주체적 문제의식을 의미한다. 동시에 그것은 우리가 사회정의 문제에 어떻게 대응해야 하는가 하는 실천과제를 모색하는 이론적 토대가 되어야 할 것이다.

II. 우리 사회의 정의문제에 대한 주체적 인식

1. 한국사회는 정의로운 사회인가?

우리 한국사회는 정의로운 사회인가? 이 질문은 내포(內包)와 외연(外延)의 문제가 모두 제대로 해결되지 않은 포괄성과 모호성 때문에 답변하기 어려운 성격의 질문이다. 우선 '정의(正義, justice)'라는 개념 자체가 정의되지 않은 채 던져진 질문이기 때문에 자칫 선결문제 요구의 오류에 빠질 가능성이 있고, 한국사회 자체가 지닌 복합성 때문에 '한국사회'와 '정의로운 사회'라는 두 개념 사이의 단선적인 연결이 성립하기 어려운 난점을 지니고 있기도 하다. 그럼에도 이런 질문이 의미를 가질 수 있다면, 최소한 일정한 영역 속에서는 한국사회가 지니는 특수성이 있다는 점과 현대 정치철학에서 정의 실현의 기본 단위가 국가로 설정되고 있는 점 때문일 것이다.

우리 자신, 즉 21세기 초반 '현대 한국사회'에 한국인이라는 정체성을 갖고 살고 있는 우리들에게 정의 개념은 주로 어떻게 작동하는 것일까? 아마도 그것은 올바름[正義]이라는 윤리적 지향을 중심으로 삼아 하늘의 명령[天命]이거나 진리[dharma]를 현실 속에서 구현하고자 하는 열망과 구현 정도를 평가하는 척도로 작동할 것으로 보인다. 하늘 중심의 농촌공동체를 전제로 해서 형성된 유교윤리와 고통스런 현실 속에서도 의미 있는 삶을 살아내야 한다는 불교윤리적 요청 속에서 형성된 정의관이 어떤 방식으로든지 한국인의 문화 유전자 속에 남아 있을 것이기 때문이다.

이러한 전통적인 정의관의 요소는 그러나 현재 우리의 가치관과 의식구조 속에서 왜곡되거나 잠재된 형식으로만 작동할 가능성이 높다. 강제로 왕조의 문을 닫아야 했던 19세기 후반 이후 한국 근·현대사가 전통에 대한 환멸과 서구적인 것에 대한 무조건적 열망으로 점철되었기 때문이다. 물론 일제강점기가 시작되던 20세기 초반 우리 역사의 정통성을 살려보고자 하는 주체적인 시도가 있었고, 박정희 정권에 의해 진행된 급속한 산업화의 여정에서 '한국정신문화연구원'으로 상징되는 강제적인 전통의 부활 움직임이나 김일성에 의한 주체사상의 강조와 같은 움직임이 있기는 했지만, 전반적인 주도권은 서구적 담론, 그 중에서도 특히 미국을 보편성 그 자체로 상정하는 문화식민주의의 영향권 아래에 있었다. 그런 가운데 등장하는 전통은 잘해야 안쓰러운 장식품 수준을 넘어서기 어려웠다.

1980년대 중반 이후 주로 대학생들을 중심으로 확산되었던 사회철학적 배경의 정의관은 그 주체성에 대한 강한 문제의식에도 불구하고 대부분 마르크스 사회철학의 한계 안에 머무는 것이었다. 마르크스(K. Marx)의 철학 안에도 분명히 정의관이 포함되어 있기는 하지만, 플레이쉐커(S. Fleischacker)의 적절한 분석과 같이 개인적인 권리에 초점을 맞춘 근대적인 의미의 정의가 그의 직접적인 관심사는 아니었다.(플레이쉐커, 2007; 170) 오히려 그의 관심사는 자본주의적 시민사회가 형성되던 18세기 유럽의 상황을 분석 대상으로 삼은 사회적인 변혁의 실천적 추구였고, 우리에게 1980년대에 수입된 마르크스 역시 그러한 변혁을 위한 사상적 기반을 제공해주는 변혁의 철학자이자 사회과학자였다.

이러한 사회변혁을 통한 총체적인 사회정의 구현을 목표로 삼은 마르크스의 정의관은 센(A. Sen)의 분류에 따르면 선험적인 제도주의(transdental institionalism)에 속한다.(Sen, 2011; 5) 이상적인 사회상을 설정해 놓고, 그것을 향한 다양한 이론적 장치를 갖추고자 하는 이러한 선험주의는 플라톤에서 시작되어 롤스에 이르는 유구한 역사를 지닌 것이다. 그렇지만 센의 지적과 같이 실현가능성의 문제와 이론주의의 한계를 지닐 수밖에 없고 마르크스의 정의관 역시 그러한 한계로부터 자유롭지 못했을 뿐만 아니라 현실 사회주의 붕괴라는 복병을 만나면서 자연스럽게 담론으로서의 매력을 상실하게 된다.

우리 사회에 롤스의 정의론은 서양윤리학에서 새롭게 일기 시작한 규범윤리학의 부활 움직임이 수입되는 형태로 도입되었다. 그의『정의론(A Theory of Justice)』이 윤리학자 황경식에 의해 번역되면서 시작된 롤스에 대한 관심은 점차 윤리학의 영역을 넘어서 정치학과 경제학의 영역으로 확산되었고 1990년대 후반부터는 그것이 지니는 한국적 맥락에서의 의미에 대해서도 조금씩 유의하는 진전이 있었지만, 근원적 차원에서는 수입담론으로서의 한계를 넘어서지 못한 채 21세기를 맞았다(존 롤스, 황경식 역, 1990, 철학연구회, 1999).[1] 그

---

1) 1999년 철학연구회 춘계학술대회 전체주제는 '자유주의와 공동체주의'였는데, 주제발표자 중의 하나인 이승환은「한국에서 자유주의-공동체주의 논의는 적실한가?」라는 논문

러던 중에 그의 정의론에 대한 공동체주의적 반론을 펼친 학자 중의 하나인 센델의 정의론에 관한 책이 한 동안 큰 인기를 모으면서 정의 문제가 대중적 담론의 주요 주제 중 하나로 부각되었던 것이다.

이러한 한국사회 정의론의 담론사를 배경으로 삼아 유추해 볼 수 있는 한국인의 정의관은 과연 무엇일까? 개별 한국인의 배경과 상황에 따라 각각 다른 정의관을 지닐 수 있다는 가능성을 충분히 열어두면서도 우리는 몇 가지 답을 생각해 볼 수 있다. 우선 정의 자체를 올바른 것이라고 보는 본질주의적 관점을 꼽아볼 수 있다. 정의는 그 자체로 올바른 것이라는 인식은 올바른 삶을 향한 지향을 바탕으로 하는 것일 뿐 다른 이유나 근거를 필요로 하지 않는 본질주의적 속성을 지닌다는 답변이다. 유교나 불교적 배경 속에서 정의로운 행위 또는 지혜로운 사회는 그 자체로 올바름을 지향하는 우리 삶의 맥락과 연계할 수 있다고 보는 전통적 견해가 현대 한국인의 정의관 속에 어떤 방식으로든지 작동하고 있을 것으로 가정해 볼 수 있다.

두 번째로는 정의를 '합리적이고 강제할 수 있는 것일 뿐만 아니라 실행가능한 덕목'으로 이해하는 서구적 맥락의 정의관을 들 수 있다. (플레이쉐커, 2007; 26) 자유민주주의와 자본주의를 사회운영의 원리로 받아들인 '현대 한국사회'는 그 사상적 기반 위에서 사회가 유지되기 위한 최소한의 덕목을 상정해 왔고, 그 중 대표적인 것이 바로 위의 이해를 바탕으로 삼는 정의이다. 종교적 기반을 전제로 하지 않으면서도 누구에게나 적용되어야 하는 실행가능한 덕목으로서의 정의는 특히 우리 사회의 약자들에 대해 어떤 태도를 취해야 하는가

을 통해 서구의 자유주의-공동체주의 논의 맥락과는 달리 "한국사회는 자유의 과잉이 아닌 결핍으로 신음하고 있을 뿐만 아니라 유사공동체주의의 폐해로 인해 건강한 사회 질서가 위협받고 있다."고 주장하고 있다. 철학연구회, 『자유주의와 공동체주의』 1999, 철학연구회 「99 춘계학술대회 자료집」, 103쪽.

하는 분배적 정의의 맥락에서 강조되어 왔고, 그러한 정의는 역대 정권 복지정책의 철학적 기반으로 작동해 온 것으로 보인다.[2]

현대 한국인들의 삶이나 국가적 수준의 정책에서 더 쉽게 발견할 수 있는 정의관은 그 중에서 후자라고 판단된다. 전자의 전통적인 정의관도 각 개인의 사상적 배경에 따라 강하게 부각될 수 있는 가능성을 배제할 수는 없지만, 그럼에도 우리 사회가 경쟁을 사회원리의 중심축으로 삼고 있는 자유주의적 자본주의 체제로 상당 부분 편입된 점이나 교육의 목표 중에서도 인성교육이 아닌 경쟁력과 유사한 개념인 창의성이 앞서는 현실 등을 고려해 볼 때 그것이 실제로 작동할 수 있는 여지는 크지 않을 것이기 때문이다. 더 비관적으로 본다면 과연 실제 현실 속에서 그런 유형의 정의관이나마 어느 정도나 작동하고 있는지 하는 회의를 품을 수도 있는 상황이다.

이처럼 분배적 정의관을 중심에 두고 한국사회가 정의로운 사회인지를 평가한다면 어떤 결론에 도달할 수 있을까? 자신의 직분에 상응하는 정당한 몫과 역할도덕성을 판단 준거로 삼아본다면, 우리 사회는 분명 정의로운 사회라고 보기 어렵다. 고위 공직자들의 부정부패가 여전히 해소되지 않고 있고, 사회적으로 혜택을 누리고 있는 사람들의 도덕성이 그 지위나 정도에 맞게 확보되어 있다고 판단하기는 더 어려운 상황이기 때문이다. 자신의 지위나 부에 걸맞는 도덕성을 지니고 있어야 한다는 것이 분배적 정의관의 중요한 요청이라는 점을 감안해 본다면, 한국사회는 아직 정의로운 사회가 아님에 틀림없다.

아리스토텔레스가 비교적 추상적인 의미로 사용했던 분배적 정의

---

2) 복지정책을 비교적 후순위에 둔다는 비판을 받았던 이명박정부의 국정지표에도 '능동적 복지'라는 개념 속에 '빈곤의 대물림 차단'을 포함하고 있는데, 이것을 우리는 넓은 의미의 분배적 정의관을 수용한 것으로 해석해 볼 수 있다. http://www. president.go.kr-, '03 능동적 복지' 참조.

(distributive justice)는 그가 말했던 또 다른 유형의 정의인 시정적 정의(corrective justice)에 의해서 실천적으로 보완될 여지를 갖는다 (A. MacIntyre, 1998; 76). 시정적 정의는 범죄자가 일으킨 상해의 정도에 맞게 그 피해자에게 보상해야 한다는 명령으로 구체화되는데, 이 부분에 있어서도 우리 사회는 상당한 정도의 한계를 노출시키고 있다. 광주민주화운동을 폭력으로 진압하고 등장했던 군부독재자인 전두환과 노태우 등 전직 대통령들이 받는 처벌이 과연 시정적 정의의 기준에 부합할 만한 것인가 하는 의문이 여전히 살아있고, 우월한 지위를 가진 사람들이 져야하는 노블리스 오블리주의 차원으로 넘어가면 문제는 더 심각해진다. 그렇게 본다면 한국사회는 아직 정의로운 사회와는 상당한 거리를 유지하고 있는 부정의한 사회이다.

2. 한국사회 정의문제 논의의 주체적 맥락

우리가 만약 한국사회가 정의로운 사회와는 상당한 거리를 유지하고 있다는 앞의 잠정적 결론에 동의한다고 하더라도 그 구체적인 양상과 맥락을 바라보는 시각에는 차이가 있을 수 있다. 우리 사회의 이념적 충돌이 여전히 해소되지 않고 있는 상황인데다가 남북분단 상황과 간헐적인 남북의 군사적 충돌로 인한 인식의 혼란이 지속되고 있는 상황 속에서 무엇이 우리 정의문제의 핵심인지에 관한 합의가 쉽지 않기 때문이다. 사회적 약자를 보호하기 위한 재원확보문제나 이른바 '부자 감세 논쟁' 등에 숨어있는 사상적 갈등은 주로 정의문제를 바라보는 관점의 차이이거나 아니면 정의라는 개념의 중요성 정도를 받아들이는 차이에서 기인한다.

좌파와 우파 논쟁으로 정리되는 우리 사회의 이념 논쟁은 현재도 진행 중이다. 이념을 사회의 미래적 방향성을 바라보는 특정한 인식틀로 정의할 수 있다면, 이러한 논쟁은 불가피한 수준을 넘어서 꼭 필요한 것이기도 하다. '만연한 불신 속에서 서로를 화난 얼굴로 바라보는' 국면을 타파하기 위한 다양한 노력들이 필요하겠지만, 그 중에서도 사회정의 문제를 둘러싼 쟁점을 해소하기 위해서는 먼저 이념적 수준의 논의와 대안 모색이 필요하다(사회통합위원회 외, 2011; 6). 우리 사회가 어떤 이념적 지향을 지녀야 하는지를 논의하는 과정에서 자유주의와 민주주의, 자본주의 등의 이념들이 먼저 성찰의 대상이 되어야 하지만, 그것과 함께 우리 사회의식의 심층을 이루고 있는 전통적인 사회이념 또한 재검토 대상이 되어야 마땅하다.

우리의 전통적 사회이념 중에서 유교적 이념은 유교자본주의라는 맥락 속에서 일정한 검토의 과정을 거쳤다. 물론 그 논의 또한 오리엔탈리즘적 한계를 벗어나지 못했다는 점에서 앞으로도 계속적인 관심의 범위 안에 두어야 하겠지만, 최소한 미래적 사회이념으로서의 유교 또는 유교정신은 관계를 중심으로 인간과 사회를 개방적으로 구성하는 원리(relative openness)로 재해석되어 자유지상주의적 맥락의 인간소외 현상을 극복할 수 있는 대안이 될 수 있는 가능성은 인정받고 있다(D. Bell ed, 2008; 4). 그렇다면 또 다른 전통적 이념인 불교 사회철학과 이념은 어떠한가?

불교 사회이론이 사회적 고통(social dukkha)이라는 개념을 중심으로 삼아야 한다고 주장하는 로이(D. R. Roy)에 따르면, 결국 불교 사회 이론은 이 사회적 고통의 원인을 성찰하면서 그 원인을 해소할 수 있는 방안을 모색하는 실천적 인식틀로 규정될 수 있다. 이러한 실천적 인식틀이 사회에서 작동될 수 있기 위해서는 깨달음의 문화가 정착되어야 한다는 주장으로 이어지는 로이의 사회철학은 붓다의 기본 가르침에 기반하여 불교 사회철학을 이끌어내는 전형적인 사례 중 하나로 평가할 만하다(D.R. Roy, 2003; 18~34).

유승무도 불교 사회학을 정립시키고자 하는 노력을 하면서 기본적으로 "오늘날 불교와 사회변동의 관계를 이해하기 위해서는 먼저 사회변동 및 그와 관련된 쟁점에 대해 붓다가 어떠한 관점을 가지고 있었는지를 알아보아야 한다."는 언명을 통해 불교 사회이론이 붓다의 가르침에 근거하는 것이어야 한다는 입장을 분명히 밝히고 있다(유승무, 2010; 19). 불교가 붓다의 가르침이라는 동어반복적 진리에 특별히 주목하지 않는다고 해도, 불교 사회이론 또는 사회철학, 또 그것에 근거한 이념이 붓다의 가르침에서 근거한 것이어야 한다는 명제는 당위이다. 그러나 붓다의 가르침이 수천년 전의 북인도라는 시공간적 맥락 속에서 전개된 점을 고려해야 한다는 당위적 요청 또한 고타마 붓다의 실천적 지혜 속에 포함되어 있다는 사실에도 우리는 충분히 유의할 필요가 있다.

공(空)과 연기(緣起)의 인식틀 속에서 인간과 사회를 바라보고 그 연기성의 자각을 통한 고통의 해소를 지향하는 불교는 시장을 중심으로 하는 상업성의 원리에 의해 작동하는 현재 한국의 자본주의 사회에서도 여전히 유효한 패러다임인가? 이 질문에 대한 답을 불교적 맥락을 견지하면서도 현대 한국사회의 구조적 변화 양상에 대해서도 충분히 유의하는 균형잡힌 시각으로 찾는 일이 결코 쉽지 않지만, 우리 논의 속에서는 먼저 불교 사회이념이자 운영원리로 연기적 독존주의(緣起的 獨尊主義)를 제시하면서 그 적실성을 검토한 후에 그 이념에 근거하여 우리 사회에서 정의를 실현할 수 있는 구체적인 방안을 모색해 보고자 한다.

III. 사회정의 실현을 위한 불교적 대안의 모색

1. 불교 사회이념으로서 연기적 독존주의(緣起的 獨尊主義)

불교 사회이념은 붓다의 가르침, 즉 불교에 근거하여 사회가 나아갈 길을 제시하는 사회사상 체계를 의미한다. 이러한 사회이념은 물론 한 사회의 과거와 현재를 분석하는 기준이 되기도 한다. 그렇다면 불교 사회이념은 어떻게 규정될 수 있을까? 필자는 그것을 '연기적 독존주의(緣起的 獨尊主義)'로 개념화하여 이미 제시한 바 있다(졸고, 2009; 64). 이 개념은 필자가 구체화한 것이기는 하지만, 독창적인 것은 아니다. 왜냐하면 그것은 이미 붓다의 가르침 속에 포함되어 있는 내용을 개념화한 것에 지나지 않기 때문이다.

연기적 독존주의는 연기성(緣起性)과 독존성(獨尊性)을 두 축으로 삼는 사회이념이자 사회운영 원리이다.[3] 연기성은 붓다가 발견한 존재와 존재자의 연기성을 의미하는 개념이고, 그것은 다른 측면에서 공성(空性)이라는 개념으로 치환될 수도 있다. 존재하는 모든 것들은 다른 존재자들과의 의존 속에서만 비로소 존재하는 것이라는 붓다의 깨침은 인간의 본질적인 관계성에 대한 철저한 자각이었다. 유교에서도 관계성을 중시하지만, 나와 남을 구분하지 않는 훨씬 더 철저한 관계성으로서의 연기성은 나의 생존은 물론 삶의 의미마저도 그것에 의존한다는 지점으로까지 나간다. 불교의 사회관은 바로 이 연기성을 확장한 개념인 동체(同體)에서 출발할 수밖에 없다.

---

[3] 연기성에 관한 경전의 언급과 설명은 곳곳에서 찾아볼 수 있다. 원효의 경우에는 이러한 연기성은 보살계를 언급하는 과정에서 자리(自利)와 이타(利他) 사이의 관계를 해와 달의 관계와 비유하는 방식으로 강조하고 있다. 若有日而無月 萬苗燒燋 故不能生果 亦若有月無日 萬苗物卽腐 故不能生牙 戒亦如是, 원효, 「梵網經菩薩戒本私記」, 『한국불교전서』 권1, 589상.

인간의 삶에서 관계가 중요하다는 지적이나 인식은 어떤 사상체계를 바탕으로 삼아도 어느 정도 가능하지만, 붓다의 가르침 속에서 제시되는 연기성 만큼 철저한 관계성의 근거를 찾기는 어렵다. 나의 삶이 타자와의 의존 속에서만 비로소 가능해진다는 인식을 넘어서서 그와 내가 둘이 아니라는 동체의식(同體意識)으로까지 확장되기 때문이다. 나와 남, 나와 자연, 나와 우주가 둘이 아니라 하나의 몸이라는 인식은 고립된 영역 안에서 존재하는 '개체(individual)로서의 인간'이라는 서구 근대사상의 일반적인 인간관과는 완전히 대척점에 서는 것이다. 그런 관점에서 보면 사회란 나와 얽혀있는 그물망, 즉 화엄적 차원의 인드라망 그 자체이다(도법, 2010; 326).

그런데 불교 사회이념은 그러한 연기성의 토대 위에서도 각 존재자의 고유한 존엄성을 동시에 중시한다. 무명(無明)의 질곡 속에서 헤매는 다른 존재들과는 달리 인간에게는 그 업보의 굴레를 스스로 인식하여 벗어날 수 있는 깨침의 가능성이 더 많이 부여되어 있고, 그런 점에서 각각의 인간은 누구나 그 자체로 존엄함의 근거를 지닌다. 대승불교에 오면 이러한 존엄함은 각 인간의 내면에 부처가 있다는 본래부처 또는 본래면목의 개념으로 확장되고, 누구나 깨치기만 하면 그 순간 곧 붓다가 된다는 사상으로 이어진다.[4]

독존성의 또 다른 기반은 연기성에서 찾아볼 수 있다. 나의 존재성이 다른 존재자들의 존재 근거이자 원인이 되기 때문에 나는 그 자체로 존엄성을 지닌 존재라는 설명이 가능하다. 내가 의식하는 범위를 넘어서서 나 자신은 다른 수많은 존재자들의 존재를 뒷받침하는 근거

---

4) 그러한 인식의 전형적인 예로 우리는 "迷一心而起無邊煩惱者 衆生也 悟一心而起無邊妙用者 諸佛也"라는 지눌의 관점을 들 수 있다. 지눌, 「勸修定慧結社文」, 『한국불교전서』 권4, 698상.

가 되고 바탕이 되고 있다. 그런 점에서 우리는 자신의 목숨이 자신만의 것은 아니라는 철저한 자각을 해야 하고, 그런 점에서 보아도 자살(自殺)을 할 수 있는 권한이 내게 주어져 있지 않다. 나 자신의 삶을 잘 꾸려가고자 노력하는 일은 그 자체로 나와의 연기적 의존 속에 있는 모든 존재자들의 삶을 건강하게 뒷받침하는 일이라는 점을 인식함으로써 나 자신의 독존성을 좀더 명확하게 받아들일 수 있게 될 것이다.

불교 사회이념은 바로 이러한 독존성과 연기성이라는 일견 모순적으로 보이는 두 원리를 바탕으로 삼아 전개된다. 타자와의 의존 속에서만 비로소 가능한 나의 삶은 그 의존 또는 연기(緣起)의 그물망이라는 사회로 확장되지만, 그렇다고 해서 나 자신의 삶이 지니는 고유한 독존성이 훼손되는 것은 아니다. 오히려 내 삶의 의미는 그 연기성의 깨침 가능성과 타자의 삶을 뒷받침하는 연기성 자체에 의해 존엄함의 근거를 지니게 된다. 그러한 존엄성을 스스로 인식하면서 한편으로 우리 자신의 삶의 의미를 수행(修行)과 자비(慈悲)라는 두 차원의 실천행(實踐行)을 통해 이끌어내고, 다른 한편 동체의식을 바탕으로 삼아 사회라는 사부대중 공동체를 청정하게 유지해야 한다는 의무가 우리에게 부여되어 있다는 것이 불교 사회이념의 핵심내용이라고 요약할 수 있다. 이 내용을 하나의 개념으로 규정한 결과가 곧 연기적 독존주의이다.

2. 불교의 사회정의관과 현대 한국사회

오늘 우리 논의의 주된 관심사인 불교의 사회정의관은 바로 앞에서 제시된 연기적 독존주의의 관점에서 유추해 볼 수 있다. 연기적 독존주의에서는 개인과 사회의 엄격한 구분은 가능하지 않을 뿐만 아니라 필요하지도 않다. 개인이 타자와의 연기성 속에서만 존재할 수 있고 그 연기(緣起)의 그물망이 곧 사회이기 때문에 둘은 서로 분리되지 않는다. 그렇게 본다면 한 인간에게 적용될 수 있는 정의관(正義觀)은 곧 그가 속해 있는 사회의 정의관과 분리될 수 없게 된다.

정의가 기본적으로 행위자의 덕목을 의미하는데 사회는 독자적인 행위자로서의 성격을 갖고 있기 못하기 때문에 사회정의라는 개념은 신기루이거나 범주의 오류 속에 있는 잘못된 개념이라고 말하는 하이에크(F. Hayek) 류의 관점은 사회가 개인의 연장선상에 위치하면서도 독자적인 행위 능력을 갖는다는 경험적 사실을 제대로 인식하지 못하는 오류에 기인한 것이다(애덤 스위프트, 2011; 42).[5] 한국사회는 한국사회 나름의 판단과 행동을 하고 미국사회 또한 그러하다. 그리고 그 사회의 판단과 행위는 그 사회구성원들의 판단과 행위와 연결되어 있으면서도 일정한 범위 안에서 독자성을 지닌다. 이미 니부어(N. Niebuhr)와 같은 사회윤리학자들의 고찰을 통해 드러난 것처럼 개인의 도덕성이 곧 그가 속한 사회의 도덕성을 담보하지 못하는 맥락은 개인과 그가 속한 사회의 연기성이 제대로 작동하지 못하는 결과이기도 하고, 다른 한편 사회 자체가 구조와 제도라는 매개체를 통해서 일정하게 독자적인 행위능력을 갖게 된 때문이기도 하다(N. Niebuhr, 이한우 옮김, 2004).

사회정의의 문제는 그런 점에서 바로 이와 같은 사회의 구조와 제

---

5) 스위프트(A. Swift)는 설령 사회가 독자적인 행위능력을 갖지 않는다는 하이예크의 주장을 받아들인다고 하더라도 "시장을 통한 전체적인 자원 배분이 누군가의도적인 행위자-에 의해 의도되지 않는 것이 사실이라고 해도 그 사실에 곧 그 결과에 대해 누구도 책임질 필요가 없다는 것을 의미하지는 않는다."라는 말로 비판하고 있다. 다시 말해서 이 상황에서 중요한 것은 그런 부정의한 상황이 존재한다는 사실에 대해 정확히 인지하고 이 현실은 누가 책임질 것인가 하는 문제를 진지하게 고민해야만 한다는 지적이다. 애덤 스위프트, 김비환 옮김, 『정치의 생각』, 개마고원, 2011, 42쪽.

도가 지니는 도덕성의 문제라는 점에서 사회윤리적 차원을 지닌다. 그렇다고 해서 이러한 사회윤리적 차원이 그 사회구성원의 개인윤리적 차원과 분리되어 온전한 독자성을 지니는 것은 아니다. 사회구조가 지니는 독자성은 그 구성원들의 사회윤리 의식을 바탕으로 삼아 바뀔 수 있는 가능성이라는 점에서 상대적인 독자성일 뿐이다. 불교 사회이념으로서의 연기적 독존주의는 바로 이러한 개인윤리와 사회윤리 사이의 연계성과 차별성을 제대로 설명해 낼 수 있게 하는 이론적 틀로 자리매김될 수 있다. 그런 점에 유의하여 우리는 정의의 문제는 한 개인의 덕목의 차원을 지님과 동시에 그와 연기적으로 얽혀 있는 사회 또는 공동체의 운영과 평가의 원리라는 차원을 지닌다는 결론에 도달할 수 있다.

그런데 우리가 불교적 관점에서 사회정의를 말하고자 할 때 한 가지 짚고 넘어가야 하는 난제와 만나곤 한다. 그것은 현재의 불평등한 상황이 전생(前生)의 업(業)에 따른 과보(果報)라는 까르마와 윤회 문제이다. 고타마 붓다 당시의 인도가 이러한 까르마 개념을 수용하고 있었고 현재까지 이어지고 있기도 하다. 불교 윤리학자 하비(P. Harvey)도 이 문제에 대해 "까르마에 기초한 인과응보라는 교리가 사회에 현재하고 있는 부와 가난에 대한 철저한 도덕적 설명과 정당화로 이해될 때, 그것은 재분배에 대한 도덕적 비판 자체를 무력화시켜버릴 가능성이 상존한다."고 주의를 환기시키고 있다(P. Harvey, 허남결 옮김, 2011; 375). 아리스토텔레스의 신분에 따른 공적 개념과도 연계시킬 수 있는 이러한 까르마(karma)는 현대 윤리학의 도덕적 운(moral luck)의 문제와 연계하여 논의의 지평을 확대해 볼 수 있다.

도덕적 운의 문제는 물론 일차적으로 도덕적 행위 과정에서 작동하는 운의 요소를 일차적인 논의의 대상으로 삼지만, 그것을 사회윤리학적 차원으로 확대시켜보면 한 개인의 도덕적 판단과 행동과정에서 각 개인이 살고 있는 사회의 문화수준이나 교육수준 등과 같은 요인들이 어느 정도로 작동하는지와 관련된 문제가 되고 그런 요인들은 넓게 보면 까르마의 개념으로 해석될 수 있는 여지가 충분하다. 왜냐하면 까르마란 자신이 의식하지 못하지만 이미 이전 생의 어느 시점에선가 무명(無明)의 어리석음에 기반하여 자신이 지은 업에 대한 보라는 종교적 개념임과 동시에 자신이 어찌해 볼 수 없는 유전적·환경적 변수라는 철학적 개념으로 해석할 수도 있기 때문이다. 만약 그렇게 받아들일 수 있다면, 업보의 문제는 더 이상 숙명론적 문제가 아니라 자신의 현재성을 정확하게 받아들이는 실존적 수용과 결단의 출발점을 이루게 된다.

불교 사회정의관 문제에서도 우리는 현재 자신이 갖고 있는 여건이나 상황을 그 자체로 존중하면서 그것에 따르는 책임을 다해야 한다는 사회윤리관을 이끌어낼 수 있을 뿐만 아니라, 자신과 동체적 관계(同體的 關係)를 맺고 있는 타자들이 최소한의 인간적인 삶을 유지할 수 있도록 해야 한다는 자비(慈悲)의 분배적 정의관을 이끌어내는 데 어려움을 느끼지 않는다. 그러한 자비는 동체적 관계 속에서 곧 나 자신과 나 자신의 인간적 삶을 존중하는 일이 되기도 한다. 이 지점에서도 우리는 연기성과 독존성의 불이적 관계(不二的 關係)를 다시 확인한다.

그런데 오늘의 한국사회를 중심으로 이러한 불교적 사회정의관을 펼치고자 할 때에는 다시 몇 가지 난제와 만나야만 한다. 일차적으로 종교의 영역 속에 머물고 있는 불교가 과연 다른 종교와 어떤 관계를 맺어야 하는가 하는 문제와 직면하게 되고, 더 나아가 종교를 갖고 있지 않는 반수 이상의 국민들과 어떤 관계를 맺어야 하는가 하는 문제와 만나게 된다. 이러한 문제 상황은 자유민주주의를 근간으로 삼는 시민사회로서의 성격을 지니게 된 현대 한국사회와 불교의 만남이라는 차원으로까지 이어지는 것이기도 하다. 자유민주주의와 자본주의를 사회운영 원리로 채택하는 시민사회의 가장 큰 특징은 자유와 사유재산권을 주로 의미하는 사적 영역의 지속적인 확대와 공공재 문제를 해결하기 위한 공적 영역의 최소화로 요약될 수 있다. 이 시민 사회에도 윤리가 필요하기는 하지만, 그것은 어떻게 살 것인가와 관련된 최대도덕의 차원이 아니라 최소한의 공적 영역을 지키기 위한 경쟁 과정의 공정성(fairness) 같은 최소 도덕일 뿐이다. 이런 사회에서 당연히 최대도덕의 성격을 지니는 불교윤리와 불교의 사회정의관은 어느 정도의 적용 범위를 확보할 수 있고 또 확보해야 할 것인가?

하이예크적 자유주의의 전통을 수용하고 있는 민경국은 이 문제에 대해 회의적인 입장을 채택한다. 민경국은 자유사회에 통용되고 있는 도덕규칙을 타인들의 재산이나 신체 또는 자유를 침해하는 행동을 금지하는 정의의 규칙(rules of justice)과 이웃을 사랑하고 어른을 공경하는 것 같은 선행(beneficence)) 또는 연대감(solidarity)의 규칙, 말과 행동의 신중함이나 타인들과의 사교의 신중함 또는 투자의 신중함 등을 의미하는 신중함(prudence)의 규칙 등 3가지로 나눈다(민경국, 2007; 282~283). 그러면서 그는 정의의 규칙은 익명의 사회에 적합한 것이고 선행의 규칙은 소규모 사회의 윤리일 뿐이라는 하이예크의 주장에 의지하여 불교윤리 또는 불교 사회철학은 소규모 사회에서나 적합한 선행 또는 연대감의 도덕일 뿐이라고 비판하고 있다(민경국, 2010가; 127).

우리 사회가 이미 자유주의에 기반을 둔 시민사회로서의 특성을 상당 부분 지니게 되었다는 명제를 수용한다는 전제에서 보면 이러한 민경국의 주장은 곧 우리 사회에서도 적용될 수 있을 것으로 보이고 실제로 그는 우리 사회에도 자유주의 도덕 원리가 적용되어야 한다는 주장을 강력하게 펼치고 있기도 하다.6) 그렇다면 불교 사회정의관 또는 불교 사회철학은 시대착오적 담론이거나 기껏해야 각 개인들의 사적 영역에만 머물러야 하는 제한적 의미를 지닐 수 있을 뿐인가? 아마 민경국과 같은 자유주의자들은 주저없이 그렇다고 대답할 것이다.

필자는 그렇지 않다고 주장을 펼치고자 하며 그 근거를 다음과 같이 제시하고자 한다. 연기적 독존주의로 구체화할 수 있는 불교 사회 이념은 오히려 자유주의 또는 자유지상주의와 시장경제의 논리가 모든 사람들의 삶을 속속들이 지배하고 있는 현재의 우리 사회에서 더 적극적으로 요구되는 이념이고, 그것은 또한 인간다운 삶을 구현해 내기 위해 필요한 최소한의 기반이기도 하다. 우리 삶의 바탕에 전제되어 있는 전 지구적 차원의 연기성(緣起性)은 일본 원자력 사고에 대해 꽤 오랜 시간 공포심을 공유해야만 했던 우리 삶의 실존적 경험을 통해서도 충분히 확인한 바 있다. 그렇다고 해서 우리가 자신의 삶을 타자의 결정에 맡겨야 하는 부당한 개입을 허용할 수 있다는 전제를 결코 받아들일 수는 없다. 그것은 독존(獨尊)의 문제이기 때문이다. 다만 그 독존이 각 개인의 개별성을 중시하는 자유주의적 의미의 자유(liberty)일 수 없다는 자각이 전제된다는 점에서 차별화될 뿐이다.

나의 삶의 의미는 물론 스스로 선택하거나 부여해야 하는 독존의 문제이지만 그 독존이 타자와의 분리가 아닌 적극적인 관계성 또는

---

6) 그는 자신의 우려를 다음과 같이 표현하고 있다. "이 책이… 그 어느 때보다도 시장경제와 자유민주주의가 심각하게 위태로워진 한국사회가 '자유의 길(the Road to Freedom)'로 전진하는 데 도움이 될 수 있기를 희망한다.", 민경국, 『자유주의의 지혜』, 아카넷, 2007, 6쪽, 머리말.

연기성을 전제로 한다는 명제는 우리 경험 속에서 상식적으로 확인할 수 있는 것에 속한다. 어떻게 타자와의 의존 없이 우리 삶이 이루어질 수 있는가? 그것은 한편으로 가족과 같은 대면적 관계를 의미하지만, 다른 한편으로는 오늘 마시는 커피를 제공해 주는 남아메리카 어느 산골소년과의 관계를 의미하기도 한다. 자유주의자들은 그 중 후자를 철저한 익명적 관계로 규정하면서 시장경제의 원리만으로도 정의문제가 해결될 수 있다는 비현실적인 주장을 일삼는다. 대면(對面)과 익명(匿名)은 상대적인 개념일 뿐이다. 역사상 한 번도 제대로 작동한 적이 없는 이른바 '보이지 않는 손(invisible hand)'라는 18, 9세기 사상의 유물을 전가의 보도처럼 휘둘러대는 자유주의자들의 논리 속에는 강자(强者)의 수구성(守舊性)이 진하게 배어있다. 특히 그러한 혐의는 현재 한국의 자유주의자들이 정말로 자유가 요청되던 1970년대와 1980년대의 억압적 정치상황 속에서는 자유를 향한 진정한 외침에 제대로 동참한 적이 없다는 우리 현대사의 경험을 통해서도 확인되는 것이기도 하다.

IV. 사회정의 실현을 위한 불교적 참여의 방법들

1. 한국불교의 사회이념과 정의관 확립

우리 사회에서는 한국불교가 사회참여에 소극적이라는 비판의 목소리를 쉽게 접할 수 있다. 아마 이런 비판은 가톨릭과 같은 다른 종교와의 대비 속에서 나온 것일 수도 있고, 자본주의적 일상성 속으로 급속히 편입되어 가는 모습을 보이기도 하는 현재의 사찰 중심의 불교에 대한 비판적 고찰로부터 비롯된 것일 수도 있다. 그 중 어떤 것이든 기꺼이 수용할 수도 있고 일정한 경험적 증거를 바탕으로 삼아 반박할 수도 있겠지만, 확실한 사실은 한국불교가 우리 사회에서 차지하고 있는 위상과 비중에 비해 그에 걸맞는 역할을 해내고 있는지에 대한 비판적 성찰이 요구되는 시점이라는 점이다.

성리학을 국가지도이념으로 채택했던 조선 500년 역사 속에서 불교는 겨우 명맥을 이어갈 수밖에 없는 열악한 상황으로 내몰리기도 했고, 대처승단과 세속화를 전제로 삼아 성립된 일본불교의 영향권 속으로 편입되는 것을 강요받았던 일제강점기 치하에서 비구승단 중심의 한국적 불교전통이 심각하게 훼손될 위기를 맡기도 했지만 우리는 경허나 용성, 만해와 같은 사상적·실천적 지도자들을 만나는 행운을 통해 그 위기를 극복하고 현재의 한국불교를 맞을 수 있게 되었다. 그 과정에서 만공이나 성철 같은 선승(禪僧)의 존재가 부각되어야 마땅하고, 구산이나 숭산 같은 서구에 우리 불교를 적극적으로 전파한 스님들의 존재도 함께 주목받아야 마땅할 것이다.

그러나 다른 한편으로 자유주의와 시장경제로 상징되는 현대 한국 사회와 불교가 어떻게 만나야 하는지에 대해 근본적인 성찰이나 실천적인 노력이 적극적으로 요청됨에도 우리 불교계가 그런 노력을 얼마나 기울여 왔는지에 대해서도 충분히 반성해 볼 필요성을 느낀다. 그와 같은 적극적인 노력은 우선 실천적인 영역에서 이루어져야 하겠지만, 그것과 함께 불교가 오늘 우리의 사회상황과 만나는 접점에서 사회현상을 분석하고 그에 걸맞는 적절한 대안을 제시하기 위해 어떤 인식틀을 설정할 수 있는지를 고민해야 하고, 그것은 곧 불교 사회철학과 이념의 차원으로 이어진다.

앞에서 확인한 것처럼 로이(D.R. Roy)는 불교 사회이론(a Buddhist Social Theory)을 '사회적 고(Social Dukkha)'의 개념을 사용해 모색하고 있고, 박경준은 공업(共業)이라는 개념을 중심으로 불교 사회경제사상을 정립하고자 시도하고 있다(박경준, 2010). 모두 의미 있는 시도인 것으로 평가하지만, 그것보다는 좀더 진전된 개념화가 요구된다는 판단에 근거하여 필자는 그것을 '연기적 독존주의'라는 개념으로 구체화하는 시도를 계속해 가고 있는 중이다. 이와 같은 적극적인 이론화 작업들은 당연히 실천적 노력들과 연계될 수 있을 때에만 본래의 의미를 회복할 수 있는 것이고, 실천의 과정 속에서 그 적용 가능성 또는 새로운 변형의 필요성 등을 확인할 수도 있을 것이다.

불교 사회정의관은 그러한 불교 사회철학 또는 사회이념의 하위 범주에 속하는 개념이면서도 핵심영역에 속하는 것이다. 왜냐하면 사회정의(social justice)는 사회의 기본질서이면서 사회윤리의 핵심 영역과 내용을 구성하기 때문이다. 불교적 관점의 사회정의는 한 인격체의 내면을 지향하는 성찰을 근간으로 삼아 독존성(獨尊性)의 영역에 이르는 한편, 타자와의 관계를 동체성(同體性)에 기반한 자비(慈悲)의 실천으로 맺어갈 수 있게 하는 연기성(緣起性)의 영역에 이어져 있다. 이런 맥락 속에서 이론화 작업은 자비의 실천과 분리될 수 없는 실천성을 담보하게 된다.

한국불교의 역사 속에서 이러한 사회정의관은 원효의 보살적 삶의 지향 속에서 이미 구현된 적이 있고, 근대 이후의 역사 속에서 용성과 만해, 만공과 성철의 삶을 통해서 근대적 또는 현대적 형태로 구현된 적이 있다. 그 중에서 용성과 만해는 독립운동에의 적극적 참여와 같은 실천운동을 통해 구현하고자 했고, 만공과 성철은 깨달음의 구현을 통한 동체의식의 확대라는 선불교적 실천을 통해 구현하고자 했다. 이 두 차원 모두 불교 사회윤리의 소중한 지평으로 해석될 수 있는 여지를 지닌다.

불교의 사회참여와 관련지어 일차적으로 우리가 해야 할 일 중의 하나가 불교 사회철학과 이념의 정립을 위한 노력이라는 사실은 바로 그러한 한국불교의 역사 속에서 이미 전개된 사회 참여적 태도와 실천에 대한 성찰과 재정리 작업을 포함해야한다는 점을 함축하고 있다. 각 인물별로 정리해 가는 작업은 불교계의 문중을 중심으로 어느 정도 진행되고 있지만, 그러한 노력이 지니는 일정한 성과와 함께 피하기 어려운 지나친 미화와 같은 한계를 지닐 수밖에 없기 때문에 비교적 객관적이고 공정한 자세를 유지할 수 있는 주체들이 나서서 시대별이나 주제별로 재평가와 재정립 노력을 지속해 가야 할 필요성이 있다. 이런 노력들은 당연히 학술적인 담론의 장을 넘어서서 한국사회를 향해 적극적으로 발언하는 수준으로까지 확대되어야 한다.

2. 연기적 관계망 회복을 위한 자비실천

불교의 자비실천은 동체의식과 연기성의 기반 위에서 이루어지는 것이 마땅하다. 근대적 의미의 시민사회로 이미 상당 부분 편입되어 버린 현재의 한국사회에서 동체의식(同體意識)이나 연기성의 자각은 어느 정도 구현되고 있다고 볼 수 있을까 하는 질문을 던져본다면 어느 누구도 최소한 긍정적인 대답을 하기는 어려울 것이다. 점점 희박해져 가는 친구관계나 가족관계, 세계 최고 수준이라는 부끄러운 자살율과 점점 높아져 가는 이혼율, 인간적인 유대를 대체하는 애완동물 산업의 급속한 확대 등이 우리 사회 인간관계 정도를 짐작해 볼 수 있게 하는 간접적 증거들이다.

이러한 관계망의 훼손은 단순한 인간소외 현상을 불러오는 데서 그치지 않고 궁극적으로는 삶의 의미문제에 까지 영향력을 행사한다.

20세기 초반 프랑스를 중심으로 한 유럽의 자살률 증가 이유를 개인적 요인에서보다는 사회구조적 요인에서 찾고자 했던 에밀 뒤르껭의 안목을 굳이 들먹이지 않아도 우리 사회의 자살율 증가가 단순히 우울증과 같은 각 개인의 정신적 문제에만 기인한다고 판단하는 사람은 없을 것이다. 아니 우울증을 주요 요인으로 인정한다고 하더라도 그 많은 사람들이 우울증에 빠져드는 이유가 무엇인지에 대해 객관적인 고찰이 필요하고, 그 고찰의 과정을 통해 우리는 그것이 한 인간의 삶의 의미를 규정짓는 관계망의 훼손에서 온다는 사실을 찾아내는데 큰 어려움을 겪지 않을 것이다.

한국불교가 우리 사회에 해줄 수 있고 또 해주어야만 하는 가장 큰 일은 바로 이러한 관계망의 회복이다. 인간은 고립성과 이기성(利己性)만을 전제하고는 살아갈 수 없는 존재이다. 인간에게 때로 고립된 공간이 필요하고 상당한 부분에서 이기성을 전제로 살아가기도 하지만, 그것 못지않게 인간들 사이의 관계망 속에서 다른 사람을 기꺼운 시선으로 배려하는 데서 의미를 느끼는 존재이기도 하다. 그러나 다른 한편 그 관계망이 박정희 시대의 권위적인 국가공동체나 전두환 시대의 군사문화적 공동체처럼 억압적으로 작동할 경우에는 오히려 인간의 고유한 독존성(獨尊性)을 훼손하는 기제가 된다는 점에 대해서도 우리는 충분히 유의할 필요가 있다.

이런 상황 속에서 한국불교는 연기적 독존주의를 근간으로 삼아 자신의 존재 안에 들어와 있는 연기성을 체험할 수 있는 기회를 제공하는 통로로서의 역할을 해내야 한다. 이미 다양한 템플스테이를 통해 이런 역할의 일부를 감당해 내고 있지만, 더 적극적인 차원에서 '인드라망 생명공동체'와 같은 공동체적 삶의 모형을 실질적으로 보여줄 수 있는 노력이 필요하다. 특히 전국의 본사들을 중심에 두고 그곳이 공동체적 삶의 공간 자체로 승화될 수 있는 실천적 노력들을 구체화할 수 있게 되고 그러한 노력들이 가까운 절집 생활을 통해 시민들의 삶 속으로 자연스럽게 파고들 수 있게 할 수 있다면, 우리 사회가 현재 직면하고 있는 고립성과 그것에 근거한 무모한 경쟁의 칼날 위에서 목숨을 건 줄다리기를 하고 있는 수많은 젊은 생명들이 죽음의 유혹에서 벗어나 진정한 삶의 의미를 되찾을 수 있는 문명적 대전환이 가능해질 수 있을 것이다.

자유주의자들은 흔히 경쟁은 불가피하다고 말하곤 한다. 자원이 제한되어 있는 상황 속에서 경쟁은 불가피한 면이 분명히 있고 또 견뎌낼 수 있을 정도의 목적 있는 경쟁은 한 개인의 에너지를 긍정적으로 이끌어낼 수 있는 계기를 마련해 줄 수 있다는 점에 대해서는 필자도 충분히 수용한다. 그렇지만 우리 사회의 경쟁은 분명한 목적도 없고 패자에게는 다시 기회가 없을 것 같은 분위기 속에서 무모하게 진행되고 있는 경쟁일 뿐이다. 그들을 향해 "힘들거든 자기보다 못한 사람들을 내려다보고 잘 나간다 싶거든 자기보다 높은 사람을 올려다 보라."는 정도의 충고를 하는 일이 의미 없는 것은 아니지만(김난도, 2010; 135), 진정한 대안은 그가 기댈 수 있는 관계망을 회복해 주는 일이다. 그 일이 한국불교가 우리 사회에 해주어야 하는 일의 시작이자 핵심을 이룬다.

자신의 연기성에 대한 자각은 한편으로 우리 삶의 본질에 대한 깨달음에 다가서는 종교적·철학적 성취이지만, 다른 한편으로는 자신의 존재 이유와 존귀함을 인식하는 실천적·윤리적 성취이다. 한국불교의 그런 노력들이 어느 정도 성과를 나타내기 시작하면, 우리 사회의 죽임의 문화가 살림의 문화로 바뀌는 획기적인 전환이 가능해질 것으로 기대한다.

3. 사회정의 문제에 대한 불교의 정당한 목소리 내기

우리 사회는 그다지 공정한 사회가 아니다. 물론 광복 이후의 현대사 속에서 조선시대를 지배했던 신분제가 철저하게 무너졌고 그 결과 형식적 수준의 평등이 상당한 수준으로 확보되었다. 경제성장에 일정한 성공을 거두고 절대빈곤 상황을 극복함으로써 실질적 자유의 영역을 비교적 짧은 시간 안에 확보한 사회라는 긍정적 평가가 가능하다는 데 동의한다. 그러나 그런 성취의 대가로 우리는 최소한의 시민윤리를 내주어야 했고 그 중에서도 공정성의 원칙을 이른바 지도층부터 훼손하는 데 앞장서는 참담한 모습을 지켜보아야만 하는 처지로 내몰리고 있다. 더 나아가 자본주의적 일상에 삶의 의미문제를 내주어야 하는 시간을 꽤 오래 견디는 과정에서 진정한 행복을 잃어버리고 어떤 이유에서 살고 있는지에 대해 쾌락주의 이상의 설명이 불가능한 상황으로 내몰리고 있기도 하다.

이러한 현실 상황에 대한 분석은 일차적으로 사회과학의 몫이지만, 그것은 동시에 우리 사회의 윤리적·이념적 지향을 묻는 사회윤리학의 몫이기도 하다. 기신론적 사유구조(起信論的 思惟構造) 속에서 생멸(生滅)과 진여(眞如)에 각각 대응시켜볼 수 있는 이 두 차원의 분석틀은 사실과 가치의 얽힘이라는 현대 윤리학의 새로운 경향을 통해서도 입증되고 있는 것처럼 서로 둘도 아니고 하나도 아닌 불이적 관계(不二的 關係)를 맺고 있다(힐러리 퍼트남, 노양진 옮김, 2010; 61~62). 20세기 내내 우리는 이 두 차원이 서로 섞일 수 없는 관계를 맺고 있다는 이른바 자연론적 오류개념을 받아들이는 데 익숙했지만, 이제 더 이상 그런 관계는 성립될 수 없다는 사실이 논리적·경험적으로 밝혀지고 있고 그 분리가 끝나는 지점에서 우리는 사회학을 비롯한 사회과학의 전반적 몰락을 지켜보기도 했다.

불교의 사회이념을 굳이 이러한 분석틀과 대비시켜 본다면, 우리가 직면하고 있는 고통스런 상황에 대한 과학적인 인식을 배제하지 않는다는 점에서 사회과학적 차원을 지니는 동시에 불교의 기본 관심이 '존재 자체의 실상을 규명하고 대응하는 일'이라는 점에서 규범학적 또는 사회윤리학적 차원을 동시에 지닌다(현응, 2009; 237). 이 두 차원이 서로 얽혀 있음에 주목하면서 중생으로 하여금 삶 자체의 지향을 깨달음으로 향하게 하는 노력이 곧 보살심(菩薩心)에 근거한 자비실천이다. 자유라는 개념이 다양하고 복잡하게 해석될 수 있음에도 주로 시장경제의 맥락 속에서 맹목적으로 자유무역주의를 옹호하는 이른바 신자유주의 같은 사이비 자유주의에 대한 비판의 목소리를 높여야 하는 이유도 그 이념이 그러한 자비실천의 맥락에서 일탈한 경직된 이데올로기로 전락했기 때문이다.

사회정의 문제는 일차적으로 각 개인의 자유와 권리를 확보하는 문제라기 보다는, 우리 사회에서 소외받고 있는 소수자의 최소한의 인간다운 생존을 보장해 주는 문제이다. 경쟁의 장에서 최소한의 공정한 기회조차 보장받지 못하는 도시빈민의 자녀들이나, 우리 땅에 함께 살면서 상당한 정도의 사회적 역할을 감당해 내고 있으면서도 그에 상응하는 대우는커녕 최소한의 권리조차 보장받지 못하는 외국인 노동자 등이 사회정의 논의의 첫 번째 대상이어야 마땅하다. 또한 우리와 함께 살면서 우리 삶을 가능하게 하는 연기적 관계를 맺고 있으면서도 늘 개발의 대상으로 몰리기만 하는 자연과 동물들도 사회정의 차원의 고려 대상으로 포함되어야만 한다.

배아복제나 의료윤리의 문제에 대해서도 당연히 불교적 관점에 근거한 목소리를 내야 한다. 생명윤리 문제를 국가적 수준에서 판단하는 국가생명윤리위원회에서 불교계의 목소리를 듣기 어렵다는 지적은 쉽게 넘길 사항이 아니다. 활동이 거의 중지된 불교생명윤리위원회의 활동을 상설화할 수 있도록 해야 하고, 특히 사회정의의 관점에서 생명산업의 상업성과 의료 서비스의 분배문제 등에 대해 조용하면서도 분명한 목소리를 낼 수 있는 체계적인 준비를 서둘러야 마땅하다.

그런 문제들에 대응하는 불교의 목소리는 물론 불교다워야 할 것이다. 이 '불교다움'을 규정짓는 방식이 여러 가지일 수 있지만, 그 중 가장 중요한 것으로 꼽을 수 있는 특징은 우리 삶에 내재된 생멸과 진여의 영역 모두에 정당한 관심을 기울이면서도 궁극적으로는 다르마(dharma)에 다가서는 것을 목표로 삼는 중도적(中道的) 자세와 세상에 존재하는 모든 존재자들에 대한 동체적 연민을 전제로 하는 자비실천(慈悲實踐)의 자세일 것이다. 이 두 자세는 물론 서로 긴밀한 연계성을 지니고 있고, 그런 점에서 보면 우리들의 삶에서 자신의 내면을 향하는 성찰과 타자를 향하는 자비실천도 서로 이어져 있는 연기적 관계성을 지니는 셈이다.

:

제14장

우리 시대 국가지도자의 요건: 사명을 중심으로

I. 머리말

'국가지도자'라는 개념은 그 시대와 상황에 따라 다른 정의가 가능한 개념이기도 하지만, 어느 시대나 상황을 막론하고 통용될 수 있는 보편적인 기준이 제시될 수 있는 개념이기도 하다. '국가'라는 공동체를 전제로 하여 그것을 이끌어가는 존재자로서의 인간을 국가지도자라고 정의할 수 있다면 그 과정에서 요구되는 능력과 자세를 갖춘 사람이라는 점에서 보편성을 지닐 수 있는 반면에, 그 국가를 바라보는 시각이 시대와 상황에 따라 다를 수 있고 그 결과에 의해 위상이나 역할이 다르게 규정될 수 있다는 점에서 그러하다.

오늘 우리 사회에서 통용될 수 있는 국가지도자라는 개념이 사명의 시대인 조선사회의 그것과는 그 내포(內包)와 외연(外延)에 있어 다를 수 있겠지만, 그럼에도 우리가 이 시점에서 조선시대 국가지도자의 모습을 성찰하면서 오늘의 바람직한 지도자상을 모색하는 일이 불가능하거나 의미 없는 것은 아니다. 왜냐하면 근대적 의미의 국가

개념이 통용되지 않던 조선에도 오늘날의 국가와 유사한 형태의 공동체가 존재했고, 그 공동체를 이끌어가는 존재자로서의 지도자가 처한 상황도 오늘의 그것과 유비가 가능한 것이기 때문이다. 다만 우리는 이 논의의 과정에서 그 유비의 가능성만큼이나 사회구조 자체의 변화에 따른 지도자의 위상 변화에도 유의할 필요가 있다.

오늘 우리의 사회는 기본적으로 근대적 형태의 시민사회와 국가를 전제로 해서 운용되고 있고 이 사회를 이끌어가는 주체는 선비가 아닌 모든 시민들이다. 물론 그 시민들을 대표해서 입법부의 의원들과 사법부의 법관들, 그리고 대통령을 중심으로 하는 행정부의 관료들이 이 시대 국가지도자의 역할을 담당하고 있지만, 그 권력의 원천이 대한민국의 모든 국민인 시민이라는 점에서 근본적인 차이가 있다. 이러한 차이에 유의하면서 우리는 현재적 시점에서 조선이라는 나라가 붕괴의 위기에 처했던 시기를 살아야 했던 사명당의 국가지도자로서의 위상을 재조명하고 그것이 과연 현재의 우리 국가지도자들과 국민들에게 어떤 의미를 지닐 수 있는지를 고찰해 보고자 하는 것이 이 장의 목적이다.

이를 위해 우선 우리 시대 국가지도자의 위상과 요건이 무엇인가를 간략하게 정리한 후에 사명당의 삶을 국가지도자라는 측면에 초점을 맞추어 고찰하고, 마지막으로 다시 그러한 사명당의 삶이 우리 시대에 주는 의미를 정리하는 순서로 전개해 보고자 한다.

II. 우리 시대 국가지도자는 누구인가?

우리가 몸담고 살고 있는 현대 한국사회에 국가지도자가 있는가? 많은 사람들이 이 질문에 선뜻 그렇다고 답하지 못한다. 분명히 대통령이나 대법원장, 국회의장과 같은 국가기관의 수장들이 있고, 총무원장이나 추기경 등의 종교지도자도 있음에도 쉽게 그들이 우리가 기대하는 온전한 의미의 국가지도자인지에 대해서 합의를 보지 못하는 데는 여러 가지 원인이 있을 것이다.

우선 우리 시대 국가지도자가 과연 어떤 모습과 자격을 갖추고 있어야 하는지에 대한 합의가 어렵다는 이유를 들 수도 있고, 대통령과 같이 외적인 요건을 충분히 갖추고 있는 경우라도 그것에 걸맞는 내적인 요건을 온전히 충족하는 일이 불가능할 정도로 내적 요건에 대한 요구와 기대가 다양하기 때문이라는 이유를 찾을 수도 있다. 종교지도자의 경우 그 종교의 범위를 벗어나는 일이 생각보다 쉽지 않기 때문이라고 생각해 볼 수도 있다. 어떻게 보든지 우리가 기대하는 국가지도자를 갖고 있지 못하다는 사실 자체에 대해서는 많은 사람들이 동의하는 상황이다.

그렇다고 해서 우리 시대가 더 이상 국가지도자를 필요로 하지 않는 시대라고 생각하는 사람을 쉽게 만날 수 있는 것도 아니다. 물론 법과 체제(system)에 의한 지배가 민주주의의 본령이라고 볼 수 있고, 그 법과 체제가 완벽하게 갖추어질 수 있다면 특별히 국가지도자가 필요하지 않다는 주장은 충분히 가능하겠지만, 그 주장도 '완벽한 법과 체제'를 기대할 수 없고 혹시 완벽에 가까운 법과 체제가 있다고 해도 그 운영의 주체인 인간에게 주어진 재량권이 있을 수밖에 없다는 점에서 국가지도자의 불필요성에 관한 정당화로 이어지기는 어렵다.

국가지도자의 필요성에 대해 동의하고 나면 이제 과연 우리 시대의 국가지도자는 어떤 사람이어야 하는지에 대한 논의로 넘어가야 한다. 우리 시대의 국가지도자는 선비와 같은 엘리트 지식인이 정치와 도덕의 영역을 독점하던 조선시대와 비교하여 다음 몇 가지 점에서 차별화될 필요가 있다. 먼저 그는 신분이나 계급을 전제로 하지 않아야 한다는 점에서 차별화된다. 현대국가 중에서도 영국과 같이 왕족이나 귀족이 신분으로 세습되는 경우가 없는 것은 아니지만, 우리는 확실히 그런 신분의 세습이 허용되지 않는 평등사회의 성격을 갖추고 있는 만큼 지도자도 세습되는 것이 아니라 기본적으로는 당대의 그 자신에 한정되는 특성을 지닌다.

두 번째 차별화 지점은 국가지도자가 신분으로 세습되지 않기 때문에 모든 시민의 자녀 중에서 공적인 교육체제를 통해 길러져야 한다는 점이다. 영국의 경우 국가지도자가 왕궁의 하나인 윈저성 앞에 위치한 이튼스쿨 등의 귀족학교를 통해서 일반학교[public school]와는 질적으로 다른 교육과정을 이수하는 일이 가능하지만, 우리는 기본적으로 공립형으로 운영되는 초등학교와 중등학교를 거쳐서 국가지도자로 길러져야 하는 체제를 확립하고 있다. 최근 교육의 수월성을 이유로 다양한 형태의 엘리트교육기관 설립을 요구하는 흐름이 있지만, 전체적인 분위기가 이를 허용하지 않는 이유 중 가장 큰 것이 바로 이와 같은 한국사회의 평등주의 때문일 것이다.

세 번째 차별화 지점은 국가의 위상 변화에 따른 차별화 요구와 연결된다. 현대의 국가는 세계화와 지역화라는 상충하는 요구 속에서 존재하고 있을 뿐만 아니라, 자유주의적 전제에서 비롯되는 최소 국가의 요구와 복지주의적 전제에서 비롯되는 최대 국가의 요구가 충돌하는 지점에 위치하고 있다. 가뭄이나 홍수와 같은 국가적 재난마저도 임금의 덕(德)과 연결시키던 전통시대의 국가와는 다른 차원의 요구가 서로 상충하는 가운데 국가가 어떤 위상을 갖추고 있어야 하는지에 대한 끊임없는 논란이 있는 시대이고, 우리의 경우에도 크게 다르지 않다. 이런 상황 속에서 국가지도자는 국가의 위상을 어떻게 정립해 가야 할 것인지에 관한 숙고와 판단, 그리고 그것에 따른 실천력을 갖추고 있어야 한다는 부담을 안게 될 수밖에 없다. 더 나아가 그러한 숙고와 판단을 기반으로 삼아 전 국민적 합의를 이끌어낼 수 있는 소통능력을 갖추고 있어야 한다.

국가지도자에게 요구되는 소통능력은 동시에 세계정세의 흐름을 꿰뚫어보는 통찰력에 기반한 세계화 수용 능력과 자신의 문화전통에 기반한 보편적 정체성을 확립해야 한다는 지역화 수용 능력으로 확장되면서 어떤 점에서는 과도한 부담으로 나타날 가능성도 높아지고 있다. 이러한 과도한 부담은 그럼에도 지도자의 정신적 능력의 핵심을 이룬다는 점에서 쉽게 포기할 수 없는 지점이기도 하다. 다시 말해서 오늘날 우리에게 요구되는 국가지도자는 국민의 삶을 책임질 수 있는 정치경제적 능력뿐만 아니라 문화적이고 도덕적인 능력을 갖추고 있는 존재자이고, 그는 태어나는 존재가 아닌 길러져야 하는 교육의 대상이기도 하다.

III. 국가지도자로서 사명스님의 위상

1. 세속적 국가지도자로서의 사명당

사명당 유정스님은 '16세기에서 17세기 초반까지의 조선(1544~1610)'이라는 시공간적 한계 속에서 생존했던 인물이다. 이러한 시공간 한계 또는 특성은 그로 하여금 불교 이전에 유교 경전을 접하게 했고, 이러한 학습과정은 당시 지배층을 형성하고 있던 성리학적 배경의 사대부들과의 긴장과 협력의 관계를 형성할 수 있게 하는 배경이 되기도 했다. 당대의 사대부로 평가받던 이산해나 허균 등이 스님이 머물던 봉은사로 찾아와 시문답을 주고받으며 학문과 인생을 논할 때 아마도 첫 장면은 스님의 능력을 시험하는 어색한 상황이었을 것으로 보이는 것도 모두 이러한 시대적 배경 때문이다.[1]

유정스님이 생존했던 조선 중기는 한편으로 주자학적 세계관이 뿌리를 내려가면서 사림파들이 국가권력의 핵심을 차지해 가던 시기였고, 다른 한편으로는 임진왜란이라는 국가적 재난으로 인해 전 국토가 피폐해지고 임금과 지도층에 대한 불신이 극에 달한 시기이기도 했다. 지속적인 왜구의 침입과는 다른 차원의 대규모 침략의 징후를 감지하고도 제대로 대응하지 못하는 무능함을 노정시킨 사대부들의 무능과 임금의 무책임성에 대한 백성들의 불신과 원망이 만연했던 그 시기에 사회적으로 천대받는 계급에 속하면서도 최고 지식인으로서의 능력을 갖추고 있었던 승려로서 유정 스님의 위상은 그런 점에서 상당한 정도의 중첩적인 혼란을 동반한 것일 수밖에 없었을 것이다.

유정 스님이 임진왜란을 맞아 스승 서산 스님을 모시고 승병을 조직해 의병활동을 벌일 수 있었던 배경에는 이미 그의 생애 속에서 국가를 어떻게 받아들여야 하는지에 대한 분명한 자각뿐만 아니라, 당대를 지배하고 있었던 사대부들과 견주어도 결코 빠지지 않는 성리학적 소양이 전제되어 있었다는 판단이 가능하다. 특히 후자의 요건은 관군과의 협력을 보다 체계적으로 가능하게 하는 소통의 전제조건

---

1) 정병조, 「사명대사 유정의 사상과 불교사적 위치」, 사명당기념사업회 편, 『사명당 유정-그 인간과 사상과 활동』, 지식산업사, 2000, 24~25쪽 참조.

이 되었을 것이다.

서애 유성룡의 『징비록(懲毖錄)』과 함께 임진왜란 당시의 상황을 주체적으로 기록한 또 하나의 역저로 꼽히는 사명당 유정의 『분충서난록(奮忠紓難錄)』은 유정스님이 왜군 진영은 물론 지원군이었던 명군의 진영에 들어가 담판하거나 협상한 구체적인 내용들을 기록한 귀중한 정보서이다. 그 가운데 왕에게 올린 상소문을 보면 유정의 성리학적 소양과 기반이 어느 정도인지를 짐작할 수 있다.

신은 풍천 임씨의 자손으로 우리 조부가 영남 밀양으로 옮겨온 것이 인연이 되어 이 고을 백성이 되었습니다. 그러나 불행하게도 신의 몸에 이르러 15세가 되자 먼저 어머니를 잃고 16세에 계속하여 아버지를 잃으니, 눈을 들어 보아도 아무 데도 친척도 없는 외롭고 외로운 외톨이 몸이 되어 드디어는 아비도 없고 임금도 없는 죄인이 되었습니다. 부평초 같은 이 신세는 마치 구름이나 새 같은 삶이 되어 산속으로 들어가거나 숲속으로 들어가면서도 오히려 더 깊은 곳이 없을까 걱정할 정도였습니다.

그러다보니 어느덧 신의 나이 51세가 되었습니다. 지나간 세월을 생각하오면 모두 성명(聖明)의 덕택이었습니다. 하오니 어찌 중의 몸이라고 해서 스스로 자신을 소원하게 여겨 한 순간이라도 임금과 아비의 은혜를 잊을 수 있겠습니까?….2)

풍천 임씨의 자손임을 밝히는 것으로 상소문을 시작한 것이나 부친과 임금의 은혜를 강조하면서 그에 대한 보답으로 의승병(義僧兵)을 일으켜 왜적의 침입에 맞서고 있음을 강조하는 부분은 기본적으로 유정 스님의 유교적 소양과 태도를 반영하는 것으로 해석할 수 있다.

---

2) 유정, 이민수 역, 「분충서난록」, 『사명당대사집』, 대양서적, 1973, 238쪽.

몸은 산속에 들어가 수행하는 승려의 신분이지만, 역시 부모와 임금에 속하는 존재라는 자의식이 분명했던 유정 스님의 태도를 불교적 관점에서는 어떻게 해석할 것인가 라는 문제가 남아 있기는 하지만, 여기서 우리가 확인할 수 있는 것은 유정 스님이 당시의 시대상황을 적극적으로 수용하는 실천성을 지니고 있었던 실천적 지식인이자 국가를 적극적으로 받아들이는 국가지도자로서의 자의식을 갖추고 있었던 인물이라는 점이다.

수기치인(修己治人)을 전제로 하여 내적인 수양과 외적인 덕치(德治)를 삶의 지향으로 삼고자 했던 조선 선비들의 의식은 전국 곳곳에서 일어난 의병장들의 활약상을 통해 쉽게 확인할 수 있다. 이러한 실천지향적인 선비의식은 자신들이 국가를 이끌어가는 주체라는 의식에서 비롯된 것이기도 하고 자신의 삶의 의미와 목표를 보다 완전한 천명(天命)의 구현과 백성 교화(敎化)에서 찾고자 했던 그들의 목표의식에서 비롯된 것으로 해석될 수 있다.[3]

그런데 이러한 선비 중심 사회에서 신분적으로 소외되어야 했던 승려로서의 유정은 어떤 의식으로 승의병을 조직해 외적의 침략에 온몸으로 맞서고자 했던 것일까?[4] 그 의식의 핵심은 아마도 유교적 소양을 전제로 하여 형성된 북방불교권의 보살정신에 근거한 자비심과 지도자의식이었을 것으로 짐작된다. 실제로 유정 스님은 자신이 남긴 기록 곳곳에서 이러한 의식의 일단을 표현하고 있기도 하다.

---

3) 졸저, 『동양 도덕교육론의 현대적 해석』, 인간사랑, 2009, 2장 「보살과 선비, 그 역사성과 현재성」 참조.

4) 실제로 당시의 선비들은 유정 스님을 조헌이나 김천일 같은 의병장들의 활동과 비견될 만한 인물이면서도 그들보다도 더 많은 '특이한' 업적을 남긴 의병장으로 보고 있었다. 어유구, 「분충서난록 서문」, 유정, 이민수 역, 앞의 책, 199쪽 참조, 雲師 當壬辰亂 倡義效 力於危亂之際 其精忠壯烈 與重峰健齋諸公決然竝峙 而所成就 尤奇(여기서 중봉은 조헌의 호이고 건재는 김천일의 호이다.)

신은 본래 미륵(彌勒)을 벗 삼는 몸으로 병가(兵家)의 일에 대해서는 알지 못합니다. 하오나 **적 하나라도 죽여서 성상의 망극한 은혜를 갚고자 하는 것**이오니 어찌 의관(衣冠)한 사람들에게 뒤지오리까? 다만 스스로 군량을 마련하자니 이를 계속하기가 어려워서 군졸들이 반이나 흩어져 버렸습니다. 신은 또 늙고 병들어서 이제는 고향 산으로 돌아가 죽은 몸뚱이를 그곳 구렁에 묻을까 하지만, 싸움을 피한다는 누명을 들을까 두려워서 공연히 싸움터에 머물러 있는 것입니다.…5)

'의관(衣冠)한 사람들'이라는 표현은 주로 벼슬자리에 있는 선비들을 지칭하는 말로 그들에 비해 임금을 향하는 충심(忠心)이 결코 뒤지지 않는다는 스님의 표현을 통해 우리는 그가 '미륵을 벗 삼는' 불교의 승려이면서도 유교적 충효의 정신을 몸에 새긴 '선비적 성향의 승려'였음을 쉽게 확인할 수 있다. 물론 이러한 스님의 의식이 속세의 일에 어느 정도 초연해야 하는 불교적 사유와 실천행이라는 관점에서 볼 때 논란의 여지가 있음을 부정할 수 없지만, 확실한 사실은 그가 승려이면서도 자신의 시대 문제를 적극적으로 수용하고자 했던 선비의식을 공유하고 있었다는 점이다. 국가지도자의 핵심 요건이 바로 자신이 처한 시대와 상황에 대한 적극적인 인식과 수용, 그리고 그것에 기반한 실천력이라는 점을 고려해 볼 때, 사명당 유정스님은 국가지도자로서의 요건을 확고하게 갖춘 존재자였다는 평가가 가능해진다.

2. 정신적 지도자로서의 사명당

사명당 유정 스님은 왜적의 침입에 맞서 의병을 일으킨 조선 선비정신의 맥을 이었다는 점에서 세속적 지도자로서의 위상을 확고히

---

5) 앞의 책, 239쪽, 강조는 필자의 것이다.

보여주었지만, 그것으로 온전히 해결되지 않은 채 남아 있는 또 하나의 쟁점이 있을 수 있음을 우리는 앞의 논의에서 떠올린 바 있다. 그것은 바로 그러한 의병장으로서의 사명당이 지닌 선비정신이 불교 승려로서 지켜야 할 계율이나 정신에 얼마나 부합하는가 하는 논란이다.

이미 이른바 '호국불교' 논쟁을 통해서도 제기된 바 있는 이러한 논란은 그것을 과연 한국불교의 특성이라고 볼 수 있을지 또는 그것이 불살생과 세속으로부터의 일정한 거리를 강조하는 불교의 본래 정신과 상충하는 것은 아닌지 하는 논쟁으로 이어질 수 있는 여지가 아직도 많이 남아 있다.[6] 호국불교에 대한 비판은 대체로 불교가 대중의 삶에 기여하기보다는 왕과 집권층의 요구에 충실했다는 사실과 국가라는 이름으로 전개되는 전쟁의 과정에서 계율을 어기고 살생의 과정에 적극적으로 참여했다는 사실로 그 초점이 모아지는데, 사명당의 경우 첫 번째보다는 두 번째 사실에 근거해서 비판을 받을 여지가 있다. 위의 인용문에서도 볼 수 있는 것처럼 '적 하나라도 죽어서 성상의 망극한 은혜를 갚고자 하는' 태도가 과연 불문에 든 수행자로서 지닐 수 있는 자세인지에 대한 논란이 가능하다는 의미이다.

사명당의 경우 그의 상소문에서 당시의 임금에 대한 충성심을 확인할 수 있는 구절들을 확인할 수 있지만, 그것은 단지 당시 사회의 상소문 형식에서 사용되던 일반적인 헌사에 불과한 것으로 해석될

---

6) 예를 들어 김종만은 우리 불교의 호국불교적 성격에 대해 다음과 같이 비판하고 있다. "결론부터 말하지면 불교가 전래된 삼국시대부터 오늘에 이어지고 있는 한국역사에서 호국불교의 전개는 순수불교와는 거리가 멀다. 다시 말해 불교라고 하기엔 부끄러운 요소가 적지 않다. … 호국이 국(國)과 민(民)을 위한 실천적 불사로 전개되기보다 왕조와 지배계급의 집권 논리를 옹호하고 나아가 영토의 수호와 확장을 위한 살육의 전쟁을 정당화하는 일까지 담당했다는 점이다.", 김종만, 「호국불교의 반성적 성찰」, 『불교평론』, 3호, 2000.6./ http://www.budreview.com/ news/articleView.html/indxno.=305 30/08/10 검색.

수 있고 그의 본래 지향점은 왜적의 침입으로 삶의 터전을 송두리째 빼앗긴 대중들에 대한 자비심이라고 볼 수 있기 때문에 오히려 본래 불교정신에 철저한 실천행(實踐行)을 보여주었다는 평가도 가능하다. 더 나아가 포로로 잡혀 왜구의 땅으로 잡혀간 백성들을 귀국시키기 위해 보여주었던 그의 헌신적인 노력이나 평화조약을 맺기 위한 목숨을 건 노력 등을 통해 보살행을 충분히 보여주었다는 점에서 높은 평가가 가능하다.[7]

두 번째 논쟁점에 대해서는 불교의 본래 정신과 역사성 사이의 상충 가능성이나 생멸의 세계에 속해 있으면서 진여의 세계를 지향해야 하는 인간의 절대적인 한계 등을 근거로 삼아 정당화 또는 반론이 모두 가능하다. 다만 우리가 유념해야 하는 지점 중의 하나는 사명당의 의병활동이 영토확장이나 침략을 위한 것이 아니라 최소한의 자위권을 확보하기 위한 것이었다는 점과 그것이 도탄에 빠진 조선백성들을 향한 한없는 자비심에서 비롯된 방편으로 선택된 것일 가능성이 높다는 점이다. 그런 점을 고려하여 사명당의 의병 활동을 불교적 관점에서 무조건적으로 칭송하는 일은 삼가야 하겠지만, 그렇다고 해서 그의 활동이 불교의 본래 정신에 완전히 위배되는 것이라는 극단적인 평가도 삼갈 필요가 있다.

이러한 불교계 내의 논란 가능성에도 불구하고 국가의 정신적 지도자로서 사명당의 위상은 쉽게 낮아지지 않는다. 그의 삶의 지향 자체가 당시대의 정신을 이끌어가던 성리학적 질서를 포용하면서도 동체자비(同體慈悲)의 윤리를 향해 있다는 존경심을 당시의 지배층이나 백성들 모두로부터 이끌어낼만 했기 때문이다. 조선왕조실록에 기록

---

7) 사명당의 도일 평화외교 활동에 대해서는 김영작, 「사명대사의 도일 평화외교 활동」, 사명당기념사업회 편, 앞의 책, 295~316쪽을 참조.

된 사명당에 대한 평가나 임진왜란 중 재상을 역임하면서 국난극복에 앞장섰던 서애 유성룡 등의 평가 속에서 우리는 당시의 정신적 지도 자로서의 사명당의 위상을 충분히 확인할 수 있다.

… 유정의 상소는 말에 조리가 있고 의리가 발라서 당시의 병통을 적중시켰으니 육식자들이 어찌 부끄러움이 없었겠는가? 이 때문에 특별히 기록한 것이니, 이는 중이라고 해서 그 말까지도 폐하지는 않겠다는 의도이다.[8]

사관(史官)의 이러한 평가를 통해서 우리는 '중이라고 해서 그 말까지 폐하지는 않겠다.' 라는 식의 소극적인 언급 뒤에 숨어 있는 '말의 조리와 바른 의리'에 대한 깊은 존중감을 읽어낼 필요성을 느낀다. 사명당은 단순히 말과 글을 조리있게 하는 수준을 넘어서 '올바른 의리'를 아는 '중'이라는 사관의 평가가 당시 관료들의 승려에 대한 비하와 함께 그럼에도 무시할 수 없는 실력과 실천력을 보유하여 당시 사람들에게 존경받고 있었음을 간접적으로나마 읽어낼 수 있게 하는 대목이다.

당시 사람들의 사명당에 대한 존경심은 조선에 제한되지 않았다. 일본의 스님들은 말할 것도 없고 덕천가강을 비롯한 장수들까지 사명당의 인품과 수행의 경지에 고개를 숙였다는 증거를 곳곳에서 찾아볼 수 있다. 그 중에서 '덕천가강의 큰아들이 선학(禪學)에 뜻이 있어 말을 여러 번 청하므로 지어줌'이라는 제목의 시(詩) 한 수만을 함께 보고자 한다.

---

8)『조선왕조실록』, 선조 30년 4월 13일(23집 194면), 전기호, 「사명사상과 행적의 현재적 의미」, 사명당기념사업회 편, 위의 책, 184쪽에서 재인용.

저 큰 허공은 끝간 데 없는 무진장이고

고요한 지혜는 냄새도 없고 소리도 없다.

무슨 말을 묻고 또 들을 것인가,

구름은 푸른 하늘에 있고

물은 병 속에 있는 것을.[9]

성철 스님의 '산은 산이고 물은 물이로다.'라는 법문을 떠올리게
하는 사명당의 이 호탕한 법문이 당시 일본 최고 실력자였던 덕천가
강의 큰아들이 여러 번 듣기를 청하자 던진 글이라는 점을 상기해
보면, 우리는 당대 일본 지배층의 스님에 대한 존경심의 정도와 함께
그의 깨달음 수준을 감히 상상해 볼 수 있을 것이다. 이러한 존경심은
선사(禪師)로서의 스님의 권위와 실천행 속에서 드러나는 도덕적 권
위에 근거한 것이기 때문에 더 귀한 것이고, 우리는 이를 통해 조선을
넘어서는 국제적인 정신적 지도자로 사명당을 설정하는 데 큰 어려움
을 느끼지 않게 된다.

IV. 국가지도자로서 사명당과 그 현재적 의미

1. 우리에게는 왜 존경받는 지도자가 드물까?

우리는 II장의 논의를 통해 이 시대의 국가지도자가 조선 등의 전통
시대와 비교하여 차별화되어야 하는 지점으로 신분으로 세습되지 않
는다는 점과 그런 이유로 인해 시민교육이라는 공교육을 통해 길러져

---

9) 『사명당대사집』, 앞의 책, 153~154쪽. 번역은 필자가 역자의 번역을 참조하여 수정한
것임을 밝혀둔다. ―大空間無盡藏 寂知無臭又無聲 只今請說何煩問 雲在靑天水在瓶.

야 한다는 점, 그리고 세계화와 지역화라는 상충된 요구에 대한 안목과 실천력을 지녀야 한다는 점 등의 3가지를 설정하고자 했다. 이세 가지 사항은 물론 '현대 한국사회'라는 우리가 몸담고 살아가고 있는 이 시·공간을 전제로 하는 요구사항들이기 때문에 국가지도자로서의 사명당의 위상에 대한 평가가 이러한 현재성에만 의거해서이루어질 수는 없다. 오히려 어떤 측면에서는 당시의 상황에 충분히유의하는 역사성이라는 기준이 더 많이 적용될 필요가 있다고 말할수도 있다.

그런 점을 고려하여 우리는 국가지도자로서 사명당의 위상을 세속적인 국가지도자로서의 그것과 정신적 지도자로서의 그것으로 구분하여 평가해 보고자 했고, 사명당은 세속적인 의미의 지도자였을 뿐만 아니라 정신적인 의미에서도 조선이라는 국경을 넘어서서 국제적으로 인정받은 지도자임을 확인할 수 있었다. 그런데 오늘 우리의주관심사는 이러한 역사성에 주목하는 것이 아니라, '지도자가 없는시대'라는 불행한 시대규정이 통용되고 있는 우리 시대에 초점을 두는 현재성의 문제이다.

사명당은 임진왜란이 발발한 1592년에 이미 49세라는 세수를 기록하고 있던 승가의 중진스님이었고, 국가적으로도 부활한 승과에 급제해서 유생들과의 교류를 통해 어느 정도 인정받은 후에는 세수 30을전후하여 스승 서산스님을 만나 참선에 몰두하여 깨침의 세계로 나간대표적인 선승으로 인정받고 있기도 했다. 다만 당시의 승가가 차지하던 비중이 높지 않았기 때문에 임진왜란 이전에는 국가운영의 중심에 있지 않았다는 점에서 세속적인 국가지도자였다고 평가받기는 어려울 것이다. 임진왜란을 통해 승병을 일으켜 적에 대항하고 전쟁이끝난 후에는 외교관으로 일본에 파견되어 맡겨진 임무를 충실히 수행하는 중에 일본의 지배층에게 정신적인 영향력을 미침으로써 세속적인 의미의 국가지도자이자 정신적인 지도자로 인정받게 되는 결과로 나타난 것이다. 그것도 스님이 그런 인정을 원한 결과가 아니라 단지 자신이 처한 현실을 적극적으로 껴안고자 하는 보살행에 충실한 결과였다는 사실을 우리는 그의 심경이 담겨 있는 많은 시구들과 허균이나 어유구 등의 선비들이 남긴 글들 속에서 확인할 수 있다.10)

이러한 지도자로서의 사명당의 위상이 지니는 현재적 의미는 과연 무엇일까? 이 질문에 대한 답을 찾기 위해서는 먼저 현재 우리에게 요구되는 지도자가 누구이고, 그가 어떤 요건을 갖추고 있어야 하는지에 대한 논의가 선행될 필요가 있다. 그래야만 그 논의에 터해 조선 중기의 지도자로서 사명당 유정스님이 갖고 있었던 위상과 그것이 지니는 역사적 의미를 현재성이라는 기준으로 재구성해 낼 수 있을 것이기 때문이다.

우리 사회가 산업화와 민주화라는 상충된 과정을 경험하면서 지니게 된 특성들이 다양하지만, 도덕과 정치의 영역에 한정지어 본다면 평등주의에 기반한 물질적 가치 추구 경향의 강화와 탈권위 현상을 꼽을 수 있다. 조선이라는 신분제 사회가 외적 압력에 의해 무너진 후 100여 년의 시간을 지내는 동안 우리 사회는 다른 사회와 비교해 보아도 훨씬 더 강한 평등주의적 경향을 갖게 되었을 뿐만 아니라, 전통적 가치를 대체할 만한 새로운 가치를 찾지 못한 채 산업화 과정을 거치면서 물질적 가치가 다른 모든 가치들을 포용해 버리는 강력

---

10) 『사명당대사집』 서문을 쓴 허균이 사명당을 평가한 부분 중에서 다음 구절이 국가지도자로서의 사명당의 위상과 관련지어 주목할 만하다. "뛰어난 시문은 단지 곁가지에 지나지 않고 그의 재주가 족히 어려운 시국을 구제할 만한데 아깝게도 불문(佛門)에 발을 들여놓았구나라고 혼자서 생각했다." 이민수 역, 앞의 책, 32쪽. 강조는 필자의 것이다.

한 물신주의(物神主義, fetishism)의 지배 속에 놓이게 되었다.[11]

경제성장의 과정과도 일정하게 맥을 함께 한 민주화과정을 통해서 우리는 국민이 진정한 주권을 회복하는 성과와 함께 민주화운동을 주도해온 저항적 시민사회가 정착하는 결과를 얻기도 했다. 인권이 극적으로 회복되고 소수자의 권리가 존중받을 수 있게 되었을 뿐만 아니라, 선거에 의해 대통령이나 국회의원, 시장, 도지사, 교육감 등을 바꿀 수 있는 민주주의의 기본 장치가 작동할 수 있는 기반을 마련하기도 했다. 그러나 한편으로 이러한 외적 민주화의 성과는 군부독재로 상징되는 폭력적인 권위를 짧은 시간 안에 무너뜨리는 과정에서 전문적 권위와 도덕적 권위마저도 함께 무너뜨리는 일종의 권위 무정부 사회를 가져오기도 했다. 어찌보면 이러한 탈권위 현상은 민주화의 과정에서 거쳐야만 하는 시행착오의 과정이라고 평가할 수도 있지만, 법이나 지위와 역할 자체에 대한 존중마저도 인정하지 않는 극단적인 형태의 탈권위 현상은 사회의 근간을 흔드는 또 하나의 혼란으로 이미 우리 주변에 자리하고 있다는 점에서 유의해야 한다.

민주주의와 권위구조의 관계를 고찰하는 정치학자 임혁백은 "권위가 비민주적이라는 것은 신화일 뿐이다."라고 결론짓는다. 권위가 민주적으로 부여될 수도 있고 비민주적으로 부여될 수도 있지만 일단 부여된 권위는 민주적이라고 주장하는데, 그 근거는 공공선을 향한 지도자의 헌신과 능력이 없이는 권위가 존속할 수 없기 때문이라는 것이다.[12] 여기서 비민주적으로 부여된 권위도 민주적이라는 주장은

---

11) 이러한 현상을 윤리학자 김태길은 "오늘날 우리 한국이 겪고 있는 심한 혼란도 저 금전만능과 사치낭비의 풍조와 깊이 연관되어 있다."고 표현하고 있고, 철학자 탁석산은 '지금 이 세상이 전부이다.'라는 현세주의와 '감각의 즐거움을 쫓는' 인생주의 등의 개념과 관련지어 설명하고 있다. 김태길, 『한국윤리의 재정립』, 철학과현실사, 1995, 399쪽, 탁석산, 『한국인은 무엇으로 사는가』, 창비, 2008, 7쪽 참조.
12) 임혁백, 「민주주의와 권위구조」, 조대엽 외, 『한국사회 어디로 가나?』, 굿인포메이션,

쉽게 납득하기 어렵지만, 시민과 그의 대표로 구성되는 시민사회에서 시민들에 의해 민주적으로 부여된 권위가 대표의 공공선을 향한 헌신과 능력으로 이어지지 않는다면 민주주의 자체가 존속할 수 없다는 주장은 충분히 받아들일 만할 뿐만 아니라 현재 우리 사회의 권위부재 현상으로 인해 생기고 있는 다양한 문제의 원인을 정확하게 담고 있는 주장으로 수용할 만하다.

물신주의의 만연과 권위에 대한 존중감의 결여, 평균주의로서의 평등주의의 확산 등이 복합적으로 결합되어 어느 누구도 쉽게 존경받을 수 없는 삶을 살아갈 수밖에 없는 상황으로 전개된 광복 이후 현대 한국사회는 '존경받는 지도자의 부재'라는 비극적인 현상을 떠안게 되었다. 심지어 종교계에까지도 자본주의적 일상이 파고들어 오면서 종교계 지도자도 제대로 존경받지 못하는 풍조가 확산되어 있다. 물론 그런 한계마저 적극적으로 넘어서는 성철이나 법정 스님과 같은 정신적 지도자가 있어서 우리에게 깊은 감동과 위안을 주기도 했지만, 그런 감동과 위안은 극히 드문 경우일 뿐 대부분의 종교지도자는 존경의 대상이 되지 못하고 있다. 하물며 정치나 경제계의 지도자들의 경우는 더 말할 나위가 없다. 역대 대통령들은 모두 임기가 끝나자마자 검찰로 향해야 하는 비극을 우리는 지켜보아야 했고, 경제계의 지도자들도 대부분 정당한 부의 축적과정과 사회적 책임감의 결여가 문제가 되어 질시와 비난의 대상이 되고 있을 뿐이다.

물론 최근 들어 경제계의 지도자들이 기부문화의 확산에 앞장서는 모습을 보여줌으로써 존경받는 경우가 조금씩 늘고 있고 자발적인

2005, 105쪽. 그는 벤야민 바버의 개념을 빌려 권력에 초점을 맞추는 '권위주의적(authoritarian)'과 피치자의 동의 또는 권위부여에 초점을 맞추는 '권위적(authoritative)'를 구분하는 입장을 택하고 있는데, 우리말에서는 분명한 구분없이 사용되는 경향이 있어 약간의 오해의 소지가 남아 있기는 하다. 같은 책, 107쪽 참조.

납세를 통해서 도덕성을 보여주는 경우도 적지 않아 희망이 없는 것은 아니지만, 아직까지 우리 사회 전반에는 진정한 지도자를 향한 열망을 충족시켜줄 만한 지도자가 현저하게 부족하다는 인식이 일반적이다. 이 문제를 어떻게 극복해 가야 하는 것일까? 이 질문에 대한 답을 지도자로서 사명당의 위상과 의미에 초점을 두고 찾아보는 것이 우리에게 남은 과제이다.

2. '지도자로서 사명당'에서 유추할 수 있는 우리 시대 국가지도자의 요건

여기서 말하는 우리 시대를 이끌어갈 수 있는 지도자란 물론 '현재의 한국사회'를 전제로 하는 개념이지만, 그렇다고 해서 그 맥락 속에 갇히는 지도자를 의미하는 것은 결코 아니다. 이미 국가들 사이의 관계는 물론이고 국경 사이의 지리적·심리적 거리감이 현저히 좁혀지고 있는 세계화 시대에 한국의 지도자는 한국을 중심에 두면서도 세계와 우주를 바라볼 수 있는 안목과 실천력을 갖추고 있어야 하기 때문이다. 그렇다고 해서 여전히 국가라는 단위체가 세계화 시대의 핵심 행위주체로 작동하고 있는 현실을 무시하는 일 또한 비현실적일 뿐만 아니라 자칫 공허한 세계화 담론에 휘말릴 가능성이 높다는 점에서 유의해야 한다.

우리는 이미 사명당을 지도자의 관점에서 고찰하면서 세속적인 의미의 국가지도자와 정신적인 지도자 개념을 구분해서 사명당의 경우 이 두 지도자의 범주 모두를 포괄하고 있었음을 확인한 바 있다. 그런데 이러한 개념 구분은 현실의 영역 속에서는 두 범주 사이에 서로를 포괄하는 밀접한 연관성을 지니고 있기 때문에 실재의 구분 자체는 아니라는 점을 인식할 필요가 있다. 국난극복에 앞장선 세속적인 의미의 국가지도자로서의 사명당은 정신적 지도자로서의 위상 확보로 인해 그 역량을 발휘할 수 있었고, 역으로 정신적 지도자로서의 사명당의 위상도 의병장으로서 실질적인 국난극복에 앞장섬으로써 확립되고 확장되는 선순환의 과정이 전제되어 있다는 의미이다.

그런 점에서 우리의 현재는 사명당이 살았던 조선 중기에 비해 세속과 탈속의 경계가 더 뚜렷한 시기라는 점을 염두에 둘 필요가 있다. 우리 시대는 사명당의 시대에 비해 정신적인 지도자와 세속적인 지도자 사이의 경계가 비교적 뚜렷한 시대이고, 그 경계를 분명히 인식하면서 우리 시대 지도자론을 전개할 필요가 있다는 말이다. 오늘 우리의 논의는 그 중에서도 주로 세속적인 의미의 지도자론에 초점을 맞추고자 한다. 정신적인 지도자가 반드시 종교의 범위에서만 가능한 것은 아닐지라도 사명당으로부터 유추할 수 있는 그것이 종교적 범위를 배제할 수 없다는 점에서 이 논의는 다른 맥락에서 이루어질 필요가 있다고 판단되기 때문이다.

1) 시대정신과의 소통능력

지도자로서의 사명당은 당시의 시대정신이라 할 수 있는 성리학 중심의 유교사상과 정신에 정통한 지도자였다. 그는 이미 자신의 교육배경 속에서 유교적 소양을 충분히 습득했을 뿐만 아니라, 승과 급제 이후에는 폭넓게 유학자들과 교유하면서 시문을 매개체로 삼아 당시의 문제와 낭만을 공유하는 능력과 자세를 갖추고 있었다. 이러한 시대정신과의 소통 능력은 유학자들로 하여금 천대받던 불교 승려에 대한 새로운 인식을 요구하는 근거가 되었고, 우리는 이미 허균이나 어유구 같은 유학자들의 사명당에 대한 평가를 통해서 확인한 바 있다. 이를 통해 우리는 한 시대의 지도자가 되기 위해서는 먼저 그 시대를 움직이는 정신에 대해 인식하고 체화할 수 있는 교육과 교유 (交遊)의 과정을 거쳐야 함을 배울 수 있다.

사명당은 그것에 그치지 않고 자신의 사상적 배경인 불교, 특히 한국불교의 맥을 형성하고 있던 선학(禪學)에 충실하고자 노력했다. 한 시대의 정신은 일종의 패러다임으로 작동하고 있기 때문에 반드시 그 안에 붕괴와 쇠락의 조짐을 담고 있을 수밖에 없는 변증법적 순환 의 과정에서 자유로울 수 없다. 사명당이 살았던 16, 7세기 조선 성리 학은 퇴계와 고봉, 율곡과 우계 같은 성리학자들을 중심으로 그 이론 적 충실성을 확보해 가고 있었고, 남명과 같은 재야의 학자를 통해 윤리성과 출처(出處)를 분명히 하는 명분론적 비판의식을 축적해 가 고 있기도 했다. 그러나 이러한 조선 성리학의 정착 과정은 다른 한편 으로 조선 성리학을 주자학의 좁은 범주 속으로 밀어넣는 폐쇄성을 축적해 가는 과정이기도 했기 때문에 그 근원적인 한계에 대한 자각 이 요구되는 시기이기도 했다. 사명당은 이러한 시기를 자신의 본령 인 선학과 참선에 충실함으로써 극복하고자 하는 자세를 갖추고 있었 던 것이다.

우리 시대의 정신은 무엇인가? 우리는 이미 서구의 근대 계몽주의 에 바탕을 둔 근대성을 근간으로 하여 살아가고 있고, 또 다른 한편으 로는 그 근대성의 극복이 필요하다는 문제의식을 공유하고 있기도 하다. 철학자 이명현은 이런 우리의 상황을 '과학과 민주주의로 상징 되는 서구 근대 계몽주의의 적자(嫡子)들을 엄청난 충격과 재난으로 받아들여 온 지난 30여 년의 역사를 극복하고 이제는 진정으로 인류 보편적인 것을 추구하면서도 타문화의 특수성을 존중하는 것과 마찬 가지로 우리의 특수성을 떳떳하게 살리는 자세가 필요하다.'는 말로 압축해서 표현하고 있다.[13] 전통적 규범으로 규정되어 온 우리 삶의 양식이 이제 거의 대부분의 영역에서 이 근대성으로 상징되는 수입된 우리 시대의 정신을 바탕으로 재구성되는 과정을 급격하게 거쳐 왔고, 그 결과는 서구보다 더 서구적인 사회와 인간상으로 우리 자신의 내부와 외부에 자리하고 있다.[14] 동시에 수입된 탈근대 논쟁에서 비롯된 탈근대성이 단지 담론 수준이 아니란 현실 속에서 일정하게 작동하고 있을 뿐만 아니라, 여전히 전통적인 의식의 일부가 살아 움직이는 전통인 결과 거의 폐허가 되어버린 서원 등이 상징하는 방식으로 작동하고 있기도 하다. 그렇게 본다면 우리 시대의 정신은 단 하나의 '시대정신'이라는 개념으로 표현될 수 없는 지극히 복합적이고 중첩적인 그것으로 규정지어져야 할 것이다.

우리 시대의 지도자는 정치적 영역이나 정신적 영역을 막론하고 기본적으로 이러한 시대정신을 읽어내면서 지속적으로 소통할 수 있는 능력을 갖추고 있어야 하고, 이를 위해 스스로 공부할 수 있는 최소한의 능력과 자세를 갖추고 있어야 한다. 사명당이 그랬던 것처럼 우리 시대의 지도자도 서구적 근대성과 탈근대성, 전통문화의 맥락을 교차시키면서 한국의 현실을 진단하고 비전을 찾아 제시할 수 있는 능력을 갖추고 있어야 하고, 이러한 능력을 고정된 것이 아니라 다양하고 지속적인 소통의 통로를 확보하여 계속적으로 확충해 가야 하는 성격의 능력이다.

이러한 시대정신과의 소통능력은 우리 시대의 지도자가 지니고 있

---

13) 이명현, 「근대성과 한국문화의 정체성」, 철학연구회 편, 『근대성과 한국문화의 정체성』, 철학과현실사, 1998, 8~9쪽.

14) 어떤 점에서 우리는 현실 속에 존재하는 서구인들 보다도 훨씬 더 서구적인 삶을 지향하고 있는지도 모른다. 물질주의적 가치관의 현저한 우세 현상이나 합리성에 대한 맹목적인 추구현상 등에서 그런 점이 두드러진다.

어야 하는 세계화와 지역화 사이의 통합 능력과도 밀접하게 연관된다. 세계화는 그것이 확산되는 과정에서 각 지역에 따라 일어나는 중요한 변형을 의미하는 현지화(localization)와 함께 각 문명에 기반한 특수성이 세계적으로 확산되는 지역화(regionalization)을 동반한다.15) 이 지역화는 세계의 각 지역 문명이 외부의 타자들과 접촉하는 과정에서 자신의 정체성을 강화하는 현상으로 긍정적인 측면과 부정적인 측면을 함께 지니고 있다. 부정적인 측면으로는 이슬람 근본주의의 경우와 같이 그 경계의 벽을 높이는 소극적인 대응의 문제를 들 수 있고, 긍정적인 측면으로는 자신의 문명이 지니고 있는 보편성에 대한 성찰에 기반하여 보다 심화된 지역 문명을 만들어가는 경우를 들 수 있다.16) 여러 측면에서 미국과 긴밀한 관계를 유지하면서도 다른 한편 불교와 유교에 토대를 둔 고유한 지역 문명을 여전히 간직하고 있는 우리 사회에서 지역화의 과제는 세계화의 그것과 함께 동시에 달성해야 하는 과제일 수밖에 없는데, 이 과제수행의 핵심 요건이 바로 지도자의 시대정신과의 소통능력이다.

2) 민주적인 권위의 형성과 확충 능력

우리 시대 지도자에게 요청되는 또 하나의 기본 능력은 우리 시대

---

15) 현지화(localization)라는 개념은 피터 버거 & 새무얼 헌팅턴 편, 김한영 옮김, 『진화하는 세계화: 현대 세계의 문화적 다양성』, 아이필드, 2005, 25쪽에 있는 피터 버거의 서문에서 빌려온 것이고, 지역화(regionalization)라는 개념은 세계화와 대응시켜 각 지역문명의 정체성을 강조하기 위해 사용한 필자의 개념이다. 물론 다른 논의 속에서도 이 개념과 유사한 지역주의(ligionalism) 등의 개념은 사용되는 경우가 있지만, 대체로 그 내용이 부정적이라는 점에서 차이가 있다.

16) 새무얼 헌팅턴의 문명충돌론에 대해 정면으로 반박하고자 하는 하랄트 뮐러는 문명들 사이의 만남이 각각의 문화를 구성하는 사상체계와 가치체계들 사이의 공통점과 차이점을 탐구할 수 있는 기회를 주어 보다 유연한 문화 공존이 가능해진다고 주장한다. 하랄트 뮐러, 이영희 옮김, 『문명의 공존』, 푸른숲, 2000, 315~317쪽 참》조.

지도자의 위상 문제와 직결되기도 하는 권위 문제이다. 시민사회의 지도자는 신분으로 세습되지 않고 교육의 과정을 통해 길러진다는 전제를 갖고 있다. 이러한 지도자에게 부여되는 권위는 기본적으로 그가 지닌 힘에 근거한 폭력적 권위가 아니라, 지도자로서의 능력을 기반으로 시민 또는 국민들로부터 부여받은 후천적인 권위일 뿐이다. 이러한 권위를 임혁백은 민주적 권위라고 칭하면서, 그것은 민주주의의 근간을 이루는 것으로 '권력을 가진 자에 의한 지배'에서 '권위를 가진 자에 의한 지배'로 대체하려는 것에서 비롯된다고 말한다. 이러한 민주적 권위는 구체적인 정치의 맥락 속에서 '지배자의 결정에 대한 시민의 도전이 제도적으로 허용될 때 발생한다.'는 것이다.[17]

우리 사회의 지도자는 민주적인 권위를 스스로 형성해 낼 수 있는 능력을 갖추고 있어야 하고, 이러한 능력은 기본적으로 시민들과의 소통능력에 기반해서 갖춰질 수 있다. 공동체의 공공선에 대한 확고한 인식을 바탕으로 삼아 그 공동체의 구성원들로부터 지지를 이끌어 냄으로써 일차적인 민주적 권위를 갖추게 되지만, 그것에 그치는 것이 아니라 그 지지를 유지시켜가면서 동시에 점차적으로 확충시켜나갈 수 있는 능력을 갖추고 있어야 한다는 것이다. 이 능력은 단순한 도덕성의 문제로 완성되는 것이 아니라, 정책과 비전의 과정과 결과를 통해서도 영향을 받는 일종의 책임윤리적 개념이다. 우리는 민주적 권위의 초기 형성과정에서 작동하는 도덕성이 전개과정의 효율성 문제로 인해 급속하게 와해되는 사례를 노무현 정부의 경험을 통해 이미 확인한 바 있다.

그런 점에서 민주적 권위의 형성 및 확충 능력은 도덕성과 효율성

---

17) 임혁백, 앞의 글, 114쪽.

이라는 두 능력의 기반 위에서 가능한 것임을 알 수 있다. 민주적 권위를 지닌 지도자는 단순히 소극적인 의미의 도덕성만을 지니는 것으로 충분하지 않고, 정책결정 과정과 결과를 책임질 수 있는 실질적인 정치력을 지니고 있어야 한다는 것이다. 사명당의 경우 이미 그 삶 자체의 도덕성에 근거해서 형성한 권위를 갖추고 있었고, 이러한 권위는 구체적인 힘에 기반하지 않고 자발적인 존경과 복종을 이끌어냈다는 점에서 우리 시대와는 다른 차원의 '민주적 권위'였다는 평가가 가능하다. 그는 더 나아가 이렇게 형성된 권위를 외교적 성과와 같은 구체적인 결과물을 통해 확충해 감으로써 당시 그가 속했던 공동체 구성원들로부터 지속적인 지지와 함께 확충할 수 있는 능력을 보여주기도 했다.

사명당의 권위와 비교해서 오늘날 우리의 지도자에게 요구되는 권위가 분명히 선거와 같은 민주적인 절차와 과정을 전제로 한다는 점에서 차별화되는 것이지만, 그 형성 과정의 자발성과 확충 과정의 효율성 내지 결과성이라는 측면에서는 동일한 속성을 지닌 것이라는 평가가 가능하다. 이런 지도자와 함께 할 수 있는 시민도 또한 조선시대의 백성과 같은 수동성이 아닌 자발성과 능동성을 전제로 하는 시민의식 또는 시민성을 갖추고 있어야 한다는 점에서도 차별화되지만, 시대를 막론하고 진정한 권위는 스스로 누리고 부리는 것이 아니라 누군가의 마음속에서 저절로 불러일으킬 수 있을 때 비로소 형성되고 유지된다는 점에서는 같은 맥락을 갖는다.

3) 삶의 의미와 가치에 대한 지향 능력

사명당이라는 역사 속 지도자에 기대어 이 시대 지도자의 요건으로 제시하고자 하는 마지막 논의는 정신적 지도자로서 사명당과 좀더 긴밀한 연관성을 지닌다. 우리는 이미 우리들의 시대가 세속과 탈속의 경계가 뚜렷한 시대임을 전제로 하여 정신적 지도자상을 배제하지 않으면서도 그 초점은 세속적인 의미의 지도자상에 맞추는 방식으로 전개해 왔다. 논의의 명료함과 시대적 적합성을 위해 그 맥락을 포기할 수는 없지만, 세속적 의미의 지도자라고 하여 정신적 의미의 지도자 요건과 온전히 분리된 요건을 필요로 하는 것도 아니고 그런 분리 자체가 근원적으로는 불가능한 것이기도 하다.

이 지점에서 우리는 하나의 마음[一心]이 생멸(生滅)과 진여(眞如)의 두 문으로 나뉘면서도 그 둘 사이의 관계를 하나도 아니고 둘도 아닌[不一不二] 관계로 설정하는 기신론적 사유 방식을 떠올리게 된다.[18] 세속적 지도자가 기본적으로 생멸적 지향을 갖고 있다면 정신적 지도자는 진여적 지향을 갖고 있다고 구분해 볼 수 있고, 이 두 지향은 결국 하나의 마음을 향하고 있다는 점에서 둘도 아니고 하나도 아닌 관계에 있다고 볼 수 있다. 그렇다면 세속적인 지도자가 갖추고 있어야 할 요건은 궁극적으로는 정신적인 지도자가 갖추고 있어야 할 요건과 온전히 분리될 수 있는 것이 아니라는 우리들의 주장은 정당성을 지니게 되는 셈이다.

그렇다면 우리 시대 정신적 지도자가 갖추고 있어야 할 첫 번째 요건은 무엇일까? 이 질문에 대한 답을 연역적으로 찾아가는 방식 말고도 우리 시대 정신적 지도자로 추앙받고 있는 인물들의 삶을 통해서 찾아가는 귀납적 방식을 택할 수도 있다. 불교를 중심에 두고 한국사회 전반에서 정신적 지도자로 추앙받은 인물 중에서 최근에 입적한 숭산 스님과 법정 스님을 중심으로 귀납적으로 정신적 지도자

---

18) 기신론적 사유(起信論的 思惟)라는 개념의 구체적인 의미에 대해서는 졸저, 앞의 책, 2009, 10~11쪽을 참조할 수 있다.

의 요건을 찾아가 보기로 하자.[19] 숭산 스님이 미국인들을 비롯한 세계 곳곳에서 정신적 지도자로 존경을 받은 이유는 여러 가지로 분석될 수 있겠지만, 그의 가르침을 따라 출가한 미국인 스님인 현각의 고백을 통해 그 핵심을 잡아낼 수 있다.

숭산스님을 처음 뵌 것은 15년 전인 1989년 12월 크리스마스를 며칠 앞둔 어느 날, 미국 하버드대에서 가장 큰 강의실인 샌더스 씨어터에서 였습니다. 강의실 안은 사람들로 가득했습니다. 나는 강사의 얼굴을 보는 순간 크게 실망하였습니다. 통통하고 키 작은 동양인이 삭발한 머리에 낡은 회색 승복을 걸치고 문법도 잘 맞지 않는 영어를 구사하고 있었기 때문입니다. '저 사람이 생불이라고 이 난리를 피우는거야?'
그러나 시간이 지날수록 나는 강의에 빨려들었습니다. '마음이란 무엇입니까', '삶은 무엇이고 죽음은 무엇입니까', '인간의 고통은 어디서 오는 것입니까' 이같은 철학적인 질문들에 스님은 내가 그동안 어떤 책에서도, 어떤 교수님으로부터도 접하지 못했던 것을 간단명료하고 생생한 지혜들을 폭포수처럼 쏟아내셨습니다.[20]

이 고백 속에서 우리가 추론해 낼 수 있는 정신적 지도자의 핵심 능력은 역시 삶의 의미와 가치에 대한 근원적 문제 제기와 답변 능력 이다. 마음이 무엇이고 삶과 죽음이 무엇인지라는 질문을 던지고 누구로부터도 쉽게 접하지 못했던 독특하고 고유한 방식으로 답변해 내는 능력과 자세가 세속적 삶의 구비에서 고통스러워하던 한 젊음을 출가자의 길로 접어들게 하는 요인이 된 것이다. 누구나 자신의 힘으

---

19) 이미 알고 있는 것처럼 숭산 스님은 이 시대의 살아 있는 부처로 꼽힐 정도로 세계인들의 존경을 받다가 2004년 11월 입적했고, 법정스님은 종교와 관계없이 전국민적 추앙을 받은 종교지도자로 2010년 3월 입적했다.
20) 현각, 「나의 또 다른 아버지, 큰스님」, 숭산행원, 『도화집(道話集)』, 홍법원, 2005, 19쪽.

로 자기 삶의 의미를 찾아내거나 부여해야 하는 실존적 의무를 갖고
있는 현대인들의 숙명 속에서 정신적 지도자는 그 의미를 찾을 수
있는 화두(話頭)로서의 질문을 던지고 스스로 답을 찾게 하거나 제시
해주는 능력을 갖추고 있어야 한다. 그런 능력을 숭산스님이 갖추고
있었음을 우리는 여러 통로를 통해 쉽게 확인할 수 있다.

법정 스님은 숭산 스님에 비해 더 친근한 이미지로 우리 국민에게
다가왔다. 삶이 담겨있는 수필쓰기를 통해 자본주의적 일상에 지쳐
있는 한국인들에게 큰 정신적 위안을 주었을 뿐만 아니라, 자신의
삶의 의미와 가치를 다시 생각해 볼 수 있는 자연스런 계기를 만들어
주었다는 점에서 그는 우리 시대를 대표하는 정신적 지도자로 우뚝
서 있다.

　사람이 산다는 게 뭘까?
　잡힐 듯하면서도 막막한 물음이다. 우리가 알 수 있는 일은, 태어난
것은 언젠가 한 번은 죽지 않을 수 없다는 사실이다.
　생자필멸(生者必滅), 회자정리(會者定離). 그런 것인 줄 뻔히 알면
서도 노상 아쉽고 서운하게 들리는 말이다. 내 차례는 언제 어디서일까
하고 생각하면 순간순간을 아무렇게나 허투루 살고 싶지 않다. 만나는
사람마다 따뜻한 눈길을 보내주고 싶다.21)

산문시처럼 읽히는 법정 스님의 이 수필에도 삶의 의미와 가치에
관한 본질적인 질문과 해답이 함축적으로 담겨 있어서 마음을 끌어당
긴다. 산다는 것의 의미는 막막하지만 확실한 것은 살아있는 것들은
언제가 소멸한다는 사실이라고, 석가모니 붓다가 깨친 다르마의 핵심

---

21) 법정, 「가을은」, 『무소유』, 범우사, 2010, 22쪽. 이 글은 1973년에 쓰인 것이다.

을 이렇게 친근한 말로 전해주는 그에게서 많은 사람들은 큰 가르침을 얻었고 그는 그렇게 우리 사회의 정신적 중심에 자리하게 되었던 것이다.

사명당의 경우에도 진리를 묻는 사람의 신분이나 세속적인 관계를 떠나서 그들이 알아들을 수 있는 말로 질문을 던지거나 답변하고 있다. 숙노선사와 주고받은 아래 서간문에서도 확인할 수 있는 내용이다.

　도는 형체가 없으니 어찌 막힘이 있겠는가,
　마음은 흔적이 없으니 누가 감히 가고 오게 할 수 있겠는가,
　가고 옴이 없고 흔적 또한 없으니 흥이 일어나면 홀로 정신과 함께 만나는 것이다.
　이치가 이러하여 우리가 각각 만리 밖에 있다고 해도 서로를 깊이 볼 수 있는데,
　우리가 서로 무슨 소식을 기다릴 필요가 있겠는가.[22]

일본의 선사였던 숙노선사와 주고받은 이 편지글에서 우리는 도는 형체가 없고 마음은 흔적이 없다는 다르마 담론를 바탕에 깔고 서로 떨어져 있다고 해도 각자의 삶 속에서 서로를 깊이 볼 수 있는데 따로 무슨 소식을 전하고 기다릴 필요가 있겠는가라는 법어(法語)를 전하는 당대의 정신적 지도자인 사명당의 모습을 또렷하게 떠올릴 수 있다.

정신적 지도자에게 요구되는 이러한 삶의 의미와 가치지향능력은 우선 자신의 내면적 삶을 향하는 것이지만, 동시에 그것은 그가 속해 있는 공동체의 의미 지향을 향해 있는 것이기도 하다. 자신의 고유성

---

[22] 사명당, 「숙노선사에게 주는 글[與宿蘆禪師書]」, 『사명당대사집』, 앞의 책, 260쪽. 道無形何有所隔 心無跡誰敢去留 無去留武形跡 興來獨來精神會 然則在萬里 長相見 師與我又何容聲於其間哉.

을 견지하면서도 자신이 속해 있는 공동체와의 연기성을 몸과 마음으로 구현해 낼 수 있는 인식 능력과 실천력을 겸비한 사람이 바로 정신적 지도자이고, 그는 생멸의 세계에 속하는 세속적 지도자에게도 영향을 주고받으면서 그로 하여금 자신의 삶의 의미와 가치를 구현할 수 있게 하는 계기를 마련해 주기도 할 것이다.[23]

V. 맺음말

시민사회의 지도자는 그 스스로도 시민에 속할 뿐만 아니라 세습되는 것도 아니고 영구적인 자리가 주어지지도 않는다는 점에서 이전의 지도자와 차별화된다. 특히 정치적인 지도자의 경우 일정한 시간과 자리를 정해 시민 또는 국민으로부터 위임받는 곳에 있다가 그 임기가 지나면 선거를 통해 다시 위임받거나 물러나는 민주주의적 구조를 우리는 이미 갖추고 있다. 그러나 정신적 지도자는 그런 자리와의 관련성이 현저히 떨어진다. 종정이나 총무원장, 추기경 등의 자리를 통해 우리들에게 인지될 수 있는 기회가 늘어나는 것은 사실이지만, 그 인지 자체가 존경으로 이어지는 것은 아니기 때문이다. 불행히도 우리 사회는 경제성장과 민주화 영역 모두에서 성공을 거두고도 그 과정에서 존경받는 정치지도자나 정신적 지도자는 많이 만나지 못했다. 대통령이나 장관 등의 고위직에 있다가 물러난 사람들이 원로로 대우받기보다는 범죄자로 낙인 찍혀 감옥에 가는 경우가 흔해서 오히려 그렇지 않은 경우가 신기해 보일 정도이다.

---

23) 필자는 이미 12장에서 자신의 고유성을 견지하면서도 타자와의 연기성을 동시에 인식할 수 있는 이념적 패러다임을 연기적 독존주의(緣起的 獨尊主義)라는 개념으로 구체화하고자 했다.

시민사회에도 권위는 필수적이다. 자신이 가진 권력에 기대 부리는 폭력적 권위가 아니라 시민들의 자발성에 기반해서 스스로 따르는 민주적 권위와 마음으로부터 우러나서 존경심을 갖는 정신적 권위가 있어야만 온전한 시민사회 구성과 운영이 가능하다는 점에서 그러하다. 우리 사회가 시민사회로 정착해감에 따라 민주적 권위는 조금씩 갖춰질 것으로 기대하지만, 정신적 권위는 시민사회의 정착과는 다른 차원의 문제일 수 있다는 점에서 다른 관심을 필요로 한다. 불교와 그리스도교를 비롯한 종교계에 일반인들이 거는 기대도 바로 이 정신적 권위와 관련된 것이다. 다행히 숭산스님이나 법정 스님, 김수환추기경 등의 지도자가 있어 우리 종교계에 아직 정신적 권위가 존재함을 증명해주었지만, 대다수의 국민들이 종교지도자들에게 보내는 시선은 결코 따뜻하지 않다는 점에서 좀더 근원적인 성찰이 필요하다.

사명당 유정 스님은 조선 중기의 혼란기 속에서 정신적 지도자로서뿐만 아니라 세속적인 지도자로서의 모습을 명료하게 보여준 분이었음을 다시 한 번 확인하면서 우리 시대 국가지도자가 갖추고 있어야 할 요건으로 정리해 본 이 장의 논의가 진정한 지도자의 출현을 예비하는 시간과 공간이 될 수 있기를 기대한다. 특히 많은 사람에게 영향을 미치는 큰 자리를 확보하는 사람들이 그 자리에 걸맞는 최소한의 도덕성과 공동체에 대해 헌신할 수 있는 자세를 갖추고 있어서 더 이상 우리에게 실망을 안겨주지 않는 시대가 빨리 오기를 바라지만, 그런 시대는 나 자신이 지도자가 될 수 있는 자격을 갖추고자 노력하는 자세에 기반하지 않으면 기대할 수 없다는 엄연한 사실에 대해서도 분명히 자각해야 할 것이다.

글의 출처

서론: 서론은 이 책의 핵심 화두를 제시하기 위해 온전히 새로 쓴 글이다.

1부 의미의 시대와 실존

- 제1장은 2012년 11월 한국연구재단의 지원을 받아 충남대학교 동서문명연구원이 주관한 시민인문학 강좌를 위한 강연 원고로 마련된 것이다.
- 제2장은 2012년 『불교평론』 연차학술세미나(만해축전)에서 발표한 글이고, 같은 책 52호(2012년 가을호)에 실린 글이기도 하다.
- 제3장은 2011년 동서철학회 연례학술세미나 기획주제로 의뢰받아 발표한 초고를 수정하여 『윤리교육연구』 27집(한국윤리교육학회, 2012.8.)에 「한국불교에서 삶의 의미 문제와 인권: 원효와 지눌의 깨달음 개념을 중심으로」라는 제목으로 게재한 글이다.

2부 불교 계율정신에 근거한 새로운 윤리의 모색

- 제4장은 2011년 11월 서울대학교 철학사상연구소가 주최한 '비교철학 국제학술대회'에서 발표한 글로 이 책에 처음으로 실린 글이다.
- 제5장은 2011년 5월 서울대학교 철학사상연구소와 불광연구원이 공동 주최한 세미나에서 발표한 글을 수정하여 『철학사상』 41호(서울대학교 철학사상연구소, 2012.8.)에 게재한 글이다.
- 제6장은 2010년 『불교평론』 연차학술세미나(만해축전)에서 발표한 글이고, 같은 책 44호(2010년 가을호)에 실린 글이기도 하다.

- 제7장은 『불교평론』 53호(2013년 봄호)에 실린 같은 제목의 글을 옮겨 실은 것이다.
- 제8장은 『마음사상』 7집(청담사상연구소, 2009.12.)에 실린 「한국불교 수행론의 쟁점과 청담의 수행정신」을 이 책의 의도에 맞게 제목을 바꿔 다시 실은 것이다.

3부 불교 생명윤리와 사회윤리

- 제9장은 『불교평론』 20호(2004년 가을호)에 실린 「현대사회의 불교윤리」를 제목을 바꿔 옮겨 실은 것이다.
- 제10장은 『계율과 불교윤리』(대한불교조계종 교육원 불학연구소 편찬, 조계종출판사, 2011)에서 필자가 쓴 장인 6장에서 이 책의 목적과 직접적으로 연관되는 내용만을 뽑아서 약간 수정하여 실은 것이다. 다시 실을 수 있도록 허락해 준 조계종출판사에 감사의 마음을 전한다.
- 제11장은 『불교 생명윤리 연구보고서』(조계종 불교사회연구소 편, 2012)에서 필자가 쓴 같은 제목의 글을 옮겨 실은 것이다.
- 제12장은 『불교평론』 40호(2009년 가을호)에 실린 글을 옮겨 실은 것이다.
- 제13장은 2011년 6월에 있었던 조계종 승가교육진흥위원회가 주관한 '한국불교 중흥을 위한 대토론회'에 필자가 발제자로 참가하여 발표한 「사회정의 실현과 불교의 자비실천」을 이 책의 목적에 맞게 약간 수정하여 실은 것이다.
- 제14장은 2010년 가을 사명성사기념사업회가 주관한 학술대회에서 발표한 글을 부분적으로 수정하여 다시 실은 것이다.

참 l 고 l 문 l 헌

『대정신수대장경』

『한국불교전서』

조계종 전통사상총서 간행위원회, 『한국전통사상총서: 불교편』

대한불교조계종 교육원 편역, 『조계종 표준 금강반야바라밀경-한문사경본』

대림 옮김, 『맛지마니까야』 1·2·3·4권, 초기불전연구원, 2012.

전재성 옮김, 『쌍윳따니까야』 1·2·3·4·5·6·7권, 한국빠알리성전협회, 2007.

원효, 「범망경보살계본사기」, 「보살계본지범요기」, 「무량수경종요」, 「기신론소」, 『한국불교전서』, 권1.

지눌, 「권수정혜결사문」, 「화엄론절요서」, 『정선 지눌』, 한국전통사상총서 권2.

사명당, 이민수 역(1973), 『사명당대사집』, 대양서적, 1973.

가산지관(2005), 『한국불교계율전통』, 가산불교문화연구원.

_____(1993), 『한국불교소의경전연구』, 가산불교문화연구원.

_____(1976), 『남북전 육부율장비교연구』, 가산불교문화연구원.

강영안(2005), 『타인의 얼굴: 레비나스의 철학』, 문학과지성사.

김민강(2008), 「DIT를 활용한 한국인의 도덕판단력 연구」, 『도덕성 측정 및 평가 방법: DIT & K-DIT를 중심으로』, 한국교원대학교 초등교육연구소 춘계워크숍 자료집.

김난도(2010), 『아프니까 청춘이다』, 쌤앤파커스.

김성철(2006), 『중관사상』, 민족사.

김영욱(2007), 『화두를 만나다』, 프로네시스.

김종만(2006), 「호국불교의 반성적 성찰」, 『불교평론』 3호.

김진(2004), 『칸트와 불교』, 철학과현실사.

김태길(1995), 『한국윤리의 재정립』, 철학과현실사.

김형효(2010), 『마음나그네』, 소나무.

도법(2010), 「생명평화운동과 대승불교의 수행」, 『불교평론』 43호, 2010
     여름.

도종환(2006), 『해인으로 가는 길』, 문학동네.

문정희(2012), 『까르마의 바다』, 중앙북스.

민경국(2007), 『자유주의의 지혜』, 아카넷.

_____(2010가), 「불교 사회철학의 문명비판에 대한 자유주의적 성찰」,
     『불교평론』 42호, 2010 봄.

_____(2010나), 「자유주의에 대한 비관과 그 치명적 결과」, 『불교평론』
     44호, 2010 가을.

박경준(2010), 『불교사회경제사상』, 동국대출판부.

박병기(2009), 『동양 도덕교육론의 현대적 해석』, 인간사랑.

_____(2009), 「연기적 독존주의와 열린 공동체」, 『불교평론』 40호, 2009
     가을.

_____(2010가), 「자유주의 경제학의 치명적 낙관」, 『불교평론』 43호,
     2010 여름.

_____(2010나), 「자유주의 경제학의 정체성은 무엇인가」, 『불교평론』 45호,
     2010 겨울.

박병기(2010), 「우리 불교윤리 논의의 현단계: 안옥선의 『불교윤리의 현대
     적 이해』에 대한 서평」, 『불교사상과 문화』 2호, 중앙승가대학교 불
     교학연구원.

박세일 외 편(2008), 『공동체 자유주의: 이념과 정책』, 나남.

박찬국(2009), 『원효와 하이데거의 비교연구』, 서강대출판부.

박한영, 효탄 주해(2000), 『계학약전 주해』, 동국역경원.

박한영(1988), 「조선불교현대화론」, 한만종 편, 『현대 한국의 불교사상』, 한길사.

법정(1976), 『무소유』, 범우사.

불학연구소 편(2011), 『계율과 불교윤리』, 조계종출판사.

사명당기념사업회 편(2000), 『사명당 유정-그 인간과 사상과 활동』, 지식산업사.

사회통합위원회 외(2011), 『두 개의 시선 하나의 공감』, 중앙북스.

소흥렬(2006), 『철학적 산문』, 이화여대출판부.

소흥렬외(1989), 『후기산업시대의 세계공동체: 가치』, 우석.

손병욱(2006), 『서산, 조선을 뒤엎으려 하다』, 정보와 사람.

숭산행원(2005), 『도화집』, 홍법원.

안옥선(2002), 『불교윤리의 현대적 이해』, 불교시대사.

_____(2008), 『불교와 인권』, 불교시대사.

우희종(2006), 『생명과학과 선』, 미토스.

원영 편저(2012), 『대승계의 세계』, 조계종출판사.

유시민(2013), 『어떻게 살 것인가』, 아포리아.

윤청광(2006), 『큰스님 큰 가르침』, 문예출판사.

이도흠(1999), 『화쟁기호학, 이론과 실제』, 한양대학교 출판부.

이명현(1998), 「근대성과 한국문화의 정체성」, 철학연구회편, 『근대성과 한국문화의 정체성』, 철학과현실사.

이종철(2008), 『중국 불경의 탄생』, 창비.

이승환(1999), 「한국에서 자유주의-공동체주의 논의는 적실한가?」, 철학연구회, 『자유주의와 공동체주의』, 1999 춘계학술대회 발표논문집, 1999.5.

임혁백(2005), 「민주주의와 권위구조」, 조대엽 외, 『한국사회 어디로 가나?』, 굿인포메이션

일아 역편(2008), 『한 권으로 읽는 빠알리 경전』, 민족사.

유승무(2010), 『불교사회학』, 박종철출판사.

조성택(2012), 『불교와 불교학』, 돌베개.

조준호(2008), 「불교인권의 세계관적 기초: 초기불교를 중심으로」, 한국외
　　대 서남아시아연구소, 『서남아시아연구』, 14권 1호.

청담, 혜성 엮음(2006), 「마음속에 부처가 있다」, 화남.

탁석산(2008), 『한국인은 무엇으로 사는가』, 창비.

한자경(2008), 『불교철학과 현대윤리의 만남』, 예문서원.

한형조(2011), 『붓다의 치명적 농담』, 문학동네.

황동규(2013), 『사는 기쁨』, 문학과지성사.

허우성(2010), 「법정스님을 추모하며」, 『철학과 현실』 85호.

현각(2005), 「나의 또 다른 아버지, 큰스님」, 숭산행원, 『도화집』, 홍법원.

현웅(2009), 『깨달음과 역사』, 불광출판사.

혜민(2012), 『멈추면 비로소 보이는 것들』, 샘앤파커스.

혜성 찬(2002), 『마음-청담대종사』, 삼육출판사.

홍사성(2011), 『내년에 사는 법』, 책만드는집.

강상중, 오근영 옮김(2011), 『어머니』, 사계절.

나라 야스아키, 조동림 옮김(2004), 『붓다형 인간』, 도서출판 장.

나쓰메 소세키, 오유리 옮김(2002), 『마음』, 문예출판사.

니버, R., 이한우 옮김(2004), 『도덕적 인간과 비도덕적 사회』, 문예출판사.

롤스, J., 황경식 옮김(1990), 『사회정의론』, 서광사.

밀턴 프리드만, 심준보 외 옮김(2007), 『자본주의와 자유』, 청어람미디어.

버스웰, R., 김종명 옮김(2000), 『파란눈 스님의 한국선 수행기』, 예문서원.

센델, M., 이창신 옮김, 『정의란 무엇인가』, 김영사.

스위프트, A., 김비환 옮김(2011), 『정치의 생각』, 개마고원.

요한네스 헤센, 허재윤 옮김(1998), 『현대에 있어서 삶의 의미』, 이문출판사.

스미스, A., 박세일, 민경국 옮김(2009), 『도덕감정론』, 비봉출판사.

코팅햄, J., 강혜원 옮김(2005), 『삶의 의미』, 동문선.

도널리, J., 박정원 옮김(2002), 『인권과 국제정치』, 도서출판 오름.

퍼트남, H., 노양진 옮김(2010), 『사실과 가치의 이분법을 넘어서』, 서광사.

플레이쉐커, S., 강준호 옮김(2007), 『분배적 정의의 소사(小史)』, 서광사.

버거, P. & 새무얼 헌팅턴, 김한영 옮김(2005), 『진화하는 세계화: 현대세계의 문화적 다양성』, 아이필드.

콰메 앤터니 애피아, 실천철학연구회 옮김(2008), 『세계시민주의』, 바이북스.

틱낫한, 류시화 옮김(2002), 『마음을 멈추고 다만 바라보라』, 꿈꾸는 돌.

뮐러, H., 이영희 옮김, 『문명의 공존』, 푸른숲, 2000.

하비, H., 허남결 옮김(2010), 『불교윤리학 입문』, 도서출판 씨아이알.

하이예크, F. A., 김이석 역(2006), 『노예의 길』, 자유기업원, 나남출판.

Bell, D. ed.(2008), *Confucian Political Ethics*, Princeton & Oxford: Princeton University Press.

Damasio, A.(2010), *Self Comes to Mind: Constructing the Conscious Brain*, New York: Pantheon.

Gadamer, H. G., 박남희 옮김(2009), 『과학시대의 이성』, 책세상.

Harris, S.(2010), *The Moral Landscape: How Science Can Determine Human Values*, New York & London: Free Press.

Harvey, P., 허남결 옮김(2010), 『불교윤리학 입문: 토대, 가치와 쟁점』, 도서출판 씨아이알.

Kalupahana, David J.(1995), *Ethics in Early Buddhism*, Honolulu: University of Hawai'i Press.

Keown, D.(ed.)(2000), *Contemporary Buddhist Ethics*, Richmond: Curzon Press.

MacIntyre, A.(1998), *A Short History of Ethics*, London & New York: Routledge.

May, Simon(1999), *Nietzsche's Ethics and his War on 'Morality'*, Oxford: Clarendon Press.

Park, Jin Y.(2009), "Essentials on Observing and Violating the Fundamentals of Bodhisattva Precepts", Edelglass, W. & Garfield J. L.(eds.), *Buddhist Philosophy: Essential Readings*, Oxford: Oxford University Press.

Rawls, J.(2001), *Justice as Fairness-A Restatement*, Cambridge: The Belkap Press of Harvard University Press.

Roy, David R.(2003), *The Great Awakening: A Buddhist Social Theory*, Boston: Wisdom Publication.

Sen, A.(2011), *The Idea of Justice*, Cambridge: The Belkap Press of Harvard University Press.

Sandel, Michael J.(2009), *Justice-What's The Right Thing To Do*, New York & London: Penguin Books.

Siderits, Mark(2007), *Buddhism as Philosophy*, Indianapolis: Hackett Publishing Co.

Sizenmore, R.F. & Swearer, D. K.(1990), *Ethics, Wealth and Salvation-A Study in Buddhist Social Ethics*, Columbia: the University of South Carolina Press.

Wolf, Susan(2010), *Meaning in Life and Why It Matters*, New Jersey: Princeton University Press.

찾ㅣ아ㅣ보ㅣ기

의미의 시대와 불교윤리

초판인쇄 2013년 7월 22일
초판발행 2013년 7월 29일
초판 2쇄 2014년 7월 11일

지 은 이 박병기
펴 낸 이 김성배
펴 낸 곳 도서출판 씨아이알

책임편집 박영지, 이지숙
디 자 인 송성용, 류지영
제작책임 윤석진

등록번호 제2-3285호
등 록 일 2001년 3월 19일
주   소 100-250 서울특별시 중구 필동로8길 43(예장동 1-151)
전화번호 02-2275-8603(대표)   **팩스번호** 02-2275-8604
홈페이지 www.circom.co.kr

ISBN 978-89-97776-87-0   93220
정 가 22,000원

ⓒ 이 책의 내용을 저작권자의 허가 없이 무단전재 하거나 복제할 경우 저작권법에 의해 처벌될 수 있습니다.

여러분의 원고를 기다립니다.

도서출판 씨아이알은 좋은 책을 만들기 위해 언제나 최선을 다하고 있습니다.
토목·환경·건축·불교·철학 분야의 좋은 원고를 집필하고 계시거나 기획하고 계신 분들, 그리고 소중한 외서를 소개해 주고 싶으신 분들은 언제든 도서출판 씨아이알로 연락 주시기 바랍니다.
도서출판 씨아이알의 문은 날마다 활짝 열려 있습니다.

출판문의처: circom@chol.com
02)2275-8603(내선 605)

≪도서출판 씨아이알의 도서소개≫

※ 문화체육관광부 우수학술도서로 선정된 도서입니다.
† 대한민국학술원의 우수학술도서로 선정된 도서입니다.

불 교

산스끄리뜨 시형론
찰스 필립 브라운(Charles Philip Brown) 저 / 박영길 역 /
2014년 3월 / 268쪽(신국판) / 20,000원

단전주선(丹田住禪)
길도훈 저 / 2014년 3월 / 320쪽(140*195) / 15,000원

藏外地論宗文獻集成 續集 금강학술총서 ⑱
靑木 隆, 荒牧 典俊, 池田 將則, 金 天鶴, 李 相旻, 山口 弘江 저 /
2013년 11월 / 604쪽(신국판) / 46,000원

인도 불교와 자이나교
김미숙 저 / 2013년 10월 / 372쪽(신국판) / 25,000원

인간 석가모니와 신의 불교
최한수 저 / 2013년 9월 / 312쪽(신국판) / 18,000원

인도 사본학 개론 금강학술총서 ⑬
심재관 저 / 2013년 8월 / 224쪽(신국판) / 27,000원

의미의 시대와 불교윤리 ※
박병기 저 / 2013년 7월 / 400쪽(신국판) / 22,000원

화엄경의 세계 금강인문총서 ④
권탄준 저 / 2013년 6월 / 288쪽(신국판) / 20,000원

보살의 뇌
오웬 플래나간(Owen Flanagan) 저 / 박병기, 이슬비 역 /
2013년 6월 / 432쪽(신국판) / 25,000원

니체와 불교
박찬국 저 / 2013년 6월 / 344쪽(신국판) / 25,000원

옥 로댄쎄랍의 보성론요의 여래장품 금강학술총서 ⑰
차상엽 역주 / 2013년 5월 / 472쪽(신국판) / 35,000원

불성론 금강학술총서 ⑯
김성철 역주 / 2013년 5월 / 272쪽(신국판) / 27,000원

원측 『해심밀경소』「무자성상품」종성론 부분 역주
금강학술총서 ⑮
장규언 역주 / 2013년 5월 / 264쪽(신국판) / 27,000원

대반열반경집해 여래성품 역주 금강학술총서 ⑭
하유진 역주 / 2013년 5월 / 320쪽(신국판) / 30,000원

교감번역 화엄경문답 금강학술총서 ⑫
김상현 옮김 / 2013년 5월 / 288쪽(신국판) / 27,000원

동아시아에 있어서 불성·여래장 사상의 수용과 변용
금강학술총서 ⑪ ※
런민(人民)대학 불교와종교학이론연구소·도요(東洋)대학 동양학
연구소·금강대학교 불교문화연구소 공편 / 2013년 5월 / 328쪽
(신국판) / 30,000원

석가와 미륵의 경쟁담 금강인문총서 ⑤
김선자, 김헌선, 박종성, 심재관, 이평래, 정진희, 조현설 저 /
2013년 5월 / 288쪽(신국판) / 20,000원

티벳밀교
출팀 깰상(白館 戒雲), 마사키 아키라(正木 晃) 저 / 차상엽 역 /
2013년 5월 / 320쪽(B6 변형판) / 18,000원

삼교지귀 불교연구총서 ⑨
쿠우카이 저 / 정천구 역 / 2012년 12월 / 268쪽(신국판) / 20,000원

上座 슈리라타와 經量部
권오민 저 / 2012년 10월 / 1056쪽(신국판) / 60,000원

한자로 읽는 반야심경
황윤식, 윤희조, 전형준 저 / 2012년 10월 / 296쪽(신국판) /
18,000원

불교의 언어관 불교연구총서 ⑧
윤희조 저 / 2012년 10월 / 352쪽(신국판) / 20,000원

화엄경문답을 둘러싼 제문제 금강학술총서 ⑨
금강대학교 불교문화연구소 편 / 2012년 8월 / 224쪽(신국판) /
27,000원

藏外地論宗文獻集成 금강학술총서 ⑧
靑木隆, 方廣錩, 池田 將則, 石井 公成, 山口 弘江 저 /
2012년 6월 / 632쪽(신국판) / 46,000원

꾼달리니
아지뜨 무케르지 저 / 박영길 역 / 2012년 4월 / 192쪽(사륙배판) /
20,000원

중국인의 삶과 불교의 변용
K.S. 케네스 첸 저 / 장은화 역 / 2012년 2월 / 368쪽(사륙배판) /
24,000원

일본영이기
쿄오 카이 저 / 정천구 역 / 2011년 12월 / 384쪽(신국판) / 20,000원

새롭게 다시 쓰는 중국 선의 역사
이부키 아츠시 저 / 최연식 역 / 2011년 10월 / 340쪽(신국판) / 18,000원

티벳문화입문
출팀껠상 구술 / 차상엽 역 / 2011년 3월 / 132쪽(신국판) / 13,000원

원형석서(하) 불교연구총서 ⑦
코칸 시렌 저 / 정천구 역 / 2010년 12월 / 648쪽(신국판) / 32,000원

불교윤리학 입문
피터 하비 저 / 허남결 역 / 2010년 10월 / 840쪽(신국판) / 42,000원

불교의 중국정복
에릭 쥐르허 저 / 최연식 역 / 2010년 9월 / 736쪽(신국판) / 38,000원

무성석 섭대승론 소지의분 역주 금강학술총서 ⑥
김성철, 박창환, 차상엽, 최은영 역 / 2010년 8월 / 454쪽(신국판) / 35,000원

지론사상의 형성과 변용 금강학술총서 ⑤
금강대학교 불교문화연구소 편 / 2010년 8월 / 544쪽(신국판) / 45,000원

법학 · 철학 · 정치학

구성주의를 넘어선 복잡성 교육과 생태주의 교육의 계보학
브렌트 데이비스(Brent Davis) 저 / 심임섭 역 / 2014년 6월 / 344쪽(신국판) / 20,000원

상상의 섬, 인도
장 그르니에(Jean Grenier) 저 / 배재형 역 / 2014년 5월 / 156쪽 (신국판) / 12,000원

무어의 윤리학 ※
장동익 저 / 2014년 월 / 268쪽(신국판) / 18,000원

베버
스티븐 터너 엮음 / 웅진환 옮김 / 468쪽(신국판) / 23,000원

세 학급이 들려주는 창조적 집단지성학습(개정판)
존 설리번(John P. Sullivan) 지음 / 현인철, 서용선, 류선옥 옮김 / 304쪽(152*214) / 14,000원

존 듀이 교육론
마틴 드워킨(Martin S. Dworkin) 엮음 / 황정숙 역 / 224쪽 (A5 국판) / 18,000원

논리와 현대화술
넨시 카벤더, 하워드 케인 저 / 김태은 역 / 656쪽(사륙배판) / 28,000원

하타요가의 철학과 수행론 금강인문총서 ⑥
박영길 저 / 436쪽(신국판) / 23,000원

문화 및 문화현상에 대한 철학적 성찰
사회와 철학 연구회 저 / 400쪽(신국판) / 28,000원

길을 묻는 테크놀로지 - 첨단 기술 시대의 한계를 찾아서
랭던 위너 저 / 손화철 역 / 301쪽(신국판) / 18,000원

현대 민주주의와 정치 주체 문제 - 존 듀이의 민주주의론
존 듀이 저 / 홍남기 역 / 220쪽(신국판) / 18,000원

법률가의 논리 - 소크라테스처럼 사유하라
루제로 앨디서트 저 / 이양수 역 / 408쪽(신국판) / 25,000원

사이버 병동 에필리아 24시
이상건, 이일근, 조용원, 정기영, 김기중, 황희, 이주화 저 / 328쪽 (신국판) / 18,000원

토목공학

수리학
김민환, 정재성, 최재완 저 / 2014년 7월 / 316쪽(사륙배판) / 18,000원

자원개발환경공학
이창우, 김진, 김재동, 전석원, 김선준, 정명채, 임길재, 정영욱 저 / 2014년 6월 / 412쪽(155*234) / 20,000원

엑셀로 배우는 토질역학 엑셀강좌시리즈 8
요시마에 미츠토시 저 / 전용배 역 / 2014년 4월 / 236쪽(신국판) / 18,000원

암반분류
Bhawani Singh, R.K. Goel 저 / 장보안, 강성승 역 / 2014년 3월 / 552쪽(신국판) / 28,000원

지반공학에서의 성능설계
아카기 히로카즈(赤木 寬一), 오오토모 케이조우(大友 敬三), 타무라 마사히토(田村 롬仁), 코미야 카즈히토(小宮 一仁) 저 / 이성혁, 임유진, 조국환, 이진욱, 최찬용, 김현기, 이성진 역 / 2014년 3월 / 448쪽(155*234) / 26,000원

건설계측의 이론과 실무
우종태, 이래철 공저 / 2014년 3월 / 468쪽(사륙배판) / 28,000원

엑셀로 배우는 셀 오토매턴 엑셀강좌시리즈 7
기타 에이스케(北 榮輔), 와키타 유키코(脇田 佑香子) 저 / 이종원 역 / 2014년 3월 / 244쪽(신국판) / 18,000원

재미있는 터널 이야기
오가사와라 미츠마사(小笠原光雅), 사카이 구니토(酒井邦登), 모리카와 세이지(森川誠司) 저 / 이승호, 윤지선, 박시현, 신용석 역 / 2014년 3월 / 268쪽(신국판) / 16,000원

토질역학(제4판)
이상덕 저 / 2014년 3월 / 716쪽(사륙배판) / 30,000원